Code Napoléon,

Mis en Vers Français.

Les formalités exigées par les lois ont été remplies.

Chaque exemplaire doit être revêtu de la Signature des Libraires = Éditeurs.

Code Napoléon,

Mis en Vers Français,

Par D*** (Decomberousse) ex=Législateur.

À Paris,

Aux Archives du Droit Français,

CHEZ CLAMENT FRERES,

Rue de Vaugirard, n° 9, près l'Odéon.

1811.

A Marie-Louise,

Impératrice des Français,

et Reine d'Italie.

Cet ouvrage immortel, qu'au milieu de ses sages
A daigné consacrer par ses nobles suffrages
Celui qui peut mouvoir à son gré l'univers,
LE CODE, voit le jour sous l'ornement des vers.
   L'emprunt inusité d'une telle parure,
Un essai si hardi doit armer la censure;
Et, trouvant à reprendre encor plus qu'à louer,
Le dieu même du goût peut le désavouer.
   C'est en vain que l'auteur, offrant pour son excuse
L'utilité du but qu'a poursuivi sa Muse,
Dira qu'il a voulu, par cette nouveauté,
Eveiller des lecteurs la curiosité,

Répandre quelques fleurs sur une étude aride,
En étendre le cours, le rendre plus rapide,
Graver dans la mémoire avec plus de succès
Les principes fixés du droit civil français,
Et, jusques au beau sexe, ouvrir une carrière
Qui, pour lui, ne doit plus demeurer étrangère;
Eût-il avec bonheur accompli ce projet,
On pardonnera peu le choix de son sujet.

 Mais, fuyez détracteurs, vous cessez d'être à craindre,
Si ce livre à LOUISE *une fois peut atteindre,*
Si, ses yeux indulgents s'abaissant jusqu'à lui,
Il peut recevoir d'elle un éclatant appui.

 LOUISE, *Reine illustre, auguste Impératrice!*
Des fruits d'un tel travail deviens la protectrice:
Au CODE, *ton époux, le grand* NAPOLÉON,
A-la-fois imprima son génie et son nom;
Il y dicta ces lois de sagesse profonde
Qui doivent gouverner tous les peuples du monde,
Surpassant les héros à titre de vainqueur,
Les surpassant encor comme législateur;
Daigne t'associer à ses hautes pensées
Qu'une Muse fidèle en vers a retracées;
Plus on connaît ses lois, plus sa gloire s'étend;
Elle est aussi la tienne, et sur toi se répand.
A côté de son nom que tout immortalise,
Souffre qu'on donne place à celui de LOUISE.

 A cet heureux signal le beau sexe empressé,
Du temple de la loi trop long-temps repoussé,

Va, pour le visiter sous sa forme nouvelle,
Se présenter en foule et disputer de zèle;
Ses droits y sont écrits, ses devoirs rappelés,
Tour-à-tour à ses yeux ils seront dévoilés;
Les femmes à l'envi, mères, filles, épouses,
De les connaître enfin se montreront jalouses,
Et la raison, guidant les esprits et les cœurs,
Etendra son empire avec celui des mœurs.
Des mœurs ! source de l'ordre et des vertus civiles
Qui rendent les états florissants et tranquilles.
  Tel sans doute sera l'inévitable effet
De ce charme puissant, de ce charme secret
Qui suit les noms connus par un grand caractère,
Et que le ciel propose en exemple à la terre.
  Heureux les éditeurs, et mille fois heureux,
S'ils ne sont point déçus dans leurs timides vœux !
Mais quel que soit l'accueil qu'éprouve leur hommage,
Ils n'en pourront pas moins se rendre témoignage
Qu'il était un devoir; et qu'ils n'ont écouté
Que le pur sentiment qui le leur a dicté.

OBSERVATIONS
PRELIMINAIRES.

On ose présenter ici la traduction littérale *en vers français* du *Code Napoléon*.

Cette entreprise paraîtra sans doute téméraire ; mais il est possible, jusqu'à un certain point, de la justifier.

Le *Code Napoléon* est fait pour être dans toutes les mains ; il doit être, pour les Français, le livre le plus familier, puisqu'il leur est le plus utile.

Sous son autorité disparaît à jamais l'empire de ces *coutumes* innombrables, qui, régissant chaque portion de la France d'une manière si diverse et si souvent opposée, rendaient une contrée étrangère à la contrée la plus voisine.

Il a ainsi consacré l'*unité* de la législation civile, unité qui ne fait plus qu'une nation de ces peuples épars que séparaient leurs lois et leurs habitudes, quoiqu'ils vécussent sous un seul et même gouvernement. Bienfait inappréciable, et dont le fruit, mûri par le temps, doit toujours se faire goûter davantage !

Le Code renferme avec le plus grand soin le développement des droits et des devoirs réciproques des hommes réunis en société ; et, sous ce rapport, il est une véritable *charte* entre les citoyens qui y voient à chaque page l'empreinte sacrée de ce précepte de la justice : *Suum cuique tribuere.*

Ce Code célèbre, recueil de ce que pouvaient offrir de plus conforme à la raison les Codes qui l'ont précédé, et de ce qu'a pu y ajouter la sage expérience, doit répandre sa lumière dans toutes les classes de la société, puisque chacune d'elles peut y puiser des règles de conduite dans les différentes circonstances de la vie civile.

Il faut donc qu'il puisse se graver dans la mémoire ; et la forme sous laquelle on entreprend ici de le reproduire, doit puissamment y contribuer. Les mœurs ne peuvent qu'y gagner ; elles sont d'autant meilleures qu'on a plus d'instruction.

L'expérience atteste que la mémoire a besoin

de secours, et qu'elle peut en recevoir. Il est reconnu que l'expression d'un fait ou d'une pensée se retient plus facilement, quand elle est renfermée dans des limites posées par la mesure et la cadence. Ceux qui sont doués de la mémoire la plus heureuse, se rappellent et citent rarement des morceaux en prose, tandis qu'ils sont riches en citations poétiques.

Ce n'est point là une vérité qui ne soit pas appuyée par l'exemple.

Toutes les fois qu'on a voulu imprimer fortement dans la mémoire des hommes ce qu'il leur importait de savoir, c'est de ce moyen qu'on a fait usage.

On pourrait faire à ce sujet une longue excursion, on saura l'abréger.

A-t-on voulu fixer dans l'esprit de la jeunesse ces préceptes fondamentaux, bases de la religion sous laquelle vivent les Français? Les commandemens divins, les commandemens ecclésiastiques ont emprunté la mesure et la cadence des vers.

A-t-on voulu faire germer dans les cœurs ces maximes de morale qui guident, en la fortifiant, la conscience de l'homme? Elles ont été embellies des charmes de la poésie; et de beaux quatrains facilement retenus, en ont propagé la connaissance et l'application.

Les préceptes de l'art de la médecine n'ont-ils pas été versifiés par une fameuse école?

Les faits de l'histoire n'ont-ils pas été consignés dans des vers? et n'avons-nous pas à cet égard des fragmens de Voltaire lui-même?

Pour nous rapprocher du sujet de cet ouvrage, combien de jurisconsultes qui sentaient la nécessité de secourir la mémoire, ne se sont-ils pas empressés à revêtir les principes du droit d'une forme qui pût les fixer dans l'esprit avec plus de ténacité?

On connaît le livre de *Christophe Hain*, intitulé: *Idea Juris universi*, à la suite duquel se trouve une addition sous ce titre: *Synopsis institutionum imperialium metrica*.

Qui ignore d'ailleurs que tous les titres du corps du droit romain sont précédés de rubriques ou sommaires renfermés dans la mesure du vers hexamètre latin?

Cet essai, sous ce rapport, ne saurait donc

être entièrement dénué d'utilité, puisqu'il peut soutenir la mémoire, et rendre plus étendue, plus générale, la connaissance de ce qu'on peut appeler le *Catéchisme civil*; et, s'il est utile, n'est-il pas justifié ?

Il doit intéresser sous un autre point de vue : il offre une nouvelle version du Code ; et chaque article, n'étant pas absolument revêtu des mêmes expressions, doit présenter le sens du texte, sans jamais s'en écarter, sous un nouveau jour, et par conséquent multiplier les moyens de le saisir, et d'en faire une plus sûre application. Il est évident, en effet, que le lecteur, quel qu'il soit, en comparant la version avec l'original, se pénétrera mieux de l'esprit du Code, et fera ainsi une double étude.

Cette étude peut-elle être assez répétée ? Cette considération doit faire envisager cet essai comme une sorte de commentaire unissant l'agréable à l'utile.

Il se recommande sous un dernier rapport.

Pourquoi ne fixerait-on pas l'attention des *femmes* sur le Code Napoléon, en piquant leur curiosité ?

Elles sont appelées à exercer des droits et à remplir des devoirs ; elles sont mères, elles sont tutrices, elles administrent des biens, elles succèdent, elles disposent par acte entre-vifs, ou par testament, elles passent des contrats. S'il est un moyen qui puisse les engager à connaître les principes propres à les guider dans les transactions de la vie civile, pourquoi ne s'empresserait-on pas de le leur présenter ?

Les femmes ont pénétré dans les secrets des beaux-arts, parce que le chemin qui y conduit est semé de fleurs ; pourquoi n'essayerait-on pas de leur frayer un chemin semblable, pour leur donner une idée de la législation civile qui s'est occupée pour elles de si grands intérêts ?

Ce n'est pas qu'elles doivent faire du Code une étude approfondie ; la lice ouverte devant les tribunaux n'est pas faite pour elles.

Mais on doit avouer qu'une notion générale des droits et des devoirs qui les concernent ne saurait, en elles, blesser les convenances, et qu'elle leur serait, dans plus d'une occasion, d'une utilité reconnue.

Faut-il dire un mot de l'exécution de cet ouvrage ? Quelle qu'elle puisse être, on sera sans doute assez juste pour tenir compte du succès plus ou moins heureux, avec lequel on est parvenu à surmonter les nombreux obstacles qu'on a dû rencontrer sur une route pleine d'écueils, et des efforts qu'on a faits pour plier une matière si rebelle sous le joug de lois métriques qu'elle ne paraissait pas devoir jamais subir.

S'il n'eût été question que de traduire le corps principal des articles du Code, la matière aurait pu ne pas exclure une sorte d'élégance : mais il a fallu rendre nécessairement chaque accessoire, chaque phrase incidente ; il a fallu rendre les expressions techniques qui caractérisent les objets de la loi. Alors la concision n'a pu être employée, et la composition poétique en a dû souffrir. Mais si l'image que l'on a présentée a perdu du côté de l'agrément et du coloris, elle a gagné du côté de l'exactitude et de la ressemblance, en se rapprochant le plus près possible de l'original.

Cet ouvrage peut donc manquer de ce qui constitue le mérite littéraire ; mais on ose croire qu'il peut atteindre au but d'utilité publique qui l'a fait entreprendre, et qu'il n'est pas alors tout à-fait indigne d'occuper une place dans les *Archives du Droit français.*

CODE NAPOLÉON.

TITRE PRÉLIMINAIRE.

De la Publication, des Effets et de l'Application des Lois en général.

ARTICLE PREMIER.

La loi reçoit partout son exécution,
Quand le Prince en a fait la promulgation.
 Dans chaque lieu français la loi sera connue,
Dès que la voix du Prince y sera parvenue.
 Cette voix est censée acquérir sa valeur,
Dans le département où siège l'Empereur,
Un jour après celui qu'elle s'est fait entendre ;
Dans les autres, il faut, après ce jour, attendre
Autant de fois un jour que le département,
A partir du chef-lieu, sera de fois distant
Du siége impérial, de dix myriamètres
(Vingt fois la lieue ancienne, aux yeux des géomètres).

2. Par la loi, l'avenir est lui seul embrassé ;
La loi ne produit point d'effet sur le passé.

3. Il n'est aucun moyen qui libère, affranchisse

Des lois de sûreté, de celles de police
Quiconque est habitant de l'Empire français.
    La loi de ce pays régit par ses effets
Tout immeuble, et celui que l'étranger possède.
    Fût-il chez l'étranger, le Français soumis cède
Aux lois déterminant avec stabilité,
Des personnes, l'état et la capacité.

    4. Pourront être accusés de déni de justice,
Les juges refusant de remplir leur office,
Sous le prétexte vain ou que la loi se tait,
Ou n'a qu'un sens obscur, ou qu'un texte incomplet.

    5. Ils ne peuvent porter en jugeant une affaire,
Un statut général, ou bien réglémentaire.

    6. Aux lois d'ordre et de mœurs, chacun se soumettra ;
Par des conventions, nul n'y dérogera.

LIVRE PREMIER.

DES PERSONNES.

TITRE PREMIER.

De la jouissance et de la privation des Droits civils.

CHAPITRE PREMIER.

De la jouissance des Droits civils.

7. On peut, des droits civils, avoir la jouissance,
Sans être citoyen, titre par excellence,
Lequel uniquement, suivant ce que contient
La constitution, s'acquiert et se maintient.

8. Jouir des droits civils, Français! c'est ton partage.

9. Qui naît d'un étranger en France, a l'avantage
De pouvoir réclamer le titre de Français,
Lorsqu'il devient majeur et dans l'année après,
Pourvu que, si déjà la France est son asile,
Il déclare y vouloir fixer son domicile,
Que, s'il a domicile en pays étranger,
Contre celui de France offrant de l'échanger,
Il remplisse dans l'an sa promesse souscrite.

10. Qui naît, dans l'étranger, d'un Français, l'est de suite.

Qui naît, dans l'étranger, d'un Français qui n'a plus,
Du titre de Français les nobles attributs,
Peut toujours recouvrer cette qualité chère :
L'article précédent trace ce qu'il doit faire.

11. En France, à l'étranger droits civils sont acquis,
Tels que ceux qu'aux Français accorde le pays
Qui, de cet étranger, se trouve la patrie.

12. Quand la femme étrangère, au Français, est unie,
Elle partage et suit le sort de son époux.

13. Tout étranger admis à rester parmi nous
Aura, des droits civils, la pleine jouissance,
Tant qu'il continûra son domicile en France.

14. Contre les étrangers, même non résidans,
Les tribunaux français sont toujours compétens,
A l'égard des contrats qu'en forme obligatoire,
Ils ont faits aux Français sur notre territoire,
Même à l'égard de ceux que, dans d'autres pays,
En faveur des Français, ils auraient consentis.

15. Devant juges français, pourront être portées
Les obligations, par Français, contractées
Avec un étranger, même ailleurs que chez eux.

16. Quand l'étranger engage un choc litigieux,
Excepté toutefois pour objet de commerce,
Il donne caution à la partie adverse
Pour les frais et dépens, dommages-intérêts,
Qui peuvent résulter de la fin du procès,
A moins qu'il ne possède en France un héritage
Qui puisse, suppléant la valeur d'un tel gage,
Répondre des objets de condamnation.

CHAPITRE II.

De la privation des Droits civils.

SECTION PREMIÈRE.

De la privation des Droits civils par la perte de la qualité de Français.

17. Si, se rendant au sein d'une autre nation,
Il se fixe chez elle et s'y naturalise ;
Si, sans que l'Empereur l'avoue et l'autorise,
Par une autre puissance il se trouve employé ;
Si, de rang trop avide, il est affilié
Dans un ordre exigeant des titres de naissance ;
Ou, se fixant ailleurs, s'il délaisse la France,
Sans esprit de retour, sans plus rien ménager,
Le Français perd son titre et devient étranger.

Tout établissement que fonde le commerce,
Quel que soit le climat où le français l'exerce,
N'est point réputé fait sans esprit de retour,
Quels que soient la distance et le temps du séjour.

18. Qui perd sa qualité peut toujours la reprendre ;
Et, pour y parvenir, en France il doit se rendre ;
Par le Prince, il s'y fait d'abord autoriser,
Et déclare d'ailleurs qu'il entend s'y fixer :
Il abjure, au surplus, dans cette circonstance,
Toute distinction contraire aux lois de France.

19. La Française qu'épouse un étranger, prendra
L'état, la qualité que son époux aura.

Veuve, elle reprendra sa qualité première,
Si la France est alors son séjour ordinaire,

Ou, si l'ayant quittée, en y reparaissant,
L'Empereur, à cet acte, alors l'autorisant,
Elle annonce y vouloir fixer son domicile.

20. Le Français recouvrant sa qualité civile,
Dans les cas exprimés, il n'en pourra jouir
Qu'à l'accomplissement des clauses à remplir :
Il n'aura toutefois que le seul exercice
De tout droit qui, depuis, s'ouvre à son bénéfice.

21. Le Français est privé de cette qualité,
Lorsque, chez l'étranger, sans être accrédité
Par l'Empereur, il prend de l'emploi militaire,
Ou, dans les armes, forme alliance étrangère.

Avec l'aveu du Prince, en France il peut rentrer ;
Sa qualité, ses droits, il peut tout recouvrer :
Mais ce qu'à l'étranger la loi rend nécessaire
Pour être citoyen, il doit aussi le faire ;
Il devint étranger, et le même moyen
Lui reste justement pour être citoyen :
Le tout sans déroger à la loi criminelle
Punissant la fureur de tout Français rebelle
Qui, contre son pays, combattant, fils ingrat,
Se couvre de l'affront du plus lâche attentat.

SECTION II.

De la privation des Droits civils par suite des condamnations judiciaires.

22. Les condamnations qui privent le coupable
Du partage des droits dont on va voir la table,
Emportent mort civile en toute occasion.

23. La mort civile suit la condamnation

Qui conduit le coupable à la mort naturelle.

24. Dans le genre afflictif, peine perpétuelle
Ne donne mort civile à l'auteur du forfait
Qu'autant que la loi veut y joindre cet effet.

25. Qui meurt civilement perd tout ce qu'il possède :
Dans ses propriétés, son héritier succède,
Comme si la nature, à son dernier moment,
L'eût conduit, sans qu'il eût laissé de testament.
  Nulle succesion ne devient son partage ;
A ce titre, il ne peut transmettre l'héritage
Qu'après la mort civile il a pu conquérir.
  Il ne peut disposer, il ne peut recueillir
Par un acte entre-vifs, ou bien testamentaire,
Si ce n'est seulement pour cause alimentaire.
  Il ne peut, d'un tuteur, remplir les fonctions,
Ni prêter son concours aux opérations.
  En justice, il ne peut, comme témoin, paraître ;
Dans un acte authentique, il ne le saurait être.
  Il ne peut procéder devant un tribunal
Que sous le nom, les soins d'un agent spécial,
D'un curateur nommé, soit qu'il forme demande,
Soit qu'étant provoqué lui-même, il se défende.
  Aucun effet civil ne pourra résulter
Du lien conjugal qu'il pourrait contracter.
  Le mariage fait avant la mort civile,
Quant aux effets civils, est dissous, inutile.
Aux droits qu'aurait ouverts son trépas naturel,
Héritiers et conjoint ont un droit actuel.

26. La condamnation dite contradictoire
N'emporte mort civile et ne la rend notoire,

Que du jour où se fait son exécution,
Soit en réalité, soit par la fiction.

27. La condamnation dite par contumace
Ne rend la mort civile encourue, efficace,
Qu'après cinq ans, du jour auquel le jugement
A pu s'exécuter figurativement:
Le condamné retient la faculté légale
De se représenter, durant cet intervalle.

28. Pendant le même temps, ou jusqu'au jour précis
Qu'il se présente au juge, ou qu'il se trouve pris,
Pendant ce délai même, il voit par la justice,
De tous ses droits civils, suspendre l'exercice.
Ses droits sont exercés et ses biens sont régis
Comme ceux des absens, au même joug soumis.

29. Si pareil condamné, de plein gré se présente,
Ou, trahi dans sa fuite et contre son attente,
S'il se trouve saisi, conduit dans la prison,
Dans les cinq ans du jour de l'exécution,
Son arrêt, de plein droit, doit soudain disparaître;
De ses propriétés il redevient le maître;
Mais il subit alors un nouveau jugement :
Si, pour la peine, il est conforme au précédent,
Ou s'il en porte une autre et qui, bien que nouvelle,
Entraîne également mort civile avec elle,
Cette mort n'aura lieu qu'à compter du moment
De l'exécution du second jugement.

30. Lorsque le condamné n'a pas, par sa présence,
Dans le laps des cinq ans, annulé la sentence,
Ou que, dans la prison, il ne se voit reclus
Qu'après que les cinq ans se trouvent révolus,

Qu'un nouveau jugement vienne à l'absoudre ensuite,
Ou qu'il n'ait encouru qu'une peine prescrite
Qui, du trépas civil, n'emporte point l'effet,
Il reprend, de ses droits, l'exercice parfait
Pour l'avenir, du jour que, devant la justice,
Il aura comparu : mais un tel bénéfice
Reçoit une limite, et ne sont point détruits
Les effets précédens, par ce trépas, produits
Dès l'expiration des cinq ans dits de grace
Jusqu'au jour qu'aura pu cesser la contumace.

31. Lorsque, dans les cinq ans, décède un condamné
Qui ne fut pas présent, non plus qu'emprisonné,
Il est réputé mort, dans tous ses droits, habile ;
L'arrêt de contumace est, de plein droit, stérile :
Il reste néanmoins, pour l'intérêt des tiers,
Une action civile envers ses héritiers.

32. Le condamné jamais en prescrivant sa peine
Ne peut anéantir, briser ce qui l'enchaîne ;
Pour lui tout est éteint : il ne peut ressaisir
Aucun des droits civils pour le temps à venir.

33. Le bien acquis par lui depuis la mort civile,
Et que, lorsqu'un tombeau lui servira d'asile,
Il pourrait posséder, du bien national,
Par droit de déshérence, accroît le capital.
L'Empereur, néanmoins, quand ta voix l'autorise,
O douce humanité ! peut en faire remise,
Entière, ou partielle, à la veuve, aux enfans
Du contumace, ainsi qu'à ses autres parens.

TITRE II.

Des Actes de l'état civil.

CHAPITRE PREMIER.

Dispositions générales.

34. L'ACTE d'état civil contient dans sa substance
L'heure, le jour et l'an marquant son existence;
Il dit les noms, prénoms, âge, profession,
Domicile, de ceux dont il fait mention.

35. L'officier rédacteur prêtant son ministère
Ne pourra consigner, en aucune manière,
Dans les actes reçus, que les renseignemens
Qui seront énoncés par les comparaissans.

36. Au cas où la partie, à l'acte intéressée,
Ne soit pas en personne à paraître forcée,
Un tiers qu'elle munit d'un spécial pouvoir
Peut être admis, pour elle, à remplir ce devoir.

37. Ceux qui doivent donner, dans l'acte, un témoignage
Seront du sexe mâle; ils auront au moins l'âge
De vingt-un ans : leur choix, qu'ils soient, ou non, parens
Sera laissé toujours au gré des comparans.

38. Les actes rédigés, lecture doit s'en faire,
Soit aux intéressés, soit à leur mandataire,
De même qu'aux témoins. Il est fait mention
Que l'on a consommé cette opération.

Titre II. *Des Actes de l'état civil.*

39. L'officier, à cet acte, imprime une clôture
Par le soin d'y placer au bas sa signature :
Comme garantissant et l'acte et sa teneur,
Comparans et témoins donnent aussi la leur ;
Lorsqu'à ce dernier but l'impuissance s'oppose,
Il faut que l'officier en déclare la cause.

40. Pour ces inscriptions, chaque communauté
Tient un registre double, ou plus, à volonté.

41. Ils seront tous cotés par première et dernière,
Par celui qui préside en instance première,
Ou par le suppléant qui le remplacera :
Sur chaque feuille, en outre, il les paraphera.

42. Les actes sont inscrits sans aucun blanc, de suite :
Dans les cas de rature, elle sera souscrite
Comme le corps de l'acte, ainsi que tous renvois ;
Une approbation doit y joindre son poids.
L'abréviation n'y peut être permise ;
En chiffres, au surplus, nulle date n'est mise.

43. A la fin de chaque an, ces doubles, arrêtés
Par celui qui les tient, dans le mois, sont portés,
L'un, près chaque commune et sous sa surveillance,
L'autre, au greffe civil de la première instance.

44. Les procurations, pièces et documens,
Par l'officier civil et par les comparans,
Signés et paraphés, sont joints à l'exemplaire
Dont l'officier civil devient dépositaire.

45. Aux regîtres ainsi ces actes insérés
Sont, à tout demandeur, par extrait, délivrés ;
Qui donne cet extrait doit l'attester conforme ;

Puis on le légalise ; il reçoit cette forme
Du juge président de l'arrondissement,
Ou du juge qui doit être son remplaçant.
L'inscription en faux pourra seule détruire
La foi due à l'extrait que l'on vient de décrire.

46. Quand les regîtres sont, soit omis, soit perdus,
Des titres sont produits, des témoins entendus
Dans l'un et l'autre cas : alors, pour témoignages
De chacun des décès, naissances, mariages,
Des parens décédés, sont reçus les écrits,
Et l'affirmation de ceux qui sont ouis.

47. L'acte d'état civil dont le texte concerne
Le Français, l'étranger, fait en pays externe,
Opère pleine foi, si sa rédaction
Est conforme aux statuts de cette nation.

48. L'acte d'état civil fait en terre étrangère,
Concernant des Français, a sa valeur entière,
Quand l'agent du commerce ou du gouvernement,
D'après la loi française, en dresse l'instrument.

49. En marge d'acte inscrit, s'il faut qu'on mentionne
Un acte concernant l'état d'une personne,
Aux regîtres courans, cette opération
Se fait par l'officier alors en fonction ;
Ou bien elle se fait aux doubles exemplaires
Par les soins respectifs des deux dépositaires :
Par les intéressés, le tout sera requis.
L'officier, sous trois jours, en transmet un avis
Au procureur du Prince en instance première
Sur le double regître, alors son ministère
Est de veiller au soin que la formalité

TITRE II. *Des Actes de l'état civil.*

Soit strictement remplie avec conformité.

50. Devant le tribunal, tous les fonctionnaires
Qui n'accompliront pas les points réglémentaires
Ci-dessus énoncés, se verront poursuivis,
Et, de cent francs d'amende, au plus, seront punis.

51. Les altérations aux regîtres portées,
Aux détenteurs publics, doivent être imputées :
Du défaut de leurs soins, c'est la punition ;
Les lois ouvrent alors contre eux une action,
Comme civilement tenus et responsables ;
Mais ils ont leur recours contre les vrais coupables.

52. Dans des actes pareils, toute altération,
Tout faux, quel qu'il puisse être, et toute inscription
Sur un papier volant, ou d'une autre manière
Que ne le veut la loi, pourront fournir matière
Aux dommages civils de tout intéressé,
Outre le châtiment par la loi prononcé.

53. Quand, des doubles, au greffe, est faite la remise,
Vérification de suite en est commise
Au procureur du Prince auprès du tribunal,
Qui, de son examen, dresse un procès-verbal.
Vengeur impartial des règles offensées,
Prévarications, par lui, sont dénoncées
Contre les officiers en contravention ;
A l'amende, il requiert leur condamnation.

54. Sans nulle exception, lorsque, en première instance,
Touchant l'état civil, il intervient sentence,
Partie intéressée use légalement
Du droit de se pourvoir contre le jugement.

CHAPITRE II.

Des Actes de naissance.

55. Quand nous naissons, ce fait se déclare en présence
De l'officier civil du lieu de la naissance,
Dans les trois premiers jours de l'accouchement fait;
On doit lui présenter l'enfant à cet effet.

56. La déclaration est faite par le père;
Il a, pour suppléans, dans un tel ministère,
Médecins, chirurgiens, officiers de santé,
Sages-femmes, ou ceux, de toute qualité,
Qui, dans l'accouchement, ont assisté la mère.
Si celle-ci n'est pas dans son lit ordinaire,
L'individu chez qui se fait l'accouchement
Doit déclarer lui-même alors l'événement.
Cet acte est rédigé sans aucune remise,
Et, d'un double témoin, la présence est requise.

57. L'acte énonce le jour, l'heure où l'enfant est né;
Il indique le lieu; son sexe est désigné;
On inscrit les prénoms qu'alors on lui défère,
Les noms et les prénoms du père et de la mère,
Comme leur domicile avec leurs qualités,
Et ceux également des témoins présentés.

58. Qui, sous ses pas, rencontre enfant qui vient de naître
A l'officier civil, d'abord doit le remettre,
Avec tous les effets laissés près de l'enfant;
Il énonce avec soin le local et l'instant
Où cette découverte a pu frapper sa vue.
Mention détaillée en sera contenue

Dans un procès-verbal, où l'âge présumé,
Le sexe de l'enfant, doit se voir exprimé;
On indique les noms dont on le gratifie,
Le magistrat civil auquel on le confie :
Aux regîtres, cet acte est inscrit sur-le-champ.

59. Dans un voyage en mer, et sur un bâtiment,
S'il vient un nouveau-né, son acte de naissance,
Dans le cours d'un soleil, se dresse en la présence
De l'auteur de ses jours, s'il peut être présent,
Et de deux officiers du même bâtiment;
Et si l'on ne peut pas avoir leur témoignage,
On prend celui de deux des gens de l'équipage.
Dans les vaisseaux du Prince, un officier marin
Doit toujours rédiger cet acte de sa main :
Mais si le bâtiment appartient au commerce,
Cette formalité s'accomplit et s'exerce,
Ou par le capitaine, ou bien par le patron;
Au rôle d'équipage, on fait l'inscription.

60. Au port où le navire, abordant, fera pause,
Pour cause de relâche, ou pour toute autre cause,
Hors celle, toutefois, de son désarmement,
Quel que soit, du navire, alors le commandant,
Il doit faire dépôt d'un double extrait en forme,
Aux actes rédigés, certifié conforme,
Savoir, en port français, chez l'agent du bureau
Où, des marins inscrits, se forme le tableau,
Et dans tout autre port, chez l'agent consulaire.
De l'un de ces extraits, reste dépositaire
Le bureau maritime, ou le Consul français :
Ils doivent adresser le second des extraits
A qui, de la marine, aura le ministère;

Après l'avoir reçu, le ministre en fait faire,
A son tour, un extrait, par lui, certifié ;
Cet extrait, par ses soins, est ensuite envoyé
Au maire de l'endroit où, de l'enfant, le père
Peut avoir établi sa demeure ordinaire,
Ou du lieu dans lequel la mère a demeuré,
Dans le cas où le père est lui-même ignoré.
Aux regîtres civils, une telle copie
Est de suite insérée ; elle en devient partie.

61. Au retour du voyage, et quand le bâtiment
Arrive dans le port de son désarmement,
L'agent marin reçoit le rôle d'équipage ;
Lorsqu'il a ce dépôt, il en fait cet usage :
De l'acte de naissance, il adresse un extrait,
Que rend sa signature authentique et complet,
Soit au maire des lieux habités par le père,
Soit à celui des lieux habités par la mère,
Dans le cas où l'enfant n'a qu'un père ignoré.
Aux regîtres, l'extrait est de suite inséré.

62. L'acte qui, d'un enfant, porte reconnaissance,
A sa date, est inscrit : celui de sa naissance,
Sur le regître, en marge, en reçoit mention,
Si, de ce dernier acte, existe inscription.

CHAPITRE III.

Des Actes de mariage.

63. Deux publications, à huit jours d'intervalle,
Précéderont toujours l'union conjugale :
L'officier doit les faire un jour dominical,
En public, et devant l'hôtel municipal.

TITRE II. *Des Actes de l'état civil.*

Acte en sera dressé. Ces publications
Énonceront les noms, prénoms, professions,
Demeures des futurs contractans mariage,
S'ils sont majeurs, mineurs, par conséquent leur âge;
Elles énonceront encore en même temps
Les noms et les prénoms de leurs premiers parens,
Comme leurs qualités ainsi que leurs demeures.
On fera mention des lieux, des jours, des heures
Où l'on aura rempli cette formalité.
Sur un regître seul, l'acte sera porté;
Ce regître est soumis aux mesures qu'impose
L'article quarante-un; l'officier le dépose,
A la fin de l'année, au greffe permanent
Du tribunal civil de l'arrondissement.

64. Des publications, une affiche est placée
A la porte commune, elle y reste fixée
Jusqu'à ce que le temps qui doit les séparer
L'une de l'autre, arrive au moment d'expirer.
On ne peut procéder à l'union requise
Qu'à la troisième aurore, après, et non comprise,
Celle où l'on aura fait pour la seconde fois
La publication prescrite par les lois.

65. A compter du moment où ce délai s'épuise,
Si l'an s'écoule, avant que l'on ne réalise
La célébration de l'hymen projetté,
Cet hymen ne peut plus se voir exécuté
Qu'autant que, de nouveau, l'on se soumet aux formes
De publications, aux premières, conformes.

66. A l'hymen, qui provoque une opposition,
Est tenu, pour agir, de l'obligation

De signer l'acte même ainsi que la copie;
Par son représentant, cette forme est remplie.
A personne, ou demeure, aux époux à venir,
Par un exploit d'huissier, l'acte doit parvenir.
D'un pouvoir authentique, admet-on l'entremise ?
De l'acte spécial, la copie est transmise.
A l'officier civil, tout est signifié;
Par lui, l'original est vu, certifié.

67. L'officier, sans délai, fait mention sommaire
Des oppositions qu'on s'est permis de faire,
Au regître tenu pour publier les bans :
Sur la marge, en regard des enregistremens
Des oppositions, l'officier note ensuite,
Des jugemens rendus, la volonté prescrite,
Ou les désistemens des oppositions,
Dont on met dans ses mains les expéditions.

68. Qu'une opposition, au mariage, existe,
Il ne peut être fait pendant qu'elle subsiste :
Si l'officier passe outre, il est déterminé
Qu'à trois cents francs d'amende il sera condamné;
Il encourt au surplus l'action en dommage.

69. S'il n'est point d'opposant, l'acte de mariage
En doit soigneusement contenir mention :
Si, de l'hymen futur, la publication
A dû se faire entendre en plus d'une commune,
La loi veut qu'en ce cas l'officier de chacune
Donne un certificat aux futurs, constatant
Qu'il ne s'est point contre eux élevé d'opposant.

70. Les futurs remettront leur acte de naissance
A l'officier civil; et dans la circonstance

Où l'un d'eux ne pourrait représenter le sien,
Il peut y suppléer; en voici le moyen :
Par le juge de Paix du lieu du domicile,
Ou du lieu de naissance, à cet effet, habile,
Il se fait délivrer avec solemnité
Un acte intitulé de notoriété.

71. Cet acte contiendra le commun témoignage
De sept individus : ils déclareront l'âge,
Autant qu'il se pourra de l'époux à venir,
Les lieux où sa naissance aura pu survenir,
De la production de l'acte qui l'indique,
Quel peut avoir été l'empêchement physique,
Ses noms et ses prénoms, demeure et qualités :
Ceux de ses père et mère y seront ajoutés,
Si les témoins ont pu, toutefois les connaître.
Parens, ou non parens, les témoins pourront être
Mâles ou féminins. Par tous l'acte est signé ;
Qui ne peut, ou ne sait doit être désigné.

72. Au tribunal civil de la première instance
De la commune où doit se faire l'alliance,
On présente cet acte. Alors le tribunal,
Après avoir ouï l'agent impérial,
Des déclarations, mesurant l'importance,
Sur l'obstacle au rapport de l'acte de naissance,
Avec maturité donne sa sanction,
Ou refuse à son gré l'homologation.

73. Des père et mère unis, les aveux authentiques,
Ou le consentement de parens plus antiques,
Comme aïeules, aïeux, ou, s'ils n'existent pas,
Celui de la famille appelée en ce cas,

Contiennent noms, prénoms, qualités, domicile
Du futur, et de ceux dont le concours utile
Doit cimenter cet acte. On y voit relaté,
Au surplus, le degré touchant la parenté.

74. Où l'un des deux époux aura son domicile,
Là l'hymen célébré leur donne un joug utile.
Quiconque habite un lieu pendant six mois suivis
A, quant au mariage, un domicile acquis.

75. Des publications, quand les délais finissent,
Dans le jour désigné que les futurs choisissent,
Dans la maison commune, appelés et présens
Quatre témoins élus, parens, ou non parens,
Le magistrat civil fait lecture aux parties
Des pièces ci-dessus, et par lui recueillies,
Concernant leur état et les formalités
Qu'ils auront dû remplir suivant les cas notés ;
Il fait, de la loi même, entendre le langage
Dans le Chapitre six, Titre du mariage,
Sur les droits et devoirs respectifs des époux :
A l'un et l'autre ensuite il dit : entendez-vous
Vous prendre pour mari, pour femme ? A leur réponse
Qui confirme ce vœu, le magistrat prononce :
Par la loi, le lien de l'hymen vous unit.
L'acte en est sur-le-champ, sur le regître, inscrit.

76. Dans sa rédaction, l'acte de mariage
Énonce, des époux, les noms, prénoms et l'âge,
Les lieux de domicile et ceux d'extractions ;
S'ils sont majeurs, mineurs ; les noms et les prénoms,
Demeure et qualités de leurs pères et mères;
Tous les consentemens, les aveux nécessaires

Soit des premiers parens, soit d'aïeules, d'aïeux,
Soit ceux de la famille, aux cas, pour chacun d'eux,
Exprimés par la loi; l'existence sévère
D'actes respectueux, lorsqu'ils ont dû se faire;
Aux séjours respectifs, les publications;
Quand elles ont eu lieu, les oppositions,
Et de leur main-levée une preuve complette,
Ou bien la mention qu'aucune ne fut faite;
La déclaration du vœu des contractans
De s'unir comme époux de ces liens constans;
De l'officier public, le prononcé fidelle;
Des témoins que la loi, pour un tel acte, appelle,
Les noms, prénoms, comment ils sont qualifiés,
Leur âge, leur demeure, et, s'ils sont alliés,
Ou parens, le côté, le degré qui les lie.

CHAPITRE IV.

Des Actes de décès.

77. Nulle inhumation ne peut être accomplie
Sans la permission que, sur libre papier,
Et sans prendre aucuns frais, délivre l'officier,
Après s'être assuré, par son transport près d'elle,
Que la personne éprouve une mort bien réelle:
Le funèbre devoir ne peut qu'être exercé
Vingt-quatre heures après que la vie a cessé,
A moins que la police, en circonstance urgente,
N'abrège, du délai, la règle permanente.

78. Prenant, de deux témoins, la déclaration,
De l'acte, l'officier fait la rédaction.
Ces témoins, s'il se peut, sont ceux que, davantage,

Liaient au décédé parenté, voisinage,
Ou, lorsque le défunt est mort hors de chez lui,
La personne chez qui son dernier jour a lui;
D'un parent, ou d'un autre, elle est accompagnée.

79. Dans l'acte de décès, se trouve désignée
La personne défunte, en ses noms et prénoms,
Age approximatif, demeure et fonctions;
Et lorsqu'elle a vécu soit dans le mariage,
Soit en viduité, l'acte rend témoignage
Des noms et des prénoms de qui fut son conjoint.
Des témoins déclarans, l'officier n'omet point
Les noms et les prénoms, qualité, demeure, âge;
S'ils sont parens, il dit quel degré les engage.
De plus, en supposant la possibilité,
L'acte énonce les noms, les prénoms, qualité,
Demeure des parens auteurs de la naissance
Du défunt, et le lieu berceau de son enfance.

80. Si le décès a lieu parmi les hôpitaux
Militaires, civils, hôtels nationaux,
De ces lieux différens, le directeur, ou maître,
Quelque titre qu'il ait, dans le jour, fait connaître,
A l'officier civil, le décès survenu:
Transporté sur-le-champ, l'officier est tenu,
S'assurant du décès, d'en dresser acte en forme,
Au précédent article, en tous les points, conforme,
D'après tout témoignage et tout renseignement
Qu'il peut se procurer sur cet événement.
Dans ces mêmes maisons, des regîtres se tiennent
Qui, par inscription, reçoivent et contiennent
Les déclarations qui portent sur les faits.
L'officier fait l'envoi de l'acte de décès

Titre II. *Des Actes de l'état civil.*

A l'officier du lieu de dernière demeure
Du défunt; au regître, il est inscrit sur l'heure.

81. Si quelque indice, ou signe a caractérisé
L'empreinte d'un décès violemment causé,
Si l'indice manquant, toute autre circonstance
Fait naître le soupçon de quelque violence,
A l'inhumation, avant de procéder,
Par un procès-verbal, on la fait précéder :
L'officier de police en dresse la substance ;
L'officier de santé prête son assistance ;
Du cadavre, avec soin, l'état est constaté ;
Tout ce qui le concerne est aussi relaté :
On inscrit ce qu'on peut avoir de témoignage
Sur les noms du défunt, prénoms, domicile, âge,
Sur le lieu de naissance et la profession.

82. Tous les renseignemens, dont la transcription
Est au procès-verbal dont on a vu l'esquisse,
Sont de suite transmis par l'agent de police
A l'officier des lieux où le mort s'est trouvé ;
D'après eux, il rédige un acte motivé.
A l'officier public du lieu de résidence
Du défunt, si l'on peut en avoir connaissance,
Le premier fait l'envoi d'une expédition ;
Au regître civil, s'en fait l'inscription.

83. Lorsque le jugement d'une cour criminelle,
Portant peine de mort, rend cette mort réelle
Par l'exécution, le greffier de la cour
Est tenu d'envoyer, dans les heures d'un jour,
A l'officier du lieu théâtre du supplice,
Tous les renseignemens dont on voit la notice

Dans l'article soixante, à dix-neuf, ajouté:
D'après eux, du décès, un acte est constaté.

84. Concierge ou gardien, d'une manière active,
Avertit l'officier, quand un décès arrive,
Dans la maison d'arrêt, ou de réclusion,
Ou celle destinée à la détention :
L'article quatre-vingt devient alors le guide
De l'officier public qui doit, d'un pas rapide,
Vers le lieu désigné, faisant un prompt accès,
Y procéder de suite à l'acte de décès.

85. Dans les cas de décès causés par violence,
Dans ceux également où l'on perd l'existence
Dans les maisons d'arrêt ou de réclusion,
Ou par le sort fatal d'une exécution,
Dans l'acte de décès, aucune circonstance
Ne sera rappelée ; et dans cette occurrence,
D'autres renseignemens n'y seront consignés
Que ceux, au nombre, avant quatre-vingt, désignés.

86. Dans le temps que, sur mer, il se trouve en voyage
Si la mort, sur quelqu'un exerce son ravage,
Par acte, dans le jour, le fait devient constant,
Témoins deux officiers du même bâtiment,
Et si l'on ne peut pas avoir leur témoignage,
Témoins deux citoyens des gens de l'équipage.
Dans les vaisseaux du Prince, un officier marin
Doit toujours rédiger cet acte de sa main ;
Mais si le bâtiment appartient au commerce,
Cette formalité s'exécute et s'exerce,
Ou par le capitaine, ou bien par le patron ;
Au rôle d'équipage, on fait l'inscription.

TITRE II. *Des Actes de l'état civil.*

87. Au port où le navire, abordant, fera pause,
Pour cause de relâche, ou pour toute autre cause,
Hors celle, néanmoins, de son désarmement,
Quel que soit, en ce cas, le chef du bâtiment,
Il dépose de suite un double extrait en forme;
A l'article soixante, en tout, il se conforme.
Au retour du voyage, et quand le bâtiment
Arrive dans le port de son désarmement,
L'agent marin reçoit le rôle d'équipage;
Ce dépôt dans ses mains, il en fait cet usage:
De l'acte de décès il adresse un extrait,
Que rend sa signature authentique et complet,
A l'officier civil du lieu de la demeure
De celui dont la mort sonna la dernière heure:
Au regître l'extrait est de suite inséré.

CHAPITRE V.

Des Actes de l'état civil concernant les militaires hors du territoire de l'Empire.

88. L'état civil aussi doit se voir assuré
Parmi les défenseurs qui sont hors des frontières,
Ou les individus sans titres militaires,
Qui seront attachés près de nos bataillons,
Par un emploi quelconque, ou par leurs fonctions.
Dans leurs actes civils, se verront respectées
Les dispositions précédemment portées:
Aux articles suivans, sont les exceptions.

89. Dans un corps formé d'un, ou plusieurs bataillons
Ou plusieurs escadrons, on devra reconnaître
Comme officier public l'officier quartier-maître;

Dans tous les autres corps, l'emploi doit regarder
Qui, comme capitaine, y devra commander :
Les mêmes fonctions se trouvent dévolues
A celui qui se montre inspecteur aux revues
D'armée, ou bien au corps d'armée appartenant,
Soit pour les officiers marchant isolément,
Soit pour ceux qu'à l'armée attache quelque titre.

90. Dans tout corps militaire, il est tenu regître
Pour les actes civils de ses membres actifs :
Un autre, concernant les actes relatifs
A des officiers seuls, à des fonctionnaires,
Est confié, remis dans des mains tutélaires,
Près de l'état-major, soit de l'armée en grand,
Soit près celui d'un corps d'armée, isolément.
Ces regîtres publics et d'ordre nécessaire
Sont tenus, conservés de la même manière
Que les autres papiers et regîtres des corps,
Ou ceux qui sont tenus par des états-majors ;
Ils doivent être mis aux dépôts de la guerre,
Quand l'armée, ou les corps repassent la frontière.

91. Ces regîtres ainsi, par le Code, arrêtés
Sont préalablement paraphés et cotés,
Dans chaque corps armé, par le chef qui le guide,
Et près l'état-major, par celui qui préside,
En qualité d'agent et de chef principal,
A l'état reconnu pour major-général.

92. La naissance, à l'armée, est toujours déclarée
Dans les dix jours après la naissance avérée.

93. L'officier qui du soin du regître est chargé,

Titre II. *Des Actes de l'état civil.*

Pour remplir ses devoirs, est encore obligé,
Après l'inscription de l'acte de naissance,
Dans les dix jours suivans, d'en donner connaissance,
En lui faisant passer un extrait régulier,
A l'officier public de l'asile dernier
Du père de l'enfant, autrement de sa mère,
Si l'acte rédigé n'annonce point son père.

94. Les publications de mariage, ou bans
De chaque militaire et de tous les agens
Employés à l'armée ont lieu dans la commune
Où chacun d'eux avait domicile et fortune.
Ces bans, pour les sujets, dans un des corps, placés,
Mis à l'ordre du jour du corps, sont annoncés;
A celui de l'armée, ou bien du corps d'armée,
Des publications, l'annonce est proclamée
Pour officier sans troupe, agent en fonction;
Tout, vingt-cinq jours avant la célébration.

95. La célébration sur le regître inscrite,
Tout officier à qui la garde en est prescrite,
A l'officier des lieux où les époux ont fait
Leur dernière demeure, en adresse un extrait.

96. Aux actes de décès, dans tout corps militaire,
Le quartier-maître doit prêter son ministère :
Pour officiers sans troupe et pour les employés,
Les soins de rédiger l'acte sont confiés
A l'officier chargé d'inspecter les revues.
Les voix de trois témoins doivent être entendues;
Dans le dixième jour, doit parvenir l'extrait
A l'officier du lieu où le mort demeurait.

97. Si, dans les hôpitaux appelés militaires,

Qu'ils soient en ambulance, ou qu'ils soient sédentaires,
Il arrive un décès, l'acte en est rédigé
Par celui qui des soins de l'hospice est chargé.
Cet acte est envoyé, sur les chances prévues,
Au quartier-maître, ou bien à l'agent des revues :
Ces officiers en font parvenir un extrait
A l'officier des lieux que le mort habitait.

98. Quand, d'un acte touchant la qualité civile,
A l'officier des lieux du dernier domicile
De ceux qu'il intéresse, une expédition
Arrive de l'armée, à son inscription
Au regître civil, on procède de suite.

CHAPITRE VI.

De la Rectification des actes de l'état civil.

99. On doit toujours porter la demande introduite
Pour qu'un acte civil soit, dans ses élémens,
Rectifié, devant les juges compétens :
On fait intervenir au choc judiciaire,
Les tiers intéressés, s'il devient nécessaire.
L'agent impérial est toujours entendu,
Et, l'appel réservé, jugement est rendu.

100. La sentence ne peut jamais être invoquée
Contre un tiers, si ce tiers ne l'a pas provoquée,
Ou s'il n'a pas été cité légalement
Pour se trouver compris au même jugement.

101. Alors que la remise, en ses mains, s'en opère,
Tout officier public, dans le regître, insère
Les jugemens portant rectification ;
A la marge de l'acte, il en fait mention.

TITRE III.

Du Domicile.

102. En ce qui peut toucher l'activité civile
De ses droits, tout Français a pour son domicile
La commune où se tient son établissement,
Le plus cher à la fois et le plus important.

103. Qui réside, de fait, dans une autre commune,
Avec l'intention d'y porter sa fortune,
D'y rendre principal son établissement,
Au premier domicile, opère un changement.

104. L'intention ne peut devenir assurée
Qu'autant qu'elle est expresse et qu'elle est déclarée
Tant au maire du lieu que l'on prétend quitter,
Qu'au maire de celui que l'on veut habiter.

105. Si l'on a négligé cette forme probante,
Des faits l'intention est alors dépendante.

106. Celui que l'on appelle, en des lieux différens,
A des emplois publics révocables, à tems,
Conserve justement domicile ordinaire,
S'il ne témoigne pas l'intention contraire.

107. Lorsque l'emploi public, à vie, est conféré,
Toujours le domicile est, de droit, transféré,
Par l'acceptation de celui qu'on appelle,
Où devra s'exercer sa fonction nouvelle.

108. La femme assujétie au lien conjugal
Est domiciliée au logis marital ;
Le mineur, qui n'est point hors du joug tutélaire
Est domicilié chez son père ou sa mère,
Ou bien chez son tuteur ; et l'interdit majeur
Est domicilié près de son curateur.

109. Aux majeurs, chez autrui, qui travaillent ou servent
Habituellement, les lois ici réservent
Un domicile au lieu qui se trouve habité
Par qui les salarie en cette qualité.

110. Le domicile indique et sert à découvrir
Où la succession doit constamment s'ouvrir.

111. Lorsque les contractans, ou l'un d'eux, dans un acte
Pour l'exécution qui doit suivre leur pacte,
Élisent domicile ailleurs que dans l'endroit
Où la réalité leur en donne un de droit,
Tous les ajournemens, demandes et poursuites,
Qui doivent concerner le contrat et ses suites,
Au domicile élu se font légalement,
Et le juge du lieu peut être compétent.

TITRE IV.

Des Absens.

CHAPITRE PREMIER.

De la Présomption d'absence.

112. S'il s'agit de pourvoir à l'instante régie
Des biens qu'aura laissés, en tout, ou par partie,
Un absent présumé, qui ne s'est point aidé
Des soins officieux d'un procureur fondé,
Des tiers, dont l'intérêt l'exige et le comporte,
Au tribunal civil la demande se porte.

113. Le tribunal requis par le plus diligent
Des tiers intéressés, fait le choix d'un agent
Pour l'absent présumé : pris parmi les notaires,
Il paraît, en son nom, soit dans les inventaires,
Comptes, partages, soit aux liquidations,
Dans lesquels il lui peut échoir des portions.

114. L'agent impérial a mission expresse
De veiller avec zèle à ce qui l'intéresse ;
Et ce fonctionnaire est toujours entendu,
Quel que soit le débat, à l'absent, survenu.

CHAPITRE II.

De la Déclaration d'absence.

115. Lorsque, d'une personne, a cessé la présence
Au lieu du domicile, ou de la résidence,
Et que, depuis quatre ans, son sort est ignoré,
Aux tiers intéressés, le droit est déféré
De faire reconnaître et déclarer l'absence,
Au tribunal civil, juge en première instance.

116. Pour constater les faits sur l'absence déduits,
D'après les documens et les papiers produits,
Le tribunal civil ordonne qu'une enquête,
Contradictoirement, dans un délai, soit faite
Avec l'agent du prince, en l'arrondissement
Du réel domicile affecté pour l'absent,
Et celui qui pouvait être sa résidence,
Si, parmi l'un et l'autre, existait différence.

117. Le tribunal civil, en appliquant les lois,
Des motifs de l'absence examine le poids;
Il considère aussi les causes naturelles,
De l'absent présumé, suspendant les nouvelles.

118. Lorsque, des jugemens soit ordonnant enquête,
Soit statuant au fond, la sanction est faite,
L'agent impérial devra les envoyer
Au ministre grand-juge. Il les fait publier.

119. Le juge, à prononcer l'absence déclarée,
N'est admis qu'à la fin d'une année expirée,
Qui doit courir depuis le jour du jugement
Qu'on a d'abord rendu préparatoirement.

CHAPITRE III.

Des Effets de l'absence.

SECTION PREMIÈRE.

Des Effets de l'absence, relativement aux Biens que l'absent possédait au jour de sa disparition.

120. Quand, pour régir les biens que l'absent abandonne,
Il n'a point conféré de pouvoir à personne,
L'héritier présomptif, soit au jour qu'a marqué
Sa disparition, soit au jour indiqué
Par les derniers avis touchant son existence,
D'après le jugement déclaratif d'absence,
Peut exercer le droit de se faire accorder,
Et provisoirement, ce qu'a pu posséder
L'absent à son départ, ou lorsque ses nouvelles,
Pour la dernière fois, ont frappé les oreilles (1);
A la charge par lui de donner caution,
Pour la sécurité de cette gestion.

121. Dans le cas, au contraire, où quelqu'un se présente,
Revêtu des pouvoirs de la personne absente,
L'héritier présomptif ne pourra parvenir
A constater l'absence, à l'effet d'obtenir
Du tribunal civil jugement, ou sentence
Qui, provisoirement, l'envoie en jouissance
Qu'à l'expiration de dix ans accomplis
Depuis, soit le départ, soit les derniers avis.

---

(1) Cette rime peut paraître défectueuse, mais elle est justifiée par de nombreux exemples de bons auteurs. (*Note des éditeurs.*)

122. La même règle a lieu, si le pouvoir s'épuise :
La gestion des biens, dans ce cas, est soumise
Aux principes tracés par le titre présent,
Au chapitre premier, pour les biens de l'absent.

123. Quand un proche, en vertu du droit héréditaire,
A pris possession, l'acte testamentaire,
Quand il en existe un et qu'il est découvert,
Si quelque intéressé le demande, est ouvert :
L'agent impérial peut également faire
Ouvrir le testament ; alors le légataire,
Le donataire, et ceux auxquels il est donné,
Sur les biens de l'absent, un droit subordonné
A la condition qu'ils doivent lui survivre,
Peuvent, en attendant, les exercer, les suivre,
En s'assujétissant à donner caution.

124. L'époux commun en biens, s'il fait son option,
De la communauté, prolongeant la durée,
De demeurer commun, peut empêcher l'entrée
Dans la possession provisoire des biens :
Cette option suspend, dans les mêmes liens,
Les droits autorisés dans le cas de survie.
L'époux, par préférence, admis à la régie,
Conserve, ou prend des biens l'administration.
S'il vient à préférer la dissolution
De la communauté, la règle l'autorise
Dans l'exercice entier de ses droits de reprise,
Quelle qu'en soit l'espèce. Il donne caution
Pour la chose sujette à restitution.
La femme, préférant de demeurer commune,
Peut ensuite toujours séparer sa fortune.

125. Qui, par un jugement, et par provision,
Se trouve autorisé dans la possession,
Ne peut être pourvu que d'un titre précaire :
Il est considéré comme dépositaire ;
Et, des biens de l'absent, simple administrateur,
Il doit un compte fait dans toute la rigueur,
Si, présent, il détruit le fait de son absence,
Si des avis récens prouvent son existence.

126. Qui, provisoirement, obtient possession,
Ou l'époux préférant la prolongation
De la communauté, sont obligés de faire,
Contradictoirement avec le commissaire
De l'Empereur, auprès du tribunal premier,
L'inventaire et l'état de tout le mobilier,
Des titres de l'absent ; et, s'il est nécessaire,
Juge de paix requis tient lieu de commissaire.
Le tribunal prescrit, suivant l'occasion,
Que, de suite, il soit fait aliénation
De tout le mobilier, ou bien d'une partie :
Si, par le tribunal, la vente est accueillie,
Et qu'elle s'exécute, on fait emploi du prix ;
S'ils sont échus, on fait, de même, emploi des fruits.
Ceux qui tiennent les biens par envoi provisoire,
Peuvent, pour prévenir l'action récursoire,
Requérir un rapport sur l'état consistant
Des biens immobiliers que possédait l'absent ;
Le tribunal choisit l'expert qui doit le faire ;
L'homologation ensuite s'en défère
Aux magistrats, l'agent impérial présent :
Les frais en sont perçus sur les biens de l'absent.

127. Quiconque, possesseur légal, ou provisoire,

Jouit des biens laissés par un absent notoire,
Dans nulle occasion, ne peut être tenu
Qu'à lui restituer, dans le clair revenu,
Une cinquième part, s'il se fait reconnaître
Avant qu'après quinze ans, le jour vienne à paraître
Depuis le jour fixé qui marqua son départ,
Et, s'il paraît après, une dixième part.

De tous les revenus, il a la jouissance,
Quand se sont écoulés cent ans depuis l'absence.

128. Quiconque, par envoi fait par provision,
Est, des biens de l'absent, mis en possession,
Et, sous un pareil titre, en a la jouissance,
Ne peut point, toutefois, dans nulle circonstance,
Aliéner aucun des biens immobiliers,
Ni les hypothéquer pour aucuns créanciers.

129. Lorsque, pendant trente ans, aura duré l'absence,
Depuis qu'un tiers quelconque aura pris jouissance
Avec provision, ou depuis le moment
Que, des biens, la régie est, par un jugement,
D'après son option, à l'époux, dévolue,
Ou lorsque la centième année est révolue
Depuis qu'est né l'absent, de toutes cautions
Se terminent alors les obligations;
Et tous les ayans-droit, réclamant le partage,
Peuvent, au tribunal, demander l'avantage
De se voir déclarés définitivement
Les possesseurs des biens provenus de l'absent.

130. Du moment qu'on produit d'une manière claire
La preuve que l'absent a fini sa carrière,

Titre IV. Des Absens.

La succession s'ouvre, au profit du parent
Du plus proche degré dans ce même moment
Et des biens de l'absent, le possesseur précaire
A, de ces mêmes biens, une remise à faire,
Excepté, toutefois, la remise des fruits
Qu'au nombre cent vingt-sept, la loi déclare acquis.

131. Pendant l'envoi précaire, ou simple jouissance,
Si l'absent reparaît, ou, sur son existence
Donne preuve certaine, alors le jugement
Déclaratif d'absence est sans nul fondement,
Sauf, si le cas urgent le veut et sollicite,
A prendre utilement la mesure prescrite
Au chapitre premier, dans le titre présent,
Pour surveiller les biens qui concernent l'absent.

132. Si l'absent reparaît, ou, sur son existence,
Donne preuve certaine, après la jouissance
Adjugée à jamais, les biens lui sont rendus ;
Il recouvre le prix de ceux qui sont vendus,
Ou peut se prévaloir de ce qui représente
Tout autre emploi du prix provenant de la vente.

133. Dans les trente ans, après l'envoi définitif,
Ceux qui directement, dans l'ordre successif,
Descendent de l'absent, peuvent former demande
Pour leur admission dans la réintégrande,
Ainsi que le prescrit l'article précédent.

134. Après qu'un jugement a proclamé l'absent,
Celui qui peut prétendre avoir le bénéfice
De quelque droit, ne peut en porter l'exercice
Qu'envers ceux qui, des biens, ont la possession,
Ou qui, légalement, en ont la gestion.

SECTION II.

Des Effets de l'absence, relativement aux droits éventuels qui peuvent compéter à l'absent.

135. Qui prétend à des droits sur une chose échue
A celui dont on tient l'existence inconnue,
Quand le droit s'est ouvert, doit prouver qu'il vivait ;
Jusques-là, sa demande est sans aucun effet.

136. Si celui dont on tient l'existence inconnue
Se trouvait appelé dans une hoirie échue,
Tout, exclusivement, doit être recueilli
Par ceux ayant un droit de concours avec lui,
Ou par ceux qu'à défaut, par lui, de pouvoir l'être,
A titre d'héritier, la loi peut reconnaître.

137. L'article précédent et son antérieur
Seront exécutés dans toute leur teneur,
Sans empêcher l'absent, ceux qui le représentent,
Ou qui, comme ayans-cause, en son lieu, se présentent,
D'exercer tous leurs droits en répétition
Touchant l'hérédité, soit toute autre action :
Par le terme commun auquel les lois astreignent
Toute prescription, ces actions s'éteignent.

138. Tant que l'éloignement de l'absent n'a cessé,
Ou que son droit n'est pas, de son chef, exercé,
Les fruits, de bonne foi, perçus sur cette hoirie,
Sont gagnés par celui qui l'aura recueillie.

SECTION III.

Des Effets de l'absence, relativement au Mariage.

139. L'absent, dont le conjoint a formé d'autres nœuds,
Peut être, seul, admis à réclamer contre eux;
Il le peut par lui-même, ou bien par l'assistance
D'un procureur-fondé, prouvant son existence.

140. Lorsque l'absent ne laisse, apte à lui succéder,
Aucun parent, l'époux peut alors demander,
Et par provision, des biens la jouissance.

CHAPITRE IV.

De la Surveillance des Enfans mineurs du père qui a disparu.

141. Si le père, qu'a fait disparaître l'absence,
A laissé des enfans, dans la minorité,
Issus du nœud commun qu'il avait contracté,
La mère exercera sur eux la surveillance;
Tous les droits du mari seront en sa puissance,
En ce qui touchera leur éducation;
Elle aura, de leurs biens, l'administration.

142. Six mois après le jour qu'a disparu le père,
Si, lors de son départ, ne vivait plus la mère,
Ou si le dernier jour, pour elle, est éclairé,
Avant que son mari soit absent déclaré,
Le conseil des parens, dans cette circonstance,
Des enfans délaissés donne la surveillance
Aux ascendans qui sont au plus prochain degré;
Un tuteur provisoire, au défaut, est créé.

143. L'emploi de ces moyens doit, de même, paraître,
Lorsque l'un des époux, qui vient à disparaître,
A laissé des enfans, dans la minorité,
Nés d'un précédent nœud qu'il avait contracté.

TITRE V.
Du Mariage.

CHAPITRE PREMIER.
Des Qualités et Conditions requises pour pouvoir contracter mariage.

144. Avant d'avoir fini sa dix-huitième année,
L'homme ne peut prétendre aux nœuds de l'hyménée;
Et la femme, à son tour, ne le peut point non plus
Avant d'avoir atteint ses quinze ans révolus.

145. Fondé sur un motif déterminant et sage,
Le prince, néanmoins, peut dispenser de l'âge.

146. Il ne peut se former de lien conjugal
Sans un consentement qui soit libre et légal.

147. Avant que, du premier, l'époux ne se dégage,
Il ne peut contracter un second mariage.

148. Si vingt-cinq ans complets ne sont l'âge du fils,
Si la fille n'a pas vingt-un ans accomplis,
Pour former des liens, il leur est nécessaire
D'avoir le double aveu du père et de la mère :

Si, sur ce point, entre eux, il existe un conflit,
Le père alors l'emporte, et son aveu suffit.

149. Si l'un des deux est mort, ou s'il est impossible
Qu'il donne, à cet égard, quelque signe sensible
Qui rende clairement quelle est sa volonté,
Il suffit de l'aveu que l'autre aura porté.

150. Si tous les deux sont morts, ou s'il est impossible
Qu'ils rendent, sur ce point, leur volonté sensible,
Par aïeules, aïeuls, ils sont représentés :
Si l'aïeul et l'aïeule, à la fois consultés,
Pris dans la même ligne, entr'eux, d'avis diffèrent,
A celui de l'aïeul les lois alors défèrent.

Si, dans la double ligne appelée à voter,
La discordance règne et vient tout arrêter,
L'effet que peut produire un semblable partage
Est, d'un consentement, l'équivalent suffrage.

151. Les enfans de famille, à la majorité
Dont on a vu le terme en l'article noté
Cent quarante-huitième, avant le mariage,
Sont tenus d'implorer le conseil toujours sage,
Par un acte formel, acte respectueux,
Du père et de la mère, ou celui des aïeuls,
Quand le père et la mère ont terminé leur vie,
Ou que leur volonté ne peut être établie.

152. Depuis qu'ils ont atteint cette majorité,
Jusqu'au jour où le fils a pleinement compté
Six lustres révolus, jusqu'au jour où la fille
A vingt-cinq ans remplis, les enfans de famille,
Si l'acte de respect prescrit précédemment
Ne se voit pas suivi par le consentement,

Sont tenus du devoir, devoir qui les honore,
De le réitérer deux autres fois encore,
Le tout, de mois en mois : après l'acte dernier,
Un mois passé depuis, on peut se marier.

153. Après que, de trente ans, se trouve accompli l'âge,
Si l'acte de respect n'obtient aucun suffrage,
Quoiqu'il soit le premier, on peut, après un mois,
En célébrant l'hymen, s'engager sous ses lois.

154. Un notaire assisté par un second notaire,
Ou bien par deux témoins, remplit la tâche austère,
A l'égard des parens, en suivant l'ordre entr'eux,
De leur notifier l'acte respectueux :
Dans le procès-verbal que le notaire dresse,
Il est fait mention de la réponse expresse.

155. Si l'ascendant, à qui l'acte respectueux
Doit se notifier, a disparu des lieux,
La célébration de l'hymen est permise,
Pourvu qu'on représente, en la forme requise,
Le jugement qui tient l'absent pour déclaré,
Ou celui par lequel on aurait préparé
La déclaration, en ordonnant enquête,
Ou, s'il n'est point encor de formalité faite,
Un acte constatant la notoriété :
Elle consistera dans le fait attesté
Par quatre individus, qu'on citera d'office
Devant le magistrat de paix en exercice,
Au canton dans lequel l'ascendant disparu
Possédait son dernier domicile connu.

156. Si l'officier public admet au mariage
Le fils, dont vingt-cinq ans ne complètent pas l'âge,

La fille, qui n'a pas vingt-un ans accomplis,
Sans énoncer, dans l'acte où leurs vœux sont remplis,
Que le consentement, soit de leurs père et mère,
Soit d'aïeules, d'aïeuls, lorsqu'il est nécessaire,
Enfin de la famille, alors qu'il est requis,
A précédé les nœuds qui les auront unis,
Il supporte le poids de cette amende même
Dont l'article noté cent quatre-vingt-douzième
Fixe la consistance; il subit à la fois
Un emprisonnement non moindre de six mois :
Les tiers intéressés provoquent la sentence
Auprès du tribunal juge en première instance
Des lieux où l'on aura célébré l'union.
L'agent du prince aussi poursuit cette action.

157. Si l'officier civil procède au mariage,
Sans qu'il soit constaté que l'on a fait usage
Des actes de respect auxquels on est soumis,
Lorsque la loi les a formellement prescrits,
D'une pareille amende, il doit porter la peine;
D'un emprisonnement, doit s'y joindre la gêne :
Le tems pendant lequel la prison doit durer,
Avant un mois, au moins, ne saurait expirer.

158. Les règles qu'on applique aux enfans de famille,
Pour la majorité du fils et de la fille,
Qui concernent aussi l'acte respectueux
Qui, dans les cas requis, doit être fait par eux,
Pour enfans naturels, dans la forme légale,
Reconnus, feront loi d'une manière égale.

159. Tout enfant naturel qui n'est pas reconnu,
Ou qui, l'ayant été, depuis aura perdu

Les auteurs de ses jours, ou dont les père et mère
Ne pourront, sur leur vœu, donner quelque lumière,
Avant qu'à vingt-un ans il ne soit parvenu,
Ne peut se marier, sans qu'il ait obtenu
Qu'un tuteur désigné pour cette circonstance,
De son consentement, lui donne l'assistance.

160. Si les premiers parens, les aïeules, aïeuls,
Ont terminé leurs jours, ou lorsque nul d'entr'eux
Ne jouit du pouvoir de donner son suffrage,
Les filles ou les fils qui n'ont pas atteint l'âge
De vingt-un ans, pourront voir accueillir leur vœu,
Lorsque, de la famille, ils auront pris l'aveu.

161. En ligne droite, soit naturelle, ou légale,
Ascendans, descendans! l'union conjugale
Ne peut être entre vous : la règle, également,
Entre les alliés semblables, la défend.

162. Dans les degrés nommés ligne collatérale,
Légaux, ou naturels, l'union conjugale
Ne peut être entre vous, sœur, frère! également
Entre alliés pareils, la règle la défend.

163. Oncle, à nièce, ne peut s'unir par l'hyménée;
Sur ce point, neveu, tante, ont même destinée.

164. L'Empereur, néanmoins, pour de graves motifs,
Peut accorder dispense, aux cas prohibitifs
Que vient de désigner l'article qui précède.

CHAPITRE II.

Des Formalités relatives à la célébration du mariage.

165. Au lien des époux, c'est ainsi qu'on procède :
Le mariage est fait toujours publiquement
Par l'officier de l'un ou l'autre contractant.

166. Le soixante-troisième article a dit de faire
Deux publications : or, pour y satisfaire,
Devant l'hôtel-commun, l'acte en est publié,
Où chacun des époux est domicilié.

167. Quand six mois seulement de résidence utile
Paraissent établir l'actuel domicile,
Devant l'hôtel-commun du lieu du précédent,
Les publications se font également.

168. Si, relativement aux nœuds du mariage,
Les futurs, ou l'un d'eux, se trouvent dans un âge
Qui les retienne encore en puissance d'autrui,
Les publications seront faites aussi
Devant l'hôtel-commun du lieu du domicile
De celui qui, sur eux, a puissance civile.

169. Des publications, la seconde s'omet,
Quand le chef de l'état, ou ceux qu'il y commet,
Examinant le poids de quelque circonstance,
Et de graves motifs, mesurant l'influence,
Peuvent, dans leur sagesse, avec raison penser,
Que, dans le cas donné, l'on peut en dispenser.

170. L'hymen, entre Français, est déclaré valable,

En pays étranger, une faveur semblable
S'accorde au nœud qui lie étranger et Français;
Si les statuts locaux ont été satisfaits,
Pourvu que, toutefois, l'union se publie,
Comme la loi le veut dans la règle établie,
Nombre soixante-trois, et que l'époux français
Ne contrevienne point, par un écart exprès,
Aux dispositions, dans notre Code, inscrites,
Au précédent chapitre, austèrement prescrites.

171. Du pays étranger, le Français de retour,
Dans le cours des trois mois qui suivent son séjour
Sur l'empire Français, devra faire transcrire
L'acte de l'union qu'il aura pu souscrire
En pays étranger, aux registres publics
Des lieux où ses foyers se verront établis.

CHAPITRE III.

Des Oppositions au mariage.

172. Le droit de s'opposer à la cérémonie
Par laquelle à l'époux, une épouse est unie,
Appartient à celui que son destin jaloux,
Avec l'un des futurs, a lié comme époux.

173. Le droit de s'opposer s'exerce par le père;
A son défaut, ce droit est acquis à la mère;
Et la loi veut enfin qu'à défaut de tous deux,
Ce droit soit transmissible aux aïeules, aïeuls,
A l'égard des enfans, même de leur lignée,
Eussent-ils accompli leur vingt-cinquième année.

174. A défaut d'ascendans, les frères, ou les sœurs,

Oncles, tantes, cousins qui sont germains, majeurs,
Du droit de s'opposer, ne peuvent faire usage
Qu'aux seuls deux cas suivans qui forment leur partage:
  Quand le futur époux implore vainement
Le conseil de famille et son consentement,
Ce qu'exige, avant tout, l'article cent soixante;
  Quand l'opposition a pour cause apparente,
De l'esprit du futur, l'aliénation:
Le tribunal reçoit cette opposition,
Si l'opposant s'oblige à provoquer de suite
Une interdiction, et fait cette poursuite
Dans le délai que fixe alors le jugement;
A défaut, il écarte un tel empêchement.

  175. Dans les deux cas prévus, qui, soit d'une tutelle,
Exerce les devoirs, soit d'une curatelle,
Pendant le temps que peut durer sa fonction,
N'est admis à former une opposition
Qu'autant que des parens, le conseil l'autorise.
La convocation en est à lui permise.

  176. De l'opposition l'acte doit renfermer
Le titre attributif du droit de la former;
L'opposant doit choisir domicile au lieu même
Où l'époux doit subir, d'hymen, la loi suprême;
A moins que l'ascendant n'intente l'action,
L'acte dit les motifs de l'opposition:
A défaut, l'acte est nul; l'imprudent signataire,
Quel que soit l'officier prêtant son ministère
A l'effet de former cette opposition,
Est, en outre, puni d'une interdiction.

  177. Le tribunal fait droit sur toute main-levée,
Avant qu'après dix jours, l'aurore soit levée.

178. Il est fait droit, au cas d'une appellation,
Dans dix jours, à compter de la citation.

179. Si l'opposition se trouve rejetée,
On pourra condamner celui qui l'a tentée
Aux dommages causés par cet acte imprudent,
A moins que son auteur ne soit un ascendant.

CHAPITRE IV.

Des Demandes en nullité de mariage.

180. Si le consentement et libre et spontanée
N'a pas accompagné les nœuds de l'hyménée,
De la part des époux, ou bien de l'un des deux,
Les époux peuvent seuls faire rompre ces nœuds,
Ou bien celui des deux, victime trop à plaindre
Qu'à ce lien funeste on aura pu contraindre.

Lorsque, dans la personne, il s'est commis erreur,
Celui des deux époux qui, d'un voile trompeur,
N'a pas su pénétrer l'insidieux nuage,
Pourra seul réclamer contre le mariage.

181. Au cas qu'au précédent article on vient de voir,
L'époux, en nullité, ne peut plus se pourvoir,
Lorsque, pendant six mois, sans murmure, tranquille
Il a cohabité dans un commun asile,
Depuis qu'il a repris sa pleine liberté,
Ou que, de son erreur, il sait la vérité.

182. L'union contractée avec forme arbitraire,
Sans le consentement du père et de la mère,
Sans avoir obtenu celui des ascendans,
Ou de même celui du conseil des parens,

Quand ils étaient requis, ne peut être annullée
Qu'à l'instance de ceux desquels fut déclinée
La puissance civile, ou bien du contractant
Qui devait se munir de ce consentement.

183. Ceux dont la volonté doit être consultée
Ne peuvent attaquer l'union contractée,
Non plus que les époux, lorsque cette union
Obtient, même en secret, leur approbation,
Ou qu'il s'écoule un an, sans qu'ils forment instance
Depuis que l'union est à leur connaissance.
L'époux ne peut non plus intenter d'action,
Quand il s'écoule un an sans réclamation,
Depuis que, pour l'époux, est arrivé cet âge
Où, par lui-même, il peut consentir mariage.

184. Tout mariage fait en contravention
Des règles dont au Code on lit l'expression
Aux nombres cent quarante et quatre, cent quarante
Joint à sept, cent soixante et plus un, cent soixante,
Deux de plus ajoutés, et cent soixante-trois,
Est au cas d'éprouver l'action à la fois
Des époux et de ceux que l'intérêt éveille
L'agent du prince aussi, pour la loi même, veille.

185. La loi veut, néanmoins, que le nœud conjugal
Des époux n'ayant pas encor l'âge légal,
Ou dont l'un n'avait pas atteint encor cet âge,
Ne puisse, d'une attaque, appréhender l'orage,
Lorsque leur union compte plus de six mois
Depuis qu'ils ont eu l'âge arrêté par les lois,
Ou quand la femme, à qui manquait l'âge, devance,
Par sa conception, de six mois, l'échéance.

186. Père, mère, ascendans, ou tout autre parent,
Qui, dans le cas inscrit au nombre précédent,
Au lien des époux, ont donné leur suffrage,
Ne peuvent se pourvoir contre le mariage.

187. Quoique, d'après le sens de l'article énoncé
Cent quatre-vingt et quatre, à tout intéressé,
En nullité des nœuds, l'action soit permise,
La règle est, néanmoins, qu'elle n'est point admise
Sur le vœu des parens, du chef collatéral,
Ou des enfans issus d'autre lit nuptial,
Du vivant des époux ; mais ils ont l'exercice
De ce droit, seulement lorsque, d'un bénéfice
Actuellement né, l'ouverture se fait.

188. L'époux qui voit blesser son plus cher intérêt
Par l'acte qui consacre une union nouvelle,
Contre cette union, peut intenter querelle,
Lors même que l'époux qui, par engagement,
S'est, avec lui, lié, se trouve encor vivant.

189. Si les nouveaux époux élèvent un nuage
Sur la validité du premier mariage,
On doit faire juger, et préalablement,
Si ce nœud fut, ou non, formé valablement.

190. Dans tous les cas soumis à la règle prescrite,
Nombre cent quatre-vingt, plus quatre, et que limite
L'exception qui s'offre à l'article suivant,
Cent quatre-vingt, plus cinq, l'impérial agent
Doit, des époux vivans, attaquer l'alliance ;
Il les fait séparer ; il en obtient sentence.

191. Dans le cas où l'hymen se trouve contracté
Sans l'appui solemnel de la publicité,

Et, par un officier qui n'a point caractère,
Quand il est célébré, soit le père, la mère,
Les ascendans divers, soit tout autre, agissant
D'après un intérêt actuel et présent,
Soit les époux, enfin le public ministère,
Peuvent, en attaquant cet acte du mystère,
Fondement vicieux d'une telle union,
En faire prononcer la dissolution.

192. Lorsque l'on n'a point fait précéder l'hyménée
De l'annonce doublée, en ce cas, ordonnée,
Ou qu'on n'a pas pris soin de se faire accorder
La dispense qu'il est permis de demander,
Ou qu'on a dédaigné d'observer l'intervalle
Qui détermine et trace une ligne légale
Entre le dernier jour des publications,
Et le jour solemnel des célébrations,
Le procureur du prince alors juste et sévère
Fait punir l'officier prêtant son ministère,
D'une amende qui peut aller à trois cents francs;
Il fait aussi punir les époux contractans,
Ou ceux qui les avaient, de droit, sous leur puissance,
D'une amende, en raison des moyens d'existence.

193. La peine prononcée au nombre précédent,
Par ceux qu'il a nommés, s'encourt également
Pour les infractions qu'ils pourraient se permettre
Aux règles qu'on a vu précédemment admettre,
Au nombre cent soixante, avec cinq, quand, d'ailleurs,
Le fait qu'auraient commis les divers infracteurs
Ne serait pas d'un poids assez considérable,
Pour faire prononcer l'union non-valable.

194. Nul, du titre d'époux, ne peut s'énorgueillir,

Ni, des effets civils de ce titre, jouir,
S'il ne se trouve pas en état de produire
Un acte solemnel qu'il a dû faire inscrire
Au registre civil; sauf tous les cas prévus,
Nombre quarante-six, au Code, retenus.

195. De l'état conjugal, les époux qui jouissent
Et qui, pour l'invoquer, tous deux se réunissent,
Ne sont point dispensés de l'exhibition
De l'acte solemnel de célébration
Reçu par l'officier compétent pour le faire.

196. Quand la possession d'état se trouve claire,
Et que l'acte légal de célébration
Rédigé par celui qui, de la mission,
Est chargé par les lois, est produit en lumière,
Les époux, en ce cas, tous deux sans caractère,
N'en peuvent réclamer l'annihilation.

197. Si, néanmoins, au cas dont il est mention
Aux deux nombres, avant le nombre qui précède,
Sont des enfans desquels la naissance procède
De deux individus ayant toujours été
Reconnus, comme époux, avec publicité,
Et décédés tous deux, toute recherche est vaine;
Leur légitimité n'en est pas moins certaine,
Quoique l'acte, où l'hymen doit être constaté,
Ne puisse pas, par eux, être représenté,
Si la possession dont ils ont jouissance
N'est point, en fait, contraire à l'acte de naissance.

198. Lorsque le résultat d'un procès criminel,
D'un hymen accompli, prouve l'acte formel,
Au registre civil, la sentence insérée,

Titre V. *Du Mariage.*

A compter de l'instant qu'elle fut célébrée,
Assure à l'union les droits en dépendans,
Soit pour les deux époux, soit pour les descendans.

199. Si la mort des époux, ou de l'un d'eux, précède
L'instant de découvrir d'où la fraude procède,
Toute partie, ayant un intérêt légal
De faire valider le lien conjugal,
A le droit d'intenter l'action criminelle ;
L'agent impérial le partage avec elle.

200. Si l'officier public a le sort de mourir
Avant que, de la fraude, on ait pu s'enquérir,
L'agent impérial se pourvoit et procède,
Par action civile, envers qui lui succède,
En présence de ceux dont l'intérêt blessé
Se lie au fait de fraude, et qui l'ont dénoncé.

201. Bien que déclaré nul, le nœud du mariage,
De ses effets civils, conserve l'avantage
Aux époux, aux enfans, s'il est bien avéré
Que, par la bonne foi, ce nœud fut consacré.

202. Lorsque la bonne foi ne se montre évidente
Que chez l'un des époux, la règle précédente
Ne reçoit que pour lui son application,
Et pour les enfans nés d'une telle union.

CHAPITRE V.

Des obligations qui naissent du mariage.

203. Par la force et le fait du nœud qui les rassemble,
Les époux sont tenus et font le pacte ensemble

De nourrir leurs enfans, de les entretenir
Et de les élever comme il peut convenir.

204. Il n'a point d'action contre ses père et mère,
L'enfant qui, s'élançant dans une autre carrière,
Veut, du nœud conjugal, prendre l'engagement,
Ou former par lui-même autre établissement.

205. L'enfant doit, à son tour, nourrir ses père et mère,
Et tout autre ascendant qu'atteindrait la misère.

206. Quand, sur eux, le besoin vient à s'appesantir,
Beau-père et belle-mère ont le droit d'obtenir
Du gendre, de la bru, secours alimentaire :
Au joug de ce devoir, ils peuvent se soustraire,
Lorsque la belle-mère, a, d'un hymen nouveau,
En cessant d'être veuve, allumé le flambeau,
Ou bien lorsque l'époux qui formait l'alliance,
Ainsi que les enfans qui devaient leur naissance
Au lien que l'hymen avait pu cimenter
Avec l'autre conjoint, ont cessé d'exister.

207. Les obligations, dans ces cas, admissibles,
De réciprocité, sont, de droit, susceptibles.

208. Correspondante aux biens de celui qui les doit,
Aux besoins de celui qui réclame et reçoit,
Des alimens donnés, la mesure commune
Doit se régler d'après l'une et l'autre fortune.

209. Quand celui qui reçoit, ou doit des alimens,
Est ensuite éprouvé par de tels changemens,
Que l'un ne puisse plus acquitter cette dette,
Ou que, du besoin, l'autre ait affranchi sa tête,

Où qu'il en sente moins le pénible aiguillon,
C'est le cas de décharge ou de réduction.

210. Lorsque celui qui doit secours alimentaire
Prouvera qu'à ces soins il ne peut satisfaire,
Sur l'examen des faits, le tribunal pourra
Ordonner que, chez lui, l'obligé recevra
Celui qui doit avoir entretien, nourriture,
Pour lui fournir le tout en espèce et nature.

211. Si le père, ou la mère, obligé par devoir
A payer ce secours, offre de recevoir,
Nourrir, entretenir un enfant qui l'exige,
Le tribunal décide, en ce point de litige,
Si l'offre faite ainsi par l'auteur de ses jours,
Peut alors tenir lieu du paîment du secours.

CHAPITRE VI.

Des droits et des devoirs respectifs des époux.

212. Epoux! vous vous devez, pendant votre alliance,
Fidélité, secours, mutuelle assistance.

213. Mari! la femme a droit à ta protection;
Femme! il faut la payer de ta soumission.

214. La femme habitera le marital asile,
Et s'il plaît au mari, changeant de domicile,
De porter sa demeure en différens séjours,
La femme est obligée à l'y suivre toujours.
La femme doit, par lui, toujours être accueillie:
Pour les divers besoins qui concernent la vie,
Il doit tout lui fournir avec discrétion,
Selon ses facultés et sa condition.

215. A paraître en justice, elle n'est point admise,
A moins que, dans ce cas, l'époux ne l'autorise,
De marchande publique eût-elle qualité,
Ou ne fût-elle point sous la communauté,
Ou de biens, au surplus, fût-elle séparée.

216. Devant les tribunaux, si la femme est livrée,
Pour des faits de police, ou d'accusation,
Elle n'a pas besoin d'autorisation.

217. La femme, même au cas qu'elle soit non commune,
Ou bien, séparément, usant de sa fortune,
Ne peut hypothéquer, faire donation,
Aliéner, ou faire une acquisition,
Qu'elle soit onéreuse, ou même gratuite,
Si le mari présent ne rend l'acte licite,
Ou qu'un écrit signé prouve qu'il y consent.

218. L'autorisation d'ester en jugement,
Par l'époux, à la femme, une fois refusée,
Par le juge, elle peut se voir autorisée.

219. Si, pour passer un acte, une convention,
Le mari lui refuse autorisation,
Elle cite l'époux devant la cour civile
De l'arrondissement du commun domicile :
L'autorisation, le motif éclairci,
S'accorde, ou se refuse, après que le mari,
En chambre du conseil, a pu se faire entendre,
Ou qu'on l'a mis dûment en défaut de s'y rendre.

220. De marchande publique a-t-elle qualité,
Elle n'est pas soumise à la nécessité
De faire intervenir l'action maritale,
Pour s'obliger touchant chose commerciale :

Titre V. Du Mariage.

Dans ce cas, le mari lui-même est obligé,
S'il s'est, en biens communs, avec elle, engagé.

Elle ne passe point pour publique marchande,
Quand son emploi se borne au détail que demande
Le seul commerce auquel son époux est livré,
Mais quand elle fait seule un trafic séparé.

221. Quand une instruction, contre l'époux, suivie,
D'une peine afflictive, ou portant infamie,
A frappé cet époux, bien que le jugement
N'ait que, par contumace, ouvert le châtiment,
Si la peine n'a point atteint sa dernière heure,
La femme ne saurait, encor bien que majeure,
Ester en jugement, ni même contracter,
Qu'en se faisant alors, par le juge assister;
A cet utile appui, la femme peut prétendre,
Sans qu'il faille appeler son époux, ou l'entendre.

222. Si l'époux est lié par l'interdiction,
Ou s'il se trouve absent, sur une instruction,
Le juge a le pouvoir d'autoriser d'office
La femme à contracter, à paraître en justice.

223. L'autorisation, en termes généraux,
Fût-elle même unie aux pactes nuptiaux,
Est seulement valable, en ce qu'elle confie,
Sur les biens de la femme, une simple régie.

224. Si l'époux est encor dans la minorité,
Son épouse est réduite à la nécessité
De se faire, du juge, autoriser d'office
Pour passer des contrats, pour ester en justice.

225. La nullité qui n'a, pour unique raison,

Que l'unique défaut d'autorisation,
En faveur du mari, de la femme surprise,
Ou de leurs héritiers, est seulement admise.

226. Sans être autorisée, et libre pleinement,
La femme a le pouvoir de faire un testament.

CHAPITRE VII.

De la dissolution du mariage.

227. La dissolution du mariage arrive,
Lorsque l'un des époux passe la sombre rive;
Lorsqu'on prononce entre eux un divorce légal;
Lorsqu'un châtiment pris dans le code pénal,
Emportant mort civile, atteint l'époux coupable,
Et que le jugement devient irréformable.

CHAPITRE VIII.

Des seconds mariages.

228. La femme ne saurait prendre un nouvel époux
Qu'après dix mois, depuis que ses nœuds sont dissous.

TITRE VI.

Du Divorce.

CHAPITRE PREMIER.

Des causes du divorce.

229. Peut, l'époux accusant sa femme d'adultère,
Du divorce, obtenir le remède sévère.

230. La concubine, objet de cet égarement,
A-t-elle, des époux, le commun logement?
La femme, en accusant son mari d'adultère,
Peut, du divorce, aussi prendre la voie austère.

231. Par la loi, les époux sont tous les deux admis,
Lorsqu'à l'égard de l'un, par l'autre sont commis
Des sévices, excès, ou des injures graves,
Au droit de demander à briser leurs entraves.

232. Quand la peine infamante atteint l'un des époux,
L'autre peut demander que leurs nœuds soient dissous.

233. Le seul consentement, la volonté constante
De l'un et l'autre époux, reconnue évidente
Par le mode précis indiqué par la loi,
Sous les conditions dont elle fait emploi,
Et par le complément des diverses épreuves
Qu'elle prescrit, fournit de suffisantes preuves
Qu'ils ne peuvent porter le fardeau de l'hymen,
Et devient, du divorce, un valable moyen.

CHAPITRE II.

Du divorce pour cause déterminée.

SECTION PREMIÈRE.

Des formes du Divorce pour cause déterminée.

234. De quels faits, ou délits que soit environnée
L'action produisant cause déterminée
Qui provoque au divorce et qui peut le fonder,
Le divorce jamais ne peut se demander
Qu'au tribunal d'instance et première et civile,
Des lieux où les époux auront leur domicile.

235. Si les faits allégués par l'époux demandeur
Forcent l'agent du prince, alors accusateur,
D'intenter de sa part criminelle poursuite,
L'action du divorce alors reste sans suite;
Le procès criminel, avant tout, est vidé;
On la reprend après, sans que l'on soit fondé
A tirer de l'arrêt de la cour criminelle
Aucune exception, soit préjudicielle,
Soit emportant de droit, contre le réclamant,
De sa prétention, l'anéantissement.

236. Pour qu'elle puisse, en faits, se voir appréciée,
La demande en divorce est circonstanciée;
A celui qui préside, on doit la présenter,
Et pièces à l'appui, s'il peut en exister:
Le réclamant la doit, en personne, remettre,
A moins que sa santé ne le puisse permettre;
Deux citoyens étant, suivant leur qualité,
Médecins, chirurgiens, officiers de santé,

Titre VI. *Du Divorce.*

Attestent, dans ce cas, l'état de maladie;
Sur la requête alors faite par la partie,
Le juge, transporté dans l'habitation,
Du divorce, reçoit la réclamation.

237. Le demandeur ouï, présentant la lumière,
De ses prudens avis, le magistrat l'éclaire :
Paraphant la demande et pièces pour appuis,
Il atteste, en ses mains, que le tout est remis,
Par un procès-verbal signé de la partie ;
Si cette faculté lui peut être ravie,
D'une telle impuissance, il est fait mention ;
Le juge signe seul en cette occasion.

238. Au bas de l'acte fait, le magistrat ordonne
Que l'épouse et l'époux paraîtront en personne
Devant lui, dans un jour, dans une heure, indiqués,
Que ces ordres, par lui, seront communiqués,
En en faisant passer l'extrait, ou la copie,
A l'époux contre qui la demande est suivie.

239. Au jour fixé, le juge, en conciliateur,
Aux deux époux présens, ou bien au demandeur,
Si seul il comparaît, fait entendre un langage
Qui puisse ramener la paix dans le ménage :
Si ses efforts sont vains, il fait procès-verbal,
Ordonne que, du tout, l'agent impérial,
Les pièces sous les yeux, prenant la connaissance,
Il en soit référé de suite à l'audience.

240. Dans trois jours, rapport fait soit par le président,
Soit par le magistrat alors son suppléant,
L'agent du Prince ouï, le tribunal confère
Le pouvoir de citer, ou bien il le diffère :

Du terme de vingt jours, cette suspension
N'excédera jamais la révolution.

241. L'époux autorisé pour la poursuite à faire,
Fait citer l'autre époux, dans la forme ordinaire,
A venir en personne assister, à huis clos,
Au tribunal séant, dans les délais légaux :
De sa demande, en tête, il fait donner copie,
Comme des documens sur lesquels il l'appuie.

242. Le délai terminé, le défendeur présent,
Ou non, le demandeur lui-même paraissant,
Assisté d'un conseil, s'il lui plaît d'en élire,
Instruit le tribunal du grief qui l'inspire,
Offre les documens qui lui servent d'appuis,
Et nomme les témoins qui doivent être ouïs.

243. Si l'époux défendeur lui-même se présente,
Ou qu'un tiers, de pouvoir fondé, le représente,
L'un ou l'autre est admis à se voir écouté
Autant sur les motifs du divorce intenté,
Que sur les documens dont on a fait usage,
Et les tiers dont on veut prendre le témoignage.
Le défendeur aussi détermine, à son choix,
Les témoins dont il veut faire entendre la voix,
Sur lesquels, à son tour, le demandeur peut faire
Telle observation qu'il juge nécessaire.

244. Devant l'autorité, les comparutions,
Les causes, les motifs, les observations
Que peuvent, tour-à-tour, énoncer les parties,
Dans un procès-verbal, se trouvent recueillies :
On y consigne aussi leurs différens aveux.
Aux époux, il est lu, signé par chacun d'eux ;

On mentionnera cette forme remplie ;
Si l'on ne peut signer, ou bien que l'on dénie
De signer, on en doit faire la mention.

245. Le tribunal, après cette opération,
Assigne aux deux époux l'audience publique
Dont l'heure se prescrit et dont le jour s'indique:
A l'effet d'être ouï sur cette instruction,
L'agent du Prince en prend communication ;
On nomme un rapporteur. Quand l'époux en défense
A manqué de paraître au jour de l'audience,
Par l'autre, et par exploit, tout est communiqué,
Dans un délai prescrit, à l'époux attaqué.

246. Au moment ordonné, le juge commissaire
Ayant fait son rapport, l'agent du ministère
Ayant aussi conclu, le tribunal, du sort
De toute exception, doit décider d'abord,
Quand l'époux défendeur en invoque la force :
En admet-on l'effet ? La demande en divorce
Est rejetée ; au cas de non admission,
Ou s'il n'a fait l'emploi d'aucune exception,
La demande en divorce est elle-même admise.

247. Immédiatement après et sans remise,
Sur le rapport du juge et sur l'audition
Du procureur du Prince, on agite le fond :
Si la cause paraît suffisamment instruite,
Nul délai ne peut plus être jugé licite ;
Par les juges, le fond alors sera vidé,
Et, par un jugement, à l'instant décidé ;
Si l'on sent le besoin d'acquérir des lumières,
On admet les époux à preuve en faits contraires.

248. En cause, à chaque pas que fait l'instruction,
Après le rapport fait, avant l'audition
Du procureur public, les époux établissent
Leurs moyens, ou, pour eux, les conseils qu'ils choisissent,
D'abord sur ce qui peut former exception,
Fin de non-recevoir, ensuite sur le fond :
Mais si le demandeur néglige de se rendre
Aux débats, son conseil ne peut se faire entendre.

249. Lorsque le tribunal, dans la cause, a pensé
Qu'il fallait une enquête, et qu'il l'a prononcé,
A l'instant le greffier fait aux époux lecture
De cette portion d'acte de procédure
Qui contient, des témoins, la nomination
Faite précédemment : la désignation
D'autres nouveaux témoins leur est alors permise ;
Le président, au nom de la loi, les avise
Qu'ils ont encor ce droit, mais, l'instant écoulé,
Qu'aucun autre témoin ne peut être appelé.

250. A l'égard des témoins, chaque époux peut déduire
Les reproches tendant à les faire éconduire ;
De suite, sur ce point, juge le tribunal,
Après avoir ouï l'agent impérial.

251. Sauf tous les descendans, fruit de leur mariage,
Les époux ne pourront bannir le témoignage
De tout autre parent, pour cette parenté,
Ni de leurs serviteurs, pour cette qualité ;
Mais le tribunal pèse, à des poids équitables,
Tous les faits déposés par des témoins semblables.

252. Tout jugement rendu, permettant d'enquêter,
Dénomme les témoins que l'on doit écouter ;

Et la journée et l'heure auxquelles les parties
Doivent les présenter, s'y trouvent définies.

253. En séance, à huis clos, le tribunal entend
Les dépositions, l'agent public présent ;
La loi permet aussi, dans cette circonstance,
Des deux intéressés, une égale présence ;
Et l'un et l'autre peut se montrer assisté
De conseils, ou d'amis, trois de chaque côté.

254. Les époux, ou par eux, ou par qui les conseille,
Adressent au témoin qu'une cause pareille
Appelle à déposer, telle observation
Que peut leur suggérer sa déposition,
Sans pouvoir, néanmoins, couper, par une pause,
Le fil continué des faits dont il dépose.

255. Les dépositions s'écrivent en entier ;
A la suite, on inscrit, sur le même cahier,
Les observations dont elles sont suivies ;
On en lit le verbal aux témoins, aux parties ;
On leur fait, de signer, la réquisition,
Et, de leur signature, on fait la mention ;
Si l'on ne veut signer, si c'est par impuissance,
On mentionne aussi la double circonstance.

256. Quand, des procès-verbaux contenant les discours
Des témoins entendus, est terminé le cours,
Et que l'instruction se trouve ainsi complète,
Ou, si le défendeur n'a fait aucune enquête,
Quand on a terminé celle du demandeur,
Le tribunal commet alors un rapporteur :
Communication ensuite est ordonnée
Au procureur public ; l'audience ajournée

A jour, heure prescrits, astreint également
Les époux à venir plaider publiquement.
Le tout est contenu dans la même ordonnance;
Le demandeur, à l'autre, en donne connaissance,
Dans le délai précis qu'elle a déterminé.

257. Au jour où le débat doit être terminé,
Le rapporteur commis se fait d'abord entendre;
Les époux, les conseils qu'il leur a plu de prendre,
Font ensuite valoir leurs observations;
L'agent public finit par ses conclusions.

258. Définitivement le tribunal prononce :
S'il admet le divorce, aussitôt il annonce
A l'époux demandeur qu'il peut se retirer
Vers l'officier public apte à le déclarer.

259. Lorsque l'époux demande à briser ses entraves
Pour sévices, excès, ou pour injures graves,
Le divorce fondé, même légalement,
Peut n'être pas admis immédiatement :
Avant de faire droit, dans cette circonstance,
Le tribunal s'armant des lois de la prudence,
Autorise la femme à quitter son mari;
Elle peut refuser de s'approcher de lui,
Ou de le recevoir, si telle est sa pensée.
Quand, de ses revenus, la masse est surpassée
Par les divers besoins qu'elle peut ressentir,
Le tribunal contraint l'époux à lui fournir
Secours, ou pension, pour cause alimentaire,
Suivant que son état est plus, ou moins prospère.

260. Après un an d'épreuve, et lorsque les époux
De leur réunion, n'ont pas été jaloux,

Dans le délai légal, l'époux qui suit l'instance
Assigne l'autre époux, pour ouïr la sentence
Que l'on doit prononcer définitivement :
Le divorce est alors admis légalement.

261. Lorsqu'un époux subit une infamante peine,
Et que, par ce motif, l'autre époux, de sa chaîne,
Veut briser les anneaux, il n'a qu'à présenter,
Et c'est là le seul point qu'il doive exécuter,
Au tribunal civil, l'extrait en bonne forme
Du jugement qui n'est plus sujet à réforme ;
Les juges criminels prouvent ce dernier fait
Par un certificat qui se joint à l'extrait.

262. S'il existe un appel, sort dont est susceptible
Tout jugement qui dit le divorce admissible,
Comme tout jugement qui le déclare admis,
Les magistrats d'appel qui s'en trouvent saisis,
Doivent considérer la cause ainsi pendante,
L'instruire et la juger comme une affaire urgente.

263. L'appel n'est point reçu, s'il n'est interjeté
Dans le cours de trois mois ; et ce cours est daté
Du jour même où l'époux reçoit une copie
Du jugement qu'obtient son adverse partie,
Ou par défaut, ou bien contradictoirement.
Lorsque en dernier ressort est rendu jugement,
On ne peut se pourvoir devant la cour suprême
Que pendant ces trois mois que l'on compte de même
A calculer du jour de l'intimation :
Un tel pourvoi suspend toute exécution.

264. Lorsque, en dernier ressort, est admis le divorce
Ou par un jugement ayant acquis la force

De la chose jugée, en vertu de ses droits,
A l'officier civil, l'époux, dans les deux mois,
Devra se présenter, sa partie appelée,
Pour faire déclarer l'union annullée.

265. Le délai des deux mois part, commence à courir,
Pour tous les jugemens que l'on peut obtenir
Auprès du tribunal juge en première instance,
Quand le délai d'appel atteint son échéance,
Pour arrêts par défaut, en appellation,
Quand s'éteint le délai de l'opposition,
Pour arrêts prononcés, présentes les parties,
Avec dernier ressort, du jour où sont finies
Les heures du délai qu'on a pour se pourvoir,
Et, de la cour suprême, implorer le pouvoir.

266. Si, pendant le délai que la loi détermine,
Et qui, comme on l'a vu, commence et se termine,
L'époux a négligé d'appeler l'autre époux,
Pour faire prononcer que leurs nœuds sont dissous,
Il ne peut invoquer la sentence obtenue :
Il faut une autre cause, et depuis survenue,
Pour servir de motif à nouvelle action ;
L'ancien tort compte alors dans la décision.

SECTION II.

Des mesures provisoires auxquelles peut donner lieu la demande en divorce pour cause déterminée.

267. Que le mari demande, ou qu'il soit en défense,
Il a, sur les enfans, le droit de surveillance :
Le tribunal en peut ordonner autrement,
Lorsque mère, famille, impérial agent,

Ou seulement l'un d'eux, réclame une mesure,
Pour le bien des enfans, et plus sage et plus sûre.

268. La femme provoquée, ou celle qui poursuit,
Peut délaisser, pendant que le procès s'instruit,
La maison de l'époux; et, s'il est nécessaire,
Elle peut demander secours alimentaire,
D'après les facultés qu'il pourra posséder.
La maison dans laquelle elle doit résider
Est, par le tribunal, alors déterminée,
Comme la pension qui doit être donnée.

269. Chaque fois qu'il en fait la réquisition,
La femme doit prouver son habitation
Dans les lieux indiqués; et dans le cas contraire,
De la provision pour cause alimentaire,
L'époux peut aspirer à la suppression,
Et même demander que, de son action,
Toute poursuite soit désormais rejetée,
Si la cause en divorce est, par elle, intentée.

270. La femme qui poursuit, ou celle qui défend,
Du régime commun, lorsque son bien dépend,
En tout état de cause, et depuis l'ordonnance
Dont le code, plus haut, a prescrit l'existence,
Au nombre désigné deux cent trente, plus huit,
Peut requérir, des biens, craignant le déficit,
Que, par le prompt secours d'un scellé, la justice,
Pour effets mobiliers communs, la garantisse:
L'époux ne fait cesser cette apposition
Que par un inventaire, une estimation;
Il doit représenter ce qui, dans l'inventaire,
Sera compris, ou bien, comme dépositaire

Que la justice même a rendu caution,
Il répond des valeurs de l'estimation.

271. Si, depuis l'ordonnance, et nommément la même
Qu'offre le numéro deux cent trente-huitième,
Le mari s'est permis l'aliénation
Des immeubles communs, une obligation
Dont la communauté supporte un préjudice,
De tels actes sont nuls aux yeux de la justice,
S'il est prouvé d'ailleurs qu'ils furent préparés
Pour enlever des droits, à la femme, assurés.

SECTION III.

Des fins de non-recevoir contre l'action en divorce pour cause déterminée.

272. Lorsque, depuis les faits qui, dans cette matière,
Du divorce tenté, sont la cause première,
Ou, depuis que la haine et la division,
Devant le tribunal, ont porté l'action,
Au milieu des époux, la paix s'est introduite,
L'action du divorce est éteinte, détruite.

273. Dans l'un et l'autre cas, qui poursuit l'action
Doit être repoussé : si la dissension
Engendre de nouveau des motifs de querelle,
L'époux peut intenter une action nouvelle ;
Et les anciens griefs servent alors d'appui
Pour fonder l'action qu'il intente aujourd'hui.

274. Si celui qui poursuit le divorce, dénie
Que la cause ait été, par la paix, assoupie,
Le défendeur en fait la preuve par écrit,

Ou même par témoins, dans le mode prescrit
Au chapitre présent, et section première.

CHAPITRE III.

Du divorce par consentement mutuel.

275. On ne peut, du divorce, entr'ouvrir la carrière,
Par le consentement mutuel des époux,
Lorsque, du mari, l'âge est encore au-dessous
De cinq lustres complets, ou quand femme mineure
N'a pas, de vingt-un ans, compté la dernière heure.

276. On ne peut s'appuyer de ce consentement,
Si l'union n'a pas duré deux fois un an.

277. De ce consentement, on ne peut faire usage,
Lorsque l'on peut compter vingt ans de mariage,
Ou bien, lorsque la femme a neuf lustres remplis.

278. Dans aucun cas, au reste, il ne peut être admis,
S'il n'est autorisé par les pères et mères,
Ou, si tous ont déjà terminé leurs carrières,
Par autres ascendans, suivant ce que prescrit
L'article cent cinquante, en son ordre, transcrit.

279. De leur vœu mutuel, en invoquant la force,
Les époux décidés à tenter le divorce,
Sont obligés, avant d'exercer l'action,
De faire un inventaire, une estimation
Des biens de toute espèce existant sur leur tête,
D'apprécier leurs droits, et d'en régler l'assiète ;
Sur ces droits, néanmoins, ils peuvent transiger.

280. Ils sont pareillement tenus de rédiger,

Dans un écrit exprès, leur volonté future,
A l'égard des trois points dont voici la nature :
  A qui l'on confira les enfans qu'ils auront,
Issus de leur hymen, pendant qu'ils subiront
Les épreuves, ou bien, au temps que l'hyménée
Ne continûra plus d'unir leur destinée :
  Quel sera le séjour où la femme vivra,
Tandis que tout le temps des épreuves courra :
  Pendant le même temps, quelle sera la somme
Avancée et fournie à la femme par l'homme,
Si, chez elle, il n'est pas de moyens suffisans
Pour répondre, en entier, à ses besoins pressans.

  281. Quand mutuellement, au divorce, ils consentent
Les époux en personne, à la fois, se présentent
Au tribunal civil, devant le président,
Ou celui qui se trouve alors son suppléant ;
De leur vœu réciproque, ils lui font confidence ;
Deux notaires témoins leur prêtent assistance.

  282. Le juge, pour bannir leurs mutuels dégoûts,
Et les porter à vivre en indulgens époux,
Leur adresse d'abord à tous les deux ensemble,
Ensuite à chacun d'eux, le discours qui lui semble
Le plus propre à former ces effets desirés
Dans des cœurs que l'aigreur, la haine a séparés :
Il leur rappelle et lit le quatrième chapitre,
Des Effets du divorce, inscrit au présent titre,
Et remet sous leurs yeux les inconvéniens
Qui le suivront, toujours les notaires présens.

  283. Si leur prétention demeure invariable,
Le président alors donne acte préalable
De leurs vœux mutuels et du consentement ;

Il les charge, de plus, tous deux expressément
De remettre à l'instant dans les mains des notaires
Qui, dans un cas pareil, en sont dépositaires,
Outre ce qu'ont noté les deux nombres voisins,
Deux cent soixante-dix-neuf, deux cent quatre-vingts,
   Les actes constatant leur naissance, leur âge
Et l'acte établissant leur commun mariage;
   Ceux qui, de tout enfant né de leur union,
Constatent la naissance, ou l'inhumation;
   La déclaration authentiquement faite
Par père, mère, ou bien, dans la ligne directe,
Par tout autre ascendant, à défaut des premiers,
Portant que, pour motifs connus, particuliers,
Ils autorisent tel, ou telle, fils, ou fille,
Ou bien leur petit-fils, ou leur petite-fille,
Le mari d'une telle, ou la femme d'un tel,
A rompre leur hymen par un vœu mutuel.
Les divers ascendans, comme les père et mère,
Sont toujours réputés jouir de la lumière,
Jusqu'à ce que l'on ait dûment représenté
L'acte qui, du décès, prouve la vérité.

284. Dans un procès-verbal, l'un et l'autre notaire
Notent ce qu'on a dit et ce qu'ils ont vu faire,
En exécution des nombres précédens:
Il reste au plus âgé des notaires présens
Minute du verbal, et les pièces produites
Qui, par leur jonction, en deviennent les suites.
Dans cet acte, à la femme, un avis est donné;
C'est d'entrer, dans le jour, au logis destiné
Pour elle, et d'y rester jusques à la journée
Où le divorce aura rompu son hyménée.

285. Les époux mécontens doivent renouveler
La déclaration dont on vient de parler
Dans les mois désignés ; savoir : dans le quatrième
D'abord, puis le septième, enfin dans le dixième,
Aux premiers quinze jours de chacun de ces mois
Ils sont aussi tenus de prouver chaque fois,
Par un acte public, que leurs pères et mères,
Ou tout autre ascendant, des volontés premières,
Ne se désistent point, sans être assujettis
A répéter ainsi d'autres actes produits.

286. Aux premiers quinze jours où le cours de l'année
Se trouve révolu, depuis cette journée
Qui, des époux, rendit les vœux manifestés
Pour la première fois, en personne, assistés
Chacun par deux amis qui leur servent de guide,
Ils paraissent devant le juge qui préside.
Ces amis, dans le lieu, notables imposans,
Sont âgés tous les quatre au moins de cinquante ans :
Ils remettent au juge, en forme régulière,
Tous les verbaux suivis d'actes auxiliaires ;
Ils demandent tous deux, chacun séparément,
A ce vœu, néanmoins, l'un et l'autre présent,
Au même vœu, présent aussi chaque notable,
Que leur divorce soit déclaré recevable.

287. Quand les époux, malgré les observations
Du juge et des amis, dans leurs intentions,
Demeurent obstinés, de leur demande admise,
Acte leur est donné, comme de la remise
Des pièces à l'appui : dans un procès-verbal,
Que dresse le greffier auprès du tribunal,
Le tout est recueilli ; leur double signature,

De ce procès-verbal, doit faire la clôture ;
S'ils ne savent signer, ou ne le peuvent pas,
Il est fait mention de ces différens cas ;
Juge, assistans, greffier, signent de même, ensuite.

288. Un tel acte accompli, le juge met de suite
Son ordonnance au bas de ce procès-verbal,
Portant qu'il instruira du tout le tribunal,
En chambre du conseil, dans les trois journées,
Sur les conclusions, par écrit, émanées
Du procureur du prince, et, pour les appuyer,
Que le tout lui sera remis par le greffier.

289. Aux yeux du procureur, des productions faites,
S'il vient à résulter par des preuves complètes,
Que, le mari comptant cinq lustres accomplis,
De vingt-un ans, la femme avait l'âge requis,
Lorsqu'ils ont déclaré leur volonté première,
Qu'alors, depuis deux ans, l'hymen, sous sa banière,
Les avait enchaînés, que dès ce dernier temps,
Les époux n'avaient pas joui de vingt printemps,
Que la femme n'a pas quarante-cinq années,
Que les formalités qui sont déterminées
Pour les quatre verbaux de déclaration
Ont reçu pleinement leur exécution,
Notamment en ce point formel et nécessaire
Qui concerne l'aveu de chaque père, mère,
Ou tout autre ascendant qui les a remplacés,
Il conclut en ces mots, par le code, tracés :
La loi permet; au cas où quelque chose péche
Contre le vœu des lois : *la loi*, dit-il, *empêche.*

290. Alors le tribunal ne peut vérifier

Que les faits précédens, qu'ont dû justifier
Les époux demandeurs : si le tribunal pense,
Après en avoir pris une ample connaissance,
Que, rigoureusement, ils ont exécuté
Chaque condition, chaque formalité,
Il admet le divorce; en ce cas, les parties
Se font, par l'officier, déclarer désunies.
S'il ne le pense pas, refus d'admission ;
Il motive avec soin cette décision.

291. L'appel du jugement, qui, fixant l'hyménée,
N'a point, des deux époux, changé la destinée,
Ne peut être reçu, s'il n'est pas déclaré
Par les deux demandeurs, par acte séparé,
Au plutôt, dans dix jours qui suivent la sentence
Que rend le tribunal juge en première instance,
Au plus tard, dans vingt jours comptés également
A partir de celui du même jugement.

292. De son acte d'appel, chaque époux signifie
Au procureur du prince, à l'autre époux, copie.

293. Dans le cours de dix jours, à compter du momen
Où, par exploit d'huissier donné légalement,
L'agent impérial près la première instance
A, du second appel, pu prendre connaissance,
Il doit faire passer à son collègue, agent
Près de la cour d'appel, extrait du jugement,
Et pièces à l'appui : la remise reçue,
Il faut que celui-ci, dans les dix jours, conclue ;
Il le fait par écrit ; alors le président
Du tribunal d'appel, ou bien son suppléant,
En chambre de conseil, fait rapport de l'affaire.

Il est, pour tout délai fait droit sur la matière,
Dans le dixième jour, au plus tard, révolu
A compter du jour même où l'agent a conclu.

294. D'après le jugement dont la teneur constate
Le droit de divorcer, dans vingt jours de sa date,
A l'officier public qui doit les désunir,
En personne, à-la-fois, chaque époux doit s'offrir.
Si, d'un pareil délai, coule la dernière heure,
Comme non avenu, le jugement demeure.

CHAPITRE IV.

Des effets du Divorce.

295. Quel qu'en soit le motif, les époux divorcés
Ne serrent plus les nœuds qui les ont embrassés.

296. Quand le divorce a lieu pour cause motivée,
Femme ne peut, avant que ne soit achevée
La révolution de dix mois accomplis,
Voir, sous un autre hymen, ses destins asservis.

297. Lorsque la volonté constante et mutuelle
Des époux en état de discorde éternelle,
Aura rompu leurs nœuds, ce n'est qu'après trois ans
Qu'ils pourront se lier par de nouveaux sermens.

298. Quand le divorce a lieu pour cause d'adultère,
Le coupable connu de ce tort volontaire,
Ne peut, d'ailleurs rendu maître de son destin,
Jamais, à son complice, oser donner sa main.
Le même jugement, de la femme adultère,
Sur les conclusions du public ministère,

Ordonne la retraite et la réclusion
Dans des lieux destinés à la correction.
Cette peine doit être ainsi déterminée :
Sans aller au-delà de la deuxième année,
Le plus rigoureux terme imposé par les lois,
Elle devra durer au moins pendant trois mois.

299. Quel que soit le motif précurseur du divorce,
L'époux contre lequel, en invoquant la force
Et le texte des lois, on l'aura prononcé,
Quand, d'un vœu mutuel, il n'est pas devancé,
Se trouve pour toujours privé de l'avantage
Que lui pouvait offrir l'acte de mariage,
Ou de ceux qui pouvaient être le résultat
De dons, par l'autre époux, faits depuis le contrat.

300. A l'époux qui n'a point excité ces orages,
Le divorce n'enlève aucun des avantages
Qu'il tient de l'autre époux, bien qu'on ait stipulé
Un bienfait réciproque, et qu'il soit annulé.

301. Si l'on ne peut compter sur aucun avantage,
Ou s'il ne peut offrir qu'un trop mince partage,
Au-dessous des besoins de l'époux divorcé
Pour le repos de qui le juge a prononcé,
Le tribunal accorde un secours efficace
Qui tient lieu d'alimens, et jamais ne surpasse
Le tiers des revenus de l'époux condamné
A secourir ainsi l'époux peu fortuné :
Mais lorsque ce secours n'est plus indispensable,
Il doit cesser, de droit, et devient révocable.

302. Les enfans sont laissés à l'époux malheureux
Obligé d'obtenir qu'on ait rompu ses nœuds,

Titre VI. *Du Divorce.*

A moins que la famille, ou l'agent de l'empire,
Pour le bien des enfans, ne fasse alors prescrire
Qu'aux soins d'un tiers, ou même aux soins de l'autre époux,
Ils seront confiés, ou quelques-uns, ou tous.

303. A quelqu'individu que le juge confère
Les soins dus aux enfans, toujours leurs père et mère
Ont mutuellement l'autorisation
D'en soigner l'entretien et l'éducation.
Ils sont tenus chacun de la charge commune
D'en faire la dépense, et suivant leur fortune.

304. Des liens nuptiaux, l'anéantissement,
Par le divorce admis judiciairement,
Ne prive les enfans nés de ce mariage
D'aucun droit, quel qu'il soit, ni d'aucun avantage;
Que la force des lois a pu leur conférer,
Ou que le contrat même a pu leur assurer:
De ces droits, néanmoins, n'arrive l'ouverture
Que dans le même mode et même conjoncture,
Où ces droits auraient pu s'ouvrir un jour pour eux,
Si leurs communs parens n'eussent brisé leurs nœuds.

305. Quand le vœu mutuel dissout un mariage,
Sur la moitié des biens se trouvant le partage
De chacun des époux, tout enfant, d'eux issu,
Comme propriétaire, acquiert droit absolu,
Du jour où se montra leur volonté première:
L'usufruit, cependant, en reste aux père et mère,
Jusqu'à l'âge où l'enfant, de la majorité,
Peut atteindre et saisir le moment arrêté,
Sous la condition de fournir nourriture,
Convenable entretien, convenable culture,

Suivant leurs facultés et d'après leur état ;
Le tout, sans pouvoir nuire aux droits dont leur contrat,
Ou leurs conventions pourraient avoir d'avance,
A leur postérité, consacré l'assurance.

CHAPITRE V.

De la Séparation de corps.

306. Dans tous les cas où peut s'offrir l'occasion
Qui doit légitimer la sévère action
Tendante, dans son but, à rompre l'hyménée
Par le moyen nommé cause déterminée,
On est autorisé dans la prétention
De réclamer, de corps, la séparation.

307. Une telle demande est engagée, instruite,
Et reçoit jugement dans la forme prescrite
Pour tout objet civil : mais on ne l'admet point
Sur le vœu déclaré par le double conjoint.

308. La séparation, pour cause d'adultère,
Entraîne, pour la femme, une peine sévère ;
Lorsque le jugement, contre elle, est prononcé,
L'agent public, vengeur de l'hymen offensé,
Obtient qu'on la condamne, au fond d'une retraite,
A couler une vie et pénible et secrète :
Cette peine sera d'un temps déterminé
D'au moins trois mois, au plus, par deux ans, terminé.

309. Pour la femme, l'époux fait cesser cette peine,
Pourvu qu'il lui pardonne et chez lui la reprenne.

310. Lorsqu'a duré trois ans, la séparation

Dont un motif précis fonda l'admission
(De l'époux féminin, hors le cas d'adultère),
L'époux qui défendait en cause originaire
Sur sa pétition, obtient du tribunal
Qu'il dénoue en entier le lien conjugal,
Si l'autre époux, présent, ou que dûment on cite,
Sur la réunion, ne s'explique de suite,
Et n'en offre à l'instant d'efficaces moyens.

311. Les séparés de corps le sont toujours de biens.

TITRE VII.

De la Paternité et de la Filiation.

CHAPITRE PREMIER.

De la Filiation des enfans légitimes ou nés dans le mariage.

312. Conçu, quand de l'hymen brille encor la lumière,
L'enfant, dans le mari, doit reconnaitre un père.
  Le mari, néanmoins, de la paternité,
Peut faire désaveu, s'il prouve avec clarté
Que, pendant tout le temps couru, du trois centième,
Jusques au jour compté le cent quatre-vingtième,
Avant que, de la vie, ait joui cet enfant,
Il éprouvait en lui, soit par l'éloignement,
Soit par quelqu'accident d'une grave durée,
L'impossibilité physique et démontrée
D'avoir, avec sa femme, aucun rapprochement.

313. Le mari ne peut pas désavouer l'enfant,
Quand il alléguerait naturelle impuissance,
Ou même l'adultère, à moins que la naissance
N'ait été, dans ce cas, pour lui-même un secret;
Alors il est admis à prouver chaque fait
Propre à justifier qu'il n'en est pas le père.

314. Quand un précoce enfant, du jour voit la lumière
A dater de l'hymen, dans cent quatre-vingts jours,
Le mari, comme père, est regardé toujours,
Dans trois cas : s'il savait, avant son hyménée,
Que déjà la grossesse était déterminée;
S'il est, comme présent, clairement désigné
Dans l'acte de naissance, et lorsqu'il l'a signé,
Ou qu'il est mention qu'il en est incapable;
Lorsque l'enfant n'est pas déclaré né viable.

315. La légitimité peut se voir contester,
Lorsque l'enfant, au jour, vient à se présenter,
Quand on compte trois fois la centième journée
Depuis celle qui vit dissoudre l'hyménée.

316. Au cas où le mari se trouve, par les lois,
Admis à réclamer, c'est dans le cours du mois
Qu'il doit se faire ouïr, s'il a sa résidence
Dans les lieux où l'enfant arrive à la naissance;
Dans le cours de deux mois, à dater du retour,
S'il est absent, alors que l'enfant voit le jour;
Dans les deux mois après la fraude découverte,
Si le secret lui tint la naissance couverte.

317. Tandis que le délai n'était pas consommé,
Lorsque le mari meurt sans avoir réclamé,
Deux mois, aux héritiers, sont donnés pour le faire,

TITRE VII. *Paternité et Filiation.*

À compter de l'époque où, du prétendu père,
L'enfant a pris les biens en sa possession,
Ou du jour que, saisis de la succession,
Les héritiers verront troubler leur jouissance
Par l'enfant réclamant les droits de sa naissance.

318. L'acte de désaveu dressé hors jugement
De la part du mari, de son représentant,
A peine de se voir imparfait, inutile,
Est suivi, dans le mois, d'une action civile
Contre un tuteur nommé pour défendre l'enfant.
La mère, à ce débat, assiste également.

CHAPITRE II.
De la Filiation des enfans légitimes.

319. La filiation de l'enfant légitime,
Dans le fait, s'établit, et, dans le droit, s'estime
Par l'acte de naissance, aux registres, inscrit.

320. A défaut de ce titre, à l'enfant, il suffit
De prouver qu'en effet, avec suite et constance,
D'un légitime état, il a la jouissance.

321. Ce légitime état, cette possession
S'établit par des faits dont la réunion
Indique des rapports certains de descendance,
De filiation et de reconnaissance
Entre l'individu qui, de l'état, jouit,
Et la famille à qui sa volonté l'unit.
  Les faits principaux sont que, dans sa vie entière,
Il a porté le nom de son prétendu père;

Que le père, toujours le traitant comme sien,
L'éleva, lui fournit alimens, entretien;
Que la société, toujours, dans sa personne,
A reconnu l'enfant du père qu'il se donne;
Que la famille, ainsi que la société,
L'a reconnu toujours en cette qualité.

322. Qui prétend être admis dans un état contraire
A celui que, de droit, lui donne et lui confère
Son titre de naissance, au reste, cimenté
Par la possession, ne peut être écouté.
De même, cet état devient incontestable
Pour tout individu dont le sort toujours stable
Etablit clairement la corrélation
Formée entre son titre et sa possession.

323. De tout titre légal, si la preuve est absente,
Si la possession n'est point non plus constante,
Ou si, sous de faux noms, l'enfant se trouve inscrit,
Ou s'il résulte enfin, de l'acte qu'il produit,
Qu'à d'inconnus parens il doive la naissance,
Il peut, par des témoins, prouver sa descendance.
Pour qu'il y soit admis, il lui faut le crédit,
Ou d'un commencement de preuve par écrit,
Ou de présomptions, indices admissibles,
De faits dès lors constans, conséquences plausibles.

324. Les titres de famille, à ce commencement
De preuve par écrit, servent de fondement,
Ainsi que tout regître, ou papiers domestiques,
Paternels, maternels, les actes authentiques,
Ou les actes privés dont peut être l'auteur
Tout tiers intéressé, dans le procès, acteur,
Ou qui, vivant, aurait un intérêt à l'être.

Titre VII. *Paternité et Filiation.*

325. A la preuve contraire, on peut se faire admettre:
Il est, pour l'acquérir, licite d'employer
Tout moyen, quel qu'il soit, propre à justifier
Que l'enfant n'est pas né de la mère qu'il cite,
Ou la maternité même non contredite,
Qu'au mari de sa mère, il se trouve étranger.

326. Les tribunaux civils, seuls, ont droit de juger
Les réclamations d'état et de naissance.

327. L'action criminelle, en nul cas, ne commence,
Quand elle est relative au délit présumé
Consistant dans le fait d'un état supprimé,
Que lorsque, sur l'état, l'action engagée,
Définitivement, est éteinte et jugée.

328. L'action de l'enfant réclamant son état,
De la prescription, brave le résultat.

329. Une telle action, par l'enfant, négligée,
Par ses représentans, ne peut être engagée
Que dans deux cas : s'il meurt dans sa minorité,
S'il meurt dans les cinq ans de sa majorité.

330. Cette action, déjà, par l'enfant, établie,
Peut, par ses héritiers, être encor poursuivie,
A moins qu'il ne s'en fût clairement désisté,
Ou qu'un an, par trois fois, ne se fût complété
Sans acte relatif à cette procédure,
A compter du dernier faisant ainsi clôture.

CHAPITRE III.

Des Enfans naturels.

SECTION PREMIÈRE.

De la Légitimation des enfans naturels.

331. Peuvent, tous les enfans, hors mariage, nés,
Sauf ceux que l'adultère ou l'inceste ont donnés,
D'enfans légitimés, avoir le caractère,
Par les nœuds subséquens de leur père et leur mère,
Si, soit avant ces nœuds, soit en les célébrant,
Ils les ont reconnus tous deux également.

332. Les enfans décédés laissant des successibles,
D'une telle faveur, sont aussi susceptibles,
Et, dans un cas pareil, c'est à leurs descendans
Que passe le bienfait qu'on accorde aux enfans.

333. Obtenant leur état du tardif hyménée
Qui, de leurs père et mère, unit la destinée,
Les enfans ont les droits et la condition
Qui leur appartiendraient, nés de cette union.

SECTION II.

De la Reconnaissance des enfans naturels.

334. Pour donner de la force à la reconnaissance
D'un enfant naturel, il faudra l'existence
D'un acte régulier, authentique et formel,
Dans toute circonstance où l'enfant naturel
Ne fut pas reconnu dans l'acte de naissance.

335. On n'admettra jamais cette reconnaissance
En faveur des enfans, fruits trop infortunés,
Qui sont, dans l'adultère, ou dans l'inceste, nés.

336. Quand la reconnaissance est faite par le père,
Sans l'indication, sans l'aveu de la mère,
Cet acte, en un tel cas, ne peut avoir d'effet
Qu'à l'égard seulement du père qui l'a fait.

337. Pendant le mariage, une reconnaissance,
Par l'un des deux époux, faite de la naissance
D'un enfant naturel qu'il aurait obtenu,
Avant son union, d'un autre individu
Que de son propre époux, ne pourra jamais nuire
A l'époux actuel, ni jamais rendre pire
Le destin des enfans nés de cette union.
   Elle aura, néanmoins, son exécution,
Lorsque les nœuds dissous de la même alliance
Ne laissent, après eux, aucune descendance.

338. Un enfant naturel reconnu hautement
N'exerce point les droits d'un légitime enfant :
Des droits de ces enfans, dans les règles prescrites,
Titre, *successions*, on trouve les limites.

339. L'acte où le père, ou bien la mère a reconnu,
Par tous intéressés, peut être combattu ;
La réclamation, par l'enfant, intentée,
Par les mêmes aussi, peut être contestée.

340. De la paternité, la perquisition
Ne peut être permise. Au cas d'une action
Qui, d'un enlèvement, porte le caractère,
Si, d'un pareil délit, l'époque se réfère

Au moment présumé de la conception,
Des tiers intéressés, la provocation
Peut faire déclarer que l'enfant a pour père
Le ravisseur qu'on prouve avoir trompé la mère.

341. Il n'en est pas ainsi de la maternité.
Mais la loi veut qu'il soit clairement constaté,
Lorsque, par un enfant, la mère est recherchée,
Qu'il est le même enfant dont elle est accouchée.
Nul témoin, sur ce point, ne peut être produit,
Sans un commencement de preuve par écrit.

342. L'enfant né de l'inceste, ou né de l'adultère,
Ne pourra rechercher son père, ni sa mère.

TITRE VIII.

De l'Adoption et de la Tutelle officieuse.

CHAPITRE PREMIER.

De l'Adoption.

SECTION PREMIÈRE.

De l'Adoption et de ses effets.

343. L'ADOPTION se fait par tous individus
De l'un et l'autre sexe, alors que parvenus
A plus de cinquante ans, ils n'ont dans leur famille
Ni légitime fils, ni légitime fille,

Titre VIII. *Adoption et Tutelle officieuse.*

Ni postérité d'eux, et qu'ils peuvent compter
Quinze ans de plus que ceux qu'ils veulent adopter.

344. Nul, de l'adoption, ne reçoit l'avantage
Par plusieurs, s'ils ne sont unis en mariage.
   D'après le vœu des lois, l'époux n'adopte point
Sans le consentement de son autre conjoint,
Si ce n'est dans le cas que le Code présente,
Nombre six précédé de trois cent et soixante.

345. On ne peut honorer du titre d'adopté
Que la personne à qui, dans sa minorité,
Pendant six ans entiers, au moins, on a pu rendre
Tous les soins qu'inspira l'intérêt le plus tendre,
Ou celui qui sauva la vie à l'adoptant,
Soit, sur le champ d'honneur, près de lui combattant,
Soit en le retirant des flammes, ou de l'onde.
   La loi veut qu'il suffise, en la chance seconde,
Que l'adoptant atteigne à sa majorité,
Qu'il soit également l'aîné de l'adopté,
Qu'il n'ait postérité légitime et légale,
Et que, s'il est époux, sa moitié conjugale,
Par son consentement, vote l'adoption.

346. L'adoption n'a lieu, sans nulle exception,
Que lorsque l'adopté, du majeur, obtient l'âge.
Si l'adopté jouit encor de l'avantage
D'avoir ses père et mère, ou l'un d'eux seulement,
Sans, du cinquième lustre, avoir le complément,
Il faut que, pour cet acte, il obtienne et produise,
De tous deux, ou de l'un, l'aveu qui l'autorise ;
Si, depuis vingt-cinq ans, il a vu le soleil,
Il devra seulement requérir leur conseil.

347. L'acte d'adoption, à l'adopté, confère
Le nom de l'adoptant; ce changement s'opère
En augmentant le nom de l'enfant adopté
Du nom de l'adoptant, au sien propre, ajouté.

348. Dans une autre maison, bien que l'adopté passe,
Dans sa propre famille, il a ses droits, sa place;
Mais le Code prohibe un hymen contracté
 Entre tout adoptant, et l'enfant adopté
Et tous les descendans nés de son mariage ;
 Entre enfans adoptifs du même personnage ;
 Entre enfans adoptés et ceux qu'à l'avenir
L'adoptant, de l'hymen, se verrait obtenir ;
 Entre l'individu que l'adoption donne
Au nouvel adoptant, et la même personne
Conjoint de ce dernier; par réciprocité,
Entre adoptant enfin, et conjoint d'adopté.

349. Le devoir mutuel qu'impose la nature
Pour le fait d'alimens et de leur fourniture,
Dans les cas que le Code a pris soin d'arrêter,
Et qui, pour l'adopté, doit toujours subsister
Entre les siens et lui, par ce qui les rassemble,
Adoptant, adopté, le contractent ensemble.

350. L'adopté ne s'assure aucun droit successif
Sur les biens des parens de son père adoptif;
Mais il acquiert sur ceux qui forment l'héritage
De ce même adoptant, un droit, un avantage
Qui rend son sort égal au sort déterminé
Pour tout enfant qui peut, dans l'hymen, être né,
Même quand cet enfant né de cette manière,
Après l'adoption, a l'adoptant pour père.

Titre VIII. *Adoption et Tutelle officieuse.*

351. Lorsque sans descendant légal, meurt l'adopté,
Ce que, de l'adoptant, il aurait accepté,
Ou la part, dans ses biens, qu'il aurait recueillie
Et qui, dans le moment qui termine sa vie,
Est en nature encor, retourne à l'adoptant,
Ou devient le profit de quiconque en descend,
Sous la condition de payer part des dettes,
Et sauf les droits des tiers. Ces déductions faites,
De l'adopté, les droits et les biens excédans
Sont la propriété de ses propres parens
Qui toujours excluront ceux qui, de l'héritage,
De l'adoptant défunt, auraient eu le partage
Hormis ses descendans, même en la portion
Dont le présent article a fait la mention.

352. Si l'adoptant vivant, et l'adopté sans vie,
Des hoirs de celui-ci la source était tarie,
Le don, par lui, reçu retourne à l'adoptant,
Ainsi que l'a prescrit l'article précédent ;
Mais la faveur échappe, à lui seul inhérente,
Même à ses héritiers en ligne descendante.

SECTION II.

Des Formes de l'Adoption.

353. Celui qui formera le dessein d'adopter,
Celui qu'il a choisi, doivent se présenter
Au magistrat de paix du lieu du domicile
De l'adoptant ; c'est là que se fait l'acte utile,
De leurs vœux mutuels, fidelle expression.

354. Dans les dix jours suivans, une expédition
De cet acte formel, au gré de la partie

Qui désire en hâter les effets, se confie
A l'officier public, agent impérial
Près les juges premiers tenant le tribunal
De l'arrondissement où l'adoptant réside :
Pour que ce tribunal homologue et décide.

355. En chambre du conseil, le tribunal formé,
Par des renseignemens, pleinement informé,
Examine, d'après les preuves recueillies,
Si les conditions de la loi sont remplies,
Si celui qui prétend faire l'adoption,
De tache, a préservé sa réputation.

356. L'agent du Prince ouï, le tribunal prononce,
Sans forme de procès, sans même qu'il énonce
Les motifs précurseurs de sa décision,
Soit aveu, soit refus de cette adoption.

357. Pendant le cours du mois qui suit cette sentence,
Celui qui veut user de plus de diligence,
Devant la cour d'appel, la porte et la produit ;
D'après les documens, la cour procède, instruit,
Comme le tribunal de la première instance,
Et, quant à ses motifs, observant le silence,
Prononçant, ou réforme, ou confirmation,
Elle avoue, ou dément l'acte d'adoption.

358. Le tribunal d'appel prononce à l'audience
Tout arrêt admettant l'acte de bienfaisance,
Fruit de l'adoption : au secret arraché,
L'arrêt devient public ; il est même affiché
Dans tels cantons, tels lieux, en nombre d'exemplaires
Indiqués par la cour et jugés nécessaires.

359. Dans le cours de trois mois, après ce jugement,

L'un des deux obligés ainsi le requérant,
L'adoption s'inscrit sur la feuille civile
Des lieux où l'adoptant peut avoir domicile.
 L'inscription n'a lieu que d'après un extrait
Levé légalement et conforme à l'arrêt :
Dans le délai prescrit, l'inscription omise
Rend l'adoption nulle et vainement admise.

 360. Quand l'acte constatant la ferme volonté
De former le contrat avec un adopté,
Par le juge de paix, reçu dans ses regîtres,
Est porté devant ceux que la loi rend arbitres,
Si l'adoptant, avant l'arrêt définitif,
A cessé d'exister, le travail instructif
Se poursuit et s'achève, et, s'il est convenable,
L'adoption jouit d'un succès favorable.
 Alors si l'héritier que laisse l'adoptant
Croit que l'adoption doit nuire, en l'admettant,
Au procureur du Prince, il remet et confie
Les motifs détaillés sur lesquels il s'appuye.

CHAPITRE II.

De la Tutelle officieuse.

 361. Celui dont l'âge mûr a passé cinquante ans,
Qui, pour lui succéder, ne laisse point d'enfans,
Ni d'autres descendans de légitime race,
Et voulant imprimer, après lui, quelque trace,
En faveur d'un mineur, bienfaiteur libéral,
Prétend se l'attacher par un titre légal,
Peut prendre, à son égard, la tâche généreuse
Qui reçoit ce beau nom : *tutelle officieuse*,

S'il est autorisé par le consentement
De son père, sa mère, ou bien du survivant,
A défaut, par celui du conseil de ses proches,
Ou, s'il peut adresser au destin des reproches
De ne pouvoir nommer, connaître aucun parent,
Par celui du conseil de l'hospice où l'enfant
A vu l'humanité protéger son enfance,
Ou du maire du lieu qui fait sa résidence.

362. L'époux ne devient pas tuteur officieux
A moins que son conjoint ne souscrive à ses vœux.

363. Toute demande, ayant pour but cette tutelle,
Et les consentemens qu'elle entraîne avec elle
Résultent d'un verbal que dresse incontinent
Juge de paix des lieux où réside l'enfant.

364. Cette tutelle n'est, au reste, destinée
Qu'à l'enfant au-dessous de sa quinzième année.
Elle emporte avec soi, sans préjudicier
Aux stipulations d'un droit particulier,
Le devoir de nourrir, d'élever le pupille
Et d'assurer ses jours par un état utile.

365. Que si, de quelque bien, le mineur partagé,
Sous les lois d'un tuteur, était déjà rangé,
L'officieux tuteur, de ses soins, l'environne,
Administre ses biens, veille sur sa personne
Et ne peut prélever, par imputation
Sur les produits, les frais de l'éducation.

366. Après cinq ans complets depuis cette tutelle,
Si, craignant de laisser sa dépouille mortelle
Avant que le pupille, à l'âge du majeur,
Ne puisse parvenir, l'officieux tuteur

Vote l'adoption, et qu'il la lui confère
Dans l'acte qui contient sa volonté dernière,
La disposition a lieu valablement,
S'il ne lui survit point de légitime enfant.

367. Lorsque ce tuteur voit finir ses destinées,
Soit avant, soit après même les cinq annéés,
Sans qu'il ait reconnu le pupille adopté,
Pendant le cours entier de sa minorité,
L'enfant peut réclamer des moyens d'existence :
S'ils ne se trouvent pas déterminés d'avance
Pour telle quotité, telle condition,
Par le titre formel d'une convention,
L'amiable équité, dès lors, les apprécie
Entre représentans qu'offre chaque partie,
Et, si cet arbitrage est tenté vainement,
La justice elle-même en fait le réglement.

368. Quand la majorité du pupille est acquise,
Si, de l'adoption que le Code autorise,
L'officieux tuteur a formé le projet,
Si l'enfant y consent, l'adoption se fait
Dans la forme prescrite au précédent Chapitre,
Et produit les effets attachés à ce titre.

369. Si, lorsque le pupille est devenu majeur,
Dans les trois mois suivans, l'officieux tuteur,
Pour son adoption, requis par le pupille,
Laisse, par un refus, sa demande inutile,
Et qu'il ne puisse pas gagner ses alimens,
Le tuteur doit alors des dédommagemens,
Qui viennent suppléer à sa triste impuissance
De pourvoir par lui-même aux moyens d'existence.

Ce dédommagement consiste en un secours
Qui lui donne un métier pour assurer ses jours.
Si le cas est prévu, seront exécutées,
Les stipulations à l'avance arrêtées.

370. Du pupille, s'il eut quelques biens à régir,
Le tuteur a toujours des comptes à fournir.

TITRE IX.

De la Puissance paternelle.

371. D'honneur et de respect, un enfant, à tout âge,
Doit à ses père et mère, un éclatant hommage.

372. L'émancipation, ou la majorité
Vient seule le soustraire à leur autorité.

373. Le père, sur l'enfant, doit jouir sans partage
De cette autorité, durant le mariage.

374. L'enfant ne peut quitter l'asile paternel
Sans être autorisé par un aveu formel,
A moins qu'il ne s'enrôle en soldat volontaire,
Quand dix-huit ans complets ont marqué sa carrière.

375. Le père malheureux dont l'inquiet enfant
Lui donne des sujets de mécontentement,
Pour plier l'indocile au joug de son empire,
Peut prendre les moyens que la loi va prescrire.

376. Dans le cas où l'enfant n'a pas encore atteint
Ses seize ans commencés, le père le contraint

Titre IX. *De la Puissance paternelle.*

A la détention, pendant un intervalle
Qui dure un mois au plus : la mesure est légale,
Quand le juge civil qui ne peut refuser,
En délivrant un ordre, a su l'autoriser.

377. Quand la seizième année est pour lui commencée,
Jusqu'à ce qu'il arrive à l'époque fixée
Qui doit l'émanciper, ou le rendre majeur,
Contre l'enfant, le père, exerçant sa rigueur,
Ne peut plus requérir son étroite retraite
Que pour six mois au plus : la demande en est faite
Au président civil de l'arrondissement ;
Après avoir ouï l'impérial agent,
Il délivre son ordre, ou bien refuse au père
De souscrire au dessein que forma sa colère.
Le juge, au premier cas, suivant l'occasion,
Peut abréger le temps de la détention.

378. Dans l'un et l'autre cas, nul besoin d'écriture,
Nulle forme, sinon l'ordre de la capture,
Lequel, d'aucun motif, ne fait la mention.
  Le père seulement, par sa souscription,
Se soumet à payer, des frais, la consistance,
A pourvoir décemment à ceux de subsistance.

379. Le père, à la douceur, ensuite ramené,
Peut toujours abréger le temps déterminé
Pour la détention ordonnée, ou requise.
Si cet enfant, après sa liberté reprise,
A de nouveaux écarts, vient à s'abandonner,
A des liens nouveaux, on peut le condamner :
Les nombres précédens en tracent la manière.

380. Si de nouveaux liens ont engagé le père,

L'enfant du premier lit qu'il aurait obtenu
Ne peut être jamais arrêté, détenu,
Fût-il même au-dessous de sa seizième année,
Qu'autant qu'en le livrant à cette destinée,
On prendrait les moyens tracés sur cet objet
Dans l'article trois cent soixante-dix et sept.

381. La mère survivante, encor dans le veuvage,
De la détention, ne peut tenter l'usage
Qu'en employant aussi la mesure et l'effet
De l'article trois cent soixante-dix et sept,
Et lorsque deux parens, en ligne paternelle,
Du plus proche degré, concourent avec elle.

382. Quand personnellement l'enfant a quelques biens,
Ou jouit d'un état, s'il lui faut des liens,
Pour punir ses écarts et pour le rendre sage,
N'eût-il pas ses seize ans, avant d'en faire usage,
On devra recourir encore, à ce sujet,
A l'article trois cent soixante-dix et sept.
Le jeune détenu libre de se défendre,
Dans un mémoire, peut toujours se faire entendre :
Il l'adresse à l'agent procureur-général
Faisant ses fonctions auprès du tribunal
Qui connaît des appels ; l'agent, sur la matière,
Consulte, réunit le faisceau de lumière
Que peut lui présenter l'agent impérial
Qui, du premier degré, guide le tribunal ;
Au président d'appel, il rapporte l'affaire :
Après avoir donné d'abord avis au père,
Ce président jouit du droit de rétracter,
Ou de modifier tout ordre d'arrêter
Donné par qui préside en la première instance.

Titre IX. *De la Puissance paternelle.*

383. Les points déterminés dont on voit la substance
Aux quatre numéros qui sont antérieurs
Au trois cent quatre-vingt, sont communs aux auteurs
Des enfans naturels dont la reconnaissance,
Faite légalement, prouve la descendance.

384. Le père, dans le temps que dure encor l'hymen,
Et, lorsque le trépas a rompu ce lien,
Celui des deux époux qu'on voit en survivance,
Des biens de leurs enfans, auront la jouissance :
Un pareil droit finit du jour où les enfans,
Ou sont émancipés, ou comptent dix-huit ans.

385. Ils sont assimilés pour cette jouissance
A tout usufruitier dont ils courent la chance :
Nourrir, entretenir, élever les enfans,
Selon leurs facultés, sont leurs devoirs constans :
Des capitaux, payer intérêts, arrérages,
Payer les frais causés par les derniers ravages
Dont la force a conduit le malade à la mort,
Ceux d'inhumation, sont leurs devoirs encor.

386. On prive de ce droit celui des père et mère
Qui, du divorce, auteur, l'a rendu nécessaire ;
Et, du premier époux, perdant le souvenir,
La mère, en convolant, cessera de jouir.

387. La loi ne soumet point à cette jouissance,
(Le but d'encourager a dicté la dispense)
Les biens que l'industrie, un travail, séparés,
Au profit des enfans, a déjà consacrés,
Ni les dons, ou legs faits avec la clause austère
Qui, du droit de jouir, exclurait père et mère.

TITRE X.

De la Minorité, de la Tutelle et de l'Emancipation.

CHAPITRE PREMIER.
De la Minorité.

338. Dans l'un et l'autre sexe, un mineur est celui
Qui, de ses vingt-un ans, n'a pas l'âge accompli.

CHAPITRE II.
De la Tutelle.

SECTION PREMIÈRE.
De la Tutelle des père et mère.

389. Le père est régisseur, pendant le mariage,
Et des biens personnels et de tout avantage
Pouvant appartenir à son enfant mineur.
    Le père est reconnu comptable avec rigueur,
Pour la propriété, pour les fruits de la chose
Dont il ne jouit pas ; mais en maître, il dispose
De l'entier usufruit dont la loi l'a doté,
Comptable seulement pour la propriété.

390. Lorsque la mort civile, ou la mort naturelle
De l'un des deux époux fait marcher avec elle

Titre X. *Minorité, Tutelle, Emancipation.*

La dissolution des nœuds qu'elle a frappés,
Sur les enfans mineurs et non émancipés,
La tutelle appartient, et la loi la défère
A celui qui survit du père ou de la mère.

391. Si la mère survit, le père peut choisir
Un conseil spécial, pour l'aider à régir.
Nul acte, dans ce cas, concernant la tutelle,
Sans l'avis du conseil, ne peut émaner d'elle.

Si, néanmoins, le père a prescrit, exprimé
Les actes pour lesquels le conseil est nommé,
La tutrice jouit de la pleine puissance
De faire tout autre acte, et sans son assistance.

392. Le choix de ce conseil ne se peut opérer
Que par l'un des moyens que l'on va consacrer:
Par acte contenant les volontés dernières;
Par déclaration faite devant notaires,
Ou le juge de paix, de son greffier, aidé.

393. Au jour où le mari se trouve décédé,
Si la femme est enceinte et doit devenir mère,
Le conseil de famille intervient, délibère;
Un curateur au ventre est, par lui, désigné.

Ce curateur n'est plus, lorsque l'enfant est né;
La mère est appelée à prendre la tutelle;
Et celui qui d'abord gérait la curatelle,
Se trouve de plein droit le tuteur-subrogé.

394. Ce n'est point pour la mère un devoir obligé,
Que celui d'accepter la charge de tutrice;
Elle en peut refuser l'honorable exercice;
Mais elle voit durer son obligation,
Tant qu'un tuteur nommé n'est pas en fonction.

395. Si la tutrice veut renoncer au veuvage,
Elle est tenue, avant l'acte de mariage,
De faire convoquer le conseil des parens;
Il est déterminé par les délibérans,
Si la mère, à gérer, doit encore être admise.

Si la formalité, par la mère, est omise,
Elle perd la tutelle, et son nouveau mari
Est solidairement lui-même assujéti
A réparer la perte, en ce cas opérée,
Par cette gestion d'illégale durée.

396. Lorsque le conseil croit qu'il est de son devoir
De maintenir la mère en son juste pouvoir,
Il lui donne, et la loi l'a rendu nécessaire,
Comme co-partageant du pouvoir tutélaire,
Le moderne conjoint, avec elle, garant
De tout fait de tutelle, à l'hymen, subséquent.

SECTION II.

De la Tutelle déférée par le père ou la mère.

397. Celui qui, le dernier entre les père et mère,
Arrive à cet instant qui ferme sa paupière,
Des soins de la tutelle, a le droit de charger
Soit un de ses parens, soit même un étranger.

398. Dans le nombre trois cent quatre-vingt-douze, est mis
La forme dans laquelle un tel droit s'autorise,
Sauf les exceptions et les tempéramens
Qui vont être déduits dans les nombres suivans.

399. La mère qui n'a pas vécu dans le veuvage,
Et qui, sur les enfans du premier mariage,

N'a pu, de la tutelle, exercer le pouvoir,
Ne peut, à son décès, d'un tuteur, les pourvoir.

400. La mère, sous le joug d'une union nouvelle,
Et qui n'a pas perdu les droits de la tutelle,
Peut nommer un tuteur ; ce choix n'est respecté
Que, lorsque, des parens, l'avis l'a cimenté.

401. Le tuteur qu'a choisi soit le père, ou la mère,
Peut ne pas accepter le dépôt tutélaire,
S'il n'est pas un de ceux, qu'à défaut de ce choix,
Les parens eussent pu désigner par leurs voix.

SECTION III.

De la Tutelle des ascendans.

402. Quand le dernier mourant entre les père et mère,
A nul n'a déféré le pouvoir tutélaire,
Il appartient de droit à l'aïeul paternel,
Et, s'il n'existe pas, à l'aïeul maternel.
Dans le même degré, la ligne paternelle
Marche toujours devant la ligne maternelle.

403. Lorsque, par le mineur, ne peut être compté
Aucun de ces aïeuls, dans le double côté,
Qu'il s'élève un concours dans la ligne ascendante,
Au rang supérieur, et qu'alors il présente
Deux parens du mineur appartenans tous deux
Au côté paternel, la loi décide entr'eux
Que, pour tuteur légal, on devra reconnaître,
Entre ces ascendans, celui qui se trouve être
Le paternel aïeul du père du mineur.

404. Si le concours a lieu, pour élire un tuteur,

Entre deux bisaïeuls en ligne maternelle,
Le conseil de famille, alors, de la tutelle,
Défère le pouvoir; son choix, pour cet objet,
Entre les concurrens, doit toujours être fait.

SECTION IV.

De la Tutelle déférée par le conseil de famille.

405. Si non émancipé, privé de père et mère,
Le mineur, par qui perd, le dernier, la lumière,
Est laissé sans tuteur, sans mâles ascendans,
Ou bien si le tuteur qu'aux nombres précédens,
Quant à ses qualités, la loi caractérise,
Par les exclusions que le code autorise
Dans les cas exprimés postérieurement,
Se voit mis à l'écart, ou que, valablement,
Il présente une excuse, à son devoir, fidelle,
Le conseil des parens pourvoit à la tutelle.

406. Le conseil de famille est dûment convoqué,
Soit que, par les parens, l'acte soit provoqué,
Soit que les créanciers hâtent cette mesure
Que peut aussi poursuivre, en cette conjoncture,
Tout autre tiers poussé par de vrais intérêts,
Et soit d'office, enfin, par le juge de paix
Des lieux où le mineur peut avoir résidence.
Toute personne alors peut donner connaissance
A ce même officier du fait qui, d'un tuteur,
Rend le choix nécessaire à l'égard du mineur.

407. Ce conseil est toujours formé, sans y comprendre
Le magistrat de paix, de six parens, à prendre
Dans les lieux où se fait cette opération,

Ou dans des lieux distans quatre fois environ
D'une lieue, aujourd'hui double myriamètre :
A défaut de parent, l'allié peut s'admettre.
On en appelle trois du côté paternel,
Et trois également du côté maternel ;
Cet appel a sa règle, et l'ordre, entr'eux, s'assigne
Par leur proximité dans l'une et l'autre ligne.

 Le parent, en ce cas, est toujours préféré
A qui n'est qu'allié dans le même degré ;
Et, parmi les parens dans un degré semblable,
Le plus âgé des deux, à l'autre, est préférable.

 408. Du nombre des parens, la limitation
Ne reçoit qu'une expresse et seule exception ;
Pour les frères germains du mineur, elle est faite ;
De la germaine sœur, l'époux la rend complète.

 S'ils sont six, même plus, au conseil des parens,
Tous se trouvent admis : les veuves d'ascendans,
Les ascendans munis d'une excuse réglée,
S'il en est, forment seuls, avec eux, l'assemblée.

 Lorsqu'ils ne sont pas six, le nombre compétent
Se forme par l'appel de tout autre parent.

 409. Lorsque, dans la commune, en l'une et l'autre ligne,
Ou dans les environs que le code désigne,
Nombre quatre cent sept, alliés ou parens,
Ensemble réunis, ne sont pas suffisans,
Le magistrat de paix fondé sur cette absence,
De la barrière mise, étendant la distance,
Appelle des parens, ou bien des alliés
Qui, dans des lieux plus loin, sont domiciliés ;
Et même, sur les lieux, au besoin, il appelle
Ceux qui rendaient les soins d'une amitié fidelle

A l'un ou l'autre époux dont le mineur est né.

410. Par le juge de paix, il peut être ordonné,
Même quand, sur les lieux, pour le besoin d'élire,
Des parens, alliés, le nombre peut suffire,
Que parens, alliés de degrés plus prochains,
Ou du même degré que ceux qui sont voisins,
Paraissent au conseil, nonobstant la distance
Qui pourrait séparer, des lieux, leur résidence,
Pourvu que, cependant, en opérant ainsi,
Le parent écarté par le parent choisi,
Des membres du conseil, laisse la masse égale
A celle que, plus haut, le Code rend légale.

411. Le temps où le conseil doit être rassemblé,
Par le juge de paix, à jour fixe, est réglé ;
Et la citation, de ce jour qu'il signale,
Est séparée au moins par trois jours d'intervalle,
Au cas où les parens ou bien les alliés
Se trouvent, sur les lieux, tous domiciliés,
Ou sont dans le rayon de deux myriamètres.

Hors du cercle compris dans ces vingt kilomètres,
Si quelques appelés ont fixé leur séjour,
Triple myriamètre, au délai, joint un jour.

412. Le parent, l'allié, l'ami, quel qu'il puisse être,
En personne, au conseil, doit se rendre et paraître,
Ou nommer, s'il se voit contraint de s'absenter,
Un fondé de pouvoir pour le représenter.

Le procureur fondé ne peut, en cette affaire,
De plus d'une personne, être le mandataire.

413. Le parent, l'allié, l'ami qui, convoqué,
Néglige de paraître au moment indiqué,

Et ne peut s'appuyer que d'une excuse vaine,
D'une amende, subit la légitime peine ;
Jusqu'à cinquante francs, le taux est circonscrit,
Et le juge de paix, sans appel, l'en punit.

414. Si l'absent peut fournir une excuse valable,
Et qu'il paraisse alors prudent et convenable
D'attendre cet absent ou de le remplacer,
L'intérêt du mineur qu'on ne saurait blesser
Obtient que l'assemblée, en ce sens, dirigée,
Par le juge de paix, puisse être prorogée.

415. Chez le juge de paix, elle se tient de droit,
S'il n'a pas désigné lui-même un autre endroit ;
Des membres convoqués, l'accès est nécessaire,
Jusqu'aux trois quarts, au moins, pour qu'elle délibère.

416. Le conseil de famille est toujours secondé
Par le juge de paix, et, par lui, présidé ;
Il a le noble droit d'y donner son suffrage,
Il est prépondérant même, en cas de partage.

417. Quand le mineur possède, en France résidant,
Dans les îles, des biens, ou réciproquement,
L'administration de ces biens se confère
Particulièrement ; un protuteur les gère.
Le tuteur, en ce cas, comme le protuteur,
De toute dépendance écartant la rigueur,
De leurs faits respectifs, nullement responsables,
L'un, à l'égard de l'autre, ils ne sont point comptables.

418. Le tuteur doit agir, et prend la gestion
Du moment qu'il connaît sa nomination,
Si, lui-même présent, elle est intervenue,
Ou du jour que, par acte, elle est, par lui, connue.

419. Personnelle au tuteur, la tutelle jamais
Ne passe aux héritiers; seulement, de ses faits,
Ils répondent toujours concernant sa régie :
S'ils se trouvent majeurs, le code leur confie
La suite et tous les soins de cette gestion,
Jusqu'au jour où se fait une autre élection.

SECTION V.

Du Subrogé Tuteur.

420. Le conseil des parens fait, dans toute tutelle,
D'un subrogé tuteur, l'élection formelle.
Il agit, il défend l'intérêt du mineur,
Quand il est différent de celui du tuteur.

421. Lorsque la fonction de tuteur s'attribue
A tel individu de qualité prévue
Par les trois sections du chapitre présent,
Et qui toutes les trois sont au commencement,
Ce tuteur doit, avant d'entrer en exercice,
Du subrogé tuteur, faire créer l'office;
Du conseil des parens, la convocation
Est, par lui, provoquée, et sa formation,
Suivant la section qui précède, s'opère.
  Dans cette gestion, si le tuteur s'ingère,
Avant d'avoir rempli cette formalité,
Le conseil de famille, à l'instant excité
Par parent, créancier, ou toute autre partie,
Dans son propre intérêt, trouvant sa garantie,
Même d'office, enfin, par le juge de paix,
Si, du tuteur, le dol semble accuser les faits,
Lui peut, de la tutelle, ôter les avantages :
Le mineur peut aussi réclamer des dommages.

Titre X. Minorité, Tutelle, Emancipation.

422. Du subrogé tuteur, la nomination,
Immédiatement suivra l'élection
Du tuteur désigné, dans les autres tutelles.

423. Jamais, et, de la loi, défenses sont formelles,
Le tuteur ne concourt à l'opération
Faite pour consacrer la nomination
Du subrogé tuteur, toujours pris dans la ligne
Dont le tuteur n'est pas, hors le cas que désigne
Le code, où les votans sont les frères germains.

424. La tutelle, de droit, ne passe point aux mains
Du subrogé tuteur, dans le cas de vacance,
Ou d'interruption pour un motif d'absence;
Il est alors tenu, garant de tout le tort
Qui pourrait, du mineur, faire empirer le sort,
De presser, d'un tuteur, l'élection nouvelle.

425. Dans le même moment que finit la tutelle,
Du subrogé tuteur, cessent les fonctions.

426. Aux subrogés tuteurs, les dispositions
Du chapitre présent qui seront expliquées,
Sections six et sept, sont toujours appliquées.
Du subrogé tuteur, la destitution
N'a point lieu, néanmoins, à l'instigation
Du tuteur qui ne porte, au conseil de famille
Tenu pour cet objet, qu'un suffrage inutile.

SECTION VI.

Des causes qui dispensent de la Tutelle.

427. Du devoir de tuteur, se trouvent affranchis,
Tous les individus désignés et compris
Dans l'acte de mil huit cent quatre, dix-huitième
De mai, titres trois, cinq, six, huit, neuf, dix, onzième;
 Juge en cassation, procureur général,
Avec ses substituts, au même tribunal;
 Le membre appartenant à la magistrature,
Des comptes, s'occupant; — les chefs de préfecture;
 Ceux qu'un emploi public attache constamment
Dans un lieu qui n'est pas dans le département
Où peut se présenter, s'établir la tutelle.

428. Sont aussi dispensés des soins qui naissent d'elle,
Ceux qui sont dans l'armée avec activité,
Et tout citoyen qui, hors de France, porté,
Y remplit le devoir que le chef de l'empire,
Juge de ses talens, a daigné lui prescrire.

429. Si cette mission, sans authenticité,
Vaguement établie, offre un fait contesté,
Le réclamant ne peut obtenir la dispense
Qu'en donnant à ce fait un degré d'évidence,
Et qu'en représentant une attestation
Du ministre, sous qui le met la mission
Qui sert de fondement à l'excuse annoncée.

430. Ceux de la qualité que l'on voit énoncée.
Aux nombres précédens, lorsqu'ils ont accepté
La charge de tuteur, sans avoir présenté

Le motif qui, pour eux, à ce devoir, s'oppose,
N'en sont point déchargés pour cette même cause.

431. Ceux, au contraire, qui, par leur engagement,
Sont seulement liés postérieurement
Aux acceptation, gestion de tutelle,
Peuvent, sans que l'on puisse en accuser leur zèle,
Convoquer, dans le mois, un conseil de parens
Qui doivent leur donner alors des remplaçans.
Lorsque l'individu n'est plus en exercice
Des mêmes fonctions, mission, ou service,
Si le nouveau tuteur veut s'affranchir d'un poids
Qu'il supporte avec peine, ou bien, si, de ses droits,
L'ancien tuteur, jaloux, aspire à les reprendre,
Le conseil de famille alors peut les lui rendre.

432. Lorsqu'on n'est pas parent, qu'on n'est pas allié,
Et qu'ainsi l'on n'est point, par le devoir, lié,
On peut, par un refus, repousser la tutelle,
A moins qu'on ne se trouve en une chance telle
Que, dans tout le rayon mille fois mesuré
Par vingt mètres doublés, on se soit assuré
Qu'il n'est point de parent du sang, ni d'alliance,
Qui puisse réunir sur lui la confiance.

433. De soixante-cinq ans accomplis, l'homme âgé,
A se rendre tuteur, n'est jamais obligé ;
Il peut s'y refuser ; et, lorsqu'avant cet âge,
Il s'y trouve appelé par un commun suffrage,
Il peut, quand il arrive à soixante-dix ans,
Se faire décharger de ces liens pesans.

434. Quiconque est assailli d'une infirmité grave,
Et prouve être empêché par une telle entrave,

Des soins de la tutelle, est encor dispensé.
De ces soins, il peut même être débarrassé,
Tandis qu'en exercice il se plaît à les rendre,
Si cette infirmité vient aussi le surprendre.

435. Quand l'emploi du tuteur fut deux fois exercé,
Pour la troisième fois, on en est dispensé.
Epoux, père, déjà chargé d'une tutelle,
Peut toujours se soustraire au poids d'une nouvelle,
Excepté, néanmoins, celle de ses enfans.

436. De ce même devoir, sont déclarés exempts,
Ceux à qui la nature a donné l'avantage
De compter cinq enfans nés dans le mariage :
Ils seront, toutefois, tuteurs de leurs enfans.
Les enfans qui sont morts parmi les combattans
Vivent, et sont comptés par la reconnaissance
Dans le nombre d'enfans requis pour la dispense.
Les autres enfans morts ne sont jamais comptés
Que dans le cas auquel ils sont représentés
Par les leurs, jouissans d'une vie actuelle.

437. Si des enfans, pendant le cours de la tutelle,
Surviennent au tuteur, cette augmentation
Ne peut autoriser son abdication.

438. Si, lorsque la tutelle au tuteur, se défère,
Devant lui, le conseil agit et la confère,
Il doit, à l'instant même, établir les moyens
Dont il prétend user pour briser ces liens :
Le conseil de famille alors en délibère ;
Il n'a, pour réclamer, que ce moment prospère.

439. Si, lorsqu'on a voté sa nomination,

Il ne fut pas présent à l'opération,
Le tuteur fait valoir ses droits, si bon lui semble ;
Le conseil de famille, à sa voix, se rassemble ;
Sur ses moyens d'excuse, il doit délibérer.

    Le recours du tuteur ne peut se différer
Au-delà de trois jours, à compter de la date
De l'exploit de l'huissier dont la teneur constate
Qu'il connaît clairement sa nomination :
Mais ce délai reçoit, d'un jour, l'adjonction,
Par dix fois le rayon d'un triple kilomètre
Que, dans un cas pareil, la distance peut mettre,
Des lieux où le tuteur a fixé son séjour,
A ceux où la tutelle a pu paraître au jour.
Quand ce délai s'écoule, il n'est plus recevable.

440. Il peut, si son recours est jugé non valable,
Porter aux tribunaux sa réclamation ;
Mais pendant le litige, et par provision,
Il remplit, de tuteur, la charge personnelle.

441. S'il se fait décharger du poids de la tutelle,
On peut condamner ceux dont l'opposition
Aura contrarié son droit d'exemption,
Aux frais de procédure et dépens de l'instance.
    Lui-même, s'il succombe, éprouve cette chance.

SECTION VII.

De l'incapacité, des exclusions et destitutions de la Tutelle.

442. Aux conseils de famille, aux soins, aux intérêts
Qui suivent la tutelle, on n'appelle jamais
Les mineurs, excepté, néanmoins, père ou mère ;

Les interdits (mineurs d'un ordre secondaire);
Aucun individu du sexe féminin ;
(Mère et toute ascendante échappe à ce destin)
Ceux qui peuvent avoir, ou dont les père ou mère
Ont à vider querelle, en champ judiciaire,
Où l'état du mineur peut être compromis,
Ses biens, ou grande part, peuvent être ravis.

443. Celui qui mérita, de la justice active,
Ou la peine infamante, ou la peine afflictive,
Ne peut être tuteur : s'il est en fonction,
Dans ce temps, il encourt la destitution.

444. Ne peuvent, du tuteur, administrer l'office,
Peuvent même, s'ils l'ont, en perdre l'exercice,
Tous ceux dont l'inconduite a frappé tous les yeux;
Ceux dont la gestion peut attester contre eux
Qu'elle est insuffisante, ou qu'elle est infidelle.

445. Qui se trouve une fois exclus de la tutelle,
Ou, pour grave motif, qui s'en trouve expulsé,
Du conseil des parens, de même, est repoussé.

446. La destitution devenant nécessaire,
Le conseil de famille agit et la profère :
Le subrogé tuteur devra le convoquer ;
Le magistrat de paix peut aussi provoquer
Cette réunion, par lui-même et d'office.

Et nécessairement la loi veut qu'il agisse
Pour rassembler tous ceux qui sont délibérans,
S'il est requis par un, ou par plusieurs parens,
Ou plusieurs alliés du mineur ou pupille,
Soit cousins germains, soit d'un degré plus utile.

447. Du conseil des parens, toute décision

Qui porte, du tuteur, la destitution,
Ou le déclare exclus, doit être soutenue
Des motifs sur lesquels elle est intervenue :
Le destin du tuteur ne peut être réglé,
Sans l'avoir entendu, pour le moins, appelé.

448. Alors que des parens, le conseil délibère,
A la décision, si le tuteur adhère,
Dans l'acte, il en fait aussitôt mention ;
L'autre tuteur de suite est mis en fonction.
Si le tuteur déchu fait entendre sa plainte,
Du subrogé tuteur, la prudence est astreinte
A poursuivre, obtenir l'homologation
Du résultat voté par la décision,
Auprès du tribunal juge en première instance
Qui, l'appel réservé, prononce la sentence.
Le tuteur qui se voit exclure, ou rejeter,
Est libre, dans ce cas, lui-même, de citer
Le subrogé tuteur, afin que l'on décide
Qu'en ses mains la tutelle a dû rester valide.

449. Les parens, alliés, quand ils ont provoqué
Par réquisition le conseil convoqué,
Peuvent intervenir en la cause pendante
Qui s'instruit et se juge ainsi qu'affaire urgente.

SECTION VIII.

De l'administration du Tuteur.

450. Le tuteur, au mineur, prodigue tous ses soins,
Protège sa faiblesse et veille à ses besoins ;
Dans les actes civils, lui seul le représente.
En père de famille, en personne prudente,

Il doit régir ses biens ; et si sa gestion
Est, avec son devoir, en contradiction,
Des dommages causés, il devient responsable.

Des biens de son mineur, la loi rend incapable
Le tuteur de pouvoir faire acquisition ;
Il ne peut accepter aucune cession
De créance, ou de droits, de la part du pupille ;
Et s'il n'a point l'aveu du conseil de famille
Qui délègue, en ce cas, le subrogé tuteur,
Il ne peut prendre à bail les biens de son mineur.

451. Dans les dix jours, depuis qu'il connaît qu'à son zèle,
La famille a remis le soin de la tutelle,
Les scellés sont levés à sa sommation,
Alors qu'il en existe une apposition ;
Et des biens du mineur, sur le champ, l'inventaire,
Le subrogé tuteur y concourant, s'opère.

Si le tuteur élu se trouve créancier
Sur les biens du mineur, il doit spécifier
Dans l'inventaire, en quoi consiste sa créance ;
Et s'il ne le fait pas, il est en déchéance
De l'officier public, la réquisition
Provoque à cet égard sa déclaration ;
Dans le procès-verbal, mention en est faite.

452. De l'inventaire clos, quand la forme est complète,
Dans le mois qui le suit, le tuteur est chargé,
Concourant et présent le tuteur subrogé,
De faire procéder à la vente, à l'enchère,
Devant un officier à public caractère,
Après placards d'affiche, ou publication
Dont le procès-verbal fera la mention,
De toute chose meuble, et sauf celle en nature

TITRE X. *Minorité, Tutelle, Emancipation.*

Que les délibérans, dans cette conjoncture,
A conserver ainsi, l'auraient autorisé.

453. De même, néanmoins, il n'en est pas usé
Pour le père et la mère, et la loi les dispense
De la formalité, s'ils ont la jouissance
Que la loi, sur ces biens, a pu leur accorder :
Pour les rendre en nature, ils peuvent les garder.
Dans ce cas, la valeur des meubles s'apprécie,
A leurs frais, par expert dont le choix se confie
Au subrogé tuteur ; et, de l'expert élu,
Par le juge de paix, le serment est reçu :
Si, des meubles gardés, la perte est consommée,
Ils rendent en argent la valeur estimée.

454. Au moment qu'un tuteur est prêt à débuter,
Non le père et la mère, on doit les excepter,
Du conseil des parens, la sagesse évalue,
En consultant, des biens, l'apparence connue,
La somme à dépenser pour les frais annuels
Qu'exigent, du mineur, les besoins personnels,
Et pour ceux que, des biens, comporte la régie.
 Cet acte, en même temps, déclare et spécifie
Si le tuteur obtient l'autorisation
De choisir, pour l'aider pendant sa gestion,
Un, ou plusieurs agens, régisseurs secondaires
Dont il répond, et qui reçoivent des salaires.

455. Avec précision, le conseil doit régler
La quotité des fonds qui doivent appeler
L'emploi de l'excédant des fruits sur la dépense ;
L'emploi doit, dans six mois, avoir pris consistance ;
Les six mois écoulés, lorsqu'on ne l'a pas fait,

Le tuteur négligent doit payer l'intérêt.

456. Si le tuteur omet de faire reconnaître
Par le conseil, la somme à laquelle peut naître
Le devoir d'employer, quand le temps énoncé
Au précédent article est, sans emploi, passé,
Fût-elle de valeur, même la plus chétive,
Il doit les intérêts de la somme inactive.

457. Le tuteur, quel qu'il soit, sans même en excepter
Père ou mère, jamais ne saurait emprunter
Pour le mineur, non plus qu'hypothéquer ou vendre
Ses biens immobiliers, sans demander et prendre
L'autorisation du conseil des parens.

Il ne peut l'obtenir que pour des cas urgens,
Pour cause nécessaire, ou pour un avantage
Dont la solidité se montre sans nuage.

Le conseil de famille, au premier des deux cas,
Repoussant le tuteur, ne l'autorise pas,
S'il n'est point constaté, par un compte sommaire
Que le tuteur présente et déclare sincère,
Que tout le mobilier, deniers et revenus
Ne sont pas suffisans, et tels sont reconnus.

Le conseil, en tous cas, indique par avance
Quels immeubles seront vendus par préférence,
Et trace en même temps toute condition
Qui doit accompagner l'aliénation.

458. Ce que, sur cet objet, le conseil délibère
Ne s'exécute point sans le sceau nécessaire
D'une authentique et juste homologation,
Dont le tuteur requiert l'interposition
Auprès du tribunal juge en première instance ;
En chambre du conseil, en secrète séance,

Sur ce point important, juge le tribunal,
Après avoir ouï l'agent impérial.

459. Cette vente est publique, et se fait à l'enchère
Par l'un des magistrats, ou bien par un notaire
A qui le tribunal peut commettre ce soin ;
Le subrogé-tuteur en doit être témoin :
Trois fois, jour de dimanche, et sans nul intervalle,
La précède et l'annonce, une affiche légale ;
Cette affiche s'appose aux lieux accoutumés,
Dans l'arrondissement du canton, renfermés.
Le maire certifie, après l'avoir visée,
Dans les lieux respectifs, chaque affiche apposée.

460. Les formes que l'on voit dans le Code présent,
Aux deux nombres, avant le nombre précédent,
Pour la vente des biens que le mineur possède,
Ne s'exécutent point, lorsque l'on y procède
D'après un jugement de licitation
Que poursuit et qu'obtient la provocation
De qui, par indivis, est co-propriétaire.
La licitation ne peut alors se faire
Qu'en la forme prescrite au nombre précédent :
Les étrangers y sont admis concurremment.

461. Au cas où le tuteur accepte, ou répudie
Une succession, au mineur, départie,
Il ne peut, de son chef, d'un droit pareil, user ;
Du conseil de famille, il doit s'autoriser.
Il n'accepte jamais que sous le bénéfice
D'un inventaire, tel que le veut la justice.

462. Si la succession dont, au nom du mineur,
Un refus préalable est fait par le tuteur,

Ne se rencontre pas, par un autre, acceptée,
Elle peut être alors reprise et répétée :
Le tuteur a ce droit, s'il a pour caution,
Du conseil de famille, une décision ;
Le mineur peut aussi demander la reprise,
Au temps qu'il est majeur ; mais elle n'est remise
Qu'en l'état actuel, sans qu'on puisse attaquer
Les actes légaux faits, tant qu'elle a pu vaquer.

463. Le tuteur ne peut pas accepter l'avantage
D'un don qui, du mineur, deviendrait le partage,
S'il n'est autorisé par l'avis des parens.
Le don ne peut avoir des effets différens
A l'égard d'un mineur qu'un tuteur représente,
Qu'à l'égard de celui que son âge en exempte.

464. Aucun tuteur ne peut, en nul cas, hasarder,
En cause, une action qui puisse regarder
Les biens immobiliers du mineur ou pupille,
Sans un exprès aveu du conseil de famille,
Sans lequel il ne peut, non plus acquiescer
Aux droits qu'à cet égard on pourrait exercer.

465. Le tuteur ne peut point provoquer un partage,
Que l'avis des parens ne lui serve de gage ;
Mais il n'a pas besoin d'autorisation
Pour répondre à des tiers, auteurs de l'action.

466. A l'égard du mineur, afin que le partage,
Obtenant son effet, comme un majeur, l'engage,
La loi veut qu'en justice il y soit procédé :
D'une estimation cet acte est précédé ;
Le tribunal des lieux où se trouve le siége
De la succession, a seul le privilége

De faire, des experts, la nomination.
Avant de se livrer à l'opération,
Ils prêtent le serment d'y consacrer un zèle
Guidé par le scrupule, à l'équité, fidèle;
Ce serment est reçu soit par le président
Du même tribunal, soit par son suppléant:
Les biens sont divisés, et les lots s'accomplissent;
Ils sont tirés au sort, et les parts s'établissent,
Présent un juge, ou bien, un notaire commis;
Et c'est par l'un des deux que les lots sont remis.
Fait sous une autre forme, un partage n'opère
Qu'une provision purement passagère.

467. Le tuteur ne peut faire une transaction
Pour le mineur, qu'il n'ait l'autorisation
Du conseil de famille, et l'avis préalable
De trois hommes de loi, la jugeant équitable;
L'agent impérial les choisit, les commet.
Cette transaction ne vaut et n'a d'effet
Que quand du tribunal auquel on la présente
L'homologation l'avoue et la cimente,
Après avoir ouï l'agent impérial.

468. Le tuteur vigilant a le pouvoir légal,
Lorsque, de son mineur, la conduite l'afflige,
Et qu'il croit convenable, urgent qu'on le corrige,
De soumettre sa plainte au conseil des parens:
Lorsque, de son dessein, leurs vœux sont les garans,
Il trouve, à ce sujet, une règle formelle
Au titre défini: *puissance paternelle*,
Et peut, en l'invoquant, à la réclusion,
Obtenir, du mineur, la condamnation.

SECTION IX.

Des comptes de la Tutelle.

469. Lorsque la gestion d'un tuteur est finie,
Par un compte légal, tout tuteur se délie.

470. Tout tuteur, non le père et la mère compris,
Peut, durant la tutelle, être même soumis
A fournir des états dont la teneur soit claire,
Qui, sur sa gestion, répandent la lumière;
Ces états sont remis au tuteur subrogé,
Au temps que le conseil, à propos, l'a jugé :
Cette soumission, néanmoins, est bornée;
Il ne doit présenter qu'un état chaque année.

Sur papier non timbré, ces états faits, transcrits,
Sans forme de justice, et sans frais, sont remis.

471. Définitivement, le compte de tutelle,
Au mineur, est rendu, lorsque l'âge l'appelle
A la majorité; l'émancipation
Amène également cette opération :
Faite aux frais du mineur, le tuteur les avance.

On alloue au tuteur toute juste dépense
Dont l'application tient à l'utilité,
Et qu'il démontre avoir de la réalité.

472. A l'égard du tuteur, lorsque le mineur traite,
Quand sa majorité, par l'âge, se complète,
Le traité sera nul, si, d'un compte en détail,
Le tuteur délicat ne remet le travail
Avec les documens sur lesquels il l'appuie,
Si l'acquit du mineur, au bas, ne justifie

Cette remise, et si le tout n'est constaté
Dix jours, au moins, avant l'époque du traité.

473. Si, d'un compte rendu, des difficultés naissent,
Comme, d'objets civils, les juges en connaissent;
Les formes de poursuite et de décision
S'y règlent, à l'égal de toute autre action.

474. Que si le tuteur doit un reliquat de compte,
L'intérêt de la somme à laquelle il se monte,
Sans, de nulle demande, emprunter le secours,
Lorsque le compte est clos, voit commencer son cours.
Si le compte, au contraire, indique une créance
En faveur du tuteur, l'intérêt ne commence
Que du jour où, le compte étant clos, consommé,
Pour payer ce qu'il doit, le mineur est sommé.

475. Toute prétention civile et personnelle
Que peuvent motiver les faits de la tutelle,
En faveur du pupille, à l'égard du tuteur,
Se prescrit par dix ans, du jour qu'il est majeur.

CHAPITRE III.

De l'Emancipation.

476. L'émancipation renferme un avantage
Qu'au mineur, de plein droit, donne le mariage.

477. Même alors qu'il n'est pas marié, le mineur
Peut être émancipé : c'est à cette faveur
Qu'à quinze ans révolus, peut l'appeler son père;
A son défaut, il peut l'être encor par sa mère.

De l'un des deux auteurs, la déclaration,
Seule, opère le fait d'émancipation :
La déclaration est reçue, elle existe
Par le juge de paix que son greffier assiste.

478. Le mineur peut aussi, quand la mort a frappé
Ses deux premiers parens, se voir émancipé,
Si, lorsque dix-huit ans accomplissent son âge,
Le conseil de famille y donne son suffrage.
L'émancipation résulte alors, de fait,
De la décision prise sur cet objet,
Et de l'annonce faite, en cet acte valide,
Par le juge de paix, magistrat qui préside
Au conseil des parens, *qu'il est émancipé.*

479. Si, lorsque le tuteur ne s'est point occupé,
Dans le cas précédent, de quelque tentative
Pour donner au mineur cette prérogative,
Un, ou plusieurs parens ou plusieurs alliés,
Au moins cousins germains, ou de plus près liés,
L'en reconnaissent digne et l'estiment capable,
Près du juge de paix, leur requête est valable
Pour forcer, des parens, la convocation,
Et pour obtenir d'eux une décision.
La requête produit un effet nécessaire,
Et le juge de paix, en tous cas, y défère.

480. L'émancipation rend apte le mineur
A pouvoir exiger le compte du tuteur :
Un curateur que nomme, en cette circonstance,
Le conseil des parens, lui doit son assistance.

481. Celui qu'a délié l'émancipation,

De droit, passe les baux, sous la condition
Qu'ils finiront au moins à la neuvième année ;
Des revenus, par lui, la quittance est donnée,
Il les perçoit, et fait toute opération
Qui ne tient qu'à la pure administration :
Contre nul de ces faits, il n'est restituable
Qu'aux cas où, du majeur, le recours est valable.

482. Il ne peut intenter, il ne peut soutenir
Nulle action réelle, ou qui puisse tenir
Aux droits immobiliers, ni passer la quittance
D'un mobilier actif, le tout sans l'assistance,
Les soins du curateur duquel il est pourvu,
Et qui veille à l'emploi du capital reçu.

483. Il ne peut emprunter, quelle qu'en soit la cause,
Si l'avis des parens alors ne s'interpose,
Avis que doit d'ailleurs sceller le tribunal,
Après avoir ouï l'agent impérial.

484. Des biens immobiliers, il ne peut passer vente,
Ni faire aucun autre acte, à moins qu'il ne présente
De simples résultats de pure gestion,
S'il ne se soumet pas à l'observation
Des formes que le Code, comme on se le rappelle,
Traça pour le mineur que retient la tutelle.

Que si, par des achats, d'autres transactions,
Il vient à contracter des obligations,
Par la réduction, elles sont modérées,
Dans le cas où l'excès les montre exagérées :
Les tribunaux alors, avant de prononcer,
Pèsent avec scrupule, ont soin de balancer

Soit les biens du mineur, soit la foi méritée
De ceux avec qui fut la dette contractée,
Ou l'engagement pris, soit leur duplicité,
Le but de la dépense, ou l'inutilité.

485. Quand ses engagemens, comme on vient de le dire
Au nombre précédent, se seront vus réduire,
Il peut être privé de la possession
Du droit qui suit toujours l'émancipation :
La faveur, dans ce cas, doit être retirée
Par les mêmes moyens qu'elle fut conférée.

486. Dès le jour où s'éteint l'émancipation
Par l'effet qu'en produit la révocation,
La tutelle, sur lui, reprend tout son empire,
Et la majorité, seulement, l'en retire.

487. Au cas où le mineur, étant émancipé,
Se livre à des travaux, de commerce occupé,
Il se trouve engagé, pour fait de ce commerce,
De même qu'un majeur, qui lui-même l'exerce.

TITRE XI.

De la Majorité, de l'Interdiction et du Conseil judiciaire.

CHAPITRE PREMIER.

De la Majorité.

488. VINGT-UN ans accomplis font la majorité :
Quiconque obtient cet âge a la capacité
De tout acte qui peut constituer la vie,
Aux liens sociaux, civilement unie;
Au titre *Mariage*, une restriction
Limite seulement la disposition.

CHAPITRE II.

De l'Interdiction.

489. Le majeur, dans lequel s'apperçoit la constance
De l'état de fureur, de celui de démence
Ou d'imbécillité, de l'interdiction,
Reçoit les nœuds, des mains de la précaution,
Même quand cet état, dans sa marche inégale,
Présente quelquefois un lucide intervalle.

490. A l'égard du parent qui la peut encourir,
Tout parent la provoque et la peut requérir :

L'époux, contre l'époux, de même, est admissible
A réclamer l'emploi de ce moyen pénible.

491. Si l'interdiction, dans le cas de fureur,
Dans l'époux, ou parens, ne trouve aucun moteur,
L'agent impérial alors la sollicite :
Lui-même en fait aussi la légale poursuite,
Dans le cas de démence ou d'imbécillité,
Contre qui, sans époux, n'a point de parenté.

492. La loi, pour cet objet, donne la compétence
Au tribunal civil juge en première instance.

493. Chaque fait de démence ou d'imbécillité,
Chaque fait de fureur, par écrit, est noté :
De l'interdiction, ceux qui font la poursuite
Présentent les témoins, les pièces à la suite.

494. Le tribunal ordonne au conseil des parens
Convoqués, réunis, enfin délibérans,
Ainsi que le prescrit la section quatrième
Du chapitre second, sous le titre dixième
De porter son avis sur la position
Du malheureux objet de l'interdiction.

495. Qui, de cette action, prend l'initiative
Ne peut, de ce conseil, être partie active;
Cependant le conjoint, ainsi que les enfans
De celui dont l'état est encore en suspens,
Peuvent y faire entendre une voix instructive,
Mais n'y peuvent avoir voix délibérative.

496. L'avis de la famille, au tribunal, remis,
En chambre du conseil, le défendeur admis

Doit être interrogé : que s'il ne peut s'y rendre,
Dans sa propre demeure, un juge doit l'entendre ;
Le greffier l'accompagne en cette occasion ;
L'agent du prince assiste à toute audition.

497. D'après le résultat de l'interrogatoire,
Le tribunal commet un gérant provisoire,
Si le cas le requiert, qui, comme le tuteur,
Surveille les personne et biens du défendeur.

498. Tout jugement qui suit la demande ou l'instance
En interdiction, se rend à l'audience
Avec tout l'appareil de la publicité,
Quiconque est de la cause ouï, du moins cité.

499. Si, par le tribunal, la demande intentée
En interdiction, se trouve rejettée,
Il peut, considérant la nature du fait,
Ordonner que celui qui s'en est vu l'objet
Ne pourra désormais introduire une instance,
Transiger, emprunter, délivrer la quittance
D'un capital reçu, non plus qu'abandonner,
Hypothéquer ses biens, ou les aliéner,
Sans prendre les avis, sans avoir l'assistance
D'un conseil désigné par la même sentence.

500. Du premier jugement, si l'appellation
Porte à la cour d'appel la contestation,
Et que ce tribunal le juge nécessaire,
Il peut, ou par lui-même, ou par un commissaire,
Exiger de nouveau l'interrogation
De celui qui défend à l'interdiction.

501. Quel que soit le moteur d'un jugement qui porte

Ou l'interdiction, ou la gêne moins forte
De ne pouvoir agir sans l'intervention
D'un conseil désigné pour cette fonction,
En le faisant lever, il doit, à la partie,
En faire, par exploit, signifier copie :
Il doit, dans les dix jours, en faire inscription
Dans les tableaux placés, à cette intention,
Dans la salle publique où se tient l'audience ;
Notaires du ressort en auront connaissance.

502. Le sévère lien de l'interdiction,
Ou d'un simple conseil, la nomination,
Produisent leur effet du jour de la sentence.
Passé par l'interdit, ou bien sans l'assistance
Du conseil désigné, postérieurement,
Tout acte est déclaré nul radicalement.

503. Antérieurement, si l'acte a pris naissance,
Qu'on ait alors connu la publique existence
Du notoire motif de l'interdiction,
Il peut être frappé de réprobation.

504. On ne peut attaquer pour cause de démence
Les actes de celui qui n'a plus l'existence,
Qu'autant que l'on aurait, avant qu'il la perdît,
Provoqué l'action, ou qu'on l'eût interdit,
Si ce n'est dans le cas où l'état de démence,
Par la pièce elle-même, est mis en évidence.

505. Du premier jugement, si l'appellation
N'arrête point l'effet de l'interdiction,
Ou que, sur un appel, elle soit maintenue,
La personne interdite, en ce cas, est pourvue

D'un tuteur secondé d'un tuteur subrogé :
D'après le titre dix, leur choix est dirigé.
Du provisoire agent, la fonction finie,
Il rend, s'il n'est tuteur, compte de la régie.

506. Le mari, de plein droit, remplit la fonction
De tuteur de la femme en interdiction.

507. La femme, du mari, peut être la tutrice :
La famille, en ce cas, doit régler l'exercice
Et les conditions des pouvoirs confiés ;
Si la femme prétend ses droits sacrifiés
Par l'arrêté qu'alors la famille a pu prendre,
Devant les tribunaux, elle se fait entendre.

508. Excepté les époux, excepté les parens,
Dans la ligne directe, ascendans, descendans,
Nul ne doit, malgré lui, conserver la tutelle
Qu'envers un interdit, on commit à son zèle,
Au-delà de dix ans : à ce terme expiré,
Il obtient, s'il le veut, d'en être délivré.

509. L'interdit, au mineur, dans tous les cas, ressemble;
Pour les biens, la personne, on les confond ensemble;
Les droits de leurs tuteurs, en tous points, égalés
Sont, comme leurs devoirs, en commun, stipulés :
Les lois sur la tutelle, aux mineurs, applicables,
Envers les interdits, ont des effets semblables.

510. Des biens d'un interdit, le revenu tiré,
Essentiellement doit être consacré,
A rendre, de son sort, le poids plus supportable,
A tarir, de ses maux, la source déplorable :
Selon la maladie et son intensité,
D'après l'état des biens qui sera constaté,

Le conseil des parens, dans son choix libre, ordonne
Qu'il sera prodigué des soins à sa personne
Au lieu du domicile, au malade, affecté,
Ou bien dans un hospice, ou maison de santé.

511. Au cas où, de l'hymen, la circonstance amène
L'enfant de l'interdit à cimenter la chaîne,
Des parens le conseil règle discrètement,
Dans les biens successifs, la part d'avancement,
La dot, conventions et tout autre avantage
Concourant à la fois au but du mariage.
L'homologation s'en fait au tribunal
Qui d'abord doit ouïr l'agent impérial.

512. Quand sa cause finit, l'interdiction cesse :
De la loi, néanmoins, c'est une règle expresse
Que, pour la main-levée, il faudra recourir
Au mode par lequel on a pu l'obtenir.

CHAPITRE III.

Du Conseil judiciaire.

513. A quiconque est prodigue, il est permis d'ôter
Le pouvoir de plaider, transiger, emprunter,
D'un actif mobilier, passer une quittance,
De vendre, hypothéquer ses biens, sans l'assistance
Et les soins d'un conseil, et que, pour cet effet,
Par sa décision, le tribunal commet.

514. Ceux qui, de l'interdit, peuvent ourdir la chaîne
Ont droit de réclamer, d'obtenir qu'on enchaîne
La prodigalité : la même instruction
Dirige, à tous égards, l'une et l'autre action.

Si le prodigue veut obtenir main-levée,
Une forme commune est encore observée.

515. Quand la cause a pour but, soit l'interdiction
Soit, d'un conseil, le choix, la nomination,
Le jugement rendu sur pareille matière,
Quelle que soit l'instance, ou première, ou dernière,
L'agent impérial, en ces occasions,
Est toujours entendu dans ses conclusions.

LIVRE II.

DES BIENS ET DES DIFFÉRENTES MODIFICATIONS DE LA PROPRIÉTÉ.

TITRE PREMIER.

De la Distinction des biens.

516. La qualité de meuble, ou d'immeuble, signale
Tous les biens, et les rend de nature inégale.

CHAPITRE PREMIER.

Des Immeubles.

517. Les biens immeubles sont les biens ainsi classés
Par leur nature même, ou ceux qui sont placés,
Par destination, dans un ordre semblable,
Ou ceux qu'a rendus tels le nœud inséparable
Qui les tient attachés aux objets permanens.

518. Ainsi les fonds de terre, ainsi les bâtimens
Sont justement rangés dans la première espèce.

519. Les moulins dont le vent excite la vitesse,

Titre I. *De la Distinction des Biens.*

Ou dont le poids de l'eau produit le mouvement,
Fixés sur des piliers, liés au bâtiment,
Sont immeubles aussi par leur propre origine.

520. La récolte des grains pendante par racine,
Est immeuble de même, et de même les fruits
De tous arbres, auxquels ils sont encore unis.
Tout devient meuble et perd sa qualité première,
Lorsque l'épi coupé ne tient plus à la terre,
Lorsque le fruit cueilli, de l'arbre, est détaché,
Bien que le tout encor, sur le sol, soit couché.
Si la récolte n'est que coupée en partie,
Cette portion seule, en meuble, est convertie.

521. Les coupes que l'on fait, soit dans les bois taillis,
Soit dans ceux de futaie, en coupe égale, mis,
A progrès mesuré, par degré, s'ameublissent
Aux momens successifs où les bois coupés gissent.

522. Les animaux livrés par le maître du fonds
Aux fermiers, métayers, partiaires colons,
Pour aider aux travaux, aux soins de la culture,
Sont censés, de l'immeuble, acquérir la nature.
Aussi long-temps qu'au fonds ils restent attachés
Par l'effet résultant des pactes et marchés.
S'il les livre à des tiers, non colons partiaires,
Comme cheptel, ils sont des choses mobilières.

523. Tout tuyau qu'on emploie à conduire les eaux,
Soit dans une maison, soit dans des fonds ruraux,
Ne peut être qu'immeuble et fait toujours partie
Du fonds au corps duquel il s'attache et se lie.

524. La chose qu'en son fonds, pour en favoriser

Les travaux, la culture, et le fertiliser,
Guidé par l'intérêt, met le propriétaire,
Par destination, devient immobilière.

   Sont immeubles ainsi, par destination ;
Les animaux voués à l'exploitation ;
Instrumens consacrés à cultiver la terre ;
Grains à semer fournis au colon partiaire ;
Les pigeons dont l'asile est dans des colombiers ;
Les lapins, en garenne, errans et prisonniers ;
Les ruches où le miel s'apprête et se distille ;
Les poissons dont l'étang est le séjour tranquille ;
Les chaudière, alambic, cuve, tonne, pressoir ;
Tout ustensile, outil, propre à faire mouvoir
Forge, papeterie, autre manufacture ;
Les pailles, les engrais, nerfs de l'agriculture.

   Sont immeubles aussi, par destination,
Tous effets mobiliers qu'avec l'intention
De les y conserver à demeure constante,
Le maître, avec son fonds, incorpore et cimente.

   525. Le maître fait penser qu'il a voulu lier
Pour toujours, à son fonds, un objet mobilier,
Lorsque, pour en sceller le durable assemblage,
Du ciment, de la chaux, du plâtre, il fait usage,
Ou lorsque cet objet ne peut être livré
A nul déplacement sans être fracturé,
Ou détériorer, ou briser la partie
Du fonds immobilier, à laquelle il se lie.

   On doit réputer mise, à séjour permanent,
Toute glace posée en un appartement,
Au cas où le parquet, auquel elle est unie,
S'enchâsse et fait un corps avec la boiserie.

Cette présomption, ce même jugement
S'appliquent aux tableaux, à tout autre ornement.

La nature d'immeuble affecte les statues,
Dans une niche, exprès, quand elles sont reçues,
Quoiqu'on en puisse bien faire l'enlèvement
Sans mutilation, sans endommagement.

526. Sont immeubles enfin, par l'objet, la matière,
Auxquels ils sont unis d'une étroite manière,
Tout usufruit de biens qui sont immobiliers,
Les droits de servitude, ou services fonciers,
L'action dont le but est de se faire rendre
Un immeuble qu'on croit avoir droit de reprendre.

CHAPITRE II.

Des Meubles.

527. Parmi les biens, les uns sont meubles naturels,
Pour les autres, la loi les détermine tels.

528. Se trouvent renfermés dans la première classe,
Les corps qui, transportés, peuvent changer de place,
Soit que, faisant cesser eux-mêmes leur repos,
Ils puissent se mouvoir, comme les animaux,
Soit que le changement de place ne s'opère
Que par l'impulsion d'une force étrangère,
Comme il arrive aux corps qui sont inanimés.

529. Dans le deuxième rang, se trouvent renfermés
Les obligations et droits judiciaires
Sur des deniers échus ou choses mobilières,
Toutes les actions, ou tous les intérêts
Qui prennent leur naisssance et fondent leurs progrès

Dans des sociétés de finance, commerce,
Ou bien où l'industrie, elle seule s'exerce,
Encor qu'en certains cas, l'association
Puisse avoir et compter en sa possession
Des immeubles liés au sort de l'entreprise ;
Actions, intérêts, que la loi favorise
En les ameublissant pour les associés,
Seulement, tant qu'ensemble ils demeurent liés.

   Sont dans un rang pareil rentes perpétuelles,
Ainsi que celles qui, n'étant que temporelles,
Payables par l'état, ou les particuliers,
Accomplissent leur terme au décès des rentiers.

   530. A perpétuité, toute rente durable,
Essentiellement demeure rachetable,
Lors même que le fonds en serait provenu
Du prix représentant un immeuble vendu,
Ou que le débiteur en eût chargé sa tête,
Comme condition d'une cession faite
Soit à titre onéreux, soit gratuitement.

   Le créancier pourra, néanmoins, librement,
Déterminer un mode au rachat de la rente.

   Il pourra fixer même une époque constante
Où le remboursement sera, de droit, permis ;
Le terme, cependant, ne saurait être admis,
Alors que, de trente ans, il passe la limite ;
La clause contraire est, comme nulle, proscrite.

   531. Navires, bateaux, bacs, moulins, bains sur bateaux,
Toute usine trouvant son appui sur les eaux,
Et qui, par des piliers, n'est pas assujettie,
Ni, d'aucune maison, ne forme point partie,
Sont meubles. Cependant quelques-uns des objets

Dont la loi vient ici de signaler les traits,
Vu la haute valeur, en leur prix, découverte,
Au cas où la saisie en peut être soufferte,
Peuvent déterminer quelques formalités,
Un mode distinctif que l'on verra portés
Au Code intitulé : *Procédure civile.*

532. Quant aux matériaux, la loi les assimile
Aux meubles, jusqu'au temps où l'art de l'ouvrier,
Dans des constructions, a su les employer,
Soit que, d'un édifice, éprouvant la ruine,
De sa destruction, ils tirent origine,
Soit qu'on ait le projet, en les réunissant,
De fonder, de construire un nouveau bâtiment.

533. Lorsque l'expression *meuble* est la seule mise,
Sans nulle addition qui la caractérise,
Dans les vœux que la loi, que l'homme peut former,
Elle ne peut jamais comprendre ou renfermer
L'argent comptant, bijoux, dettes qu'on peut poursuivre
Judiciairement, la médaille, le livre,
Les divers instrumens, moyens particuliers
Propres à cultiver sciences, arts, métiers,
Linge de corps, chevaux, équipages, armure,
Grains, vins, foins, alimens de toute autre nature.
Les différens objets d'un commerce entrepris
Ne sont pas, dans ce mot, également, compris.

534. Les mots *meubles meublans* doivent ainsi s'entendre :
Ils peuvent seulement désigner et comprendre
Les meubles destinés, dans un appartement,
A l'usage, d'abord, ensuite à l'ornement,
Comme pendules, lits, glaces, siéges et tables,

Vases, tapisserie, autres objets semblables.

La statue, ou tableau qui, d'un ameublement,
Peuvent, dans une pièce, être le complément,
Y sont compris : mais si, dans une galerie,
Dans un lieu séparé, se trouve réunie,
De tableaux différens, une collection,
Ils échappent alors à cette acception.

Il faut en dire autant touchant la porcelaine;
Dans son acception, *meuble meublant* l'entraîne,
Lorsque ce corps fragile existe séparé,
Et qu'un appartement s'en trouve décoré.

535. D'après les points réglés dans le présent chapitre,
Tous objets réputés meubles, sont, à ce titre,
Compris en général aux mots particuliers,
Biens-meubles, *mobiliers*, soit *effets mobiliers*.

Une maison meublée ou vendue, ou donnée,
Des seuls meubles-meublans, se trouve accompagnée.

536. Qui donne une maison et ce qu'elle contient,
Ou qui la vend ainsi, par-là même retient
Soit tout l'argent comptant, soit les dettes actives,
Soit autres droits desquels les pièces relatives
S'y trouvent en dépôt : il délaisse en entier
Tout autre effet quelconque appelé mobilier.

CHAPITRE III.

Des Biens dans leur rapport avec ceux qui les possèdent.

537. De leurs propriétés, les citoyens disposent
A leur gré; néanmoins, certaines lois apposent

Titre I. *De la Distinction des Biens.*

Quelques restrictions à ce droit absolu.
Lorsqu'à nulle personne, un bien n'est dévolu,
On trouve dans les lois une forme établie
Pour en régler exprès la vente et la régie.

538. La route, le chemin, la rue et tout accès
Que surveille l'état, et dont il fait les frais,
Le fleuve, dans son cours, navigable ou flottable,
La rivière qui porte un attribut semblable,
Les rives de la mer, ses lais et ses relais,
Hâvres, rades et ports, enfin tous les objets
Qui, sur le sol français, n'ont point le caractère
D'une propriété privée et singulière,
Au domaine public, censés appartenir,
Tous ensemble, en ses mains, viennent se réunir.

539. Comme biens de l'état, la loi fait reconnaître
Les biens qui sont vacans, et qui n'ont point de maître,
Ceux des individus qui sont sans héritier,
Ou dont le successeur entend répudier.

540. L'état, également, est le propriétaire
Des ouvrages des forts et des places de guerre,
Des portes, murs, fossés, et de chaque rempart
Dont, pour les garantir, les environne l'art.

541. Il l'est pareillement des terrains et surfaces,
Fortifications, et tous remparts des places
Qui, pour places de guerre, ont cesssé de compter ;
Mais, parmi ces objets, il en faut excepter
Ceux dont un tiers a pu se voir propriétaire,
Par la prescription, ou vente régulière.

542. Biens communaux sont ceux auxquels ont droit acquis,

Comme maître du fonds, ou même des produits,
Les habitans unis d'une, ou plusieurs communes,
Mêlant, à cet égard, ensemble leurs fortunes.

543. Les droits sont sur les biens, pleins de variété;
On peut avoir celui de la propriété,
Ou celui qui transmet la seule jouissance,
Ou, d'une servitude, une simple assurance.

TITRE II.

De la Propriété.

544. Le Code enseigne ici que la propriété
Est le droit de jouir, en pleine liberté,
D'un objet quel qu'il soit, d'en disposer en maître,
Pourvu que, toutefois, on n'ose s'en permettre
Un usage qui soit en contradiction
Avec les réglemens, la législation.

545. Un tel droit est placé par la loi hors d'atteinte,
Et nul individu n'éprouve la contrainte
De faire cession de sa propriété,
Si, par le bien public, il n'est sollicité,
Et ne reçoit alors, d'une main équitable,
Un dédommagement et juste et préalable.

546. A la propriété, toujours se réunit,
Qu'elle soit meuble, ou non, tout ce qu'elle produit
De même, l'accessoire est embrassé par elle,
Soit que cette union se trouve naturelle,

Ou bien que l'art concoure à l'opération.
Ce droit est appelé le droit d'*accession*.

CHAPITRE PREMIER.

Du Droit d'accession sur ce qui est produit par la chose.

547. Par cette accession les fruits de la nature,
Ou ceux que l'industrie, ou le travail procure,
Les fruits nommés *civils*, des animaux, le croît,
Au maître de la chose, appartiennent de droit.

548. Le maître n'a jamais le produit de sa chose,
Qu'à la condition et sous l'expresse clause
De rembourser aux tiers les avances et frais
De semences, labours et travaux qu'ils ont faits.

549. Le simple possesseur a les fruits de la chose,
Quand, sur la bonne foi, sa gestion repose :
Sinon, lorsque le maître et réclame et poursuit,
Il doit rendre la chose et ce qu'elle a produit.

550. A la possession, la bonne foi préside,
Quand le droit présumé du possesseur réside
Sur un titre emportant droit de propriété,
Et dont il n'aurait pas connu la nullité.
De son titre, au moment qu'il reconnaît le vice,
La bonne foi ne peut lui prêter son office.

CHAPITRE II.

Du Droit d'accession sur ce qui s'unit et s'incorpore à la chose.

551. Tout ce qui s'incorpore et peut se réunir
A la chose du maître, il le doit obtenir
Comme propriétaire, et suivant les limites
Des dispositions qui vont être prescrites.

SECTION PREMIÈRE.

Du Droit d'accession relativement aux choses immobilières.

552. Qui, du sol, est le maître, est nécessairement,
Du dessus, du dessous, le maître également.
   Au dessus il élève, il édifie, il plante
Ce qu'à son libre choix sa volonté présente ;
Sauf les exceptions qu'on peut vérifier
Au titre : *Servitude, ou Service foncier.*
   Au dessous, librement il peut fouiller, construire,
Et tirer du travail tout ce qu'il peut produire :
Ce droit est, néanmoins, toujours subordonné
A tout ce qui peut être autrement ordonné
Pour établir, régler, des mines, l'exercice,
Ainsi qu'à toutes lois, réglemens de police.

553. Sur, ou dans un terrain, quoi qu'on puisse tenter,
Pour y fouiller, construire, élever ou planter,
Du maître, à ses dépens, tout est censé l'ouvrage,
Et doit, par ce moyen, devenir son partage,
Lorsque le fait d'autrui ne peut être attesté ;

Titre II. *De la Propriété.*

Sans préjudicier à la propriété
Qu'un autre individu pourrait avoir prescrite,
Ou qu'il pourrait encor prescrire dans la suite,
Sous la maison d'autrui, d'un secret souterrain,
Ou de toute autre part du bâtiment voisin.

554. Si le maître du sol qui construit, fouille, plante,
Sans précaution porte une main imprudente
Sur des matériaux qui ne sont pas à lui,
Il doit, de leur valeur, indemniser autrui ;
Il peut même encourir la peine des dommages :
Mais les matériaux employés aux ouvrages
Ne peuvent, par le tiers, jamais être enlevés.

555. Si les plantations, bâtimens élevés,
Travaux, aux soins d'un tiers, doivent leur existence,
Qu'il ait joint la matière aux frais de la dépense,
Le maître du terrain peut, ou les conserver,
Ou contraindre le tiers à les faire enlever.
Si le maître du fonds, libre en son choix, préfère
Qu'on enlève en entier ce qu'un tiers a pu faire,
Aux frais même du tiers, et sans indemnité,
Un tel enlèvement doit être exécuté :
Au dédommagement, outre ce sacrifice,
Le tiers est condamné, si quelque préjudice
Paraît être souffert par le maître du fonds.
Si ce dernier conserve et les constructions
Et les arbres plantés, de la valeur entière
Des travaux réunis au prix de la matière,
Il doit indemniser : l'évaluation
Ne doit jamais porter sur l'augmentation
Que le fonds, en valeur, pourrait avoir acquise.
Mais si ces travaux sont, néanmoins, l'entreprise

D'un tiers dépossédé par une éviction,
Qui, sous sa bonne foi, mis en possession,
Ne rendrait pas les fruits qu'il eût le droit de prendre,
Le maître du terrain ne peut alors prétendre
A faire supprimer, soit les constructions,
Les ouvrages divers, soit les plantations :
Seulement il lui reste une option à faire ;
Il rembourse à-la-fois le prix de la matière,
Celui de la main-d'œuvre, ou paye un capital
Qui puisse correspondre et se trouver égal
Au surcroît de valeur, par son fonds, obtenue.

556. Cette augmentation lentement survenue,
Ces progrès successifs, cet atterrissement
Qui naît et qui se forme imperceptiblement,
Aux fonds voisins d'un fleuve, ou bien d'une rivière,
Prennent, d'*alluvion*, le nom, le caractère.
L'alluvion profite au maître du terrain,
D'une rivière, ou bien d'un fleuve, riverain,
Que l'un ou l'autre soit navigable, flottable,
Ou que cet attribut leur soit inapplicable :
Mais, dans le premier cas, le maître doit laisser,
D'après les réglemens qu'il ne saurait blesser,
Le marche-pied requis, ou chemin de hallage.

557. La règle précédente est d'un égal usage,
Pour les relais formés par les flots d'un courant
Qui, sortant de son lit imperceptiblement,
Laisse une rive où l'eau s'est long-temps reposée,
Pour aller se placer sur la rive opposée :
L'alluvion accroît le sol favorisé,
Et le maître du sol du rivage arrosé
N'y vient point recouvrer son ancien héritage.

Pour les relais de mer, ce droit n'a point d'usage.

558. Il n'a pas lieu, non plus, pour les lacs, les étangs,
Et le maître conserve et retient en tout temps
Le sol que couvre l'eau, quand elle est élevée
Au point où l'étang voit sa décharge arrivée,
Encor bien que, de l'eau, le volume existant
Puisse éprouver l'effet d'un amoindrissement.
Le maître de l'étang ne peut, non plus, prétendre
A réunir au sol que l'étang peut comprendre,
Les terrains adjacens que son eau peut couvrir
Au cas où, sans mesure, elle vient à grossir.

559. Quand, navigable, ou non, un fleuve, une rivière
Qui ne reconnaît plus de frein, ni de barrière,
Par un subit effort, pousse et vient entraîner
Une notable part facile à discerner
Du champ qui joint la rive, et la changeant de place,
Du champ inférieur, augmente la surface,
D'une part de son champ, le maître ainsi privé,
Réclame avec succès son terrain enlevé.
L'action, néanmoins, dans l'an, doit s'introduire;
Il n'est plus écouté, lorsque ce temps expire,
A moins que, du terrain, objet de l'union,
Le tiers n'ait pas encor pris la possession.

560. Au sein d'une rivière, ou fleuve navigable,
Ou qui, pendant sa course, est seulement flottable,
Les attérissemens, les îles, les îlots
Que forment par degrés de successifs dépôts,
Sont à l'état, si nul n'en est propriétaire,
Ou par prescription, ou par titre contraire.

561. Quand, dans une rivière où le volume d'eau

Se refuse au flottage, au poids de tout bateau,
Des attérissemens et des îles surviennent,
Aux riverains, toujours ces objets appartiennent,
Si l'attérissement se forme du côté
Qui se trouve voisin de leur propriété :
Mais s'il n'est pas formé plus près d'un seul rivage,
Les voisins des deux bords l'ont alors en partage,
A commencer du point qu'on suppose tracé
Au milieu du terrain, par les eaux, traversé.

562. Quand la rivière, ou fleuve, en divisant sa masse,
Produit un bras nouveau qui, le coupant, embrasse
Le champ d'un riverain, en île converti,
Le maître de ce champ n'en est point dessaisi,
Encor que la rivière, ou fleuve, en cas semblable,
Se trouve reconnu navigable, ou flottable.

563. Si le fleuve, ou rivière, et qu'elle prête, ou non,
Des moyens de flottage, ou navigation,
Quittant son lit, se fraye une route nouvelle,
Les maîtres des terrains ensevelis sous elle,
Avec proportion, pour leur indemnité
Du terrain envahi, prennent le lit quitté.

564. Pigeons, lapins, poissons qui, changeant de domaine,
D'un autre colombier, ou d'une autre garenne,
Ou d'un nouvel étang, choisissent le séjour,
Aux maîtres de ces lieux, sont acquis sans retour,
Pourvu que, cependant, la fraude, ou l'artifice,
De l'émigration, n'ait pas été complice.

Titre II. *De la Propriété.*

SECTION II.

Des Droits d'accession relativement aux choses mobilières.

565. Le droit d'accession, quand il peut regarder
Deux objets mobiliers que peuvent posséder
Deux maîtres différens, suit la règle éternelle
Que trace, sur ce point, l'équité naturelle.

Les exemples qu'ici la loi va consigner
Peuvent guider le juge et le déterminer
Dans les cas présentant certaine circonstance,
Et que n'a pu sonder l'œil de la prévoyance.

566. Quand deux objets distincts qui sont, isolément,
Le bien particulier d'un maître différent,
Et se trouvent unis d'une telle manière,
Qu'ils forment un seul tout de diverse matière,
A se voir divisés, sont aptes, néanmoins,
Et que, sans l'autre, l'un n'en subsiste pas moins,
Le mélange appartient au maître de la chose
Sur laquelle le fond de la chose repose,
Comme objet principal, à la charge par lui
De payer la valeur de l'objet réuni.

567. La chose principale est ici réputée
Celle à laquelle l'autre est toujours ajoutée,
Utile à la première, ou pour son ornement,
Ou pour lui procurer un juste complément.

568. Mais si la chose unie, en sa valeur plus forte,
Sur l'objet principal, infiniment l'emporte,
Et qu'à l'insu du maître, on en ait fait emploi,
Ce maître peut, fondé sur l'appui de la loi,

Exiger qu'elle soit séparée et rendue,
Bien qu'il puisse arriver que l'extraction due
Cause du préjudice à l'objet principal.

569. De deux objets unis pour former un total,
Si le mélange est tel qu'aucun d'eux ne paraisse
Devoir être censé la principale pièce,
Le principal objet doit être réputé
Celui qui, plus que l'autre, est alors acheté,
Ou bien dont le volume est plus considérable,
Si la valeur des deux est, à peu près, semblable.

570. Lorsque quelqu'artisan, ou tout autre que lui,
Se permet d'employer la matière d'autrui
A former un objet d'une espèce étrangère,
Soit que l'on puisse, ou non, rendre à cette matière
Ses premiers traits, son maître a droit de réclamer
La chose qu'avec elle on aura pu former;
De la main-d'œuvre, il doit la valeur estimée.

571. Si la main-d'œuvre mise à la chose formée
Excède de beaucoup la valeur de l'objet
Qu'on s'est ainsi permis d'employer en secret,
Dans l'industrie on voit la chose principale,
Et l'ouvrier aura la faculté légale
De retenir le fruit d'un important labeur;
De la matière, il paye, en ce cas, la valeur.

572. Si quelqu'un, en partie, emploie une matière
Dont il peut disposer comme propriétaire,
Et de même, en partie, un corps matériel
Dont lui-même n'est pas le maître personnel,
S'il en forme un objet d'une nouvelle sorte,
Sans que, d'un tel travail, l'achèvement emporte

Titre II. *De la Propriété.*

L'anéantissement des deux corps employés
Qui, néanmoins, alors sont tellement liés,
Que la division en devient impossible
Sans inconvénient, sans dommage sensible,
Aux deux maîtres, la chose, appartient en commun;
Mais de cette manière, en raison, quant à l'un,
De l'objet dont il est encor propriétaire,
Quant à l'autre, en raison de sa propre matière,
En ajoutant le prix du travail estimé.

573. Lorsque quelqu'un présente un résultat formé
Par la confusion de diverses matières
Qu'avaient, séparément, divers propriétaires,
Dont aucune ne peut, rompant l'égalité,
Sur les autres, asseoir sa juste primauté,
Si l'on peut diviser ces matières mêlées,
Le maître, dans ce cas, à qui furent célées
L'entreprise conçue et l'opération,
A droit de réclamer la séparation.

Si les objets mêlés ne peuvent, sans dommage,
Se séparer, de tous c'est le commun partage,
Dans la proportion, soit de la quantité,
Ou bien de la valeur et de la qualité
De l'objet qu'a fourni chaque propriétaire.

574. Si l'un d'eux, pour sa part, fournit une matière
Supérieure à l'autre, en prix, en quantité,
Qui, de cette matière, a la propriété,
Du produit mélangé, devient propriétaire;
A l'autre, il doit payer le prix de sa matière.

575. Lorsqu'entre individus qui, de leur part, chacun,
Ont pu contribuer au mélange commun,

La chose est, par le fait, et demeure indivise,
La licitation, en commun, est admise.

576. Dans les cas où celui, dont la propriété
A pu contribuer, sans qu'on l'ait consulté,
A la formation d'une chose nouvelle,
Peut réclamer la chose et rester maître d'elle,
Il a le libre choix, ou d'exiger le prix
De l'objet qui lui fut secrètement surpris,
Ou de redemander cet objet en nature,
En même quantité, bonté, poids et mesure.

577. Ceux qui font un emploi des matières d'autrui,
Sans que l'intéressé, par eux, soit averti,
Sont aussi condamnés, suivant la circonstance,
Aux dommages qu'a pu causer leur imprudence;
Sans préjudicier à la punition
Qu'ils peuvent encourir à cette occasion,
Et que doit provoquer, lorsque le cas l'indique,
Avec sévérité, la vindicte publique.

TITRE III.

De l'Usufruit, de l'Usage et de l'Habitation.

CHAPITRE PREMIER.

De l'Usufruit.

578. L'USUFRUIT est le droit d'user en liberté
Des choses dont un autre a la propriété,
Comme si l'on était le vrai propriétaire,
Mais à condition de jouir de manière
A conserver l'objet dans son intégrité.

579. L'usufruit s'établit, ou par la volonté
Que le législateur lui-même exprime, atteste,
Ou par la volonté que l'homme manifeste.

580. Du droit de l'usufruit, toute concession
Peut être pure et simple, ou sous condition,
Ou bien, de certain jour, elle pourra dépendre.

581. Sur tout bien, quel qu'il soit, l'usufruit peut s'étendre.

SECTION PREMIÈRE.

Des Droits de l'Usufruitier.

582. On comprend dans le droit qu'emporte l'usufruit
Celui de profiter, de jouir du produit

Naturel, d'industrie, et civil, dont l'essence
Se trouve dans l'objet dont on a jouissance.

583. Les fruits naturels sont ceux dont, spontanément,
La terre prend le soin de nous faire présent.
Il faut aussi ranger dans cette classe utile
Le croît des animaux et leur produit fertile.
Les fruits industriels d'un fonds, d'un champ, sont ceux
Qu'on doit à la culture, à ses soins précieux.

584. Parmi les fruits civils, la loi classe et présente
Les loyers des maisons, arrérages de rente,
Intérêts de deniers pouvant être exigés.
Les prix des baux à ferme y sont aussi rangés.

585. Au moment où se fait, de ce droit, l'ouverture,
Les fruits industriels, les fruits de la nature,
Par branche, ou par racine, attachés, suspendus,
Sont, à l'usufruitier, pleinement dévolus.
Les fruits, au même état, sont au propriétaire,
Lorsque, de l'usufruit, l'extinction s'opère,
Sans que, de part ni d'autre, on soit récompensé
D'avoir fait les labours, ou bien ensemencé,
Sans préjudice aussi de la part convenue
Qu'un colon, sur les fruits, peut avoir obtenue,
S'il en existait un, lorsqu'a pu commencer
Le droit de l'usufruit, ou qu'il a pu cesser.

586. Les fruits civils ayant, jour par jour, échéance,
De tout usufruitier, sont la propre substance
Tant que l'usufruit dure, et par proportion.
On fait, de cette règle, une application
Aux loyers des maisons, aux prix des baux à ferme,
A tous les autres fruits que cet ordre renferme.

587. Si le droit d'usufruit se trouve renfermer
Des choses dont l'usage est de les consommer,
Comme or, argent, liqueurs, grains, autre objet semblable,
L'usufruitier en fait l'usage convenable :
Il rend, de ces objets, pareille quantité
En pareille valeur, pareille qualité,
Ou l'estimation qui peut en être faite,
Au moment où le cours de l'usufruit s'arrête.

588. L'usufruit concédé d'une prestation,
Ou rente viagère, emporte avec ce don,
Et pour l'usufruitier, tant que l'usufruit dure,
A commencer du jour où s'en fait l'ouverture,
Le droit de recevoir tous les termes échus,
Sans restitution des deniers obtenus.

589. Si l'usufruit comprend des choses dont l'usage,
Sans les anéantir, leur apporte un dommage
Lentement progressif, comme meubles meublans,
Linge, et d'autres objets, à ceux-ci, ressemblans,
L'usufruitier, usant de son droit, les applique
Au service direct que leur nature indique :
Il les rend seulement, quand cesse l'usufruit,
Dans l'état que le temps, sur elles, a produit,
A moins que, par son dol, ou faute démontrée,
La dégradation ne s'en soit opérée.

590. Quand, sur des bois taillis, l'usufruit est porté,
Des coupes, l'on en suit l'ordre et la quotité ;
L'aménagement fait par le propriétaire
Sert de règle, et proscrit tout usage contraire ;
Un tel principe a lieu, sans que l'usufruitier,
Non plus que celui qui serait son héritier,

Puisse être indemnisé de la coupe ordinaire
Que, pendant l'usufruit, il a pu ne pas faire,
De taillis, de futaie, ou bien de baliveaux.

Le droit de transplanter dans des sites nouveaux
Des arbres nourrissons, nés d'une pépinière,
Sans détériorer, sans épuiser la mère,
Entre dans l'usufruit, mais en se conformant
A l'usage des lieux, pour le remplacement.

591. De même, en adoptant l'époque régulière,
L'usage qu'a transmis l'ancien propriétaire,
L'usufruitier ajoute encore à ses profits
Certains cantons de bois, dans la futaie, admis,
Coupés en temps réglé, soit lorsque la cognée,
Dans le corps du terrain, sur une part bornée,
Vient à porter ses coups périodiquement,
Soit que, sur certains pieds pris indistinctement
Sur tout le contenu du forestier domaine,
Cet utile instrument agisse et se promène.

592. L'usufruitier respecte et ne mutile pas
L'arbre à haute futaie, en tous les autres cas :
Pour réparations qu'il est tenu de faire,
Il se sert, néanmoins, des arbres que la terre
A vu, par accident, arrachés de son sein,
Ou qu'a brisés l'effort d'un orage soudain ;
En ce cas même, il peut, s'il devient nécessaire,
En abattre, ou couper ; mais le propriétaire
Doit connaître avant tout cette nécessité ;
Contradictoirement le fait est constaté.

593. Il cueille, dans les bois, l'échalas pour défendre,
Pour soutenir la vigne ; il peut, de même, prendre

Sur les arbres sur pied ce que annuellement
Ils produisent, ou bien périodiquement,
Sans pouvoir introduire un usage contraire
A celui du pays ou du propriétaire.

594. L'arbre fruitier qu'atteint le dépérissement,
Celui même qu'arrache, ou brise un accident,
Est, de l'usufruitier, le partage licite,
Mais il en met un autre à la place qu'il quitte.

595. Le libre usufruitier, par lui-même, jouit,
On peut céder son droit à titre gratuit,
Ou le donner à ferme ; il peut même le vendre.
Lorsque, avec un fermier, il lui plaît de s'entendre,
Il doit se conformer, pour l'époque des baux
Succédans aux anciens et devenant nouveaux,
Comme pour leur durée, aux règles qu'on impose,
Lorsqu'il s'agit des baux dont le mari dispose,
Quant au bien, à la femme, en propre, appartenant,
Titre cinq, livre trois, dans le Code présent.

596. Lorsque l'alluvion, dans son progrès timide,
Avançant néanmoins, et devenant solide,
Vient augmenter l'objet dont il a l'usufruit,
De l'augmentation, l'usufruitier jouit.

597. Il voit pareillement entrer dans son partage
Les droits de servitude, ainsi que de passage,
Comme tout autre droit qui lui compéterait,
Si la propriété, sur sa tête, existait.

598. Il peut jouir, ainsi que les propriétaires
Eux-mêmes jouiraient, des mines, des carrières,
En exploitation, quand s'ouvre l'usufruit;

S'il s'agit, néanmoins, d'user à son profit
D'une exploitation telle que, pour la faire,
Une concession devienne nécessaire,
Il ne peut, de ce droit, exercer la faveur,
Qu'en obtenant d'abord l'aveu de l'empereur.

Il ne peut avoir droit aux mines et carrières
Non ouvertes, non plus qu'aux nouvelles tourbières
Dont l'exploitation est un projet encor ;
Son droit ne peut, de même, embrasser le trésor
Dont la trace serait récemment recouvrée
Pendant que l'usufruit prolonge sa durée.

599. Celui qui, par son titre, a la propriété
Ne peut, ni par un fait qui lui soit imputé,
Ni par aucun moyen qui soit en sa puissance,
Nuire à l'usufruitier, pendant sa jouissance.

L'usufruitier ne peut, toucher, de son côté,
Lorsque l'usufruit cesse, aucune indemnité,
Même à raison des frais dont il a fait l'avance
Pour améliorer l'état et la substance
Des biens dont il reçut l'usufruit limité,
Encor que, de ces biens, le prix fût augmenté.

Il est, néanmoins, libre, et c'est un droit qui passe
A son hérédité, de reprendre la glace,
Le tableau, l'ornement qu'il aurait établis ;
Les lieux, comme ils étaient, doivent être remis.

SECTION II.

Des Obligations de l'usufruitier.

600. L'usufruitier doit prendre, en l'assiète actuelle,
Les objets dont son titre, à profiter, l'appelle ;

Mais le cours de ses droits ne pourra commencer
Que, d'abord, il n'ait fait légalement dresser,
Présent qui, dans ce cas, est le propriétaire,
Ou dûment appelé, des meubles, l'inventaire,
Avec l'état des fonds que comprend l'usufruit.

601. Comme le père et chef de famille, il jouit;
Il donne caution, s'il n'en a la dispense
Par l'acte établissant son droit de jouissance :
Toutefois, au lien des cautionnemens,
Pour l'usufruit légal des biens de leurs enfans,
Moins sévère, la loi soustrait les père et mère;
Celui qui vend, celui qui fait un donataire,
L'usufruit réservé, de même, en est exempt.

602. S'il ne peut pas fournir un cautionnement,
Dans les mains d'un fermier, les fonds immeubles passent,
Ou celles d'un séquestre, en ce cas, les embrassent;
Des sommes, ou deniers, on fait le placement;
S'il s'agit de denrée, on place également
Le prix qu'en peut produire une vente légale;
L'intérêt résultant de la somme totale,
Et les prix convenus dans les baux du fermier,
Dans cette occasion, sont à l'usufruitier.

603. Lorsque l'usufruitier n'a pas pu faire admettre
Un cautionnement, celui qui reste maître
De la propriété réclame avec succès,
S'il croit que la mesure est dans ses intérêts,
L'aliénation des meubles dont l'usage,
Du dépérissement, entraîne le dommage;
Le prix doit s'en placer, et l'intérêt produit
Doit aussi s'ajouter aux droits de l'usufruit.

Mais si l'usufruitier en forme la demande,
Suivant les divers cas, le magistrat commande
Que, des meubles, la part utile à ses besoins
Soit mise à son usage et laissée à ses soins ;
Il donne, à cet égard, caution juratoire,
Et prend ainsi sur lui la charge obligatoire,
Quand l'usufruit s'éteint, de les représenter.

604. Bien que l'usufruitier tarde de présenter
Son cautionnement, néanmoins il profite
Des fruits auxquels il peut avoir un droit licite :
Ils sont dus au moment où s'ouvre l'usufruit.

605. Les réparations que la loi lui prescrit
Sont celles d'entretien ; c'est là sa charge unique.
La réparation à laquelle s'applique
Le nom de grosse, reste au compte de celui
Qui, de propriétaire, a le titre établi ;
Mais si cette dernière est occasionnée
Par le défaut de l'autre, à l'entretien, bornée,
Depuis que l'usufruit est ouvert, obtenu,
L'usufruitier alors en est aussi tenu.

606. Les réparations dites grosses consistent
Dans celles des gros murs, des voûtes qui subsistent :
Des poutres, soliveaux, le rétablissement,
Et des toits en entier le renouvellement,
Des digues et des murs de soutien, de clôture,
La reconstruction, sont de cette nature.
Toutes sont d'entretien, excepté celles-ci.

607. Ce qui, par vétusté, s'écroule anéanti
Nul de l'usufruitier et du propriétaire
N'est tenu du devoir de le faire refaire :

TITRE III. *De l'Usufruit, de l'Usage,* etc.

Cette règle s'applique au bâtiment détruit,
Quand le fait est causé par un cas fortuit.

608. L'usufruitier répond des charges annuelles
Qui pèsent sur les biens, et l'on répute telles
Les contributions ; d'autres impôts admis
Sont censés par l'usage être charges des fruits.

609. Quant aux charges qu'on peut asseoir sur l'héritage,
Pendant que l'usufruit, d'un autre, est le partage,
Le maître des biens-fonds, celui de l'usufruit
Y doivent tous les deux fournir ainsi qu'il suit :
  Le maître doit payer et faire cette avance ;
En payant l'intérêt, l'autre le récompense.
  Si c'est l'usufruitier qui paye et qui fournit,
Il reprend ses deniers, quand l'usufruit finit.

610. Le legs de quelque somme en rente viagère,
Ou d'une pension à titre alimentaire,
Par qui trouve en son legs, l'universalité
De l'usufruit, se paye en sa totalité :
Qui, du même usufruit, est simple légataire
A titre universel, au legs, doit satisfaire,
Dans la proportion du droit qui fait sa part,
Sans qu'ils répètent rien tous deux à cet égard.

611. Au droit de l'usufruit, si les choses sujettes
Servent légalement d'hypothèque à des dettes,
L'usufruitier qui n'a qu'un droit particulier
Par son titre, n'est pas tenu de les payer ;
Si, néanmoins, il est obligé de le faire,
Il exerce un recours sur le propriétaire,
  Sauf le cas qu'en ce Code, ont excepté les lois,
  Au nombre mille vingt, titre deux, livre trois.

612. Qui tient, d'un usufruit, la masse universelle,
Ou jouit seulement de certaine parcelle
A titre universel, pour faire le paîment
Des dettes, y concourt dans le mode suivant,
Avec l'individu resté propriétaire.

Une estimation légalement s'opère
De la valeur du fonds sujet à l'usufruit;
La contribution aux dettes s'établit,
Et se fixe à raison de la valeur connue.

Si, par l'usufruitier, la somme convenue
Que le fonds peut devoir de contribution,
Est avancée, alors la restitution,
Quand cesse l'usufruit, à lui-même en est faite;
Mais aucun intérêt, par lui, ne se répète.

S'il vient à refuser d'avancer le paîment,
C'est au propriétaire à choisir librement,
Ou de payer lui-même; en cette conjoncture,
L'usufruitier lui tient, tant que l'usufruit dure,
Compte des intérêts; ou de faire ordonner
Qu'il aura le pouvoir, le droit d'aliéner,
Des objets sur lesquels porte la jouissance,
Une certaine part, jusques à concurrence.

613. Lorsque la jouissance entraîne des procès,
C'est à l'usufruitier à supporter les frais,
Et les autres périls que pourrait à sa suite,
De ces mêmes procès, amener la poursuite.

614. Si, pendant l'usufruit, sur le fonds, est tenté
Quelque empiètement, ou qu'il soit attenté
Sur ce fonds, par un tiers, de toute autre manière,
L'usufruitier soigneux doit, au propriétaire,
Dénoncer l'entreprise; et s'il ne le fait pas,

Du dommage qui peut résulter, dans ce cas,
Pour le propriétaire, il devient responsable,
Comme si, d'un abus, lui-même était coupable.

615. Au cas où l'animal, objet de l'usufruit,
Sans que l'usufruitier en soit cause, périt,
Dans un autre, on ne peut le forcer à le rendre,
A sa valeur, non plus, on ne peut pas prétendre.

616. Objet de l'usufruit, qu'un troupeau tout entier
Périsse et soit détruit, sans que l'usufruitier
Y contribue en rien, celui-ci se libère,
Justement affranchi, lorsqu'au propriétaire,
Il rend le prix des cuirs, ou fait leur livraison.
Qu'une partie échappe à la destruction,
C'est à l'usufruitier, dans cette circonstance,
A prendre sur le croît, jusques à concurrence,
Pour remplacer ainsi les têtes du troupeau
Que l'on vit succomber, victimes du fléau.

SECTION III.

Comment l'Usufruit prend fin.

617. De tout usufruitier, s'éteint le droit utile,
Par sa mort naturelle et par sa mort civile;
Par l'expiration du temps déterminé
Pour lequel seulement l'usufruit fut donné;
Par la réunion sur la même personne
Et de deux qualités, et du titre qui donne
Droit de propriétaire et droit d'usufruitier;
Par l'abandon, pendant trente ans, du droit entier;
Par la destruction totale de la chose
Sur laquelle le droit de l'usufruit repose.

618. L'usufruit cesse encor par l'abus de jouir
Que fait l'usufruitier, quand, loin de prévenir
Les dégradations, au fonds, portant dommage,
Il les commet lui-même, auteur de ce ravage,
Ou quand, peu vigilant, faute d'entretenir,
Il ruine le fonds et le fait dépérir.

Les tiers intéressés et porteurs de créance
Envers l'usufruitier, s'il s'élève une instance,
Pour conserver leurs droits, peuvent intervenir;
Dans cette occasion, ils peuvent même offrir
La réparation des abus, des dommages,
Et, quant à l'avenir, des cautions, des gages.

Suivant les divers cas, on pourra prononcer,
Ou que l'usufruit doit entièrement cesser,
Ou ne faire jouir celui qui, du domaine,
Aurait, sans l'usufruit la propriété pleine,
Qu'à la condition de payer tous les ans
A l'usufruitier, soit à ses représentans,
Un traitement fixé jusqu'à l'heure prescrite
Où l'usufruit aurait rencontré sa limite.

619. Par trente ans de durée, est éteint l'usufruit,
Quand, des particuliers, il n'est pas le profit.

620. Lorsque, de l'usufruit, s'accorde l'avantage,
Jusques à ce qu'un tiers ait atteint certain âge,
L'usufruit jusqu'alors dure et n'a point cessé,
Encor que le tiers meure avant l'âge fixé.

621. Lorsque l'on vend la chose, à l'usufruit, sujette,
L'usufruitier retient le droit qui lui compète;
Son usufruit lui reste ainsi qu'auparavant,
A moins qu'il n'y renonce alors formellement.

622. Au cas où quelque tiers, créancier, établisse
Que, s'il a renoncé, c'est à son préjudice,
A faire annuller l'acte, il est autorisé.

623. De l'objet sur lequel l'usufruit est posé,
Si quelque portion se trouve anéantie,
L'usufruit se maintient, mais sur l'autre partie.

624. Si ce droit n'est porté que sur un bâtiment
Que détruise la flamme, ou tout autre accident,
Ou que, de vétusté, s'écroule l'édifice,
L'usufruitier, lui seul, souffrant ce préjudice,
Ne jouit ni du sol, ni des matériaux.
Si l'usufruit comprend des immeubles ruraux,
Et que le bâtiment en soit une partie,
Au droit de l'usufruit, de même, assujettie,
L'usufruitier jouit, dans le cas précédent,
Du sol et des débris, reste du bâtiment.

CHAPITRE II.

De l'Usage et de l'Habitation.

625. La loi vient d'expliquer, et comment s'établissent,
Et, successivement, comment s'anéantissent
Les droits de l'usufruit : sa disposition
S'applique aux droits d'usage et d'habitation.

626. Avant que d'en jouir, dans un mode semblable,
On donne également caution préalable :
Les effets mobiliers sont inventoriés,
Et les états des fonds ne sont point oubliés.

627. En bon chef de famille, à qui le droit d'usage
Se trouve conféré, la loi prudente et sage

Ordonne de jouir ; cette obligation
Concerne qui jouit de l'habitation.

628. Le titre fondateur règle le **droit d'usage**,
Et l'usager obtient plus ou moins d'avantage,
Suivant ce que prescrit sa disposition ;
Il règle aussi le droit de l'habitation.

629. Sur la juste étendue et sur la consistance
De ces droits, si le titre a gardé le silence,
Dans le mode qui suit, ils sont déterminés.

630. Celui qui peut user des fruits, dans un fonds, nés,
Ne peut, de ses besoins bornés par la nature,
De ceux de sa famille, excéder la mesure.
Même pour les enfans qui lui sont nés depuis
Le titre de l'usage, il peut prendre des fruits.

631. La loi défend à qui jouit d'un droit d'usage
De louer, ou céder, à des tiers, son partage.

632. Celui qui, par son titre, a, dans une maison,
Un droit de logement ou d'habitation,
Peut, avec sa famille, y faire sa demeure,
Encore que, pour lui, du mariage, l'heure
Eût marché lentement et n'aurait pas sonné,
A l'époque où ce droit, à lui seul fut donné.

633. Ce droit qu'au présent Code il plaît de circonscrire,
Est justement restreint à ce qui peut suffire,
Pour loger sa famille et lui-même, à celui
Qui voit, en sa faveur, un tel droit établi.

634. Celui qui, d'habiter, a le droit en partage,
Ne peut pas le céder, **le donner à louage**.

635. Si tous les fruits du fonds sont pris par l'usager,
Si l'édifice entier s'emploie à le loger,
Comme l'usufruitier, dans la même mesure,
C'est à lui de payer tous les frais de culture,
Et de simple entretien, les réparations :
Il paye également les contributions.
   Si, des fruits, il ne prend qu'une part limitée,
Si la maison, par lui, n'est pas toute habitée,
Sa contribution, dans ce cas, s'établit
Dans la proportion de ce dont il jouit.

   636. Quand l'usage consiste en choses forestières,
Le régime en dépend de lois particulières.

TITRE IV.

Des Servitudes ou Services fonciers.

   637. Quand, d'une charge, on grève une propriété,
Pour l'usage réel, et pour l'utilité
D'un immeuble qu'un tiers compte dans son partage,
C'est, d'une servitude, accorder l'avantage.

   638. Appuyé sur ce droit, l'assujettissement
Ne rend point, sur un autre, un fonds prédominant.

   639. La nature des lieux produit la servitude ;
Souvent, à l'imposer, la loi met son étude ;
Entre maîtres divers, à l'égard de leurs fonds,
Elle peut exister par des conventions.

CHAPITRE PREMIER.

Des Servitudes qui dérivent de la situation des lieux.

640. L'héritage occupant la place inférieure,
Envers le fonds placé dans la supérieure,
Est soumis au cours d'eaux qui peuvent en fluer,
Sans que l'homme ait rien fait pour y contribuer.

Pour défendre des eaux la chose assujettie,
Le maître ne peut point, cherchant sa garantie,
Trouver, dans une digue, un secours innocent.

De son côté, celui qui, du fonds dominant
Est le maître, ne peut rien hasarder qui puisse
Aggraver le destin du fonds qui rend service.

641. Celui qui, dans son fonds, a naturellement
Le bienfait d'une source, en use librement;
Ce droit est limité par celui que le maître
Du fonds inférieur peut faire reconnaître
Avoir acquis par titre, ou par prescription.

642. Pour prescrire en ce cas, sans interruption,
Jouir pendant trente ans est un point nécessaire :
Le terme court du jour où le propriétaire
Du fonds inférieur a fait et terminé
Quelqu'ouvrage apparent, et, par lui, destiné
A procurer aux eaux une chute moins lente,
Et, dans son héritage, en diriger la pente.

643. Celui, de qui la source est la propriété,
N'en peut changer le cours, quand la nécessité
Le dévoue aux besoins d'une commune entière,

D'un village, ou hameau ; mais le propriétaire
Peut se faire adjuger un droit d'indemnité
Que règlent des experts, s'il n'est pas constaté
Que la prise des eaux est acquise, ou prescrite.

644. Celui dont l'héritage est fixé dans tel site
Que, par une eau courante, on le voit limité,
Pour l'irrigation de sa propriété,
Peut, avec liberté, s'en servir au passage ;
Mais il ne jouit point d'un pareil avantage,
Si cette eau riveraine est un objet compris
Dans les biens, à l'Etat, expressément acquis,
Comme on l'a vu, plus haut, titre un, livre deuxième,
Au nombre désigné cinq cent trente-huitième.

Celui dont la même eau vient traverser le champ,
Aux lieux qu'elle y parcourt, en use librement,
A la charge, au moment qu'elle les abandonne,
De lui rendre le cours que sa pente lui donne.

645. Les contestations sur l'emploi de ces eaux
Doivent se diriger devant les tribunaux :
Ils doivent les juger en consultant l'usage,
Et, des statuts privés, en méditant l'ouvrage ;
L'intérêt réuni de la propriété
Et de l'agriculture est, par eux, respecté.

646. Tout voisin peut forcer son voisin d'héritage
A souffrir, de leurs champs contigus, le bornage,
Et le paîment des frais, entre eux, devient commun.

647. Clore son héritage est permis à chacun,
Sauf une exception qu'on trouve au présent titre,
Six cent quatre-vingt-deux (nombre) second chapitre.

648. Celui qui, de se clore, a formé le projet,
Dans la proportion de ce qu'il y soustrait,

Par l'accomplissement d'une telle mesure,
Perd son droit au parcours, à la vaine pâture.

CHAPITRE II.

Des Servitudes établies par la loi.

649. Lorsqu'une servitude existe par la loi
Qui l'établit, elle a pour but et pour emploi
La juste utilité publique, ou communale,
Ou, des particuliers, la faveur spéciale.

650. Quand elle a pour objet l'intérêt général,
Ou, spécialement, l'intérêt communal,
Elle concerne alors les chemins de hallage
Le long d'une rivière où se fait le flottage,
Où l'on peut naviguer, des chemins les travaux,
Et tous autres qui sont publics, ou communaux.
Des statuts partiels, des lois particulières,
De cette servitude, offrent les caractères,
Et fixent ce qui peut, en tout, la regarder.

651. Entre plusieurs voisins, la loi peut commander
A l'un plusieurs devoirs dont l'autre s'autorise,
Toute convention, d'ailleurs, à l'écart mise.

652. Ces devoirs, en partie, ont, pour règles, les droit
Qu'en police rurale ont adoptés les lois.
Les autres, sur lesquels on va porter la vue,
Pour en déterminer l'espèce et l'étendue,
Sont relatifs au mur, au fossé mitoyen,
Au cas qui peut forcer à l'emploi du moyen
D'un contre-mur, aux jours sur un autre héritage,
A tout égout des toits, à tout droit de passage.

TITRE IV. *Des Servitudes, etc.*

SECTION PREMIÈRE.

Du Mur et du Fossé mitoyens.

653. Tout mur qui peut servir, dans les villes, les champs,
De séparation entre les bâtimens,
Jusqu'à l'héberge, ou bien qui rencontre sa place
Entre cours et jardins, ou divise l'espace
Entre enclos, dans les champs, doit être réputé
Mur mitoyen, à moins qu'il ne soit constaté
Par un titre valable, ou par marque contraire,
Qu'il reconnaît pour maître un seul propriétaire.

654. Comme non mitoyen, chaque mur est noté,
Lorsqu'en ligne directe, en est la sommité,
Et, sur son parement, est perpendiculaire
D'un côté ; que, de l'autre, elle offre un plan contraire
Dont un œil attentif peut voir l'inclinaison :
   Quand encor, d'un côté, subsiste un chaperon,
Ou bien, soit des filets, soit des corbeaux de pierre,
Introduits dans le mur, au temps qu'on l'a fait faire.
   Le mur, dans tous ces cas, est la propriété
Du maître seul qui montre être, de son coté,
L'égout, ou les corbeaux et les filets de pierre.

655. La réparation qui devient nécessaire
Pour le mur mitoyen, est un fardeau commun,
Dans la proportion de la part de chacun ;
La reconstruction, de même, s'en opère.

656. Cependant, d'un tel mur, tout co-propriétaire
A tous ces frais communs, ne contribue en rien,
S'il renonce à son droit sur le mur mitoyen,

Pourvu qu'un mur pareil jamais plus ne soutienne
Une construction qui puisse être la sienne.

657. Tout co-propriétaire a le droit de bâtir
Contre un mur mitoyen, et celui d'établir
Poutres, ou soliveaux, dans l'épaisseur totale
De ce mur, en laissant deux pouces (1) d'intervalle,
Du côté du voisin, sans préjudicier
Au droit légal que peut exercer ce dernier,
De mettre à l'ébauchoir la poutre, et la réduire
A la moitié du mur, si, desirant construire,
Dans le lieu même, il a des poutres à placer,
Ou qu'une cheminée y doive s'adosser.

658. Si, sur mur mitoyen, un co-propriétaire
Veut exhausser, la loi l'autorise à le faire ;
Mais, de l'exhaussement, il doit seul tous les frais.
Il doit, également, payer seul désormais
L'entretien et les soins de pareille nature,
Pour le mur excédant la commune clôture :
Lui-même paye, en outre, un dédommagement
De la charge, en raison de cet exhaussement.

659. Si le mur mitoyen n'est pas prouvé suffire
A supporter ce poids, celui qui veut construire
Doit achever, avant toute opération,
De ce mur mitoyen, la reconstruction
En entier, à ses frais ; l'épaisseur nécessaire
Se prend sur le terrain de ce propriétaire.

660. Bien qu'alors, au voisin, ce mur n'ait rien coûté,
Il peut en acquérir la mitoyenneté ;

---

(1) Cinquante-quatre millimètres.

Il rembourse moitié des frais de l'entreprise :
De la valeur du sol où l'épaisseur fut prise,
Pour le mur reconstruit, il paye aussi moitié,
Si quelqu'excédant fut, en effet, employé.

661. Celui qui joint un mur par son propre héritage
Peut de même, à son tour, jouir de l'avantage.
De rendre, à son profit, un tel mur mitoyen,
Pour tout, ou pour partie : il en a le moyen,
En payant au voisin moitié de la dépense
Dont la construction lui fit faire l'avance,
Ou moitié seulement, pour cette portion
Que, de rendre commune, il a l'intention ;
Du sol où la muraille est assise, appuyée,
Moitié de la valeur est encore payée.

662. L'un des voisins ne peut, dans un mur mitoyen,
D'aucun enfoncement, pratiquer le moyen,
Appliquer, appuyer à ce mur un ouvrage,
Si, de l'autre voisin, il n'obtient le suffrage :
S'il éprouve un refus, des experts appelés
Interviennent alors ; et, par eux, sont réglés
Les moyens d'empêcher que le nouvel ouvrage,
Aux droits de ce voisin, n'apporte aucun dommage.

663. Aux villes et faubourgs, lorsqu'il faut réparer,
Construire même un mur servant à séparer
Maisons, cours et jardins assis dans leur enceinte,
Contre l'autre, un voisin peut user de contrainte,
Et lui faire fournir sa contribution :
Pour la hauteur du mur de séparation,
Des statuts spéciaux, de l'usage l'empire,
A la déterminer, peuvent toujours suffire.

A défaut de l'usage, et de statuts exprès,
Tout mur, entre voisins, qui sera désormais
Construit, ou rétabli, pour servir de barrière,
Aura dix pieds (1) au moins, dans sa hauteur entière,
Dans les villes comptant dix mille individus
Multipliés par cinq, ou le nombre au-dessus,
Et huit pieds (2) seulement, aux villes moins peuplées.

664. Quand, dans une maison, les choses sont réglées
De sorte qu'un étage est la propriété
De quelqu'individu ; que, d'un autre côté,
Un autre tiers possède un différent étage,
Si le titre, fixant leur mutuel partage,
Ne s'est point occupé de disposition
Concernant les moyens de réparation,
En se taisant aussi sur ceux de reconstruire,
Ce qui doit être fait, la loi va le prescrire.

Tous ceux qui, dans leur lot, sont ainsi partagés,
Des gros murs et du toit, doivent être chargés,
Dans la proportion de ce que vaut l'étage
Qui, dans le bâtiment, forme leur héritage.

Le maître est obligé de faire le plancher
De l'étage, sa part, puisqu'il y doit marcher.

Celui qui, dans son lot, a le premier étage,
Doit fournir l'escalier, pour s'y faire un passage;
Le maître du second, à partir du premier,
Pour se rendre chez lui, doit fournir l'escalier :
Le tout, pour le surplus, se fait ainsi de suite.

665. Alors qu'une maison est de nouveau construite,

---

(1) Trente-deux décimètres.
(2) Vingt-six décimètres.

Où qu'un mur mitoyen est rétabli, toujours
La servitude active et passive a son cours
Sur la maison nouvelle, ou le mur de nature
A se trouver commun, sans qu'elle soit plus dure,
Et pourvu qu'en ce cas, la reconstruction
Se fasse avant le temps de la prescription.

666. Est censé mitoyen, tout fossé qui divise
Une propriété, tout près d'une autre assise,
Si, par certaine marque, ou par titre probant,
Le contraire n'est pas témoigné clairement.

667. On reconnaît toujours une évidente marque
Qu'il n'est pas mitoyen, quand s'offre la remarque
Que le terrain levé, sur un bord, entassé,
Se trouve d'un côté seulement du fossé.

668. Qui, de son côté seul, a rejetté la terre,
Du fossé, sans nul doute, est le propriétaire.

669 Ceux qui sont possesseurs du fossé mitoyen
Doivent, à frais communs, en soigner l'entretien.

670. La haie est mitoyenne entre deux héritages,
A moins que, dans l'un d'eux, nul indice d'ouvrages
Pratiqués dans les champs, ne puisse se montrer
Prouvant qu'à la culture on l'a pu consacrer,
Ou qu'il n'existe alors possession contraire,
Ou qu'un titre n'assigne un autre caractère.

671. Les statuts spéciaux maintenant existans,
Les usages des lieux reconnus et constans
Règlent, entre voisins, l'espace qu'on exige,
Lorsqu'on prétend planter un arbre à haute tige:
A défaut de l'usage et de tout réglement,

Un espace est laissé, de deux mètres, distant
Du point qui, des deux fonds, sépare l'étendue,
Pour l'arbre à haute tige, élancé dans la nue,
Et pour toute autre espèce et la haie au vif bois,
D'un sixième de mètre accumulé trois fois.

672. Quand on plante trop près, le voisin peut s'en plaindre
A détruire les plants, il peut même contraindre
Le voisin qui s'éloigne ainsi de son devoir.

Au cas où le voisin vient à s'appercevoir
Que les branches de l'arbre, étendant leur feuillage,
Avancent sur son sol et le couvrent d'ombrage,
Il peut, à les couper, contraindre le voisin.

Lui-même, il peut couper sur son propre terrain
Les racines de l'arbre, y prenant nourriture,
Et nuisant par là même à sa propre culture.

673. Quand la haie est commune entre deux citoyens,
Si des arbres y sont, ils croissent mitoyens
De même que la haie, et, dans un cas semblable,
Par un droit, pour tous deux, égal et favorable,
Des maîtres respectifs, la réquisition
Peut en faire ordonner la disparition.

SECTION II.

De la distance et des ouvrages intermédiaires requis pour certaines constructions.

674. Qui, pour l'utilité que l'objet lui procure,
Près d'un mur mitoyen ou d'une autre nature,
Prétend faire creuser fosse d'aisance, ou puits,
Qui, pour le même but, prétend y voir construits

TITRE IV. *Des Servitudes, etc.* 177

Des fours, fourneaux, ou forge, un âtre, ou cheminée,
  Qui veut y réunir l'enceinte destinée
A loger le bétail, ou bien, contre ce mur,
Faire un amas de sel, tout autre amas impur
De matière qui ronge, et propre à faire naître
Une corrosion sur ce qu'elle pénètre,
  Pour l'espace à laisser, doit suivre les statuts,
Les usages locaux, à cet égard, connus ;
Ou bien il est soumis à faire les ouvrages
Que prescrivent aussi les statuts, les usages,
Pour éviter au tiers le moindre détriment.

SECTION III.

Des vues sur la propriété de son voisin.

675. Dans un mur mitoyen, sans le consentement
Donné par le voisin, aucun propriétaire
Ne peut avoir le droit, en aucune manière,
D'ouvrir une fenêtre, ou faire agencement
Qui procure du jour, même à verre dormant.

676. Quand un mur a pour maître un seul propriétaire,
Et joint le sol d'autrui sans intermédiaire,
Le maître peut ouvrir, dans ce mur, librement
Des fenêtres, à fer maillé, verre dormant.
  Ces fenêtres alors doivent être garnies
D'un treillis fait en fer, dont les mailles unies
Auront, pour ouverture, un décimètre (1) au plus,
Et de verres dormans, d'un châssis, soutenus.

---

(1) Environ trois pouces huit lignes.

677. Mais l'établissement de ces jours, ou fenêtres,
Ne peut être permis qu'à vingt-six décimètres (1)
Au-dessus du plancher du lieu qu'on a dessein
De rendre au jour, s'il est au niveau du terrain;
Il n'est permis, non plus, qu'à dix-neuf décimètres (2)
Au-dessus du plancher, s'il s'agit de fenêtres
Qui doivent éclairer les étages plus hauts.

678. Aucun ne peut avoir des jours droits et nouveaux,
Ou fenêtres d'aspect, ni balcons, ni saillie,
Même sous quelque nom qu'elle soit définie,
Sur l'héritage clos, ou non clos du voisin,
Si l'espace qui part de son propre terrain,
Jusqu'au mur où sont pris ces jours, ou ces fenêtres,
N'est pas, et pour le moins, de dix-neuf décimètres.

679. Sur le même héritage, aucun ne peut avoir
Des jours qui, de côté, lui permettent de voir,
Si le mur où l'on fait ces obliques fenêtres,
N'en est pas éloigné d'au moins six décimètres (3).

680. L'espace que les deux nombres supérieurs
Prescrivent, doit partir des bords extérieurs
Du parement du mur où se fait l'ouverture,
Et s'il s'agit d'objets saillans par leur nature,
Du point extérieur de leurs extrémités,
Jusqu'au point séparant les deux propriétés.

---

(1) Huit pieds.
(2) Six pieds.
(3) Deux pieds.

SECTION IV.

De l'Egout des toits.

681. La loi commande ici que tout propriétaire
Etablisse des toits, d'une telle manière
Que les eaux que la pluie y vient amonceler,
Sur son propre terrain, trouvent à s'écouler,
Ou qu'un chemin public leur fournisse un passage :
Il ne peut, du voisin, en baigner l'héritage.

SECTION V.

Du Droit de passage.

682. Quand un propriétaire, au milieu des voisins,
A ses fonds enclavés, et qu'aux publics chemins,
Il ne peut aboutir, il obtient un passage
Pour aller cultiver, soigner son héritage :
Il compense, en ce cas, par une indemnité,
Le dommage forcé qui peut être apporté.

683. Pour le passage, on doit régulièrement prendre
Du côté de l'espace où doit le moins s'étendre
Le trajet à fournir, du terrain enclavé,
Jusqu'au chemin public le plus proche trouvé.

684. Mais, cette règle à part, il est plus convenable
De fixer le passage au lieu moins dommageable
A celui sur le fonds duquel il est placé.

685. L'indemnité prévue au cas qu'on a tracé
Dans l'article suivi par les deux qui précèdent,

Par la prescription, à qui tous les droits cèdent,
Est sujette à s'éteindre; et bien que l'action
Dont cette indemnité formait l'occasion,
Ne puisse désormais s'exercer, le passage,
Au profit du voisin, n'en est pas moins d'usage.

CHAPITRE III.

Des Servitudes établies par le fait de l'homme.

SECTION PREMIÈRE.

Des diverses espèces de Servitudes qui peuvent être établies sur les biens.

686. Les voisins ont toujours la libre faculté,
Le droit de consentir, sur leur propriété,
Ou pour l'utilité de leur propre héritage,
A telle servitude où l'intérêt engage.
Ce service ne peut jamais être établi,
Sur la personne même, ou pour celle d'autrui;
Mais il l'est sur des fonds, pour que son exercice,
A des fonds, soit utile : au reste, un tel service,
Avec l'ordre public, doit se concilier;
Il est proscrit, s'il tend à le contrarier.
Le titre qui l'accorde et qui le constitue
Doit en déterminer l'usage et l'étendue ;
Il se règle, à défaut de titre, ainsi qu'il suit.

687. Les servitudes sont, quand on les établit,
Ou, pour les bâtimens, d'un usage prospère,
Ou pour l'usage utile et propre aux fonds de terre.
De la première espèce, *urbaines* est le nom,

Que le bâtiment ait pour situation
La ville, ou la campagne, à ce sujet, égales.
Pour la seconde espèce, on les nomme *rurales*.

688. La servitude, ainsi diverse par les noms,
Doit comporter encor d'autres distinctions :
Elle est, ou continue, ou bien discontinue.

Dans la première, et c'est ce qui la constitue,
L'usage en est, ou peut être continuel,
Sans qu'il vienne, de l'homme, aucun fait actuel :
Tels sont un aqueduc, un égout, une vue,
Dans un genre pareil, toute autre contenue.

L'usage, en la seconde, a, pour être exercé,
Besoin du fait de l'homme, alors intéressé :
Tels sont, pour en juger, ou les droits de passage,
Ou les droits attachés au puisage, pacage,
Et d'autres droits encor semblables à ceux-ci.

689. En variant toujours, la servitude, ici,
Sous un nouveau rapport, à nos yeux se présente :
Elle est, soit apparente, ou bien non apparente.

La première s'annonce, elle se reconnaît
Par les soins d'un ouvrage, à l'extérieur, fait :
Tels sont un aqueduc, une porte, ou fenêtre.
La seconde se cache, elle ne fait paraître
Nul signe extérieur de sa création :
Par exemple, telle est la prohibition
De faire un bâtiment sur certain héritage,
Ou, du droit de bâtir, de n'exercer l'usage
Que jusqu'à certain point mesuré, défini.

SECTION II.

Comment s'établissent les Servitudes.

690. Ces services fonciers s'établissent ainsi :
Quand la servitude est continue, apparente,
Il faut un titre, ou bien possession constante
De trente ans ; ce terme est, au titre, équivalent.

691. Lorsqu'elle est continue, et sans signe apparent,
Ou que, discontinue, elle peut, ou paraître,
Ou ne paraître point, elle ne reçoit l'être
Que par un titre exprès lui-même subsistant.
   Elle ne peut jamais avoir pour fondement
Une possession même immémoriale :
Aujourd'hui cependant une attaque légale
Ne peut nuire à l'effet de la possession,
Dans les divers pays où la prescription
Rendait la servitude acquise et reconnue.

692. La destination, la volonté connue
Du père de famille offre de sûrs garans
Aux services fonciers continus, apparens.

693. La destination jamais ne se suppose,
Qu'autant que l'on obtient la preuve que la chose
Qui, d'un double héritage, offre aujourd'hui l'aspect,
Etait, pour un seul maître, un seul et même objet,
Et que, par son fait seul, elle est dans l'attitude
D'où naît, dans ce moment, le droit de servitude.

694. S'il est, entre deux fonds d'un seul particulier,
Quelque signe apparent de service foncier,

Que l'un d'eux, par contrat, dans d'autres mains parvienne,
Sans que, dans l'acte, alors nulle clause intervienne
Concernant ce service, il prolonge son cours;
Soit actif, soit passif, il subsiste toujours,
Quel que soit son emploi, favorable, ou contraire
Au fonds aliéné par le propriétaire.

695. Le titre sur lequel repose tout entier
Le fondement légal du service foncier,
De ce droit qui n'a point, faute de cette source,
Dans la prescription, une utile ressource,
N'a, pour son remplaçant, qu'un acte positif,
Formant titre nouveau, du droit, récognitif,
Que souscrit librement celui dont l'héritage,
Assujetti déjà, nouvellement s'engage.

696. Quand, d'une servitude, on veut favoriser
Autrui, l'on est censé, pour qu'il puisse en user,
Accorder ce qui doit accomplir cet usage.
Ainsi l'on doit compter sur le droit de passage,
Lorsque ce droit rencontre un nécessaire appui
Dans celui de puiser aux fontaines d'autrui,
Quand, de ce dernier droit, on a la jouissance.

SECTION III.

Des Droits du propriétaire du fonds auquel la servitude est due.

697. Lorsqu'une servitude est en notre puissance,
Par un titre quelconque, ou par un droit acquis,
On peut faire, à son gré, tout ouvrage requis,
Pour en faciliter, ou maintenir l'usage.

698. On supporte toujours les frais de chaque ouvrage :
Du fonds assujetti, le maître en est exempt,
Si, du droit concédé, l'acte constituant
Ne fait point mention d'une clause contraire.

699. Cependant, au cas même où le propriétaire
Du fonds assujetti, par le titre, est chargé
De faire, à ses dépens, un ouvrage obligé
Pour le maintien, l'usage, en toute plénitude,
De la concession du droit de servitude,
Il est, de cette charge, à jamais garanti,
S'il veut abandonner le fonds assujetti
Au maître dont le fonds a servitude acquise.

700. Dans le cas où le fonds asservi se divise,
Le droit de servitude et sa concession
Demeurent permanens pour chaque portion ;
Mais la condition qui tient sous son empire
Le fonds assujetti, ne peut devenir pire.
  Un exemple du cas est ici présenté :
Si, du droit de passage, un fonds est affecté,
C'est par le même endroit, que, sur cet héritage,
Tout co-propriétaire exerce son passage.

701. Du fonds qu'assujettit le service foncier,
Le maître tente en vain de préjudicier
A la facilité de ce même service,
Ou d'en diminuer le droit et l'exercice.
  Ainsi l'état des lieux, est par lui, respecté :
Le droit de servitude, en son poste, arrêté
Par la convention qui lui donne sa place,
D'un endroit différent, n'occupe point l'espace.
  Dans le cas, cependant, où le lieu primitif

Qu'a fixé, pour ce droit, l'acte constitutif,
Vient à rendre la charge incommode, onéreuse,
D'une exploitation qui serait plus heureuse,
Etouffe les moyens, le succès à venir,
Du fonds assujetti, le maître peut offrir,
Pour exercer le droit, sans en gêner le mode,
Un endroit désigné qui soit aussi commode;
Et cette offre, jamais, ne peut se refuser.

702. De son côté, celui qui, du droit, peut user,
A son titre, toujours conforme sa conduite.
Il ne peut, s'éloignant de la borne prescrite,
Dans le fonds asservi, dans le fonds dominant,
Aux dépens du premier, faire aucun changement.

SECTION IV.

Comment les Servitudes s'éteignent.

703. Lorsque la chose atteint un état qui ne laisse
Nul pouvoir d'en user, la servitude cesse.

704. Mais si, propre à l'usage, elle se rétablit,
Alors la servitude, avec elle, revit,
A moins qu'en arrivant à l'époque actuelle,
On ne compte, du temps, une mesure telle
Qu'elle soit réputée éteinte tout-à-fait,
Ainsi que le dira l'article sept cent sept.

705. Tout service foncier ne peut que disparaître,
Lorsqu'un individu devient à la fois maître
Et du fonds dominant et du fonds asservi.

706. Tout droit de servitude est, de même aboli,
Dans le cas où, pendant trente ans, l'usage en cesse.

707. Selon la servitude, et d'après son espèce,
Les trente ans exigés commencent à courir,
Ou du jour que le maître a cessé d'en jouir,
Si, par son caractère, elle est discontinue,
Ou, si ses attributs la rendent continue,
Du jour où, par quelque acte, on a manifesté
Une opposition à son activité.

708. Du service foncier, le mode nécessaire
Se prescrit, comme lui, de la même manière.

709. Si le fonds en faveur duquel sont établis
Les services fonciers, par un droit indivis,
Se trouve, de plusieurs, le commun héritage,
Quand, de la servitude, un d'eux seul fait usage,
Conservateur des droits de chaque portion,
Il les garantit tous de la prescription.

710. S'il se trouve, parmi les co-propriétaires,
Un seul contre lequel les effets ordinaires
De la prescription ont été ralentis,
Comme un mineur, les droits de tous sont garantis.

LIVRE III.

DES DIFFÉRENTES MANIÈRES DONT ON ACQUIERT LA PROPRIÉTÉ.

DISPOSITIONS GÉNÉRALES.

711. On est, ou l'on devient, des biens, propriétaire,
Et la propriété s'en transmet, s'en défère,
Ou par successions, ou titres successifs,
Ou par donations qu'on appelle entre-vifs,
Ou par donations dites testamentaires,
Dépôts religieux des volontés dernières,
Ou par l'effet, enfin, des obligations.

712. Cette propriété, par des accessions,
Dans les cas désignés, peut s'acquérir encore;
L'incorporation la fait de même éclore;
Enfin, dans les moyens de la prescription,
On peut puiser le droit d'une acquisition.

713. La loi donne à l'Etat les biens qui sont sans maître.

714. Il est divers objets qui ne peuvent connaître
Aucun empire, et dont, pour tous et pour chacun,
L'usage est reconnu devoir être commun.
Le mode d'en jouir, de ce droit l'exercice,
Sont prévus et réglés par des lois de police.

715. De chasser, ou pêcher, on a la liberté ;
Mais il est une borne à cette faculté,
Et cet objet présente une de ces matières
Qui reçoivent le joug de lois particulières.

716. Si je viens à trouver un trésor que contient
Mon propre fonds, l'objet à moi seul appartient ;
Mais si je le découvre en un autre héritage,
En deux égales parts, le trésor se partage,
Dont l'une reste à moi, l'autre, au maître du fonds.

Le trésor, pour donner de justes notions,
Est tout objet caché, toute chose enfouie,
Qui, des mains de tout maître, est encore affranchie,
Et ne vient exciter un regard satisfait
Que par l'effet des jeux où le hasard se plaît.

717. Sur les effets qu'on jette à la mer, par contrainte,
Les objets que vomit son opulente enceinte,
Sous quelque qualité, sous quelques attributs
Que ces objets divers puissent être connus,
Sur les plantes, ainsi que sur tous les herbages
Qui, voisins de la mer, croissent sur ses rivages,
Entre les possesseurs, pour en régler les droits,
Il est également de spéciales lois.

Plaçons au même rang toute chose perdue
Dont le précédent maître est personne inconnue.

TITRE PREMIER.

Des Successions.

CHAPITRE PREMIER.

De l'ouverture des successions et de la saisine des héritiers.

718. D'une succession, l'ouverture se fait
Par la mort naturelle, et par son seul effet :
La mort civile aussi produit cette ouverture.

719. Quand, par la mort civile, imitant la nature,
Cette ouverture a lieu, l'instant en est compté
Quand la peine s'encourt, comme l'ont arrêté
Les dispositions du deuxième chapitre,
Seconde section, livre un, au premier titre.

720. Si des individus qu'un lien naturel
Place légalement dans le droit mutuel
De se voir succéder l'un à l'autre, périssent,
Que, dans le sort fatal qu'à la fois ils subissent,
On ne puisse savoir, par un signe certain,
Qui d'entre eux, le premier, termina son destin,
Par des présomptions, on voit qui dût survivre ;
Si le fait en présente, on s'attache à les suivre :
Si le fait est muet et laisse deviner,
L'âge, ou le sexe alors doivent déterminer.

721. Si ceux qu'enveloppa la même destinée,

N'étaient pas parvenus à leur quinzième année,
Celui qui, de quinze ans, est le plus rapproché,
Bien qu'à la fois, au jour, il se trouve arraché,
Est censé, le dernier, avoir perdu la vie.

Si tous avaient compté la carrière fournie
De plus de soixante ans, le moins âgé d'entre eux
Est censé, le dernier, avoir fermé les yeux.

Si, de quinze ans, les uns n'avaient pas encor l'âge,
Si soixante ans et plus imprimaient leur passage
Au front des compagnons que leur donna le sort,
Les premiers ont, plus tard, dû recevoir la mort.

722. Si ceux que, dans la tombe, un même sort présente,
Pouvaient compter quinze ans, sans en avoir soixante,
La règle veut alors qu'on présume toujours
Que le mâle, plus tard, a terminé ses jours,
Lorsque l'âge est égal, ou que la différence
Ne peut, de plus d'un an, séparer leur naissance.

Si, par le sexe, entre eux, nulle distinction
Ne se montre, on s'attache à la présomption
Qui, des successions, établit l'ouverture
D'après l'ordre constant fixé par la nature :
C'est le plus jeune alors que l'on doit réputer
Avoir, contre la mort, plus long-temps, pu lutter.

723. C'est la loi qui prend soin d'établir elle-même,
Dans les successions, un régulier système
Entre les enfans nés de légitimes nœuds :
Si, dans la descendance, il n'existe aucun d'eux,
Les enfans naturels prennent les biens ; ensuite
Le conjoint survivant, à leur défaut, hérite ;
S'il n'en est point, l'État, des biens, est investi.

724. L'héritier légitime est, de plein droit, saisi

Des biens, droits, actions que le défunt délaisse,
Sous l'obligation étroitement expresse
D'acquitter par lui-même, et sans distinction,
Toute charge imposée à la succession :
Les enfans naturels, l'époux en survivance,
L'État, aux tribunaux, demandent ordonnance
Pour se faire envoyer dans la possession ;
Du mode, on connaîtra la disposition.

CHAPITRE II.

Des Qualités requises pour succéder.

725. Pour succéder, il faut, nécessairement, être,
Quand la succession, en s'ouvrant, vient de naître.
  Ainsi, comme incapable, est déclaré déchu,
  Celui qui ne peut pas être encore conçu ;
  Tout enfant reconnu n'être pas né viable ;
  Celui qui, par les lois, puni comme coupable,
A, de la mort civile, encouru le malheur.

726. L'étranger n'est admis à se voir successeur
Aux biens, quelle qu'en soit la valeur ou l'espèce,
Qu'un parent étranger, ou Français, lui délaisse,
Et qui, dans un tel cas, en France sont assis,
Que dans le même mode et dans les cas précis
Où le Français, lui-même, à son parent succède
Dans les biens, dans les droits que ce parent possède
Dans le propre pays de ce même étranger ;
  Le tout conformément, et sans y rien changer,
  Aux dispositions qu'on est tenu de suivre,
  Du chapitre premier, nombre onze, premier livre.

727. Indigne est déclaré, dans un sens absolu,
Et des successions, comme tel est exclu,
　Celui qui, téméraire, armant sa main impie,
A tenté de priver le défunt de la vie,
Ou l'a réellement envoyé chez les morts,
Et serait condamné sous l'un des deux rapports;
　Celui qui, du défunt, diffamant la mémoire,
A porté contre lui l'accusation noire
D'un crime capital jugé calomnieux;
　Et celui qui, majeur, et trop silencieux,
Du meurtre du défunt, connaissant l'existence,
N'en a pas, près du juge, imploré la vengeance.

728. Ce silence odieux, quand ils l'ont pu garder,
Ne peut point repousser, du droit de succéder,
Ascendans, descendans de celui qui du crime,
Féroce exécuteur, immola sa victime,
Alliés tenant place ou de fils ou d'auteurs,
L'un ou l'autre conjoint, les frères ou les sœurs,
Les nièces, les neveux, enfin l'oncle et la tante.

729. Tout héritier, exclu par la cause évidente
Que produit le motif de son indignité,
Est obligé de rendre, avec l'hérédité,
Les fruits, les revenus entrés dans son partage,
Du jour où s'est ouvert un pareil héritage.

730. Les enfans de l'indigne, à la succession,
Parvenant de leur chef et sous leur propre nom,
Ne représentant point leur trop coupable père,
Ne sont jamais exclus, pour ce qu'il a pu faire;
Mais celui-ci ne peut, sur la succession,
Faire accueillir jamais sa réclamation,

Pour avoir l'usufruit que le Code défère,
Sur les biens des enfans, à leur père, à leur mère.

CHAPITRE III.

Des divers Ordres de succession.

SECTION PREMIÈRE.

Dispositions générales.

731. De qui vient de mourir, toute succession
Se défère aux enfans nés de son union
Ou descendans, à ceux dont il a pu descendre ;
Parent collatéral peut ensuite y prétendre.
On suit, à cet égard, l'ordre et les réglemens
Qui vont être tracés dans les nombres suivans.

732. D'une succession dont se fait le partage,
Tous les biens sont égaux ; et la loi n'envisage
Ni le titre duquel ils furent revêtus,
Ni d'où ces mêmes biens peuvent être venus.

733. Toute succession, quand elle est dévolue
A de seuls ascendans, ou qu'elle est obtenue
Par des parens placés aux rangs collatéraux,
Se divise, et toujours forme deux lots égaux,
Dont l'un pour les parens en ligne paternelle,
L'autre pour les parens en ligne maternelle.
Les parens utérins, ceux qui sont consanguins,
Ne peuvent être exclus par les parens germains ;
Mais, dans leur seule ligne, ils sont admis à prendre ;
Sauf ce que dans le Code on va bientôt apprendre

Dans l'article indiqué sept cent cinquante-deux.
Aux deux lignes prend part le germain plus heureux.
 D'une ligne jamais à l'autre il ne s'opère
De dévolution, qu'en ce cas nécessaire,
Lorsqu'en l'une des deux il n'est point d'ascendant,
Et qu'il n'existe aucun collatéral parent.

 734. Entre la double ligne ainsi déterminée,
Cette division une fois terminée,
Dans les divers rameaux, ne se répète plus;
Mais la moitié des biens, par la loi dévolus
A l'une et l'autre ligne, est dès-lors le partage
De ceux que, du défunt, raprochent davantage
Les degrés de parent, sauf la restriction
Que le droit appelé représentation
Peut apporter, ainsi qu'on doit le voir ensuite.

 735. Des générations, et le nombre et la suite
Président, dans les nœuds qui font la parenté,
A la formation de la proximité.
Des générations, quand le nombre s'augmente,
De pair avec chacune un degré se présente.

 736. Par degrés continus la ligne s'établit:
Sous le nom de *directe*, est celle que produit
La chaîne des degrés, entre ceux dont la vie
Forme, de l'un à l'autre, une source suivie.
Le fil de ces degrés forme, entre individus
Qui puisent, n'étant pas l'un de l'autre venus,
Dans un auteur commun, une origine égale,
La ligne de ce nom : *ligne collatérale*.
 De la ligne directe, une distinction
Vient encore doubler la composition ;

Elle est, sous un rapport, directe descendante,
Et sous l'autre elle s'offre en directe ascendante.
　Le chef, par la première, est lié, réuni
Avec ceux qui sont nés ou descendent de lui ;
La seconde est le nœud qui lie une personne
A ceux que, pour auteurs, la nature lui donne.

　737. Dans la ligne directe, on compte les degrés
Par le nombre de ceux qui furent engendrés.
Le fils, par conséquent, à l'égard de son père,
Prend, du premier degré, la place nécessaire ;
Le petit-fils, alors, au second est porté ;
Du pere et de l'aïeul, par réciprocité,
Aux fils et petits-fils, la distance est égale.

　738. Des générations, dans la collatérale,
Depuis l'un des parens, on compte les degrés,
Jusqu'à l'auteur commun dont ils sont engendrés,
Sans que, de cette tige, à laquelle on remonte,
Jamais dans le calcul on puisse tenir compte,
Et depuis cet auteur jusqu'à l'autre parent.
　Ainsi deux frères sont, et nécessairement,
Au deuxième degré; dans le degré troisième,
Sont l'oncle et le neveu; dans le degré quatrième,
Sont les cousins-germains; suit la gradation.

SECTION II.

De la Représentation.

　739. Ce qu'on appelle en droit représentation,
Est une fiction de la loi bienfaisante ;
Son but est de placer celui qui représente

Dans le même degré que le représenté,
Et dans les mêmes droits dont il eût hérité.

740. Dans la ligne directe et dans la descendance,
De cette fiction, l'étendue est immense,
Et c'est à l'infini qu'on est représenté,
Dans nulle occasion ce droit n'est limité,
Soit que du décédé l'enfant en concours vienne
Avec ceux d'un enfant dont la mort, de la sienne,
A devancé le jour, soit que tous les enfans
Morts avant le défunt, laissent des descendans
Qui viennent embrasser la tige principale
A semblables degrés ou distance inégale.

741. Aucun des ascendans ne peut avec succès,
De cette fiction réclamer les bienfaits ;
Le plus proche toujours, dans l'une et l'autre ligne,
Ecarte l'ascendant à qui sa place assigne,
Dans l'ordre successif, un degré moins prochain.

742. Ce droit de suppléer, par le degré voisin,
Au parent décédé, cette faveur légale
S'admet également dans la collatérale,
Au profit des enfans de frères ou de sœurs
Du parent qui décède et des enfans des leurs,
Soit que, pour succéder, avec l'oncle ou la tante,
L'un de ces descendans, en concours se présente,
Soit que, du décédé, frère ou sœur n'étant plus,
Les biens, aux descendans, se trouvent dévolus
A semblables degrés ou distance inégale.

743. Dans les cas où s'admet la fiction légale,
On procède, par souche, au partage des biens,
Lorsqu'une même souche a produit des liens

Formant plus d'une branche, en ce cas secondaire
La subdivision du partage s'opère,
Dans ces divers rameaux, par souche également;
A chaque branche alors tout membre appartenant,
Par tête se prévaut de sa part compétente.

744. Pendant qu'une personne est encore vivante,
A la représenter on ne peut être admis :
On représente ceux dont les jours sont finis
Par l'effet de la mort naturelle ou civile.
En les représentant, on prend la place utile
Des parens décédés, à la succession
Desquels on aurait fait renonciation.

SECTION III.

Des Successions déférées aux descendans.

745. Sans distinguer ou sexe ou primogéniture,
La loi, cédant enfin au vœu de la nature,
Appelle à succéder, à tous leurs ascendans,
Les enfans et tous ceux qui sont leurs descendans,
Encor que ces enfans tiennent leurs destinées
Des différens liens de divers hyménées.
Appelés de leur chef, au premier rang égaux,
En succédant par tête ils ont les mêmes lots;
Comme représentans, si quelques-uns d'eux viennent,
Ou s'ils y viennent tous, c'est par souche qu'ils prennent.

SECTION IV.

Des Successions déférées aux ascendans.

746. S'il ne reste, au parent du monde déserteur,
Soit ni postérité, soit ni frère ni sœur,

Ni nul individu qui d'eux puisse descendre,
A la succession sont admis à prétendre
Ses propres ascendans. De ses biens partagés,
Parfaitement égaux deux lots sont adjugés,
L'un d'eux aux ascendans en ligne paternelle,
Et l'autre aux ascendans en ligne maternelle.
Au plus proche degré, l'ascendant reconnu
Recueille seul le lot à sa ligne avenu.

A des degrés égaux, ils recueillent par tête.

747. Des autres, opérant l'exclusion complète,
Tout ascendant reprend ce qu'il a concédé
A son enfant, ou bien descendant décédé
Sans enfans, si le don, dans cette conjoncture,
Parmi l'hérédité, se retrouve en nature.

Si l'objet du bienfait se rencontre vendu,
L'ascendant prend le prix qui peut en être dû.
Dans sa part, entre aussi l'action en reprise
Qui, pour le donataire, eût pu se voir admise.

748. Quand, à l'individu mort sans postérité,
Survivent père et mère, et lorsque à leur côté
Existent frère ou sœur, ou d'eux un successible,
Toute l'hérédité se trouve divisible
En deux égales parts : la moitié seulement,
Pour être partagée entre eux également,
Doit composer le lot du père et de la mère.

L'autre devient celui de la sœur ou du frère,
Ou d'un individu qui soit leur descendant;
Voyez section cinq du chapitre présent.

749. Quand, sans postérité, le parent qui décède
Laisse frères ou sœurs, ou tel qui leur succède,

Si l'un des père et mère avant est décédé,
Le lot qu'il aurait pris, par la loi concédé,
Suivant ce que prescrit la règle précédente,
S'unit à la moitié, cette part contingente
Que prennent frère ou sœur, ou leur représentant.
Voyez section cinq du chapitre présent.

SECTION V.

Des Successions collatérales.

750. En cas de prédécès du père et de la mère
De celui qui parvient au repos funéraire,
Sans laisser après lui d'enfans ou descendans,
Ses frères et ses sœurs, ou leurs représentans,
Appelés par la loi, sont admis, seuls, à prendre
Toute l'hérédité : ne peuvent y prétendre
D'autres collatéraux, ni d'autres ascendans.

Ils viennent de leur chef, ou sont représentans,
Ainsi que le prescrit le régime que fonde,
Au chapitre présent, la section seconde.

751. Si, de l'individu mort sans postérité,
Les père et mère, au sort de notre humanité,
N'ont pas payé leur dette, et vivans se présentent,
Les frères, sœurs, ou bien ceux qui les représentent,
Ne prennent, sur les biens, que moitié seulement ;
Mais si, des père et mère, un seul est survivant,
Sur les trois quarts des biens, leurs droits doivent s'étendre.

752. Des différentes parts que sont admis à prendre
Frères ou sœurs, d'après l'article précédent,
Le partage s'opère entre eux également,

S'ils ont reçu le jour d'un commun hyménée :
La vie, en lits divers, leur fût-elle donnée?
A la division, il sera procédé
Entre les deux côtés du parent décédé,
En séparant ainsi la ligne paternelle,
De ce qui peut former la ligne maternelle ;
Dans le double côté, prennent part les germains,
Et, dans leur ligne seule, ont part les utérins ;
Les consanguins n'ont pas une autre destinée.
Si, des deux lignes, l'une est vide, abandonnée,
Si les frères ou sœurs ne sont que d'un côté,
Ceux-ci sont appelés à la totalité,
Toute autre parenté de l'autre ligne exclue.

753. Si, dans les deux côtés, la ligne est dépourvue
De frères, sœurs, ou bien de leurs représentans,
Et si, dans l'une ou l'autre, il n'est point d'ascendans,
De la succession la moitié se défère
Aux ascendans restés encor dans la carrière ;
L'autre moitié revient aux plus proches parens,
Dans la ligne où n'existe aucun des ascendans.
Si les collatéraux, qu'un seul degré rassemble,
Sont en concours, par tête ils partagent ensemble.

754. Dans le cas que prévoit le nombre précédent,
Le père ou bien la mère, encore survivant,
A l'usufruit du tiers du bien héréditaire
Qu'il ne recueille pas comme propriétaire.

755. Au douzième degré, les parens reculés,
A la succession ne sont point appelés.
Lorsque dans une ligne, au degré successible,
Il n'est pas de parent, le droit est réversible

Aux parens qui, dans l'autre, ont un utile rang;
C'est la totalité qu'alors leur part comprend.

CHAPITRE IV.

Des Successions irrégulières.

SECTION PREMIÈRE.

Des Droits des Enfans naturels sur les biens de leur père ou mère, et de la succession aux Enfans naturels décédés sans postérité.

756. Aux enfans naturels, la loi sévère et sage,
Du titre d'héritier refuse l'avantage :
Sur les biens de leur père ou mère décédé,
Aucun droit, par la loi, ne leur est accordé,
Qu'autant qu'il intervient une reconnaissance
Dont le titre légal atteste leur naissance;
Et nuls droits ne leur sont, par cette loi, donnés
Sur les biens des parens de ceux dont ils sont nés.

757. Sur les biens délaissés par son père ou sa mère,
A leur décès, le droit que le Code défère
A l'enfant naturel, se règle ainsi qu'il suit :

Lorsque des descendans d'un légitime lit
Sont laissés survivans par son père ou sa mère,
De ce qu'il aurait eu pour part héréditaire,
S'il fût né dans l'état de légitimité,
C'est au tiers, seulement, que ce droit est porté.
Il est de la moitié, lorsque les père ou mère,
Sans aucun descendant, terminant leur carrière,

Laissent des ascendans, ou des frères ou sœurs.
Ce droit, jusqu'aux trois quarts, augmente ses faveurs,
Lorsque nul ascendant, nulle sœur, aucun frère,
Ne sont laissés vivans par le père ou la mère.

758. A la totalité des biens, ce droit s'étend,
Dans le cas où le père ou mère, en décédant,
Ne laisse nul parent, au degré successible,
Qui puisse, à recueillir lui-même être admissible.

759. Si l'enfant naturel vient à prédécéder,
Ses enfans, descendans, admis à demander
Tous les droits qu'ont fixés les règles qui précèdent,
Comme en ses autres biens, dans ses droits, lui succèdent.

760. Les enfans naturels, ou leurs représentans,
Sont tenus d'imputer sur leurs droits compétens,
Tout ce qu'ils ont reçu du père, ou de la mère,
Dont la succession, en s'ouvrant, se défère,
Et qui serait sujet à se voir rapporter,
D'après l'instruction que vont nous présenter
Les articles divers qu'offre le présent titre,
Dans la section deux du sixième chapitre.

761. Ils ne peuvent jamais rien réclamer de plus,
S'ils ont eu, dans les droits qui leur sont dévolus,
Et dont on a réglé le mode et la matière,
La moitié, du vivant du père, ou de la mère,
Quand l'un ou l'autre ont fait la déclaration,
Dans des termes exprès, de leur intention
Que la part des enfans fût justement bornée
A celle qui, par eux, avait été donnée.
Si cette portion paraît ne pas valoir
La moitié de la part qu'ils devaient recevoir,

Suivant leurs droits légaux, un supplément doit rendre
Cette moitié complète ; ils peuvent y prétendre.

762. Pour l'enfant naturel, le droit qu'ont introduit
L'article précédant sept cent cinquante-huit,
Ainsi que ce dernier, n'est jamais applicable
Aux enfans qui sont nés d'un inceste coupable,
Ou qui, d'une adultère, ont emprunté les flancs.
La loi les a réduits aux simples alimens.

763. On pèse, pour régler ce droit alimentaire,
La quotité des biens du père, ou de la mère,
L'état, la qualité, le nombre des enfans
Qui, d'un légal hymen, se trouvent descendans.

764. Quand le père, ou la mère, ont, d'un art mécanique,
Fait donner avec soin des leçons, de pratique,
Au malheureux enfant que l'inceste a produit,
Ou qui, de l'adultère, est le malheureux fruit,
Ou que, de son vivant, l'un d'eux, par prévoyance,
A pris soin d'assurer sa faible subsistance,
L'enfant ne peut former de réclamation
Contre les biens restés dans leur succession.

765. Quand l'enfant naturel, sans descendant, décède,
Entre ses deux auteurs, celui-là lui succède
Qui, seul, l'a reconnu ; s'il le fut de tous deux
Par moitié, successeurs, ils partagent entr'eux.

766. En cas de prédécès du père et de la mère,
De l'enfant naturel défunt, la loi défère
Les biens, par ses auteurs, à cet enfant, donnés
A ses frères, ou sœurs, légitimement nés,

Si l'état de ces biens se retrouve en nature
Dans la succession dont se fait l'ouverture :
L'action en recours, s'il peut en exister,
Ou le prix de ces biens qui purent s'acheter,
S'il est encore dû, sont aussi le partage
Des frères et sœurs nés d'un légal mariage.
Frères, sœurs, naturels, ou leurs représentans,
De tous les autres biens, sont les co-partageans.

SECTION II.

Des Droits du conjoint survivant et de l'Etat.

767. Lorsqu'on meurt sans parens au degré successible,
Sans enfans naturels, la loi rend disponible
Tout ce qu'à son décès le défunt a laissé,
En faveur du conjoint, vivant, non divorcé.

768. Si nul conjoint vivant ne se fait reconnaître,
De la succession, l'Etat devient le maître.

769. Le conjoint survivant dont la prétention
Est d'exercer son droit à la succession,
Est tenu de remplir le devoir nécessaire
De faire précéder les scellés, l'inventaire,
Comme s'il s'agissait d'une succession
Qu'on voudrait accepter sous la condition,
Comme sous le profit d'un fidèle inventaire :
Le domaine public, de la même manière,
Doit aussi procéder dans cette occasion.

770. Ils demandent l'envoi dans la possession,
Auprès du tribunal juge en première instance,

Dans le ressort duquel a pu prendre naissance
L'ouverture donnée à la succession :
Il ne peut accueillir la réclamation
Qu'après avoir ouï l'agent du ministère ;
Trois publications, dans la forme ordinaire,
Dont un triple placard dira le contenu,
Précéderont aussi le jugement rendu.

771. Le conjoint survivant est obligé de faire
Emploi du mobilier, à moins qu'il ne préfère
D'offrir un garant sûr, dans une caution,
Qu'il en opérera la restitution,
En cas qu'un héritier, dans trois ans d'intervalle,
Vienne pour annoncer sa présence légale :
Les trois ans écoulés, toute obligation
Cesse d'assujettir qui fut la caution.

772. Si la formalité n'a pas été suivie
Par l'époux survivant, même par la régie
Du domaine public, ils pourront encourir
La condamnation que pourra requérir
L'héritier du défunt, s'il en est en présence,
Aux dommages causés par cette négligence.

773. Ce que règlent les quatre articles précédens
Est déclaré commun, applicable aux enfans
Qui peuvent être nés sous la loi naturelle,
Qu'à défaut de parens, la loi civile appelle.

CHAPITRE V.

De l'Acceptation et de la Répudiation des successions.

SECTION PREMIÈRE.

De l'Acceptation.

774. Qui vient à succéder, fait l'acceptation,
Purement, simplement, de la succession,
Ou bien sous inventaire et sous son bénéfice.

775. Aucun individu qui craint un préjudice,
N'est tenu d'accepter une succesion
Dont il a, par ses droits, la disposition.

776. La femme qui se trouve unie en mariage
Ne peut valablement accepter l'avantage
Que semble lui promettre une succession,
Si l'époux, ou le juge, à l'acceptation,
Ne l'autorise, ainsi que le cinquième titre,
Livre premier, le veut, au sixième chapitre.
Le mineur, l'interdit ne peut valablement,
D'une succession, saisir l'émolument,
Qu'en s'assujettissant aux règles qu'on doit suivre,
Et que prescrit la loi, titre dix, premier livre.

777. Au jour même que s'ouvre une succession,
Remontent les effets de l'acceptation.

778. Cette acceptation est expresse, ou tacite;
Expresse, quand on prend, au moment qu'on hérite,

Dans un acte quelconque authentique, ou privé,
A l'héritier, lui seul, le titre réservé ;
Tacite, quand on fait un acte qui suppose
Que le but d'accepter en est la seule cause,
Et qui, par l'héritier, de fait, exécuté,
N'eût pu l'être, de droit, sans cette qualité.

779. L'acte qui, purement, n'est que conservatoire,
L'acte de surveillance et tout soin provisoire,
Ne sont point réputés actes d'adition
De l'héritage échu, lorsque l'omission
Du titre d'héritier fait assez reconnaître
Que celui qui les fait, ne prétend pas de l'être.

780. Quand un cohéritier donne, transporte, ou vend,
Dans des droits successifs, la part le concernant,
Soit à quelqu'étranger, soit à ceux qu'un partage,
Comme lui-même, appelle au commun héritage,
Soit à quelques-uns d'eux, de la succession,
Il manifeste ainsi son acceptation.

Quand ce cohéritier, sans qu'il bénéficie,
Renonce pour sa part, et qu'il en gratifie
Plusieurs cohéritiers, ou l'un d'eux seulement,
De l'acceptation, l'acte est un monument.

Quand le même renonce en faveur de la masse
De ses cohéritiers, et les met à sa place
En recevant le prix de l'abdication,
Cet acte emporte encor son acceptation.

781. Quand celui que concerne un droit héréditaire,
A son profit, échu, termine sa carrière,
Sans qu'il soit établi qu'il l'a répudié,
Ou sans même qu'il puisse être vérifié

Qu'une acceptation, ou tacite, ou formelle,
A pu rendre ce droit sa chose personnelle,
Il est permis à qui paraît son héritier
D'accepter de son chef, ou de répudier.

782. S'il en laisse plusieurs, et, dans la circonstance,
Qu'entre cohéritiers, il naisse discordance
Pour accepter les droits de la succession,
Ou pour en déclarer une abdication,
C'est l'acceptation qui doit alors s'en faire,
Et sous le bénéfice, ou profit d'inventaire.

783. Le majeur que concerne une succession,
Ne peut se rétracter de l'acceptation
Qu'il en aura pu faire expresse, ou bien tacite,
Si l'acceptation n'a pas été la suite
Du dol et de l'erreur qui l'auraient abusé :
Il ne peut réclamer, non plus, comme lésé,
Si la succession n'est pas anéantie,
Ou, de plus de moitié, ne se trouve amoindrie
Par l'aspect imprévu d'un testament secret
Qu'il ne connaissait pas, au jour qu'il acceptait.

SECTION II.

De la Renonciation aux successions.

784. Le fait d'un héritier, par lequel il renonce,
Ne se présumant point, par acte exprès, s'annonce,
Et, pour légitimer cette abdication,
On doit en consigner la déclaration
Au greffe, au tribunal juge en première instance,
Dans le ressort duquel a pu prendre naissance

Titre I. *Des Successions.*

L'ouverture donnée à la succession,
Sur un regître fait pour cette insertion.

785. L'héritier, renonçant par acte volontaire,
Est censé n'avoir eu nul droit héréditaire.

786. Pour ses cohéritiers, la part du renonçant,
Unie avec les leurs, forme un accroissement.
Dans le cas où la chose, à lui seul, est échue,
Au degré subséquent, sa part est dévolue.

787. La loi ne permet pas qu'aucun représentant
Demande à remplacer l'héritier renonçant :
S'il est dans un degré que, tout seul, il embrasse,
Ou que les héritiers, occupant même place,
Renoncent, les enfans, dans la succession,
Par tête, et de leur chef, prennent leur portion.

788. Au cas où l'héritier renonce, au préjudice
Des droits des créanciers, ils peuvent, en justice,
Se faire autoriser dans l'acceptation
Des biens que peut offrir cette succession,
Du chef du débiteur dont ils prennent la place.
Mais aux créanciers seuls la loi fait cette grace ;
Pour les indemniser de leurs droits seulement,
Justement jusque-là cette faveur s'étend ;
La révocation qu'alors la loi prononce
Ne profite jamais à celui qui renonce.

789. La faculté de faire, ou l'acceptation,
Ou l'abandon légal d'une succession,
Se prescrit lentement par le nombre d'années
Que, dans le plus long cours, on a déterminées
Pour la prescription des droits immobiliers.

790. Nonobstant l'abandon fait par les héritiers,
Si la prescription, contre eux n'est pas acquise,
Ils peuvent, et la loi, dans ce cas, l'autorise,
Se prévaloir encor de la succession,
Si d'autres n'en ont pas fait l'acceptation,
Sous la condition de ne pouvoir pas nuire
Aux droits que, sur les biens, des tiers ont pu prescrire,
Ou qu'ils ont obtenus par l'intervention
D'actes valables faits, sur la succession,
Contre le curateur, lorsqu'elle était vacante.

791. Pendant qu'une personne est encore vivante,
On ne peut renoncer à sa succession,
Même par le contrat qui, de leur union,
Forme, entre deux époux, la chaîne solemnelle,
Non plus qu'aliéner la part éventuelle
Qu'à ces droits successifs, on pourrait acquérir.

792. Quand un fourbe héritier se livre à divertir
Des effets successifs, ou bien qu'il les recèle,
Il est déchu, pour prix de cet acte infidelle,
Du droit de renoncer à la succession;
Il ne peut opposer son abdication;
Héritier pur et simple, il reste responsable :
La loi fait plus encore, et le rend incapable
De jouir d'aucun droit, y fût-il appelé,
Sur l'objet diverti, sur l'effet recélé.

SECTION III.

Du Bénéfice d'inventaire, de ses effets, et des Obligations de l'héritier bénéficiaire.

793. La déclaration, au cas où l'on hérite,
Qu'on entend accepter la qualité licite,
Le titre d'héritier, qu'au moyen du profit
Qu'un inventaire exact et légal établit,
Se fait au tribunal juge en première instance,
Dans le ressort duquel a pu prendre naissance
L'ouverture donnée à la succession,
Au greffe, et l'on en doit faire l'inscription
Sur le même regitre où le greffier énonce
La déclaration de celui qui renonce.

794. La déclaration ne peut avoir d'effet,
Qu'autant qu'un inventaire et fidelle et complet
Des objets successifs, la suit, ou la précède :
Avec exactitude, à cet acte, on procède,
Et des formes, l'on doit y consacrer l'emploi,
Que, de la procédure, a prescrites, la loi :
Ici, sur les délais, le code nous éclaire.

795. L'héritier a trois mois pour faire l'inventaire,
A compter du jour même où la succession
Autorise, en s'ouvrant, cette opération.
Ensuite, examinant s'il accepte, ou renonce,
Pour se déterminer sur le choix qu'il pronouce,
Il compte, pour délai, quarante jours de plus,
Qui courent, à partir des trois mois révolus,
Délai légal fixé pour faire l'inventaire,

Ou du jour où finit cet acte nécessaire,
S'il est clos, même avant le triple mois complet.

796. Dans la succession, s'il existe un objet
Qui puisse dépérir, ou dont la surveillance,
Pour qu'il soit conservé, cause trop de dépense,
D'après sa qualité d'habile à succéder,
L'héritier peut alors, au juge, demander
Que, d'un pareil objet, la vente soit permise,
Sans que sa faculté d'opter soit compromise.
Un officier public, à la vente, est commis :
La vente est publiée, et des placards sont mis ;
On suit, à cet égard les règles, la mesure
Qu'a prescrites la loi touchant la procédure.

797. Pendant que les délais peuvent encor durer,
Et pour faire inventaire, et pour délibérer,
Le droit de l'héritier ne saurait se restreindre ;
A prendre qualité, l'on ne peut le contraindre,
Ni rendre contre lui de condamnation ;
Et, s'il renonce, soit à l'expiration
Des délais, soit plutôt, l'avance nécessaire
Des légitimes frais qu'il fut forcé de faire,
Jusqu'au jour qu'a marqué son abdication,
Se recouvre aux dépens de la succession.

798. Les délais expirés, si de quelque poursuite,
Il est alors atteint, l'héritier sollicite
Auprès du tribunal saisi de l'action,
Des délais écoulés, la prorogation ;
Elle est, suivant les faits, accordée, ou proscrite.

799. Dans le cas précédent, tous les frais de poursuite
Qu'entraîne, d'un délai, la réquisition,

Viennent s'appesantir sur la succession,
Si l'héritier démontre avec quelque évidence,
Ou qu'il n'avait pas eu, du décès, connaissance,
Ou qu'il n'a pas joui de délais assez longs,
Soit à cause des lieux où sont placés les fonds,
Soit à raison du choc, des entraves gênantes
Des contestations sans cesse renaissantes :
S'il ne le prouve pas, il supporte les frais.

800. A l'expiration, néanmoins, des délais
Que l'article sept cent quatre-vingt-quinze adjuge,
Et de celui que peut déterminer le juge,
Par l'article sept cent quatre-vingt dix et huit,
L'héritier peut encore, et le peut avec fruit,
En faisant procéder à l'acte d'inventaire,
Prendre la qualité de bénéficiaire,
S'il ne s'est pas, d'ailleurs, dans les biens, immiscé
Comme héritier, ou si, par jugement passé
Avec l'autorité de la chose jugée,
Sa qualité n'est pas devenue obligée.

801. Tout héritier coupable, ou de recèlement,
Ou bien d'avoir omis, par dol et sciemment,
Des effets successifs, dans l'acte d'inventaire,
Perd tous les droits acquis au bénéficiaire.

802. Un légal inventaire apporte à l'héritier
Un bénéfice sûr qu'on peut apprécier ;
Il n'est, en premier lieu, tenu de satisfaire
Aux dettes surchargeant la masse héréditaire
Que jusqu'à concurrence, ou qu'à proportion
De la valeur des biens de la succession ;
Et même, aux créanciers, aux divers légataires

S'il fait un abandon des biens héréditaires,
Des dettes, il se trouve affranchi pleinement.

En second lieu, des biens qui, personnellement,
Sont sa propriété, jamais il ne s'opère
De mélange avec ceux que la loi lui défère
Dans la succession, et, contre elle, il obtient,
S'il en est créancier, tout ce qui lui revient

803. L'héritier, au profit d'un légal inventaire,
A la charge des biens, il administre et gère :
Créancier, légataire, ont, sur sa gestion,
Droit d'exiger un compte et droit d'inspection.

Sur ses biens personnels, rien ne peut s'entreprendre,
Qu'autant qu'il ne rend point le compte qu'il doit rendre,
Et que, mis en retard par des sommations,
Il diffère à remplir ses obligations.

Quand il a rendu compte, une action licite,
Sur ses biens personnels, ne peut être interdite,
Restreinte, toutefois, jusques à la hauteur
Du reliquat fixé dont il est débiteur.

804. Il n'est jamais tenu, dans ses faits de régie,
Que de la faute grave, et lui-même l'expie.

805. De la succession, s'il vend le mobilier,
Il fait intervenir un public officier ;
Les publications, affiches ordinaires
Précèdent cette vente ; elle est faite aux enchères.

Quand, en nature même, il est représenté,
S'il est d'un moindre prix, et qu'il soit constaté
Qu'il est en pire état, faute de surveillance,
L'héritier est tenu de cette négligence.

806. Lorsqu'il vend un immeuble, il doit y procéder
Dans les formes qu'ont pris le soin de commander
Les lois et réglemens touchant la procédure :
Il délègue le prix que la vente procure,
Aux divers créanciers de qui les qualités
Et les droits d'hypothèque ont été constatés.

807. Si quelque créancier, quelque ayant-droit l'exige,
L'héritier est contraint, la loi même l'oblige
A donner suffisante et bonne caution,
Qui puisse garantir la restitution
Du prix du mobilier compris dans l'inventaire,
Et du prix partiel de vente immobilière
Dont il ne fut pas fait, par délégation,
Sur les droits d'hypothèque, une affectation.
  Si cette caution est, par lui, refusée,
Les meubles sont vendus, la somme est déposée ;
Des immeubles, le prix qui n'est pas délégué,
Dans le même dépôt, est aussi relegué :
Le tout est destiné, sous cette garantie,
A l'acquit progressif des dettes de l'hoirie.

808. Lorsque des créanciers se trouvent opposans,
Le juge doit, entre eux, déterminer les rangs ;
Du paiement de chacun, il règle la manière.
  Quand celui que la loi rend bénéficiaire
Ne trouve en son chemin nulle opposition,
A mesure que fait sa comparution,
Soit quelque créancier, soit quelque légataire,
Il paye à chacun d'eux la dette héréditaire.

809. Quand le compte légal se trouve effectué,
Le reliquat connu, payé, distribué,

Si quelque créancier qui n'a point fait connaître
Son opposition, vient ensuite à paraître,
Aux légataires seuls, s'adresse le recours
Que lui donne contre eux, la loi, pour tout secours.

810. On lève sur les biens, des frais, la masse entière,
De scellé, s'il en est, de compte et d'inventaire.

SECTION IV.

Des Successions vacantes.

811. Quand, pour faire inventaire et pour délibérer,
Le délai vient au jour qui le fait expirer,
Que, pour prendre les biens, personne ne s'avance,
Que, d'aucun héritier, on n'a la connaissance,
Ou que celui qui l'est, de la succession,
A jugé devoir faire une abdication,
Avec raison la loi la répute vacante.

812. Alors le tribunal juge en première instance
Des lieux où de tels droits sont ouverts et placés,
Sur la pétition des tiers intéressés,
Ou de l'agent du prince, en confie avec zèle
La surveillance aux soins d'un curateur fidelle.

813. Ce curateur nommé, pour première action,
Fait constater l'état de la succession;
Il parvient à ce but, par un bon inventaire :
Il exerce et poursuit tout droit héréditaire;
Si, sur ces droits, il naît quelque prétention,
Il répond, il défend contre chaque action;
Il administre, et fait verser le numéraire

Dont la succession peut offrir la matière,
Ainsi que le montant des deniers provenus
Des effets mobiliers, des immeubles vendus,
Dans le dépôt ou caisse où se fait la recette
Du domaine public; mesure qui complète
Toutes celles que prend la loi, pour conserver
Les droits, ou subsistans, ou qu'on peut élever.
Il rend, à qui de droit, compte de sa régie.

814. Au reste, un curateur à la vacante hoirie,
Dès qu'il est établi, suit scrupuleusement
Ce que la section trois, chapitre présent,
Prescrit à l'héritier dit bénéficiaire,
Pour gérer, rendre compte et pour faire inventaire.

CHAPITRE VI.

Du Partage et des Rapports.

SECTION PREMIÈRE.

De l'Action en partage et de sa forme.

815. Aucun individu ne peut être soumis
A posséder des droits, des biens, par indivis :
Il peut, dans tous les temps, provoquer le partage,
Et la loi, sur ce point, de tout lien, dégage.

Toutefois, pour un temps limité, convenu,
Le partage des biens peut être suspendu;
Cette convention, par cinq ans, circonscrite,
Après un tel délai, peut être reproduite.

816. Le partage peut être encore demandé,

Quand un cohéritier, a, même, possédé,
De la succession, une part séparée,
Si cette part n'est point, dans son lot assurée
Par acte de partage, ou par possession
Qui remplisse le cours de la prescription.

817. Quand des cohéritiers, qu'intéresse un partage,
Sont mineurs interdits, ou mineurs par leur âge,
Des tuteurs, que munit l'autorisation
Du conseil de famille, exercent l'action.

Ceux qu'en possession un jugement envoie
Peuvent, pour les absens, réclamer cette voie.

818. Quand des biens dépendans d'une succession
Sont, à la femme, échus, qui, soit meubles, ou non,
De la communauté, doivent faire partie,
Bien que la femme, à lui, ne soit pas réunie,
Pour faire, du partage, éclore l'action,
L'époux en fait lui seul la provocation :
Du concours de la femme, il ne peut au contraire,
S'affranchir, quand l'objet, ou droit héréditaire,
A la communauté ne peut se réunir ;
Seulement, de ses biens, s'il a droit de jouir,
C'est, par provision, qu'il obtient un partage.

Si des cohéritiers qu'un même nœud engage,
Prétendant partager définitivement,
Veulent, contr'e la femme, agir légalement,
La femme et le mari sont appelés en cause.

819. D'après la loi, jamais le scellé ne s'appose
Sur les effets laissés, transmis aux successeurs,
Quand ils sont tous présens, quand ils sont tous majeurs
Ils peuvent employer, pour faire leur partage,

Titre I. *Des Successions.*

Le mode, le contrat qui leur plaît davantage.
  Si tous les héritiers ne sont pas réunis,
S'il en est de mineurs, s'il en est d'interdits,
Il faut, sans différer, que les scellés s'apposent,
Soit que les héritiers eux-mêmes le proposent,
Soit que cet acte ait lieu sur l'intervention
Du procureur du prince alors en fonction
Auprès du tribunal juge en première instance :
Le magistrat de paix, en cette circonstance,
Et quand, dans son ressort, naît la succession,
Peut d'office accomplir cette apposition.

  820. Les créanciers, munis d'un titre exécutoire,
Exercent, à leur tour, ce moyen provisoire
De conserver leurs droits ; s'ils n'ont qu'une action,
Ils obtiennent du juge une permission.

  821. Quand les scellés sont mis, bien qu'un titre admissible,
D'une exécution ne soit pas susceptible,
Ou qu'on n'ait pas, du juge, une permission,
Tout créancier y peut faire opposition.
  La loi, d'ailleurs, touchant la procédure, éclaire,
Pour lever les scellés et pour faire inventaire,
Sur les formalités qui doivent s'observer.

  822. Les contestations qui peuvent s'élever
Dans le cours du travail qui précède un partage,
Ainsi que l'action qui, dès l'abord, s'engage
Pour le faire ordonner, ont pour juge direct
Le tribunal des lieux où le droit s'ouvre et naît.
  Devant ce tribunal, également portées,
Les licitations s'y trouvent complétées :
Il doit connaître aussi du vœu des réclamans.

Pour garantir les lots entre copartageans :
C'est encor devant lui que l'action s'engage
Pour la rescision d'un acte de partage.

823. Parmi les héritiers, si l'un ne consent pas
Au partage, ou qu'entre eux, il naisse des débats
Sur les divers projets, ou modes de le faire,
Ou de le terminer, comme en objet sommaire,
Le tribunal prononce, ou, s'il le juge ainsi,
Il délègue, il commet un des juges choisi ;
Le travail du partage, à ses yeux, s'effectue ;
Sur le rapport qu'il fait, le tribunal statue.

824. Pour estimer, fixer, des immeubles, le prix,
Par les intéressés, des experts sont choisis ;
A défaut de ce choix, ils sont nommés d'office.
Dans leur procès-verbal, s'énonce la notice
Des principes admis pour l'estimation ;
Les experts y font voir si la division
De l'objet estimé peut devenir facile,
Et, pour l'exécuter, quel mode est plus utile ;
Si la division leur paraît convenir,
Ils fixent chaque part que l'objet peut fournir ;
De ces parts, la valeur est, par eux, établie.

825. Si, dans un inventaire où la forme est remplie,
Les meubles n'ont reçu nulle estimation,
Elle est faite par gens doués d'instruction
Sur les objets qu'alors on présente à leur vue ;
Ils en fixent le prix justement et sans crue.

826. Dans les effets échus, meubles, immobiliers,
Il est libre à chacun, entre cohéritiers,
De réclamer son lot, ou sa part en nature :

Mais on ne peut admettre une telle mesure,
Lorsque des créanciers se trouvent saisissans,
Ou lorsque, dans le nombre, il en est d'opposans,
Ou que, des héritiers, la majeure partie
Croit utile, à l'effet de libérer l'hoirie
Des charges aggravant sa situation;
Le moyen d'employer l'aliénation :
Des effets mobiliers, la vente alors s'opère
Avec publicité, dans la forme ordinaire.

827. Devant le tribunal, par licitation,
Des immeubles, se fait l'aliénation,
Si le partage en est difficile, incommode.
Mais on a, néanmoins, le choix d'un autre mode ;
Si tous les aspirans aux droits d'hérédité
Sont parvenus au tems de leur majorité,
Et peuvent s'accorder sur le choix d'un notaire,
La licitation, devant lui, peut se faire.

828. Lorsque tous les effets, suivant les cas prévus,
Meubles, immobiliers, sont estimés, vendus,
Tous les intéressés, du juge commissaire,
Obtiennent leur renvoi pardevant un notaire ;
Ce notaire est nommé d'office, lorsqu'entre eux,
Le choix qu'on leur remet, est difficultueux.
Des liquidations respectivement faites
Etablissent, de l'un envers l'autre, les dettes ;
Le total de la masse est reconnu, formé ;
Chaque lot, dans sa borne, est fixe, renfermé ;
On règle ce qui doit, pour toutes les parties,
Rendre leurs portions complètement fournies.

829. Chaque cohéritier doit, à la masse, unir,

Ainsi que va bientôt le code l'établir,
Au moyen d'un rapport, les dons qu'on put lui faire,
Et ce dont, envers lui, l'hoirie est créancière.

830. Si le rapport n'est pas, en nature, rempli,
Ceux en faveur desquels il se trouve établi,
Ont droit de prélever une partie égale,
Sur la succession dans sa masse totale.
Autant qu'il se pourra, les mêmes qualités
Des objets qu'en nature on n'a pas rapportés,
Doivent se rencontrer dans ceux que l'on prélève,
Afin qu'au même taux chacun des lots s'élève.

831. Après que l'on a fait tous ces prélèvemens,
La masse ainsi réduite à ses vrais élémens,
On forme autant de lots, de portion égales
Que d'héritiers rivaux, ou de souches rivales.

832. Autant qu'il peut se faire, on compose les lots,
Sans condamner les fonds à se voir en morceaux;
On met, à procéder, la plus grande réserve ;
Des exploitations, l'unité se conserve :
Et si, par l'impuissance, on n'est pas arrêté,
On place, en chaque lot, la même quantité
De meubles et de fonds, de droits ou de créances,
En nature, en valeur, mis aux mêmes balances.

833. Quand les lots en nature, à l'inégalité,
Sont réduits par la loi de la nécessité,
On voit, par un retour qui ne peut alors être
Qu'en rente ou qu'en argent, l'équilibre renaître.

834. L'un des cohéritiers fait les lots, si les voix
Ont pu se réunir pour en fixer le choix,

Et qu'il veuille accepter; mais dans le cas contraire,
Un expert qu'a nommé le juge commissaire,
Remplit la mission et vaque à ces travaux.
    Ensuite c'est au sort que sont tirés les lots.

835. Au tirage des lots, jamais on ne procède
Que, d'un mur examen, l'emploi ne le précède,
Et chaque intéressé, dans leur formation,
Propose librement sa réclamation.

836. Les réglemens fixés pour diviser la masse
Des effets successifs que le partage embrasse,
Reçoivent, de plein droit, leur application,
Lorsqu'il s'agit du cas de subdivision,
Entre souches qu'appelle un utile partage.

837. S'il naît quelque discord, litigieux orage,
Dans l'opération dont le cours est soumis,
Par un renvoi légal, au notaire commis,
Des contestations qui seront survenues,
Des motifs dont chacun les aura soutenues,
Cet officier devra dresser procès-verbal,
Et le transmettre au juge, à qui le tribunal,
A délégué le soin de régler le partage :
On se conforme, au reste, aux réglemens d'usage
Que, sur la procédure, ont introduits les lois.

838. Si les cohéritiers ne sont point à-la-fois
Tous en présence, ou bien, s'il en est, en partie;
Que, même émancipés, la minorité lie,
Ou qui soient interdits, le partage se fait
Judiciairement : on use, à cet effet,
Dans l'un ou l'autre cas de la forme prescrite,
Nombre huit cent dix-neuf, et ceux qu'on voit ensuite

Jusque et même compris le nombre précédent.
S'il est plus d'un mineur d'intérêt différent,
Un tuteur spécial, à chacun d'eux fidelle,
Se donne à chacun d'eux, et défend leur querelle.

839. Dans le cas précédent, si l'opération
Exige, dans son cours, la licitation,
En justice, toujours, on la voit introduite,
En observant la forme étroitement prescrite
Pour la vente des biens, à des mineurs, acquis :
Toujours les étrangers doivent s'y voir admis.

840. Quand un partage est fait, d'après la procédure
Dont on vient de tracer la forme et la nature,
Soit par chaque tuteur qui compte pour garans
Les pouvoirs émanés du conseil des parens,
Soit par l'émancipé qu'un curateur assiste,
Soit au nom de celui qui, non présent, existe,
Soit au nom de l'absent dont le sort fugitif
N'offre qu'incertitude, il est définitif :
Il n'est que provisoire, alors qu'au vœu des formes,
On n'a pas employé des procédés conformes.

841. L'individu, parent même du décédé,
Mais auquel, néanmoins, il n'a pas succédé,
Qui, d'un cohéritier, devient cessionnaire,
Pour la part qu'établit son droit héréditaire,
Au partage des biens, peut n'être pas admis,
Si les cohéritiers, même un seul, s'est soumis
A lui payer la somme, à la cession, mise.

842. Le partage accompli, l'on doit faire remise
A tous copartageans, des titres spéciaux
Relatifs aux objets réunis dans leurs lots.

Titre I. *Des Successions.*

S'il s'agit d'une chose, à plusieurs, répartie,
De la plus grande part, la personne nantie
Doit conserver le titre, à la condition
D'en aider, s'il en fait la réquisition,
Chaque copartageant qui veut en faire usage.

Quant aux titres communs à l'entier héritage,
Chez l'un des héritiers, le tout est déposé ;
Du dépôt, par leur choix, il est favorisé ;
A ses copartageans, il en fait la remise,
Lorsque, pour s'en aider, elle est, par eux, requise :
Si quelque différend, sur ce choix, naît entr'eux,
Le juge doit régler ce point contentieux.

SECTION II.

Des Rapports.

843. Tout héritier, compris le bénéficiaire,
Qui veut se prévaloir d'un droit héréditaire,
A ses cohéritiers, doit rapporter les dons
Qu'il reçut du défunt, par des donations
Qu'on appelle entre-vifs, directes, indirectes :
Il ne peut retenir les faveurs, à lui faites,
Ni réclamer les legs que le défunt lui fit,
S'il n'est point, par le titre, expressément prescrit
Que c'est, par préciput, qu'eut lieu la bienfaisance,
Ou si, de tout rapport, il n'obtint pas dispense.

844. Dans l'hypothèse même où les dons et les legs,
Dispensés du rapport, ou hors part, seraient faits,
La retenue en est uniquement possible
Jusqu'à la quotité de la part disponible :

A venir partager, l'héritier prétendant,
A la masse des biens, rapporte l'excédant.

845. Dans le cas, néanmoins, où l'héritier préfère
De ne pas exercer son droit héréditaire,
Il retient la valeur, ou réclame l'effet,
Soit du don entre-vifs, soit du legs, à lui, fait,
Jusqu'à la quotité de la part disponible.

846. Celui qui, du défunt, n'était pas successible,
Au jour qu'il en reçut une donation,
Et qui se trouve tel, quand la succession
S'ouvre pour l'héritier, et que son droit commence,
Doit aussi le rapport, s'il n'en a pas dispense.

847. On répute toujours, du rapport, affranchis
Et les dons et les legs, par le défunt, transmis
A l'enfant de celui qui s'offre successible
Quand l'hérédité s'ouvre et devient disponible.
A succéder alors, le père étant admis,
Au rapport de ces dons, ne peut être soumis.

848. De même, quand le fils, de son chef, admissible,
Des biens du donateur, vient comme successible,
Prendre sa portion, il n'est jamais tenu
De rapporter le don que son père a reçu,
Eût-il même accepté la paternelle hoirie :
Mais, par lui, du premier, si la place est remplie,
Si son père, par lui, n'est que représenté,
Le don fait à son père est, par lui, rapporté,
Eût-il renoncé même au droit héréditaire
Qu'il aurait recueilli sur les biens de son père.

849. Les legs qui sont laissés, les dons qui sont transmis

Au conjoint d'un époux, à succéder, admis,
Du rapport, avec eux, emportent la dispense.

Si les dons et les legs sont faits en concurrence
Aux époux dont un seul a droit de succéder,
La moitié des objets qu'on a pu lui céder
Se rapporte, et sa part en devient réductible :
S'il s'agit de dons faits à l'époux successible,
Il rapporte en entier et sans distraction.

850. Le rapport ne se fait qu'à la succession
Du bienfaiteur défunt ou qui lègue ou qui donne.

851. Ce qui fut employé pour faire, à la personne
D'un des cohéritiers, un établissement,
Ou, de sa propre dette, acquitter le paiement,
Est sujet au rapport et ne peut s'en exclure.

852. Les frais de l'entretien, ceux de la nourriture,
Les frais d'apprentissage, ou d'éducation,
D'équipement, ou bien faits à l'occasion
Des pompes d'un hymen, et les présens d'usage,
D'échapper au rapport, ont l'utile avantage.

853. La loi soustrait, de même, au rapport, les profits
Qui, pour un héritier, ont été les produits
De stipulations, et la suite de pactes
Faits avec le défunt, dans le cas où ces actes,
Alors qu'ils ont eu lieu, ne pouvaient présenter
D'avantage indirect qui pût en résulter.

854. La règle du rapport n'est point non plus prescrite
A l'un des héritiers qui formant une suite
D'associations avec le décédé,
L'a fait loyalement et sans avoir fraudé,

Si, prenant pour témoin même la foi publique,
Le contrat fut réglé par un acte authentique.

855. L'objet immobilier qui se trouve détruit
Par un événement imprévu, fortuit,
Sans que le donataire en soit répréhensible,
Ne peut point se montrer, de rapport susceptible.

856. Les intérêts, les fruits des différens objets
Que le Code, à rapport, a déclaré sujets,
Ne sont dus qu'à compter de l'aurore première
Où s'est ouvert le cours du droit héréditaire.

857. Nul ne doit de rapport qu'à son cohéritier;
Ce rapport n'est admis pour aucun créancier
Sur les biens composant la masse héréditaire;
Il ne l'est point, non plus, pour aucun légataire.

858. Il se fait en nature, ou bien en moins prenant.

859. Le premier mode doit avoir lieu, concernant
Les immeubles, au cas où la chose donnée,
Par celui qui l'obtint, n'est pas aliénée,
Et qu'il n'existe pas, dans cette hérédité,
D'immeubles présentant et la même bonté,
Et la même valeur et la même nature,
Dont on puisse former, avec juste mesure,
Des lots, à très-peu près, offrant l'égalité,
Entre copartageans, but toujours respecté.

860. Le second mode a lieu, lorsque le donataire,
De l'immeuble reçu, n'est plus dépositaire,
Et qu'il en a conclu l'aliénation,
Avant les droits ouverts à la succession :

La valeur de l'immeuble, au jour de l'ouverture,
Du rapport obligé, signale la mesure.

861. A celui qui n'est point, du rapport, dégagé,
Reste toujours le droit d'être dédommagé
De la dépense faite et qu'il a supportée,
Pour améliorer la chose rapportée :
Ce qu'elle peut valoir de plus, dans le moment
Du partage, est le prix du dédommagement.

862. On doit pareillement tenir, au donataire,
Compte des capitaux dont l'emploi nécessaire
Eut, pour cause, le but de conserver l'objet,
Bien que, de l'augmenter, il n'ait pas eu l'effet.

863. Le donataire doit, à son tour, des dommages
Pour dégradations et notables ravages
Qui, de l'immeuble, ont pu rabaisser la valeur,
Lorsque, de ces dégâts, il est lui-même auteur,
Ou que sa négligence en peut être la cause.

864. Lorsque le donataire a fait passer la chose,
Par vente, aux mains d'autrui, les augmentations
Faites par l'acquéreur, ou dégradations,
Dans un ordre pareil, doivent être imputées,
En exécution des règles arrêtées
Dans les trois numéros devançant celui-ci.

865. Quand le rapport se trouve, en nature, établi,
A la masse des biens, la chose est réunie ;
De toute charge, elle est libérée, affranchie ;
Le donataire en vain aurait pu l'en grever :
Mais tous les créanciers, (ce qu'il faut observer)
Quand ils ont la faveur d'un titre hypothécaire,

Peuvent intervenir dans le partage à faire ;
Il peut être, par eux, justement demandé
Qu'en fraude de leurs droits, rien ne soit décidé.

866. Si l'immeuble, hors part, transmis au successible
Excède la valeur de la part disponible,
L'excédant, au rapport, doit être alors livré,
Si le retranchement peut en être opéré
D'une façon commode, en même temps, utile.
Si le retranchement se montre difficile,
Que plus de la moitié du prix de cet objet
Compose l'excédant, le donataire en fait
Le rapport en entier ; mais la masse est passible
D'une valeur égale à la part disponible :
Si cette portion offre, dans sa valeur,
A celle de l'immeuble, un prix supérieur
De plus de la moitié, le droit du donataire
Est alors, s'il le veut et quand il le préfère,
De retenir l'immeuble en sa totalité ;
Il prend moins, en usant de cette faculté,
Et doit récompenser la masse héréditaire,
Soit avec ses deniers, soit d'une autre manière.

867. Qui rapporte en nature un immeuble, est admis,
Et provisoirement, à le garder soumis
A sa possession, jusqu'à la récompense
Des augmentations, de toute juste impense.

868. Ce n'est qu'en moins prenant que, par un héritier
S'opère le rapport de l'objet mobilier ;
Il se fait sur le pied de la somme précise
Que la chose valait, quand elle fut remise,
A consulter l'état et l'estimation

Qui doivent être joints à la donation :
A défaut d'un état, la chose s'évalue
Par des experts choisis, à juste prix, sans crue.

869. Quant à l'argent donné, l'on en fait le rapport
En prenant d'autant moins sur celui dont le sort
Peut avoir enrichi la masse héréditaire.
En cas d'insuffisance, il est, au donataire,
Libre de s'affranchir du rapport en argent,
S'il abandonne, au lieu du même contingent,
Des effets mobiliers jusques à concurrence,
Et, par ce procédé, rétablit la balance,
Ou, les meubles manquant, s'il fait la cession
D'immeubles dépendans de la succession.

SECTION III.

Du Paiement des dettes.

870. Dans la proportion de la part qu'il emporte,
Chaque cohéritier légalement supporte
Le devoir de payer sa contribution
Aux dettes, au passif de la succession.

871. A titre universel, s'il est un légataire,
Il doit se voir traiter en personne héritière ;
Comme les héritiers, il paye également
Dans la proportion de son émolument :
Celui qui n'a qu'un legs de chose spéciale,
Jouit d'une fortune, en ce point, inégale ;
Franc des dettes, son legs ne peut être attaqué
Qu'autant qu'il comprendrait un fonds hypothéqué.

872. Dans les fonds composant la masse héréditaire,

S'il en est de grevés d'un droit hypothécaire
Créé pour une rente et pour sa sûreté,
Chaque cohéritier est toujours écouté ;
S'il exige qu'avant que les lots du partage,
De leur formation, puissent offrir l'ouvrage,
Un prompt remboursement soit d'abord opéré,
Et que l'immeuble ainsi se trouve libéré :
Si les cohéritiers, de ce soin, se délivrent,
Qu'au partage des biens, tels qu'ils sont, ils se livrent,
On estime le prix de l'immeuble grevé,
Au taux qu'aux autres fonds on aura réservé ;
On déduit, de ce prix, le capital de rente ;
Celui pour qui le fonds dans le lot se présente,
Demeure seul chargé de la rente en entier,
Et devient le garant de tout cohéritier.

873. Des héritiers, les parts viriles sont sujettes
Au paiement personnel des charges et des dettes ;
Le lot de chacun d'eux y doit être affecté
Hypothécairement, pour la totalité,
Sauf un recours que doit avouer la justice,
Et dont ils peuvent faire un légal exercice
Sur leurs cohéritiers, ou sur qui reçut don
De legs universels, dans la proportion
De la part qui, par eux, doit être supportée.

874. D'un legs particulier, la personne dotée
Qui, payant elle-même, éteint l'engagement
Dont l'immeuble légué pouvait être garant,
Aux droits du créancier, demeure subrogée ;
Ainsi son action peut être dirigée
Contre les héritiers, et même contre ceux
Qu'un titre universel assimile avec eux.

875. Légataire à ce titre, ou personne héritière
Qui, par le juste effet du droit hypothécaire,
Cédant à cet empire, est contrainte à payer
Au-delà de sa part au commun créancier,
Ne peut jamais frapper, d'un recours admissible,
Un autre légataire, un autre successible,
Même au cas où celui qui prend soin de payer
A, comme subrogé, les droits du créancier,
Que pour la portion de la commune dette
Que, personnellement, chacun a sur sa tête;
Sans préjudice au droit de tel cohéritier
Qui, par un inventaire exact et régulier,
A su se procurer un légal bénéfice,
Et conserve celui de faire avec justice,
Des droits qui lui sont dus, la réclamation,
Comme tout créancier de la succession.

876. A titre universel, s'il est un légataire
Insolvable, sa part de dette hypothécaire
Se doit, au marc le franc, entre tous, répartir;
Pour le cohéritier, il faut de même agir,
S'il éprouve de même un dénûment notoire.

877. Contre le décédé, le titre exécutoire
Atteint, dans sa personne, aussi son héritier;
Mais la poursuite n'est permise au créancier
Qu'autant qu'à l'héritier, connaissance se donne
Du titre, par exploit remis à sa personne,
Ou bien, s'il n'est présent, laissé dans ses foyers,
Et qu'il s'écoule encor, depuis, huit jours entiers.

878. Il est, dans tous les cas, au créancier, licite
De réclamer qu'il soit prescrit une limite

Qui, des biens de celui qui vient de décéder,
Sépare ceux qui sont à qui peut succéder;
Contre tout créancier, il a ce bénéfice.

879. De ce droit, cependant, doit cesser l'exercice,
Lorsque, pour débiteur, l'héritier accepté,
Le titre de créance au défunt affecté,
Par la novation, prend une autre nature,
Et, contre l'héritier, devient créance pure.

880. Quant aux meubles, ce droit, par trois ans, se prescr
Quant aux immobiliers, l'action s'en poursuit,
Tant qu'ils sont dans les mains de celui qui succède.

881. Ce droit qu'ainsi réglé notre Code concède,
Ne peut être exercé, dans nulle occasion,
Contre les créanciers de la succession,
Par ceux de l'héritier, et la chaîne qui lie
Le double patrimoine est, pour eux, affermie.

882. D'un des copartageans, le créancier soigneux,
Pour assurer ses droits qu'un concert frauduleux
Pourrait, dans le partage, ou blesser, ou détruire,
Peut s'opposer, afin qu'on ne puisse lui nuire,
A ce que le partage alors soit opéré,
Sans que, de sa présence, il ne soit éclairé :
Son intervention, à ses frais, est permise;
Nulle attaque ne peut, au surplus, être admise
Contre un partage clos, pleinement consommé,
A moins qu'en son absence il n'ait été formé,
Même au mépris du vœu qu'il aurait fait connaître.

SECTION IV.

Des Effets du partage et de la garantie des lots.

883. Chaque cohéritier est censé, doit paraître
Avoir succédé seul, immédiatement,
A ce qui, de son lot, forme le contingent,
A ce qu'en licitant, à son lot, il allie,
Et n'avoir jamais eu, sur nulle autre partie
Des effets dépendans de la succession,
Ni la propriété, ni la possession.

884. Si des évictions, si des troubles procèdent
Uniquement de droits, de causes qui précèdent
Un partage entre tous pleinement consenti,
L'un, respectivement, par l'autre, est garanti.
La disposition n'est point exécutée
Si, de l'éviction, l'espèce supportée,
Prévue expressément dans la conclusion
Du partage, est l'objet d'un vœu d'exception :
Lorsque l'éviction, par sa faute, est soufferte,
Le partageant n'a point de garantie ouverte.

885. Chaque cohéritier est personnellement,
Dans la proportion de son émolument,
Tenu d'indemniser celui qui, du partage,
Ne saurait obtenir un égal avantage,
Lorsqu'il voit entamer sa juste portion
Par l'effet imprévu né de l'éviction.
Si, des cohéritiers, l'un se trouve insolvable,
Le contingent réglé dont il est redevable,
Dans un semblable cas, doit être réparti

D'une manière égale, entre le garanti
Et tout cohéritier qui peut être solvable.

886. L'engagement qui rend l'un l'autre responsable,
Lorsqu'il a pour objet la solvabilité
D'un débiteur de rente, est d'un temps limité ;
S'il s'écoule cinq ans, à dater du partage,
La garantie expire et de ses nœuds dégage.
De l'un des débiteurs, l'insolvabilité,
Quand, après le partage en plein exécuté,
Jusqu'alors inconnue, elle se vérifie,
Ne fait naître l'effet d'aucune garantie.

SECTION V.

De la Rescision en matière de partage.

887. Le dol, la violence a-t-elle présidé
Dans un partage, il est justement rescindé.
 Il peut avoir ce sort de même avec justice,
Si l'un des héritiers éprouve un préjudice
Par une lésion plus forte que le quart.
La simple omission d'avoir tiré sa part
D'un effet successif, ne peut jamais suffire
Pour fonder l'action qui tend à le détruire;
Une pareille erreur donne lieu seulement
A fournir, au partage, un juste supplément.

888. De la rescision, l'action est admise
Contre tout acte qui, d'une chose indivise
Entre cohéritiers, fait cesser l'union,
Bien qu'on l'ait déguisé, soit en transaction,
Soit en vente, en échange, ou d'une autre manière.

Mais après le partage, ou l'acte qu'on peut faire
Pour en avoir l'effet, de la rescision,
Il n'est jamais permis d'admettre l'action
Contre l'acte conclu, dans lequel on transige
Sur des points importans et réels de litige
Qui, dans le premier acte, avaient leur fondement,
Quand même ils n'auraient point donné le mouvement
A de premiers débats commencés en justice.

889. De la même action, l'on n'a point l'exercice
Contre un acte portant aliénation
De tout droit dépendant de la succession,
A l'un des héritiers, faite sans artifice,
Au hasard d'éprouver ou perte, ou bénéfice,
Par ses cohéritiers, ou l'un d'eux seulement.

890. Quand, sur la lésion, l'on porte un jugement,
On prise les objets compris dans l'héritage,
D'après ce qu'ils valaient au moment du partage.

891. De la rescision, qui veut borner le cours,
Et, d'un nouveau partage, empêcher le secours,
Doit offrir et fournir à celui qui demande
Un supplément fixé que l'équité commande,
Pour former, de ses droits, le légal contingent;
L'offre est faite en nature, ou bien c'est en argent.

892. Quand le cohéritier vend le tout, ou partie
De la chose qui fut, dans son lot, départie,
Il ne peut recourir à la rescision,
Lorsqu'il a consommé l'aliénation
Après que, de la fraude, il a pris connaissance,
Ou depuis qu'il a vu cesser la violence.

TITRE II.

Des Donations entre-vifs et des Testamens.

CHAPITRE PREMIER.

Dispositions générales.

893. A titre gratuit, on ne peut disposer
Des biens dont le destin nous peut favoriser,
Que par donation librement déclarée,
Sous le nom d'entre-vifs, connue et consacrée,
Ou par un testament : dans ce titre, on verra
Les formes qu'en ce point, le Code exigera.

894. Dans la donation entre-vifs, s'offre un acte
Par le moyen duquel le donateur fait pacte,
En s'en privant lui-même au moment actuel,
De faire sans retour l'abandon éternel
D'une chose quelconque aux mains du donataire
Qui l'accepte, et toujours en est propriétaire.

895. Le testament produit l'acte où le testateur,
Pour le temps où la mort viendra glacer son cœur,
Dispose de ses biens pour le tout, ou partie,
Et qu'il peut révoquer, tant que dure sa vie.

896. Le Code anéantit les substitutions ;
Il en consigne ici les prohibitions.
La disposition qui met le donataire,

Ou l'héritier en titre, ou bien le légataire,
Dans la nécessité, dans l'obligation
De conserver et rendre, à des tiers, **un tel don**,
Sera nulle, à l'égard même du donataire,
De l'héritier en titre, ou bien du légataire.

Néanmoins, si des biens libres ont **concouru**
A la formation d'un titre reconnu,
Créé par l'Empereur, en forme héréditaire,
Favorisant un Prince, ou la tête première
D'une famille, ils sont, héréditairement,
Transmissibles toujours, d'après le réglement
De l'acte impérial, de mars, au jour trentième,
Et l'acte du sénat, d'août, au jour quatorzième,
Et tous les deux datés de l'an dix-huit cent six.

897. Les dispositions que, dans des cas précis,
Peuvent effectuer les pères et les mères,
Que peuvent se permettre aussi les sœurs, les frères,
D'après les réglemens qui seront établis,
Dans le titre présent, dans le chapitre six,
Forment exception aux légales barrières
Que les deux sections (1) composant les **premières**
L'article qui précède, ont pris soin de poser.

898. La clause par laquelle on pourrait disposer
Qu'un tiers recueillera, lorsque le donataire,
Ou l'héritier en titre, ou bien le légataire
Ne prendra pas le legs, l'héritage, ou le don,
Ne renfermera point de substitution ;
Elle sera toujours valable et maintenue.

---

(1) *Paragraphe* se définit une petite section.

899. Sera pareillement permise, entretenue,
La disposition qui, par un testament,
Ou par acte entre-vifs, donne séparément,
A tel individu, la propriété nue,
A tel autre, des fruits, l'entière retenue.

900. Que l'on donne entre-vifs, ou par un testament
Toute condition dont l'accomplissement
Impossible est rangé dans l'ordre des chimères,
Toutes celles qui sont, aux lois, aux mœurs, contraire
N'offrent à nos regards que des rêves proscrits
Qui sont censés n'avoir été jamais écrits.

CHAPITRE II.

De la Capacité de disposer ou de recevoir par donation entre-vifs ou par testament.

901. Pour faire acte entre-vifs, acte testamentaire,
Il faut que, sains d'esprit, la raison nous éclaire.

902. Par un don entre-vifs, ou par un testament,
Tout individu peut disposer librement,
Et recevoir de même, excepté les personnes
Que la loi, pour raisons qu'elle a dû juger bonnes,
A pu marquer du sceau de l'incapacité.

903. Le mineur ne peut point avoir la faculté,
Le droit de disposer en aucune manière,
S'il n'a pas, de seize ans, parcouru la carrière,
Sauf ce qui sera dit ultérieurement,
Au chapitre compté neuf du titre présent.

Titre II. Donations et Testamens.

904. Le mineur qui parvient à sa seizième année
Voit, au seul testament, sa faculté bornée ;
Il ne peut disposer que par ce seul moyen :
Il ne peut même ainsi faire passer son bien
Dans des mains de son choix, que jusqu'à concurrence
De la moitié des biens dont, par sa bienfaisance,
La loi laisse au majeur la disposition.

905. Ne peut faire entre-vifs une donation,
La femme, dans les nœuds de l'hymen, arrêtée,
A moins qu'elle ne soit, du conjoint, assistée,
Ou qu'elle ne rapporte un aveu spécial
De l'époux, à défaut, celui du tribunal ;
Nombre deux cent dix-sept et celui qui fait suite,
Livre un, au titre cinq, cette règle est prescrite.
Nul obstacle ne peut, à ses vœux, s'opposer,
Lorsque, par testament, elle veut disposer.

906. Quant au don entre-vifs, la loi vous rend capable
De recevoir ainsi, s'il est incontestable
Qu'au jour déterminé de la donation,
Ait lui, pour vous, celui de la conception.
Vous pouvez recevoir par volonté dernière,
De la conception, si le jour vous éclaire,
Lorsque, dans le tombeau, le testateur descend.
Mais la donation, ou bien le testament,
Ne peuvent, dans ce cas, avoir un sort valable,
Qu'autant qu'il est prouvé que l'on est né viable.

907. Le mineur, bien qu'il soit, à seize ans, arrivé,
Même par testament, est encore privé
De donner à celui qui gère sa tutelle.
Cette prohibition est tellement formelle

Que le mineur lié, lorsqu'il sera majeur,
Ne pourra rien donner à qui fut son tuteur,
Par un acte entre-vifs, ou bien testamentaire,
Si, préalablement, le compte tutélaire
N'a pas été rendu définitivement,
Et s'il n'a pas été suivi d'apurement.

Dans les deux cas prévus, la loi plus adoucie
Fait une exception justement établie
Pour ceux qui peuvent être ascendans des mineurs,
Et se trouvent encore, ou furent leurs tuteurs.

908. Les enfans naturels sont jugés incapables,
Par actes entre-vifs, par actes révocables,
De recevoir jamais rien qui puisse excéder
Ce que le Code a cru devoir leur accorder,
Que, *des Successions*, le titre détermine.

909. Tous les individus docteurs en médecine,
Docteurs en chirurgie, officiers de santé,
Et les pharmaciens, lorsqu'ils auront prêté
Leurs secours à quelqu'un, pendant la maladie
Dont l'issue emporta les restes de sa vie,
Ne pourront profiter de dispositions
Faites par testamens, ou par donations,
Pendant le cours entier de cette maladie.

Il convient d'excepter de la règle établie
La disposition, à titre singulier,
Propre à rémunérer un soin particulier,
Quand les biens de celui qui donne récompense,
Avec les soins rendus, sont en juste balance.

La disposition d'universalité
Doit s'excepter de même, au cas de parenté
Dont se comptent les nœuds jusqu'au degré quatrième,

En y comprenant ceux de ce degré lui-même,
Pourvu que, toutefois, qui veut gratifier,
Dans la ligne directe ait manqué d'héritier,
A moins que le sujet qu'ainsi l'on gratifie,
Parmi ces héritiers, n'ait sa place établie.
 De ces règles, l'empire, également prudent,
Aux ministres du culte, en cas pareil s'étend.

910. Les dispositions qu'on se permet de faire
Par un acte entre-vifs, ou bien testamentaire,
En faveur d'un hospice, ou de la pauvreté
De certains habitans d'une communauté,
Ou d'établissemens d'utilité publique,
N'ont leur effet qu'autant qu'un décret authentique
Impérial, sourit à ce vœu bienfaisant,
Et leur donne la vie en les autorisant.

911. La disposition qui, sur un incapable,
Placerait un bienfait, ne peut être valable,
Soit qu'on ait entrepris de la masquer aux yeux
Sous le titre trompeur d'un contrat onéreux,
Soit qu'on l'ait avec soin produite et déguisée
Sous le vain nom d'un tiers, personne interposée.
 Les tiers interposés suspects sont les suivans :
Les père, mère, enfans et tous les descendans,
Et l'époux de celui qui se trouve incapable.

912. On ne peut disposer, par un moyen valable,
En faveur de celui qui serait étranger,
Qu'autant que celui-ci pourrait avantager
L'individu français de la même manière.

CHAPITRE III.

De la portion de Biens disponible, et de la réduction.

SECTION PREMIÈRE.

De la portion de Biens disponible.

913. Les libéralités qu'il est permis de faire
Par un acte entre-vifs, ou par un testament,
Doivent s'assujettir à ce tempérament :
De la moitié des biens, seulement, on dispose,
Lorsque, au jour où, sur soi, la tombe est enfin close
On laisse un seul enfant, du tiers, s'il en est deux,
Et du quart, s'ils sont trois, ou s'ils sont plus nombreux

914. Sous le titre d'*enfans*, il faut ici comprendre
Tous les individus qui peuvent en descendre,
A des degrés sans borne : ils ne peuvent compter
Que pour l'enfant qu'ils ont droit de représenter
Dans la succession de celui qui dispose.

915. Les libéralités dont le titre repose
Sur un acte entre-vifs, ou sur un testament,
A la moitié des biens, s'étendent seulement,
Si celui qui les fait, en achevant de vivre,
Privé de tout enfant qui puisse lui survivre,
A leur défaut, laisse un ou plusieurs ascendans,
Dans l'une et l'autre ligne, en l'ordre des parens,
Aux trois quarts, lorsque, d'eux, une ligne est privée

La part, aux ascendans, par la loi, réservée,

Se recueille par eux dans la gradation
Où la loi les appelle à la succession :
Si des collatéraux concourant au partage,
Il n'en résulte pas pour eux cet avantage,
Ils ont eux seuls le droit de prendre et recueillir
Tout ce que la réserve a pu leur acquérir.

916. De tous les ascendans, si la source est tarie,
Et si nul descendant n'a prolongé sa vie,
On peut, de tous ses biens, disposer librement,
Soit par acte entre-vifs, soit par un testament.

917. Si, par acte entre-vifs, ou bien testamentaire,
On donne un usufruit, ou rente viagère,
De la part disponible, excédant la valeur,
Les héritiers, à qui la loi fait la faveur
De les faire jouir d'une part réservée
Qui doit, dans tous les cas, leur être conservée,
Dans cette circonstance, exercent l'option
De laisser s'accomplir la disposition,
Ou de faire abandon, à titre transmissible,
De la propriété de la part disponible.

918. Le prix des biens, objets d'aliénation
Faite en propriété sans nulle exception,
Sous un tribut fixé de rente viagère,
Ou, du fonds, emportant la perte toute entière,
Ou laissant, au vendeur, l'usufruit retenu,
Consentie en faveur de tout individu
Que la ligne directe offre pour successible,
Ce prix est imputé sur la part disponible :
L'excédant de valeur s'il peut en exister,
Vient se joindre à la masse et doit se rapporter.

Cette imputation ne peut être requise,
Non plus que, du rapport, la demande être admise
En faveur du parent qui, comme l'acquéreur,
Dans la ligne directe, a rang de successeur,
Si son consentement a couvert cette vente.
Quant au collatéral, en vain il se présente;
Il n'obtient le rapport, ni l'imputation.

919. Pour la part disponible, on en peut faire un don
Qui comprenne une part, ou la comprenne entière,
Par un acte entre-vifs, ou bien testamentaire,
Aux enfans, ou tout autre, à succéder, admis.
Au rapport, dans ce cas, le don n'est pas soumis,
Lorsque le donataire, ou bien le légataire,
Prétendent exercer leur droit héréditaire,
S'il est expressément déclaré que le don
Est fait par préciput, ou hors leur portion.

Si, dans l'acte lui-même, on passe sous silence
La déclaration qui, du rapport, dispense,
Elle peut avoir lieu postérieurement,
Ou par acte entre-vifs, ou par un testament.

SECTION II.

De la Réduction des donations et legs.

920. La libéralité qu'on se permet de faire
Par un acte entre-vifs, ou bien testamentaire,
Qui surpasse la part dont on peut disposer,
A la réduction qu'on y doit imposer
Et qu'elle doit subir, ne peut point se soustraire,
Lorsque vient à s'ouvrir le droit héréditaire.

TITRE II. Donations et Testamens.

921. Quant aux dons entre-vifs, cette réduction
N'est un sujet légal de réclamation
Que pour ceux en faveur de qui la loi stipule
Une réserve intacte, y veille avec scrupule,
Ou pour leurs héritiers, ou leurs représentans.
Mais, pour la demander, ne sont point compétens,
De quelque legs, ou don la personne saisie,
Ou bien les créanciers sur les biens de l'hoirie ;
Ils ne peuvent, non plus, en retirer profit.

922. Cette réduction se fixe et s'établit,
En commençant d'abord par former une masse
Qui, généralement, dans son volume, embrasse
Tous les biens existans au moment du décès
De l'auteur, ou des dons, ou des legs qui sont faits.
On doit fictivement y réunir ensuite
Ceux qu'un don entre-vifs peut avoir à sa suite ;
On en pèse l'état, la situation,
Au moment du contrat de la donation ;
On en fixe le prix au temps où, de la vie,
Le testateur, pour lui, voit la source tarie :
Sur la totalité de ces biens réunis,
De tous engagemens, les capitaux déduits,
On calcule à quel point peut aller sa largesse,
D'après la qualité des héritiers qu'il laisse.

923. Les bienfaits entre-vifs dont on a disposé
Ne sont jamais réduits, que l'on n'ait épuisé,
Avant tout, la valeur des dons qu'on a pu faire
Par disposition qui fut testamentaire ;
Et si le cas requiert cette réduction,
Elle doit commencer par la donation

Qui, dans l'ordre des temps, se trouve la dernière,
Continuer ainsi jusques à la première.

924. Si le don entre-vifs qui doit être réduit
Est, pour un successible, un bienfait gratuit,
Il retient, sur les biens dont on lui fit remise,
La valeur de la part qui lui peut être acquise,
A titre d'héritier, dans les biens réservés,
De la même nature, alors qu'ils sont trouvés.

925. Des dons faits entre-vifs, quand la valeur totale
Parvient à surpasser, ou seulement égale
Cette part dont on peut disposer comme il plaît,
Tout don testamentaire est caduc, sans effet.

926. Quand les dons résultans d'acte testamentaire,
De la part disponible, ont franchi la barrière,
Ou qu'ils ont envahi, de cette quotité,
La portion restante, après avoir ôté,
Des dons faits entre-vifs, la valeur toute entière,
Cette réduction, au marc le franc, s'opère;
Qu'il soit universel, ou qu'il soit isolé,
A ce destin commun, tout legs est appelé.

927. Dans les cas, néanmoins, où la volonté claire
De celui qui dispose affirme qu'il préfère
Qu'avant tout autre legs, tel legs soit acquitté,
Il ne fait point un vœu qui puisse être écarté;
De la réduction, la main peu libérale
N'atteint le legs, qu'autant que, de la part légale
Laissée aux héritiers, sur tous les autres legs,
On ne peut point trouver les élémens complets.

928. Dans le cas où le don se trouve réductible,

Des fruits de l'excédant de la part disponible,
Le donataire doit compte de la valeur,
Du jour qui fut la fin des jours du donateur,
Si la réduction, dans l'année, est requise,
Sinon, du jour tardif de la demande admise.

929. L'immeuble qu'on recouvre en sa possession,
Par l'utile moyen de la réduction,
Echappe à toute dette, ou droit hypothécaire,
Dont l'aurait pu grever l'incertain donataire.

930. Les héritiers ont droit d'exercer l'action,
Soit en recouvrement, soit en réduction,
Sur les tiers détenteurs rendus propriétaires
Par vente consentie, au nom des donataires,
Des immeubles compris dans les donations;
Ils observent la marche et les gradations
Que, contre les vendeurs, la loi leur a prescrites;
Les biens de ces derniers sont, avant ces poursuites,
Recherchés et soumis à la discussion.
Selon l'ordre des temps, chaque acquisition
Devient l'objet du droit; l'attaque est commencée
Par celle dont la date est la moins avancée.

CHAPITRE IV.

Des Donations entre-vifs.

SECTION PREMIÈRE.

De la Forme des donations entre-vifs.

931. L'acte, *Donation entre-vifs*, appelé,
Devant notaires, doit être fait, stipulé,
Dans la forme ordinaire, en tous contrats, requise ;
Il est nul, dans le cas de la minute omise.

932. Cette donation ne produit son effet,
Et ne peut engager l'auteur de ce bienfait,
Qu'à la date du jour auquel le donataire
Déclare l'accepter par expression claire.
Cette acceptation, le donateur vivant,
Peut aussi s'établir postérieurement
Par acte solemnel dont minute subsiste ;
De la donation, l'effet alors n'existe
Contre le donateur, que du jour seulement
Où, par exploit, il sait le vœu de l'acceptant.

933. De la majorité, lorsqu'il a compté l'âge,
Le donataire même, en acceptant, s'engage,
Ou peut faire, à son choix, accepter en son nom
Par un tiers qu'il munit de procuration ;
Ce mandat confié contient charge directe
D'accepter nommément la donation faite,
Ou pouvoir général d'accepter les dons faits,
Ou qui seraient compris dans de futurs bienfaits.

Devant notaire, doit être passé cet acte;
Une expédition dans une forme exacte,
Soit à l'original de la donation,
Soit, de même, à celui de l'acceptation
Qui, par acte isolé, pourrait être passée,
Doit être réunie et demeure annexée.

934. La femme assujettie au pouvoir du mari,
Sans le consentement exprès de celui-ci,
D'une donation qui devient son partage,
Ne peut, dans aucun cas, accepter l'avantage,
A moins qu'elle n'obtienne, au refus d'un aveu,
L'autorisation du tribunal du lieu.
Livre un, au titre cinq, cette règle est prescrite,
Nombre deux cent dix-sept et celui qui fait suite.

935. Lorsqu'au mineur privé d'émancipation,
A l'interdit, est faite une donation,
Elle est, par leur tuteur, en leur nom, acceptée;
On se conforme alors à la règle arrêtée,
Titre dix, premier livre, en ce recueil de lois,
Article quatre cent joint à soixante-trois.
L'émancipation devenant le partage
Du mineur, il jouit alors de l'avantage
D'accepter le bienfait qui l'a favorisé,
Si, par son curateur, il est autorisé.
Du mineur, néanmoins, et le père et la mère,
Qu'il soit, ou non, soumis au pouvoir tutélaire,
Et, pour aller plus loin, tous autres ascendans,
Même quand les premiers seraient encor vivans,
Acceptent en son nom, bien que, de la tutelle,
Nul d'eux ne soit chargé, ni de la curatelle.

936. Le sourd-muet qui sait, de l'écriture, user,
Peut accepter lui-même, ou peut autoriser
Un fondé de pouvoir qui remplit cet office.

Lorsque, de l'écriture, il n'a pas l'exercice,
De l'acceptation, le contrat se commet
Aux soins d'un curateur qu'on nomme à cet effet;
D'un pareil curateur le choix se délibère,
La nomination se propose et s'opère,
D'après les réglemens que l'on trouve prescrits,
Livre premier du code, et dans le titre dix.

937. Lorsque les dons sont faits au profit d'un hospice,
Ou qu'ils sont répandus par une main propice
Sur les nécessiteux d'une communauté,
Ou qu'ils peuvent avoir, pour objet respecté,
Un établissement, à tout l'état, utile,
Les administrateurs du charitable asyle,
De la commune, ou bien de l'établissement,
Doivent les accepter, et, préalablement,
S'y faire autoriser dans la forme établie.

938. Toute donation est parfaite, accomplie
Par le consentement, la seule adhésion
Des contractans, suivis d'une acceptation;
Et la propriété des biens au donataire,
Irrévocablement, à l'instant se transfère,
Et sans qu'il soit besoin d'autre tradition.

939. Dans le cas où se fait une donation
De biens où l'hypothèque a le droit de s'étendre
Les actes où l'on peut tout-à-la-fois comprendre
Et le don entre-vifs et l'acceptation,
Comme l'acte portant notification

De l'acceptation séparément donnée,
Aux bureaux d'hypothèque où l'on voit confinée
Chaque part des objets qui sont, aux dons, compris,
Dans toute leur teneur, doivent être transcrits.

940. Par les soins du mari, cette forme s'opère
Au cas où, des objets, la femme est donataire ;
Si le mari ne peut, ou ne veut l'accomplir,
Elle-même a le droit de la faire remplir ;
L'autorisation n'est nullement requise.
De la donation, quand l'acte favorise
Le mineur, l'interdit, ou l'établissement,
Du service public, utile monument,
De la transcription, la mesure s'opère
Par les soins attentifs et par le ministère
Des tuteurs vigilans, par ceux des curateurs,
Par le zèle éclairé des administrateurs.

941. De la transcription, quand la forme est omise,
Tous les intéressés que leur droit autorise,
Profitent du défaut et peuvent l'opposer,
Excepté ceux à qui la loi vient d'imposer
Le soin d'y satisfaire, ou bien leurs ayans-cause,
Et, même, au donateur, l'omission s'oppose.

942. Les femmes que soumet le pouvoir des maris,
Non plus que les mineurs avec les interdits,
Ne peuvent se flatter de la moindre espérance
D'être restitués contre la négligence
D'où naquit le défaut de l'acceptation,
Ou le défaut pareil de la transcription
De tout don entre-vifs qui leur fut favorable :
Ils peuvent recourir, s'il paraît convenable

Que, les faits éclairés, ce recours soit admis,
Ou contre leurs tuteurs, ou contre leurs maris,
Sans qu'ils puissent jamais être restituables,
Au cas que ces derniers fussent même insolvables.

943. Le donateur ne peut, dans le don entre-vifs,
Comprendre que ses biens présens, biens effectifs :
S'il y comprend les biens que l'avenir dispense,
La loi rend, sur ce point, nulle sa bienfaisance.

644. Sont nulles, sans effet, toutes donations
Que l'on fait entre-vifs, sous des conditions
Qu'on ne peut accomplir sans le donateur même,
Dont sa volonté seule est l'arbitre suprême.

945. Est nulle également, toute donation
Où l'on assujettit à la condition
De faire le paiement d'autres charges, ou dettes
Que celles qui, dès-lors, existent, ou sont faites,
Ou dont on peut trouver l'exacte mention,
Soit dans l'acte entre-vifs qui renferme le don,
Soit dans l'état qui doit y montrer sa présence.

946. Dans le cas où l'auteur de la munificence
Se réserve et retient l'expresse faculté
De disposer, d'après sa libre volonté,
D'un effet que le don, dans son tout, peut comprendre,
Ou d'une somme fixe et que l'on devra prendre
Sur les objets donnés, s'il arrive au trépas,
Que de l'effet, ou somme, il ne dispose pas,
Ses héritiers en sont les seuls propriétaires,
Nonobstant toute clause et tout pacte contraires.

947. Des quatre précédens articles, les statuts
Ne peuvent concerner les dons, aux cas prévus

Dont il est mention au huitième chapitre,
De même qu'au suivant, tous deux **au présent titre.**

948. De mobiliers effets, une donation
Ne vaut et n'a jamais nulle exécution
Que pour ceux dont l'état estimatif, sincère,
Signé du donateur, signé du donataire,
Ou de ceux qui, pour lui, sont tenus d'accepter,
A l'acte original, aura pu s'ajouter.

949. Dans le don entre-vifs, le donateur conserve
La libre faculté de faire la réserve,
Au profit de lui-même, ou d'un autre, des fruits
Qui, par les biens donnés, quels qu'ils soient, sont produits.

950. Lorsque le donateur de chose mobilière
A fait, de l'usufruit, une réserve entière,
Le donataire, au jour que l'usufruit prend fin,
Recueille, tel qu'il est, ce qu'offre le destin
Dans les effets donnés existans en nature ;
Mais il peut exercer, dans cette conjoncture,
Contre le donateur, ou ses représentans,
A raison des objets trouvés non existans,
Un recours bien fondé, jusques à concurrence
Du prix de ces objets dont il prouve l'absence,
Tel que peut le porter l'état estimatif.

951. Des objets concédés par l'acte translatif,
L'éventuel retour, à sa propre personne,
Peut être stipulé par celui qui les donne,
Soit quand le donataire, et dans un premier cas,
A lui seul limité, ne lui survivra pas,
Soit, dans un second cas, lorsque le donataire
Et les siens finiront, avant lui, leur carrière.

De ce droit de retour, la légale faveur
Ne peut se stipuler que pour le donateur.

952. Par l'effet de ce droit, toutes ventes passées
Des biens, objets du don, demeurent effacées;
Ces biens, au donateur, retournent acquittés
Des droits créés depuis et par eux supportés;
S'évanouit encor, tout droit hypothécaire,
Excepté, toutefois, celui qui se réfère
A la dot, à tout autre avantage légal
Qu'assure et que maintient le contrat conjugal,
Lorsque les autres biens de l'époux donataire
N'ont pas une valeur qui puisse y satisfaire,
Et seulement au cas où la donation
Est portée au contrat qui forma l'union.

SECTION II.

Des Exceptions à la règle de l'irrévocabilité des donations entre-vifs.

953. Une donation entre-vifs consentie,
Par révocation, peut être anéantie;
Dans trois cas seulement, cette opération
Reçoit légalement son exécution,
Quand les conditions, au contrat, arrêtées,
Demeurant dans l'oubli, ne sont pas respectées,
Lorsque l'ingratitude insulte au bienfaiteur,
Et lorsque des enfans naissent au donateur.

954. Si, des conditions, c'est l'oubli qui provoque
L'acte d'après lequel le bienfait se révoque,
Le donateur reprend les biens par lui livrés,
D'hypothèque affranchis, de tous droits délivrés,

S'il peut en exister du chef du donataire;
Des biens, s'il a cessé d'être propriétaire,
Comme s'il possédait encor, le donateur
Exerce l'action sur le tiers détenteur.

955. La loi ne reconnaît que trois causes capables
De rendre, envers l'ingrat, les bienfaits révocables :
Lorsque le donataire, ardent persécuteur,
Attente lâchement aux jours du donateur;
S'il commet envers lui, de sa fureur, esclave,
De rudes traitemens, délits, injure grave;
Lorsqu'il ose lui faire un refus d'alimens.

956. Dans le cas où l'oubli de ses engagemens,
Ou son ingratitude attire au donataire
La révocation du don qu'on put lui faire,
Elle n'a pas, de droit, son exécution.

957. On réclame dans l'an la révocation,
Quand elle a pour motif la lâche turpitude
Qu'attache à ses côtés la noire ingratitude,
Ou du jour du délit contre le bienfaiteur,
Ou du moment qu'il est connu du donateur.
Il ne peut recourir à ce moyen sévère
Contre les héritiers de l'ingrat donataire,
Ses héritiers non plus contre le même ingrat,
A moins qu'au dernier cas, lui-même, avec éclat,
N'ait entrepris l'attaque et commencé l'instance,
Ou qu'il n'ait survécu moins d'un an à l'offense.

958. Lorsque l'ingratitude a fondé l'action
Dont l'issue a produit la révocation,
Les ventes, les transports faits par le donataire,
Toute charge réelle, ou droit hypothécaire,

Que, sur les biens donnés, il avait consentis,
N'en subsistent pas moins respectés, garantis,
Si le tout est pourvu de date régulière,
Avant qu'on ait inscrit, comme on a pu le faire,
L'extrait de la demande en révocation
Sur la marge, en regard de la transcription,
Par l'article trois cent trente-neuf, énoncée.

La révocation se trouvant prononcée,
Le donataire ingrat doit être condamné
A rendre la valeur du fonds aliéné,
Appréciée au temps où la demande éclate,
Avec les fruits, du jour qui lui donne une date.

959. L'ingratitude n'ouvre, en nulle occasion,
Le moyen de tenter la révocation
Des libéralités et tout autre avantage
Faits pour favoriser les nœuds d'un mariage.

960. Les dons faits entre-vifs par tous individus
Sans enfans, ou parens, d'eux-mêmes, descendus
Vivans, lorsqu'intervient l'acte de bienfaisance,
Quelle que soit d'ailleurs, des bienfaits, l'importance,
De quelque titre aussi qu'on les ait revêtus,
Quand ils seraient fondés sur services rendus,
Ou, de dons mutuels, auraient le caractère,
Et lors même qu'enfin ils auraient pu se faire,
Dans la forme légale, en faveur des conjoints,
Au contrat nuptial, par autres, néanmoins,
Que par les ascendans, ou par ceux qui s'unissent
Et, de leurs propres dons, à l'envi s'enrichissent,
Subissent, de plein droit, la révocation,
S'il survient à l'auteur de la donation,
Un légitime enfant, ne vit-il la lumière

Titre II. Donations et Testamens.

Que lorsque ses rayons n'éclairent plus son père,
Ou si, par un hymen, dans la suite, formé,
Un enfant naturel se voit légitimé,
Quand la donation a précédé sa vie.

961. La révocation, d'effet, sera suivie,
Même dans tous les cas où la donation
Serait postérieure à la conception
De l'enfant de l'épouse, ou de l'époux qui donne.

962. La révocation dépouille la personne
Qui reçut le bienfait de la donation,
Quand même elle pourrait être en possession,
Et que le donateur, même après la naissance
D'un héritier, l'aurait laissée en jouissance :
Le donataire alors ne doit rendre les fruits,
Et quels que soient les biens dont ils sont les produits,
Que du jour qu'un exploit légal, quel qu'il puisse être,
Dûment notifié, peut lui faire connaître,
Du sang du donateur, qu'un enfant s'est formé,
Ou que, par son hymen, il a légitimé,
D'un enfant naturel, la naissance proscrite ;
Il en doit être ainsi, quand même la poursuite,
Pour rentrer dans les biens, faite plus lentement,
N'aurait pas précédé cet avertissement.

963. La révocation, de plein droit, prononcée
Des biens donnés, la masse est de nouveau placée
Aux mains du donateur ; ces biens sont dégagés
De tous droits, quels qu'ils soient, dont les aurait chargés,
Au temps qu'il possédait, l'évincé donataire ;
Ils sont même affranchis du droit hypothécaire
Qui les aurait frappés subsidiairement,

A raison de la dot, de tout émolument,
Qu'en faveur de la femme, au donataire, unie,
Aurait pu renfermer le contrat qui les lie,
Lors même que les dons, au contrat, exprimés,
En faveur de leurs nœuds, eussent été formés,
Et que le donateur, même dans ses largesses,
De l'exécution de toutes les promesses
Que pouvait contenir l'acte de l'union,
Se fût expressément déclaré caution.

964. Quand la donation est ainsi résolue,
A son premier effet, elle n'est point rendue,
Lorsque, du donateur, l'enfant vient à mourir,
Ou qu'en la confirmant, il voudrait recourir
A quelqu'acte nouveau pour la rendre plus stable :
S'il veut, des biens donnés, refaire un don valable,
En faveur de l'objet dont il avait fait choix,
Dans un acte entre-vifs, pour la seconde fois,
Il devra consigner sa volonté légale,
Soit que vive l'enfant, la cause radicale
De la destruction de ses premiers bienfaits,
Soit qu'une heure hâtée ait marqué son décès.

965. De la donation, l'auteur en vain renonce
A la caducité que la règle prononce
Pour le don entre-vifs, s'il survient un enfant ;
Il ne peut se lier, le code le défend :
Toute convention, toute clause possible,
D'effet, à cet égard n'est jamais susceptible.

966. Jamais le donataire, ou bien ses héritiers,
Ou ses représentans, ayans-cause, ou les tiers
Qui, des objets donnés, se verraient en partage,

De la prescription, ne pourront faire usage,
Pour appuyer les droits de la donation
Dont auront opéré la révocation,
D'un enfant imprévu, la naissance et la vie,
A moins que, de trente ans, une chaîne suivie
Ne les ait maintenus dans la possession :
La loi fait commencer cette prescription,
Du jour que, d'un enfant, la naissance prospère,
Pour la dernière fois, fit le donateur père,
Fût-il posthume, sauf les interruptions
Dont le droit règle l'ordre et les conditions.

CHAPITRE V.

Des Dispositions testamentaires.

SECTION PREMIÈRE.

Des Règles générales sur la forme des testamens.

967. Chacun, par testament, légalement dispose,
Soit que sa volonté, dans cet acte, dépose
Une institution d'héritier, ou de legs,
Soit que tout autre titre exprime ses bienfaits,
Dans des termes exprès qui rendent manifeste
Ce qu'aura désiré, voulu celui qui teste.

968. De deux, ou de plusieurs sujets, conjointement,
Le même acte ne peut porter le testament,
Soit au profit d'un tiers, soit qu'en amis fidèles,
Ils se fassent entre eux des faveurs mutuelles.

969. Par un triple moyen, le testament se fait :

Il peut être olographe; il peut être l'objet
D'un acte retenu par personne publique;
Il peut se présenter sous la forme mystique.

970. Lorsqu'il est olographe, il n'est exécuté
Qu'autant qu'en son entier il est écrit, daté
Et signé de la main de celui qui l'opère :
Pour lui, toute autre forme est toujours étrangère.

971. Avec solemnité, le testament conçu,
Par deux hommes publics, notaires, est reçu,
Deux témoins assistans, ou par un seul notaire;
De deux témoins de plus, la présence l'éclaire.

972. Lorsque le testament est reçu, stipulé
Par un premier notaire, un second appelé,
Celui qui laisse ainsi ses volontés dernières
Dicte l'acte à tous deux, et, par l'un des notaires,
L'acte doit être écrit, ainsi qu'il est dicté.
Si, d'un notaire seul, l'office est emprunté,
Le testateur le dicte ainsi qu'il le desire,
Et ce notaire doit également l'écrire.
Dans l'un et l'autre cas, c'est un soin consacré
De le lire à l'auteur, des témoins, entouré.
Du tout, l'acte contient la mention expresse.

973. Le testateur le signe, à moins que sa faiblesse,
Au pouvoir de signer, ne vienne à s'opposer,
Ou qu'il ne sache pas, de l'écriture, user;
Sa déclaration, dans les deux cas, donnée,
Dans l'acte, expressément, sera mentionnée;
Et s'il ne peut signer, on fait également
Mention du motif de cet empêchement.

TITRE II. *Donations et Testamens.*

974. A l'acte, les témoins donnent leur signature:
Dans les lieux où l'on voit régner l'agriculture,
Dans les cantons ruraux, il suffit, néanmoins,
Que l'acte soit signé par l'un des deux témoins,
Quand deux notaires joints prêtent leur ministère,
Par deux des quatre, quand un seul présent l'opère.

975. Quand, par acte public, se fait le testament,
On ne peut, pour témoins, appeler nullement
Ceux qui, d'un legs quelconque, y puisent l'avantage,
Ni ceux que, soit le sang, soit l'alliance, engage
Avec le légataire, au lien qui s'étend
Au quatrième degré, même inclusivement:
Sont encore écartés, tous les clercs des notaires
Qui, dans l'acte public, sont agens nécessaires.

976. Lorsque le testateur, dans ses vœux, plus discret,
Veut faire un testament, soit mystique ou secret,
Ses dispositions, de sa main, sont souscrites,
Qu'elles soient, par lui-même, ou par un autre, écrites:
Le papier qui contient ce qu'il a stipulé
Doit, dans la circonstance, être clos et scellé,
Ou, s'il est sous l'abri d'une enveloppe, on scelle
Le papier qui lui sert de compagnon fidelle.
Il le présente tel au notaire, aux témoins
Qui doivent, dans ce cas, se trouver six au moins;
S'il n'est clos, ni scellé, l'on doit, en leur présence,
Accomplir ce devoir dont on sent l'importance.
Alors le testateur annonce et les instruit
Que ce papier contient son testament écrit
Et signé par lui-même, ou d'une autre écriture
A laquelle il a joint sa propre signature.

Le notaire reçoit sa déclaration,
En dresse acte et procède à la suscription;
L'acte est, sur ce papier, ou la feuille étrangère
Qui lui sert d'enveloppe, écrit par le notaire;
Le testateur le signe aussitôt de sa main,
Le notaire, à son tour, y dépose son seing,
Et celui des témoins y devient nécessaire.
Sans pouvoir s'occuper d'autres actes à faire,
Ecartant avec soin toute distraction,
On achève le tout sans interruption.
De la suscription, si, lorsqu'elle s'opère,
Le testateur ne peut être le signataire,
Par le fait imprévu de quelqu'empêchement,
Depuis qu'il a signé son secret testament,
La déclaration, à cet égard, donnée
Doit, en termes exprès, être mentionnée,
Sans qu'il puisse, en ce cas, jamais être besoin
D'appeler, à cet acte, aucun autre témoin.

977. Lorsque le testateur ignore l'écriture,
Ou qu'il ne peut donner sa simple signature,
Quand la plume d'un tiers écrit sa volonté,
Au-delà des témoins dont le nombre est porté
Au précédent article, un appel doit se faire
D'un autre individu, témoin surnuméraire;
Il assiste comme eux à la suscription,
Et, comme eux, il la signe : il est fait mention
Du motif qui l'appelle à venir la souscrire.

978. Celui qui ne sait pas, ou qui ne peut pas lire,
Ne peut être jamais admis légalement,
Dans la forme mystique, à faire un testament.

Titre II. Donations et Testamens.

979. Quand l'effet que produit une invincible cause
Interdit la parole à celui qui dispose,
Si sa main peut écrire et supplée à la voix,
Le testament mystique est encore à son choix :
Sa volonté, par lui, dans son entier, écrite,
Par lui, doit être encore et datée et souscrite ;
Il doit la présenter au notaire, aux témoins ;
A ces premiers devoirs, ajoutant d'autres soins,
Il écrit devant eux, au-dessus de l'espace
Où la suscription doit bientôt prendre place,
Que le papier, par lui, maintenant présenté,
Renferme sa dernière et pure volonté ;
De la suscription, s'occupe le notaire ;
Dans cet acte, avec soin, cet officier insère,
Que, par le testateur, ces mots furent écrits,
Présens et le notaire et les témoins produits.
On suit, pour le surplus, les règles introduites,
Dans l'article neuf cent soixante-seize, écrites.

980. Le témoin qu'on appelle aux divers testamens
Doit être mâle, ainsi qu'âgé de vingt-un ans.
De plus, pour sa patrie, il doit avoir la France,
Et, de ses droits civils, avoir la jouissance.

SECTION II.

Des Règles particulières sur la forme de certains Testamens.

981. Quiconque est militaire, ou se trouve exercer,
Dans l'armée, un emploi, peut toujours s'adresser,
Quel que soit le pays où l'ait conduit la guerre,
Pour faire recevoir sa volonté dernière,

Soit au chef qui commande et guide un bataillon,
Soit au chef qui dirige et meut un escadron,
Ou tout autre officier qu'un plus haut grade honore ;
L'un d'eux est assisté de deux témoins encore :
Ces mêmes citoyens peuvent également
Faire imprimer la force aux vœux d'un testament,
Soit par deux officiers, commissaires des guerres,
Soit, deux témoins présens, par l'un des commissaires.

982. Lorsque le testateur est malade, ou blessé,
Le testament qu'il fait peut être encor dressé
Par l'officier en chef de santé, sous l'auspice
Du commandant armé qui surveille l'hospice,
Et qui doit l'assister en cette occasion.

983. Les moyens précédens n'ont d'application
Que pour ceux que l'on charge, en des momens de guerr
D'une expédition, d'un acte militaire,
Ou qui, chez l'étranger, vivent en garnison,
Ou qui, chez l'ennemi, peuvent être en prison :
Ceux qui sont en quartier, en garnison en France,
Ne peuvent profiter de cette tolérance,
S'ils ne se trouvent pas dans des lieux investis,
A tous les accidens d'un siége, assujettis,
Dans une citadelle, ou dans toute autre place
Dont la guerre ait fermé l'enceinte qui l'embrasse.

984. Pour les cas précédens, le testament permis
Est nul, et les effets n'en peuvent être admis,
Après six mois du jour où celui qui dispose
Est rentré dans des lieux, où plus rien ne s'oppose
A l'emploi régulier des communs règlemens,
Qui fondent la vertu des divers testamens.

985. Qu'un lieu, trop désolé, soit, à la peste, en proie,
Qu'un mal contagieux, quel qu'il soit, s'y déploie,
Que cette horrible cause y ferme tout accès,
Les testamens reçus par le juge de paix,
Ou qu'a pu recevoir la main municipale,
Ont, avec deux témoins, une force légale.

986. Cette règle reçoit son application
Non seulement pour ceux que la contagion,
Dans son rapide cours, a pu poursuivre, atteindre,
Mais pour tous ceux qui, sains encore, ont à la craindre,
Lorsqu'ils sont dans les lieux, à ce fléau, livrés.

987. Les testamens ainsi, par la loi, consacrés
Dans les deux numéros dont le texte précède,
Sont nuls, six mois après qu'un autre temps succède,
Et que l'on peut avoir un libre accès aux lieux
Que ne ravage plus le mal contagieux,
Ou bien six mois après qu'en lieux d'accès facile,
Le testateur a pu rencontrer un asile.

988. Lorsque, d'un testament, le projet est conçu
Sur mer, dans un voyage, il peut être reçu,
Savoir sur les vaisseaux et tout autre navire,
Tout autre bâtiment que possède l'empire,
Par celui qui commande en chef le bâtiment,
A défaut, par celui qui, successivement,
Le remplace, de droit, dans l'ordre du service,
L'un ou l'autre assisté, pour remplir cet office,
De l'officier agent d'administration,
Ou de son suppléant dans cette fonction :
  Et sur les bâtimens attachés au commerce,
Par celui qui, choisi, dans le navire, exerce

L'office d'écrivain, ou par son suppléant,
L'un ou l'autre tenu d'avoir pour assistant
Le capitaine, ou bien le patron ou le maître,
Ou ceux qu'à leur défaut, tels on peut reconnaître.
 Ces divers testamens ne sont jamais permis
Qu'autant que deux témoins y sont toujours admis.

 989. A bord des bâtimens que possède l'Empire,
Le testament du chef commandant le navire,
Celui de l'officier d'administration,
Sur ceux dont le commerce est en possession,
Celui de l'écrivain, du capitaine, ou maître,
Ou patron, sont reçus, ou du moins peuvent l'être
Par quiconque, après eux, immédiatement,
Dans l'ordre du service, est sur le bâtiment.
Pour le surplus, au reste, en ces cas, on procède,
D'après ce que prescrit l'article qui précède.

 990. Un double original doit toujours exister,
Des divers testamens que l'on vient de citer
Aux deux nombres que suit la règle ici présente.

 991. Lorsque le bâtiment aborde et se présente
Dans un port étranger, où se trouve un agent
Du commerce français, avec soin diligent,
Ceux qui, du testament, ont formé l'existence
Déposent sous cachet, ou clos avec prudence,
Dans les mains de l'agent, l'un des originaux ;
De suite, cet agent le transmet aux bureaux
Du ministre occupé des soins de la marine ;
Des mains de ce dernier, la pièce s'achemine
Vers le greffe de paix des lieux et du canton
Où le testateur a son habitation.

TITRE II. *Donations et Testamens.* 269

992. Lorsque le bâtiment est de retour en France,
Qu'au port de l'armement, il offre sa présence,
Ou qu'il se montre ailleurs qu'au port de l'armement,
Les deux originaux d'acte de testament,
Clos et mis sous cachet, ou celui qui demeure,
Si, comme l'a prescrit la règle antérieure
Que l'on vient d'exprimer, l'autre fut déposé,
Sont remis au bureau de l'agent préposé
Pour les inscriptions de mer, qui les adresse
Au ministre marin, et celui-ci s'empresse
D'ordonner le dépôt, selon le vœu prescrit
Qu'au nombre précedent l'on vient de voir écrit.

993. Il est fait, à la marge, au rôle d'équipage
Du même bâtiment où s'est fait le voyage,
Du nom du testateur, l'expresse mention;
On y consigne aussi la déclaration
Constatant qu'on eut soin d'accomplir la remise
Des deux originaux, dans la forme requise,
Dans les mains d'un consul, ou bien dans les bureaux
Où, des inscriptions, se traitent les travaux.

994. Quoique le testament, dans le cours du voyage,
Ait eu lieu, cependant il n'a point l'avantage
A cet acte attaché quand il est fait en mer,
Si, dans le même temps qu'on a pu le former,
Une terre étrangère, ou celle de l'Empire
A vu, sur son rivage, aborder le navire,
Et qu'on ait, dans ce lieu, trouvé facile accès
Auprès d'un officier et public et français:
Le testament alors ne peut être valide,
Si la forme usitée en France n'y préside,

Ou si les règlemens, les statuts du pays
Où cet acte est reçu, n'ont pas été suivis.

995. Les simples passagers qui, dans un tel voyage,
Ne se sont point trouvés membres de l'équipage,
Sont, s'ils veulent donner force à leurs testamens,
Egalement soumis à tous ces règlemens.

996. Le testament sur mer, dans la forme prescrite,
Dans l'article neuf cent quatre-vingt-huit, écrite,
Ne vaut et n'est suivi d'aucun effet certain,
Qu'autant qu'en mer, l'auteur achève son destin,
Ou qu'autant qu'il arrive à son heure dernière
Dans les trois mois depuis qu'il a touché la terre,
Et s'est vu dans un lieu propre à faire aisément,
Dans la forme ordinaire, un nouveau testament.

997. L'auteur d'un testament fait sur mer, en voyage
Ne peut avec succès, faire aucun avantage
A nul des officiers du navire monté,
S'il n'a pas avec lui des nœuds de parenté.

998. Les divers testamens qu'à nos regards présente,
Aux nombres précédens, la section présente,
Sont signés et par ceux qui les ont exigés,
Et par ceux qui les ont reçus et rédigés.
Lorsqu'en le déclarant le testateur assure
Qu'il ne sait ou ne peut donner sa signature,
La déclaration s'en retient par écrit;
Si sa main n'est pas libre, il déclare, on décrit
L'obstacle qui l'enchaîne ou qui la paralyse.
Lorsque, de deux témoins la présence est requise,
Le testament, au moins de l'un d'eux, est signé,

Et l'on fait mention du motif assigné
Qui, pour l'autre, a rendu cette forme impossible.

999. L'acte testamentaire est légal, admissible,
Fait chez les étrangers, de la part d'un Français,
Lorsque le testateur stipule ses bienfaits,
Soit par acte souscrit même de main privée,
Sous la forme qui s'offre et doit être observée,
Au nombre antérieur neuf cent soixante-dix,
Soit par acte authentique, en suivant, du pays
Où cet acte est reçu, les formes usitées.

1000. Les dispositions ne sont exécutées
Sur les biens situés dans l'Empire français,
Lorsque les testamens produits ont été faits
En pays réputés une terre étrangère,
Que l'enregistrement légal, préliminaire,
N'en soit fait au bureau du ressort désigné
Où son auteur avait domicile assigné,
S'il avait, par le fait, conservé domicile,
Autrement, au bureau de son dernier asyle,
En France, reconnu : si le testament fait,
D'objets immobiliers, renferme le bienfait,
De l'enregistrement, la note est encor faite
Au bureau dans lequel les biens ont leur assiète,
Et sans qu'un double droit puisse se percevoir.

1001. Ces formalités sont de rigoureux devoir,
Et tout ce qu'établit la section présente,
Tout ce qu'à ce sujet prescrit la précédente,
Indispensablement doit être exécuté :
La peine du défaut sera la nullité.

SECTION III.

Des Institutions d'héritier, et des Legs en général.

1002. Les dispositions qu'un testament présente
S'offrent sous des rapports d'espèce différente :
Elles forment des legs d'universalité,
A titre universel, à titre limité.

Qu'une institution d'héritier s'y rencontre,
Que, sous le nom de legs, quelque faveur s'y montre,
Chacune a son effet d'après les règlemens
Qui vont être établis aux articles suivans.

SECTION IV.

Du Legs universel.

1003. La disposition d'acte testamentaire,
Du legs universel, porte le caractère,
Lorsque le testateur, du don illimité
De l'entière, absolue universalité
Des biens qu'il doit laisser, quand le jour l'abandonne,
Gratifie une seule, ou plus d'une personne

1004. Lorsque le testateur, par la loi du destin,
De ses jours calculés, voit arriver la fin,
S'il est des héritiers à qui la loi conserve
Une part dans les biens, sous le nom de réserve,
Par les effets d'un droit légalement acquis,
Ces mêmes héritiers, à l'instant, sont saisis
De tous les biens formant la masse héréditaire;
Et quelqu'universel que soit un légataire,

TITRE II. Donations et Testamens.

Il n'en requiert pas moins d'eux le délaissement
Des biens dont l'a rendu maître le testament.

1005. Dans ces cas, néanmoins, un pareil légataire
Jouit des biens compris au legs testamentaire
Du moment du décès, si depuis ce moment,
Avant que l'on n'ait pu voir s'écouler un an,
Il a su requérir, des biens, la délivrance;
Sinon, sa faculté de jouir ne commence
Que du jour qu'il agit judiciairement,
Ou qu'à la délivrance, on consent librement.

1006. S'il n'est point d'héritiers à qui la loi conserve
Une part dans les biens, sous le nom de réserve,
Quand, pour le testateur, sonne l'instant mortel,
Celui qui tient de lui le legs universel
Est saisi de plein droit, et prend la jouissance,
Exempt de requérir aucune délivrance.

1007. Dans la forme olographe, alors qu'on a testé,
Pour qu'un tel testament puisse être exécuté,
Sa présentation doit s'en faire d'avance
Au président civil juge en première instance
De l'arrondissement où la succession
Vient, sur elle, en s'ouvrant, fixer l'attention:
Du testament offert, est faite l'ouverture,
Si d'ailleurs des cachets lui servent de clôture;
Dans un procès-verbal, le président décrit
La présentation, l'état de cet écrit,
Même son ouverture; il commet un notaire
Chargé de le garder comme dépositaire.
Si, pour le testament, en observant la loi,
De la forme mystique, on a choisi l'emploi,

On doit le présenter, en faire l'ouverture,
En décrire, en fixer l'état et la nature,
Le déposer enfin, comme on vient de le voir.

A ces formes encor vient s'unir un devoir ;
L'acte ne peut s'ouvrir qu'aux yeux des signataires
De la suscription, soit témoins, soit notaires,
Qui peuvent, sur les lieux, se rencontrer présens,
Ou qui sont appelés, s'ils se trouvent absens.

1008. L'article mille six pose un cas et l'explique :
Si, dans le même cas, dans la forme mystique,
Ou bien, comme olographe, un testament est fait,
Du legs universel, quand on a le bienfait,
Pour se faire envoyer en pleine jouissance,
On doit, du président, obtenir ordonnance
Au bas d'une requête et qu'on doit soutenir
De l'acte de dépôt qui vient s'y réunir.

1009. Avec un héritier à qui la loi défère
Une part dans les biens, lorsque le légataire
Qui comprend, dans son lot, l'universalité,
Se trouve concourir dans une hérédité,
Toute charge quelconque, ainsi que toute dette
De la succession, doit peser sur sa tête,
D'abord pour son partage et personnellement,
Ensuite, pour le tout, hypothécairement :
Quant aux legs, en entier c'est lui qui les acquitte,
Sauf la réduction, ainsi qu'elle est prescrite
Aux nombres neuf cent vingt-six et neuf cent vingt-sept.

SECTION V.

Du Legs à titre universel.

1010. A titre universel, un legs est censé fait,
Lorsque le testateur, de la part disponible,
Lègue une quote part distincte et divisible,
Telle que la moitié, par exemple, ou le tiers,
Ou la totalité des fonds immobiliers,
Ou tout le mobilier, ou bien une partie
Qui doit se concevoir fixée et départie
Sur tout l'immobilier, ou tout le mobilier.
Tout autre legs n'est legs qu'à titre singulier.

1011. A titre universel, quiconque est légataire
Est tenu d'obtenir la délivrance à faire,
Des héritiers à qui se trouve conservé
Tout ce qui, par la loi, pour eux est réservé ;
Si nul ne peut avoir ces droits héréditaires,
Il remplit cette forme auprès des légataires
Universels ; ceux-ci viennent-ils à faillir ?
Auprès des héritiers qui doivent recueillir
Selon l'ordre et le rang dans lequel on succède,
Ainsi qu'on l'a pu voir au titre qui précède.

1012. A titre universel, reçoit-on un bienfait ?
De même que celui pour qui peut être fait
Un legs universel, de toute charge et dette
De la succession, on voit charger sa tête,
D'abord, pour sa part même et personnellement,
Ensuite, pour le tout, hypothécairement.

1013. Lorsque le testateur, pour un legs divisible,

Prend une quotité de la part disponible,
Qu'il assigne ce legs à titre universel,
Celui qui le reçoit, par un devoir formel,
Des legs particuliers, fait toujours la remise
A ceux que, de ces legs, le défunt favorise,
Par contribution avec ceux que le sang,
A la succession, appelle dans leur rang.

SECTION VI.

Des Legs particuliers.

1014. Chaque legs pur et simple assure au légataire
Du jour qu'est décédé celui qui le confère,
Sur la chose qui peut en être le sujet,
Un droit fixe et constant, un droit qui se transmet
Soit à ses héritiers, soit à ses ayans-cause.

Il ne peut, néanmoins, recueillir cette chose,
Ni, de l'objet légué s'approprier les fruits,
Ou bien les intérêts, par cet objet, produits,
Que du jour qu'il en a demandé la remise,
Suivant l'ordre établi, suivant la forme admise
Par l'article mille onze, ou du moins du moment
Qu'à lui cette remise est faite librement.

1015. Les intérêts ou fruits que le legs peut produire
Sont, pour le légataire, un profit qu'il retire,
Du jour qui, du décès, a fixé le moment,
Et sans qu'il ait agi judiciairement ;

Lorsque le testateur, dans le testament même,
Déclare, à cet égard, sa volonté suprême ;

Quand une pension, à titre d'alimens,
D'un secours viager, offre les élémens.

1016. Les frais de la demande en délivrance à faire,
De la succession, sont la charge ordinaire,
Sans prendre, néanmoins, sur les biens réservés
Qui demeurent intacts et tels sont conservés.

Pour l'enrégistrement, la somme nécessaire
S'avance et se fournit aux frais du légataire.

Le tout se règle ainsi, si, dans le testament,
Il n'est pas disposé d'en agir autrement.

De l'enrégistrement, les formes établies,
Pour un legs, peuvent être isolément remplies ;
Mais le seul légataire en pourra profiter,
Ou ceux qui sont admis à le représenter.

1017. Les héritiers directs de celui qui dispose,
Tous autres débiteurs d'un legs qu'il leur impose,
Sont personnellement tenus de l'acquitter,
Chacun, suivant la part dont il peut profiter
Dans les biens composant la masse héréditaire.

Chacun d'eux est soumis au droit hypothécaire,
Et pour le legs entier, dans la proportion
Des immeubles qu'il prend dans la succession.

1018. L'objet formant le legs constamment se délivre
Avec ce qui le doit accessoirement suivre,
Et dans le même état qu'il peut se présenter,
Lorsque le testateur a cessé d'exister.

1019. Lorsque le testateur qui rend un légataire
Objet de sa faveur, d'un fonds, propriétaire,
Augmente, par achat, cette propriété,
Tout contigu qu'il est, l'accessoire ajouté
N'est point compris au legs, si celui qui dispose,
Par un acte nouveau, n'en fait pas une clause.

Il n'en est pas ainsi d'un embellissement,
Ni des constructions faites nouvellement
Sur l'immeuble légué, ni d'une terre enclose
Dont le cercle est accru par celui qui dispose.

1020. Avant le testament, ou depuis qu'il est fait,
Si l'objet qui comprend le legs, ou le bienfait,
Pour la dette d'autrui, pour dette héréditaire,
Est soumis au lien d'un droit hypothécaire,
Ou grevé d'usufruit, il n'est point dégagé
Par qui devra le legs, s'il n'en est pas chargé
Par les vœux exprimés de celui qui dispose.

1021. Lorsque le testateur, d'autrui lègue la chose,
Soit qu'il connaisse, ou non, que la propriété
N'est point à lui, le legs tombe par nullité.

1022. Si la chose léguée est indéterminée,
Par celui qui la doit, elle n'est pas donnée
Du plus haut prix auquel on puisse l'acquérir,
Ni, du moindre, non plus, on ne saurait l'offrir.

1023. La chose, au créancier, par testament laissée
S'acquitte comme legs, et n'est jamais censée
En compensation des valeurs qu'on lui doit ;
Et le legs, qu'à son tour le serviteur reçoit,
N'est point réputé fait, à l'égard de ses gages,
En compensation de quelques arrérages.

1024. Qui devient légataire à titre singulier,
Dans nulle occasion, ne peut se voir lier
Par les droits de créance imposés sur l'hoirie,
Sauf la réduction, comme elle est établie

Aux nombres précédens, et sauf, du créancier,
L'action d'hypothèque, et qu'on peut essuyer.

SECTION VII.

Des Exécuteurs testamentaires.

1025. Pour assurer ses vœux, le testateur peut faire
Choix d'un exécuteur nommé testamentaire,
Ou de plusieurs ; il peut opter à cet égard.

1026. De tout son mobilier, ou d'une seule part
Il peut, en leur faveur, ordonner la saisine ;
Mais elle est peu durable, et toujours se termine
Après l'année et jour qui suivent son trépas.
Lorsque le testateur ne la lui donne pas,
En vain à l'exiger l'exécuteur s'obstine.

1027. L'héritier fait cesser l'effet de la saisine,
En offrant de remettre à ces exécuteurs
La somme suffisante à couvrir les valeurs
Des libéralités, en choses meubles, faites,
Ou bien en en montrant des quittances complètes.

1028. Qui ne peut s'obliger ne peut fixer le choix
Du testateur, pour faire exécuter ses lois.

1029. Qui teste peut nommer la femme exécutrice ;
Mais elle ne saurait accepter cet office,
Quand, sous son joug, l'hymen la place et la retient,
Qu'autant que, du mari l'exprès aveu s'obtient.
Dans le cas où, de biens la femme est séparée,
Soit par l'effet légal d'une clause insérée
Dans l'acte de l'hymen qu'on lui fit contracter,

Soit par un jugement, elle peut accepter,
Si le consentement de l'époux est propice,
Ou si, sur son refus, recourant à justice,
Elle en peut obtenir l'autorisation,
Ainsi que le prescrit la disposition
Du nombre antérieur deux cent dix et septième,
Et du nombre voisin deux cent dix et neuvième,
Qu'on voit au titre cinq, dans le livre premier.

1030. A cette fonction, l'on ne peut employer
Celui qui, du mineur, n'a pas dépassé l'âge,
Lors même qu'il serait appuyé du suffrage
Du tuteur qui le guide, ou de son curateur.

1031. Lorsque, d'un testament, on est l'exécuteur,
A l'apposition des scellés, on procède,
Si, dans les biens laissés, quelque mineur succède,
Ou bien quelque interdit, ou même quelque absent.
L'héritier présomptif, à cet acte, présent,
Ou dûment appelé, l'on est tenu de faire,
Des valeurs de l'hoirie, un légal inventaire.
On fait, du mobilier, l'aliénation,
S'il ne se trouve pas dans la succession,
Pour acquitter les legs, des sommes suffisantes.
On surveille, l'on prend des mesures pressantes
Pour que le testament puisse être exécuté ;
Dans l'exécution, lorsqu'il est contesté,
On peut intervenir, s'il paraît convenable,
Pour le faire juger et déclarer valable.
Lorsque, depuis le jour où la mort a voilé
Les yeux du testateur, un an s'est écoulé,
On rend fidèlement compte de sa régie.

1032. Les pouvoirs qu'en ce point notre Code confie
A tout exécuteur qu'indique un testament,
A ses représentans, ne passent nullement.

1033. Si l'exécution des volontés dernières
Emprunte, de plusieurs, les soins et les lumières,
Et que, par chacun d'eux, l'emploi soit accepté,
Un seul a, pour agir, assez d'autorité,
Sans besoin de concours, il administre, il gère;
Ils n'en doivent pas moins un compte solidaire
De tout le mobilier remis en leur pouvoir,
A moins qu'en disposant, on n'ait jugé devoir
Donner des fonctions différentes entr'elles,
A chaque exécuteur, et qu'au mandat fidelles
Tous et chacun d'entr'eux n'ait fait que le remplir.

1034. Les frais qui, dans ces cas, se font pour accomplir
Soit l'apposition des scellés, l'inventaire,
Ou bien le compte, et toute avance nécessaire
Qui peut se rattacher à l'exécution,
Sont toujours supportés par la succession.

SECTION VIII.

De la Révocation des testamens, et de leur Caducité.

1035. On ne peut révoquer l'acte testamentaire,
Soit en partie, ou bien dans sa substance entière,
Que par un testament plus récemment dressé,
Ou par acte formel, par notaires, passé,
Enonçant, de celui qui, dans ses vœux, chancelle,
Les sentimens changés, la volonté nouvelle.

1036. Quand, par le testament plus récemment daté,
Le précédent n'est pas pleinement écarté,
Par révocation expresse et littérale,
L'antérieur conserve une force légale
Pour ce qui, sans effort, peut se concilier
Avec ce que contient le testament dernier.

1037. La révocation qui se trouve accomplie
Par une volonté récemment établie,
Obtient tout son effet, quoique l'acte récent
N'en ait aucun lui-même et demeure impuissant,
Quand l'héritier qu'on nomme, ou bien le légataire,
De l'incapacité portent le caractère,
Ou lorsque leur refus repousse le bienfait.

1038. L'aliénation que le testateur fait
De la chose léguée, ou bien d'une partie,
Même par un échange, ou vente consentie
Dont le droit de rachat fait la condition,
Emporte, du bienfait la révocation,
Pour tout ce qu'en ce cas, peut comprendre la vente,
Bien que sa nullité, reconnue évidente,
Puisse être prononcée, et que l'objet donné,
Aux mains du testateur, puisse être retourné.

1039. La disposition de volonté dernière
Ne peut qu'être caduque et périr toute entière,
Quand celui qui devait jouir de la faveur
Vient à finir ses jours, avant le testateur.

1040. La disposition de volonté dernière
Que l'on tient en suspens, qu'entrave la barrière
D'une condition qui s'attache au destin
Que peut avoir un fait à venir, incertain,

Et qui, selon le vœu de celui qui dispose,
N'aura d'effet qu'autant qu'arrivera la chose,
Ou n'arrivera pas, tombe en caducité,
Si celui qu'on appelle aux droits d'hérédité,
Ou bien à quelque legs, est privé de la vie,
Quand la condition n'est pas encor remplie.

1041. Si la condition, d'après le vœu précis
Du libre testateur, n'apporte qu'un sursis
A l'exécution de la chose voulue,
Elle n'empêche point celui qu'on institue
Légataire, héritier, d'avoir un droit acquis,
Et pour leurs successeurs, transmissible et conquis.

1042. Si la chose léguée a péri toute entière,
Du vivant de l'auteur du vœu testamentaire,
De la caducité, le legs encourt le sort.

De même il est caduc, lorsque, depuis sa mort,
Elle vient à périr, sans aucune entreprise,
Ni faute de qui doit en faire la remise,
Bien que mis en retard de remplir ce devoir,
Lorsque, pour la sauver, il n'était nul espoir,
Eût-elle été livrée aux mains du légataire.

1043. La disposition de volonté dernière
Tombe en caducité, si l'héritier élu,
Ou la personne à qui le legs est dévolu,
Se rencontre incapable, ou bien la répudie.

1044. Quand la chose léguée, à plusieurs départie
Devient un legs commun, le droit d'accroissement
Prend naissance, et s'exerce entre eux également.

La libéralité ne peut qu'être censée
Toujours conjointement à plusieurs adressée,

Quand est commune entre eux la disposition,
Et que le testateur, d'aucune portion,
N'assigne, pour chacun, la distincte limite.

1045. On la répute encor conjointement prescrite,
Quand un objet est tel que, sans l'endommager,
On fait de vains efforts pour le voir partager,
Et que, dans le même acte, on le lègue, on le donne,
Même séparément, à plus d'une personne.

1046. Les motifs qui, d'après l'article précédent
Neuf cent cinquante-quatre, et l'article suivant
Dans les deux premiers points de tout ce qu'il dispose,
Présentent une pleine et légitime cause,
Pour fonder la demande en révocation
De tout acte entre-vifs portant donation,
Contre les testamens, ont une force égale;
La révocation de même en est légale.

1047. Lorsque, du testateur, la mémoire à venger,
Si, d'une grave injure, on a pu l'outrager,
En révocation, motive la poursuite,
La demande s'exerce et doit être introduite
Dans l'année, à compter du jour même où l'ingrat,
Contre son bienfaiteur a commis l'attentat.

CHAPITRE VI.

Des dispositions permises en faveur des petits-enfans du donateur ou testateur, ou des enfans de ses frères et sœurs.

1048. Les biens qui, pour le père et la mère, composent
Cette légale part dont, libres, ils disposent,
Peuvent être un objet de libéralité,
Soit partiellement, soit en totalité,
Par un acte entre-vifs, ou bien testamentaire,
En faveur de celui qui leur doit la lumière,
Ou de plusieurs de ceux qui, d'eux, sont aussi nés,
Sous la condition que de tels biens donnés,
Seront rendus intacts aux enfans nés, à naître
De ceux à qui le don peut ainsi se transmettre,
Mais au premier degré, néanmoins, seulement.

1049. Si, sans enfans, l'on meurt, on peut valablement,
Par actes entre-vifs, ou bien testamentaires,
Disposer en faveur d'un ou de plusieurs frères,
D'une ou de plusieurs sœurs, soit en totalité,
Soit partiellement, de ce qu'a respecté
Dans sa succession la réserve légale,
Sous la condition, à la première, égale,
De le rendre aux enfans des frères ou des sœurs;
Mais, au premier degré, s'arrêtent ces faveurs.

1050. Les dispositions qui viennent d'être admises,
Que les deux numéros précédens ont permises,
N'ont leur effet qu'autant que la condition,

La charge d'opérer la restitution,
Comme un bienfait commun, se fait toujours connaître
Propre à tous les enfans du grevé, nés, à naître,
Sans qu'un sexe puisse être, à l'autre, préféré,
Et sans que l'âge puisse être considéré.

1051. Dans les cas précédens, si celui qui doit rendre
Laisse, quand, de la mort l'heure vient le surprendre,
Dans le premier degré, quelques enfans issus,
Et d'un enfant défunt, des enfans descendus,
De l'enfant décédé, ces descendans, l'image,
Doivent avoir sa part pour leur commun partage.

1052. Dans le cas où l'enfant, le frère ou bien la sœur,
Qui, par acte entre-vifs, a reçu la faveur
D'une donation, sans la charge de rendre,
Accepte un don nouveau, mais qu'il ne puisse prendre,
D'après l'acte entre-vifs, ou bien le testament,
Qu'à la condition que le don précédent
Demeurera grevé du devoir de remettre,
Nulle division des dons ne peut l'admettre;
Pour avoir le premier et pour s'y maintenir,
Renoncer au second ne peut pas s'obtenir,
Quand même on offrirait de rendre l'héritage
Dont le bienfait récent assurait l'avantage.

1053. Les droits des appelés sont ouverts, au moment,
Quel que soit le sujet de cet événement,
Où cessent de jouir ceux qu'on charge de rendre :
Fait, au profit de ceux qui doivent un jour prendre,
L'abandon trop hâté de ce droit de jouir
Ne peut point offenser, ne peut jamais trahir

Les droits des créanciers du grevé qui devance,
Lorsqu'avant l'abandon, existe leur créance.

1054. Contre les biens sujets à restitution,
Les femmes des grevés n'exercent l'action
Que leur ouvre la loi, comme subsidiaire,
Lorsque les libres biens n'y peuvent satisfaire,
Que pour le capital, de la dot, avancé;
Encor faut-il qu'alors, clairement prononcé,
Ce droit éventuel résulte d'une clause,
Fruit de la volonté de celui qui dispose.

1055. De tout ce que l'on vient de voir autoriser
Aux nombres précédens, celui qui veut user
Peut, au même contrat dans lequel il s'explique,
Ou par acte suivant, dans la forme authentique,
Appeler un tuteur expressément élu
Pour l'exécution de ce qu'il a voulu;
Et ce tuteur ne peut refuser la tutelle
Que pour l'un des motifs que le Code rappelle,
Dans le livre premier, à la section six
Du chapitre deuxième, et sous le titre dix.

1056. Si cette élection de tuteur est omise,
Sa nomination, dans le mois, est requise
Par le grevé lui-même, ou bien par son tuteur,
Si, par événement, il est encor mineur,
A compter du décès de celui qui dispose,
Ou du jour que depuis qu'au cercueil il repose,
Du contrat qui contient sa disposition,
On a pu découvrir la stipulation.

1057. Le grevé qui, jouet d'une erreur imprudente,
Néglige de remplir la forme précédente,

Voit pour lui, du bienfait, l'anéantissement ;
Et le droit peut alors, s'ouvrant légalement,
De tous les appelés, devenir le partage :
Ils agissent par eux, en majorité d'âge ;
Lorsqu'ils sont interdits, ou lorsqu'ils sont mineurs,
Pour eux, doivent agir tuteurs ou curateurs,
Et même tout parent de ceux que l'on appelle,
Quel que soit leur état, doit témoigner son zèle ;
D'office, agit enfin l'agent impérial
Que sa fonction fixe auprès du tribunal
De l'arrondissement dans lequel se présente,
De la succession, l'ouverture récente.

1058. Quand celui qui dispose, à la condition
D'opérer, de ses biens, la restitution,
A terminé ses jours, on fait un inventaire
De sa succession, dans la forme ordinaire :
Au cas où seulement il s'agit, néanmoins,
D'un legs particulier, on ne prend pas ces soins,
Ce qui peut concerner l'espèce mobilière
S'estime à juste prix, en faisant l'inventaire.

1059. L'individu grevé de restitution,
Chargé de requérir cette opération,
Dans le délai fixé, titre un du présent livre,
Provoquant l'inventaire, est tenu de le suivre,
Assisté d'un tuteur dont l'intervention
Se trouve nécessaire à l'exécution.
Sur la masse des biens dont ainsi l'on dispose,
On prélève les frais nés d'une telle cause.

1060. Lorsque, par le grevé, dans le délai prescrit,
L'inventaire s'omet, pendant le mois qui suit,

Titre II. Donations et Testamens.

Pour l'exécution, le tuteur qu'on appelle
Doit, à ces soins omis, suppléer par son zèle,
Soit le grevé lui-même, ou son tuteur présent.

1061. Quand on n'a pas, des deux articles précédant
Celui-ci, respecté le vœu, de l'inventaire,
Le complément légal se poursuit et s'opère
Par les soins de tous ceux qu'indique à cet effet
Le nombre antérieur mille cinquante-sept ;
On somme le grevé d'y paraître en personne,
Ou son tuteur pour lui, quand son état l'ordonne,
Et le tuteur nommé pour l'exécution.

1062. L'individu grevé de restitution
Doit faire procéder à la vente, aux enchères,
Qu'annoncent des placards publics, préliminaires,
Des meubles, des effets de la succession,
Que pourrait embrasser la disposition :
La règle, toutefois, aux objets qu'on explique
Aux deux nombres suivans, nullement ne s'applique.

1063. Lorsque celui qui fait la disposition
Y comprend à-la-fois une réunion
Des meubles dits meublans et chose mobilière,
Sous la condition qu'en nature, qu'entière
On devra conserver la chose, on la rendra
Dans son état, au jour qu'on la restitûra.

1064. Le bétail dont se sert l'art de l'agriculture,
Les outils, instrumens voués à la culture
Des terres, dans les dons de ces derniers objets,
Ou par acte entre-vifs, ou par testament, faits,
Sont réputés compris; la valeur équitable
S'en fixe, et le grevé rend la valeur semblable.

1065. Quand l'inventaire est clos, le grevé, dans six mo[is]
Est tenu d'assurer le meilleur des emplois
Aux capitaux comptans, aux deniers de recette
Des meubles, des effets dont la vente s'est faite;
Il en doit être ainsi des deniers effectifs
Qu'on a pu recevoir sur les effets actifs.

Aux six mois écoulés s'ajoute un intervalle,
Si l'on peut estimer la mesure légale.

1066. Des sommes ou deniers que peuvent procurer
Soit les effets actifs que l'on peut recouvrer,
Soit le remboursement de rentes qui s'opère,
L'emploi, par le grevé, doit encore se faire
Dans trois mois, au plus tard, à compter du moment
Qu'il reçoit les deniers, ou le remboursement.

1067. Si l'objet sur lequel il entend que repose
Cet emploi, se décrit par celui qui dispose,
Le grevé se conforme à ce point établi;
Sinon, un tel emploi ne peut être accompli
Qu'un immeuble acheté n'en devienne le siége,
Ou que, sur un immeuble, il n'ait un privilége.

1068. Le tuteur désigné pour l'exécution
Fait, d'un pareil emploi, la provocation;
Il doit être présent au moment qu'il s'opère.

1069. Quand, par acte entre-vifs, ou bien testamentair[e]
Des objets sont donnés sous la condition
D'en faire, quelque jour, la restitution,
La disposition doit devenir publique,
Soit que le grevé même, à ce devoir s'applique,
Soit par la diligence et l'intervention
Du tuteur appelé pour l'exécution.

Titre II. *Donations et Testamens.*

Cette publicité, pour l'immeuble, s'opère
Par la transcription des actes, qu'on doit faire
Au bureau d'hypothèque, en l'arrondissement
Où l'on voit, de l'immeuble, assis l'emplacement,
Pour les deniers placés avec un privilége
Dont un immeuble peut être établi le siége,
Par une inscription sur les biens affectés
Aux droits qu'un privilége a lui-même enfantés.

1070. Si l'acte concernant l'objet dont on dispose
N'a pas été transcrit, le défaut s'en oppose
Par tous les créanciers et les tiers acquéreurs,
Même à ceux qui seraient interdits, ou mineurs
Qui peuvent seulement demander garantie,
Soit contre le grevé, soit contre la partie
Qui se trouve tuteur pour l'exécution,
Sans qu'ils puissent jamais, dans cette occasion,
Contre un pareil défaut être restituables,
Quand même leurs garans ne seraient pas solvables.

1071. On ne peut suppléer cette transcription,
Ni couvrir le défaut de son omission,
Même en se prévalant de cette circonstance
Que les tiers acquéreurs, ou porteurs de créance
Ont autrement connu la disposition,
Que par le fait public de la transcription.

1072. Ni les individus qui sont les donataires,
Ni ceux pareillement qui sont ou légataires,
Ou légaux héritiers, dans la succession
De celui qui porta la disposition,
Ni même également leurs propres donataires,
Leurs héritiers directs, ou bien leurs légataires,

Ne sont, en aucun cas, admis à repousser
Les appelés des droits qu'ils peuvent exercer,
Quand la transcription se trouverait omise,
Ou que l'inscription n'aurait pas été prise.

1073. Le tuteur appelé pour l'exécution
Est personnellement garant et caution,
Si, par ses soins constans, ne sont pas accomplies,
Les règles que le Code a, plus haut, établies
Pour constater les biens, vendre le mobilier,
Placer les capitaux, et surtout, pour veiller
Aux deux formalités de transcrire et d'inscrire,
Et lorsque, en général, le zèle qui l'inspire,
Egal à son devoir, n'aura pas tout tenté
Pour que les biens à rendre, avec fidélité,
Parviennent dans les mains qui doivent les attendre.

1074. Le grevé ne peut point, fût-il mineur, prétendr
Quand il invoquerait comme un fait constaté,
De son propre tuteur, l'insolvabilité,
Être restitué contre le préjudice
Que pourrait entraîner le défaut d'exercice
Des devoirs qui lui sont prescrits expressément
Par les nombres divers du chapitre présent.

CHAPITRE VII.

Des partages faits par père, mère ou autres ascendans, entre leurs descendans.

1075. Tous les individus de la ligne ascendante,
Entre ceux qu'offrira la ligne descendante,
Peuvent distribuer et partager leurs biens.

1076. Ces partages permis ont lieu par deux moyens,
Par actes entre-vifs, ou bien testamentaires,
En suivant, toutefois, les formes nécessaires
Et les conditions avec les réglemens
Pour les donations et pour les testamens.
Si, d'un acte entre-vifs, la forme se préfère,
Sur les seuls biens présens, le partage s'opère.

1077. Si, parmi tous les biens que laisse l'ascendant
Au jour de son décès, il en est, cependant,
Qui ne soient pas compris dans l'acte de partage,
Les biens que, dans ce cas, aucun lieu n'engage,
Recevant de la loi leur destination,
Sont partagés d'après sa disposition.

1078. Si l'on n'a pas compris dans l'acte où le partage
Distribue à chacun tel ou tel avantage,
Tout enfant qui survit, à l'instant de la mort,
Et tous les descendans de ceux à qui le sort,
Avant ce même terme, a ravi la lumière,
La disposition est nulle toute entière.
Dans la forme légale, un partage iñvoqué
Pour remplacer l'ancien, peut être provoqué.

Soit par ceux qu'a blessés, d'un tel oubli l'outrage,
Soit par ceux dont la part se signale au partage.

1079. Lorsque, par l'ascendant, un partage est marqué
Cet acte paternel peut se voir attaqué,
Si, surpassant le quart, la lésion existe :
Cette cause d'attaque également subsiste,
Lorsqu'il peut résulter de l'opération,
Qu'aura pu consacrer la disposition,
Et des dons faits hors part, un si grand avantage
Pour l'un des descendans qu'on appelle au partage,
Qu'il trouve dans son lot bien plus à recueillir,
Que la loi ne le veut et ne peut le souffrir.

1080. Celui qui s'appuyant sur l'une ou l'autre cause
Qu'au nombre précédent la loi du Code expose,
Du partage, veut faire annuler les effets,
De l'estimation doit avancer les frais ;
Il les perd, si l'instance est, contre lui, jugée,
Et souffre les dépens de la cause engagée.

CHAPITRE VIII.

Des Donations faites par contrat de mariage aux époux et aux enfans à naître du mariage.

1081. Au cas où les époux, ou seulement l'un d'eux,
Dans l'acte solemnel qui consacre leurs nœuds,
D'une donation, de biens présens, formée,
Reçoivent entre-vifs la faveur estimée,
Cette donation toujours s'assujétit

Aux ordres généraux que le Code prescrit
Pour les donations qui se font à ce titre.

Aux cas qu'offre ce titre, au sixième chapitre,
L'acte constituant la libéralité
Pourra légalement se voir exécuté,
Quand elle sera faite à tous enfans à naître ;
Dans aucun autre cas, l'acte ne pourra l'être.

1082. Père, mère, ascendans, parent collatéral
Des époux, même un tiers étranger libéral,
Peuvent, dans le contrat dont la chaîne assortie
Doit lier les futurs, donner tout, ou partie
Des biens qu'à leur décès ils laissent existans,
Soit pour favoriser les époux contractans,
Soit pour gratifier d'un pareil avantage
Les enfans qui pourraient naître du mariage,
Dans le cas où l'époux serait le précurseur,
Dans la nuit du tombeau, du propre donateur.
Cette donation, bien que déterminée
Au profit seulement de ceux que l'hyménée
A joints, ou de l'un d'eux, doit, néanmoins, toujours
Lorsque du donateur sont conservés les jours
Et qu'il est survivant, avec plein droit, s'admettre
Au profit des enfans et descendans à naître.

1083. Le don reçu d'après l'article précédent
Ne peut se révoquer, en ce sens, cependant,
Qu'alors le donateur s'est mis dans l'impuissance
D'exercer désormais aucune bienfaisance,
A titre gratuit, sur la réunion
Des biens qui sont compris dans la donation,
D'une somme modique, à moins qu'il ne dispose,
Ou pour récompenser, ou pour toute autre cause.

1084. Par contrat nuptial, le don peut contenir
Les biens qui sont présens et les biens à venir,
Pour le tout ou partie, en annexant à l'acte
Un état contenant la mention exacte
Des charges dont le bien se présente affecté,
Au moment où se fait la libéralité,
Avec la notion de chacune des dettes
Que, jusqu'à ce moment, le donateur a faites :
La loi veut qu'il soit libre, en un semblable cas,
A l'époux donataire, au moment du trépas
De celui qui donna, de prendre dans l'hoirie
Ce qui, des biens présens, a pu faire partie,
Et renoncer à tout ce qui pourrait tenir,
Du chef du donateur, à des biens à venir.

1085. Si l'état détaillé qu'on doit faire et qu'ordonne
L'article précédent, au contrat où l'on donne,
Avec les biens présens, tous les biens à venir,
Omis et négligé, n'a pu se réunir,
La libéralité n'est jamais mi-partie,
Elle s'accepte entière, ou bien se répudie.
Acceptée, on ne peut réclamer que les biens
Existans au jour même où, rompant ses liens
Celui qui fit le don abandonne la terre;
Et l'on est, dans ce cas, tenu de satisfaire
Aux dettes de l'auteur de la donation,
A tous droits imposés sur sa succession.

1086. En faveur des époux et des enfans à naître,
Par contrat nuptial, le don peut encore être
Légalement permis, sous la condition
De payer, écartant toute distinction,
Les dettes et les droits dont la charge environne

TITRE II. *Donations et Testamens.* 297

Tous les biens de celui qui se dépouille et donne,
Ou sous tout autre vœu par lui-même porté,
Et qui, pour s'accomplir, attend sa volonté,
Quelque nom qu'on assigne à celui qui dispose :
On doit exécuter ou l'une, ou l'autre clause,
A moins de renoncer à la donation ;
Et quand le donateur, au contrat d'union,
Se réserve le droit que le Code autorise,
De pouvoir disposer d'une chose comprise
Dans le don de ses biens transmis présentement,
Ou d'une somme fixe à prendre également
Sur les biens énoncés, les deniers, ou la chose,
S'il termine ses jours, avant qu'il en dispose,
Dans la donation, sont réputés compris,
Et sont, au donataire, un avantage acquis,
Ou, de ses héritiers, deviennent le partage.

1087. Les dons que peut offrir l'acte de mariage,
D'aucune nullité, n'encourent l'action,
Par l'unique défaut de l'acceptation.

1088. Tout don qui reconnaît pour cause l'hyménée,
Tombe, si l'union ne s'est pas terminée.

1089. Quand, à l'un des époux, l'on fait donation,
Dans les cas dont on a pu voir l'expression
Aux nombres précédens, mil quatre-vingt-deuxième,
Mille quatre-vingt-quatre, et quatre-vingt-sixième
Joint à mille, le sort de la caducité,
Par la donation ne peut être évité,
Si l'auteur du bienfait survit à l'existence
De l'époux donataire et de sa descendance.

1090. Toute donation que l'on fait aux conjoints

Par l'acte solemnel où l'hymen les a joints,
Quand, son auteur payant tribut à **la nature**,
De sa succession, arrive l'ouverture,
Est réduite toujours à cette portion
Dont il tient de la loi la disposition.

CHAPITRE IX.

Des Dispositions entre époux, soit par contrat de mariage, soit pendant le mariage.

1091. Il est libre aux époux, dans l'acte qui les lie,
Et, sous les lois d'hymen, rend commune leur vie,
De témoigner l'effet de leur attachement,
Ou l'un des deux à l'autre, ou réciproquement,
Par tels dons qu'à propos leurs volontés estiment,
Sous des restrictions qui, ci-dessous, s'expriment.

1092. Des biens qui sont présens, quand les époux entr'eux
Se font, par le contrat qui cimente leurs nœuds,
Quelque don entre-vifs, jamais on ne s'arrête
A la présomption que la faveur est faite
Pour le cas où survit qui profite du don,
Si le contrat se tait sur la condition,
Et si l'acte est d'ailleurs, pour les règles, la forme,
Aux actes entre-vifs, entièrement conforme.

1093. Toute donation de biens que l'avenir,
Par des succès heureux, quelque jour, peut offrir,
Qu'entre époux, le contrat de leur hymen révèle,
Qu'elle soit simple, ou bien qu'elle soit mutuelle,
Ou qu'elle ait pour objet des biens tout à-la-fois

Et présens et futurs, se règle par les lois
Qu'au précédent chapitre on voit déterminées
Pour les choses qu'un tiers, au contrat, a données,
Sauf que l'effet n'en peut jamais être transmis
Aux enfans qui seront, de cet hymen, les fruits,
Si l'époux donateur poursuivant sa carrière ;
A le sort de survivre à l'époux donataire.

1094. Il est libre à l'époux, par contrat nuptial,
Ou tant que peut durer le lien conjugal,
Pour le cas où sa mort ne laisse aucune trace,
Par le défaut d'enfans ou de leur propre race,
De faire à l'autre époux, même en propriété,
Sur sa succession, la libéralité
De tout ce que le Code à ses vœux abandonne
Pour en favoriser une tierce personne,
Et de tout l'usufruit de cette portion
Dont il ne peut avoir la disposition,
Et qui, des héritiers demeure la substance.

Pour le cas où l'époux laisse une descendance,
De ses propriétés, il peut donner un quart,
De l'usufruit, en outre, une pareille part,
Ou la moitié des biens en simple jouissance.

1095. Le mineur ne peut point, par contrat d'alliance,
Faire, pour l'autre époux, de libéralité,
Qu'entre eux existe, ou non, la réciprocité,
S'il n'obtient pas l'aveu, s'il n'a pas l'assistance
De ceux qui, dans ce cas, l'auraient sous leur puissance,
Et doivent concourir par leur consentement
A la validité de son engagement :
Mais si leur assistance alors le favorise,
Si leur consentement se donne et l'autorise,

Il peut, pour le conjoint, étendre sa faveur
Aussi loin que le peut l'époux même majeur.

1096. Toute donation qui, pour leur avantage,
S'établit entre époux, pendant le mariage,
Bien que d'acte entre-vifs, elle porte le nom,
N'en est pas moins sujette à révocation.

La femme, pour jouir d'un pareil bénéfice,
N'a point, de son mari, n'a point, de la justice,
A demander jamais l'autorisation.

On ne peut, pour motif de révocation
D'un bienfait, entre époux, fait dans cette occurrence,
D'enfans, faire jamais valoir la survenance.

1097. Ni par acte entre-vifs, ni par un testament,
Tant que l'hymen préside à leur engagement,
En ouvrant tour-à-tour une main libérale,
D'une donation mutuelle et légale,
Les époux ne pourront stipuler le contrat,
Si, d'un seul et même acte, il est le résultat.

1098. Lorsqu'ayant des enfans d'un autre mariage,
La femme, ou le mari, dans un autre, s'engage,
L'un ou l'autre ne peut, à son nouvel époux
Conférer que le lot, et le moindre de tous,
Que l'enfant légitime a le droit de prétendre,
Sans que, dans aucun cas, ce don puisse s'étendre
Au-delà du montant du quart fixe des biens.

1099. Les époux ne pourront emprunter les moyens,
Par des dons indirects, de franchir les limites
Qui viennent récemment de leur être prescrites.

Sont absolument nuls, tous dons, ou déguisés,
Ou qu'on fait en faveur de tiers interposés.

1100. L'interposition passe pour avérée,
Quand la donation se trouve conférée
Par l'un des deux époux à l'enfant, aux enfans
Que l'autre époux obtient de liens précédens,
Et quand elle peut rendre un parent donataire,
Dont l'autre époux se trouve héritier nécessaire,
Au jour de l'acte, encor que ce dernier conjoint,
Devançant son parent, ne lui survive point.

TITRE III.

Des Contrats ou des Obligations conventionnelles en général.

CHAPITRE PREMIER.

Dispositions préliminaires.

1101. DÉFINI par la loi, le contrat est un acte
Qui charge une personne, ou plusieurs, par un pacte
Envers un, ou plusieurs autres individus,
De donner ou livrer des objets convenus,
De faire quelque chose, ou de ne pas la faire.

1102. Ce contrat qui souvent et varie et diffère,
Est *synallagmatique*, ou bien *bilatéral*,
Lorsque l'engagement, des deux parts, est égal.

1103. Si l'obligation se trouve consentie
Par plusieurs contractans, ou par une partie

Envers un, ou plusieurs autres intéressés
Qu'aucun engagement ne retienne embrassés,
Comme *unilatéral*, un tel contrat se passe.

1104. Il est *commutatif*, lorsqu'on y voit la trace
D'une sorte d'échange, et chaque contractant
S'imposer le devoir, prendre l'engagement
De donner, ou de faire une chose censée
Equivaloir la chose à lui-même laissée,
Ou celle qui, pour lui, se doit exécuter.

Lorsque l'engagement ne peut que consister,
Pour chaque contractant, dans l'issue incertaine
Soit de gain, soit de perte, et qu'à sa suite amène
Un pur événement, au sort abandonné,
Le nom d'*aléatoire*, au contrat, est donné.

1105. Si l'un des contractans que son cœur sollicite
Assure une faveur, pour l'autre gratuite,
A l'acte généreux, le contrat consacré,
Du nom de *bienfaisance*, est alors honoré.

1106. Dans un engagement, lorsque chaque partie,
Par un nœud mutuel, se trouve assujétie,
Soit à donner, ou faire un objet convenu,
Sous le nom d'*onéreux*, le contrat est connu.

1107. Soit qu'un nom distinctif, à ces contrats, s'assigne,
Soit que, classés à part, nul nom ne les désigne,
Un régime commun doit les envelopper,
Et le titre présent va le développer.

Quant à certains contrats dont la nature même,
D'un régime isolé, demande le système,
On en trouve établis les divers résultats,

Aux titres relatifs à ces mêmes contrats.
Quant aux transactions qui sont commerciales,
Elles sont sous le joug de règles spéciales,
Qu'a pris soin d'établir l'autorité des lois
S'occupant du commerce et de ses divers droits.

CHAPITRE II.

Des Conditions essentielles pour la validité des conventions.

1108. Pour les conventions solides et valables,
Quatre conditions s'offrent indispensables :
De celui qui s'oblige, un plein consentement ;
Le pouvoir de souscrire à son engagement ;
Du contrat, la matière et claire et circonscrite ;
Dans l'obligation, une cause licite.

SECTION PREMIÈRE.

Du Consentement.

1109. Si le consentement est donné par erreur,
Il est, aux yeux des lois, sans aucune valeur ;
S'il est surpris par dol, ravi par violence,
Il ne saurait avoir de valable existence.

1110. L'erreur ne peut jamais, d'une convention
Provoquer, motiver la résolution,
Que lorsqu'elle s'attache à la propre substance
De ce qui peut en faire et l'objet et l'essence.

L'erreur sur la personne avec qui l'on entend,
Par stipulation, devenir contractant,

A la convention, laisse sa force entière,
A moins, en cas pareil, que l'on ne considère
Ce même individu, comme le fondement,
Le motif principal de cet engagement.

1111. La violence faite à celui qui s'engage,
N'en rompt pas moins ses nœuds, quoiqu'elle soit l'ouvrage
D'un autre que celui qui, dans un tel contrat,
De son propre intérêt, trouve le résultat.

1112. La violence existe, et d'elle l'on s'assure
Quand elle vient s'offrir d'une telle nature,
Qu'elle puisse soumettre à son impression
L'individu pourvu de sens et de raison,
Et le faire trembler de la crainte importune
D'exposer sa personne, ou même sa fortune,
A l'atteinte d'un mal qui soit grave et présent.
On doit considérer, dans ce sujet pressant,
Quelle est la qualité de celui qui s'engage;
On a, de même, égard à son sexe, à son âge.

1113. Le fait de violence emporte nullité,
Lorsque non-seulement il est exécuté
Contre l'individu que le contrat oblige,
Mais encor dans le cas où ce fait se dirige
Soit contre son conjoint, contre ses descendans,
Soit même contre ceux qui sont ses ascendans.

1114. La crainte de respect, ou révérentielle,
Dans le cœur des enfans, toujours si naturelle
Envers les père, mère, ou tout autre ascendant,
Ne saurait délier, seule, le contractant,
Si, de la violence, on n'a point fait usage.

1115. Le motif qui naîtrait d'un violent outrage,
Pour quereller un acte et pour en provoquer
L'anéantissement, ne peut plus s'invoquer,
Si, depuis le moment que, de la violence
Désormais écartée, a cessé l'existence,
Soit expresse, ou tacite, une approbation
Vient couvrir du contrat la stipulation,
Ou bien que, l'action restant sans exercice,
Par la prescription, le droit s'évanouisse.

1116. Entre des contractans, le dol exécuté,
De la convention, cause la nullité,
Quand, de la part de l'un, les manœuvres sont telles
Qu'il est, aux yeux du juge, évident que, sans elles,
Jamais l'engagement ne se fût achevé.
Ne se présumant point, il doit être prouvé.

1117. Par erreur, violence ou dol, quand on stipule,
Cette convention, de plein droit, n'est pas nulle ;
Au lésé, seulement, elle ouvre une action
Soit pour la nullité, soit en rescision :
Au développement qu'offre le présent titre,
Septième section du cinquième chapitre,
On verra dans quel mode elle doit s'exercer,
De même que les cas qu'elle doit embrasser.

1118. La lésion ne peut faire annuler un pacte
Que dans certains contrats, ou bien lorsque, dans l'acte,
Certains individus sont mis en action,
Comme doit l'expliquer la même section.

1119. En général, celui qui, sous son nom, contracte
Ne peut assujétir que lui-même à ce pacte.

1120. On se peut néanmoins, porter fort pour autrui,
Au cas où l'on promet le fait de celui-ci ;
Mais celui qui promet et pour le tiers se lie,
Si ce tiers y résiste et s'il ne ratifie,
Dans les termes prescrits, le pacte contracté,
Doit réparer le tort par une indemnité.

1121. On peut également stipuler pour un autre,
Quand, à son intérêt, se réunit le nôtre,
Et que c'est, en ce cas, une condition
Que demande et qu'obtient la stipulation
Qui nous est personnelle, ou bien qu'elle est la suite
D'une donation, pour un autre, souscrite.
Cette convention ne peut se révoquer,
Lorsque le tiers s'explique et veut se l'appliquer.

1122. La stipulation, pour soi-même, formée,
Devenant transmissible, est toujours présumée
Commune aux héritiers, à tout représentant,
A moins que le contraire, écrit, ne soit constant,
Ou ne puisse s'induire et résulter de l'acte,
Suivant la qualité, la nature du pacte.

SECTION II.

De la Capacité des parties contractantes.

1123. Contracter est permis à tout individu
A qui l'expresse loi ne l'a pas défendu,
En ne déclarant pas qu'il en est incapable.

1124. Ne peuvent procéder à nul contrat valable,
Ceux qui sont enchaînés par la minorité ;
Ceux qui, comme interdits, n'ont point de liberté ;

Les femmes que l'hymen retient sous sa puissance,
Dans les cas où la loi proclame sa défense;
Tous ceux, en général, qui, par la loi, soumis,
A de certains contrats, ne peuvent être admis.

1125. Le mineur, l'interdit et la femme enchaînée
Sous le joug que, sur elle, impose l'hyménée,
Ne peuvent, à raison de l'incapacité,
Briser l'engagement qu'ils auront contracté,
Que dans les cas prévus par une loi précise.

A contracter, tous ceux que le droit autorise,
Ne peuvent exciper de l'incapacité,
Soit, avec le mineur, quand ils ont contracté,
Soit qu'envers l'interdit, la femme mariée,
Par un engagement, leur foi se soit liée.

SECTION III.

De l'Objet et de la Matière des contrats.

1126. Tout contrat a pour but, pour matière ou sujet,
Sans nulle exception, une chose, un objet
Que s'oblige à donner, à faire ou ne pas faire,
Celui qui, dans ce pacte, est acteur nécessaire.

1127. Le simple droit d'usage ou de possession
D'un objet peut aussi, de la convention,
Comme l'objet lui-même, établir la matière.

1128. Dans les pactes, toujours exclusion entière
Des objets qu'au commerce on veut en vain livrer,
Et que, dans son domaine, on ne peut voir entrer.

1129. A l'obligation, la chose destinée

Doit, au moins pour l'espèce, être déterminée.

Le doute peut régner, quant à la quotité,
Pourvu que le montant puisse en être arrêté.

1130. Ce que, de l'avenir, couvre encor le mystère,
D'une obligation, peut être la matière.

Personne ne pourra renoncer, cependant,
A la succession dont l'auteur est vivant,
Ni, pour ce qui concerne une pareille cause,
Stipuler sciemment nul traité, nulle clause,
Même lorsque l'auteur de la succession
Pourrait y déférer son approbation.

SECTION IV.

De la Cause.

1131. Une obligation qui manque d'une cause,
Ou dont le fondement, sur faux motif, repose,
Ou n'offre qu'un motif illicite et proscrit,
Ne peut, d'aucun effet, présenter le produit.

1132. Une convention où n'est pas exprimée
La cause, n'est pas moins valablement formée.

1133. Une cause illicite est celle dont la loi,
Juste dans sa rigueur, a prohibé l'emploi,
Ou qui, des bonnes mœurs, se montre l'ennemie,
Ou, de l'ordre public, offense l'harmonie.

CHAPITRE III.

De l'Effet des Obligations.

SECTION PREMIÈRE.

Dispositions générales.

1134. Une convention faite légalement
Tient lieu de loi pour ceux qui font l'engagement.
La révocation n'en peut être subie,
Que lorsqu'elle est par eux, à l'envi, consentie,
Ou bien pour des motifs qu'autorise la loi.
Elle doit s'accomplir toujours de bonne foi.

1135. Une convention, non-seulement, imprime
Un devoir obligé pour tout ce qu'elle exprime,
Elle soumet encore à tout le résultat
Que peuvent justement assurer au contrat,
D'après ce qu'il contient et d'après sa nature,
L'immuable raison, l'équité simple et pure,
La force de l'usage et celle de la loi.

SECTION II.

De l'Obligation de donner.

1136. Toute obligation de donner porte en soi
Celle de délivrer la chose au don soumise,
Et de la conserver jusques à sa remise,
A peine de dommage envers le créancier.

1137. Quand, pour garder la chose, on a pu se lier,

Soit que, pour l'intérêt d'une seule partie,
Cette convention se trouve consentie,
Ou bien qu'elle ait pour but un commun intérêt,
On y doit tous les soins, pour en remplir l'effet,
Qu'un père de famille y doit lui-même prendre.

 Cette obligation doit plus ou moins s'étendre
Dans des contrats, desquels l'effet s'expliquera
Au titre respectif qui les concernera.

 1138. Une obligation de livrer une chose
Est parfaite, à l'instant qu'à cette même clause,
Les acteurs du contrat consentent seulement.

 Elle investit alors propriétairement
Le créancier, et met à ses risques la chose
Du moment qu'en ses mains, en vertu de la clause,
Elle a dû parvenir par la transmission,
Quoique l'on n'ait pas fait cette tradition,
A moins que, pour livrer, laissant écouler l'heure,
Le débiteur trop lent ne soit mis en demeure ;
Aux risques, ce dernier se trouve alors soumis.

 1139. Pour que le débiteur, en demeure, soit mis,
Une sommation, tout autre acte semblable
Dirigé vers ce but, est réputé valable :
Il suffit de l'effet de la convention,
Lorsque l'on peut y voir la stipulation
Qu'au moment où, du terme, on aura franchi l'heure,
Le débiteur sera, sans nul acte, en demeure.

 1140. On règle les effets de l'obligation
De faire, soit le don, soit la tradition
D'un immeuble, d'après, ou le titre sixième,
Ou le titre dix-huit de ce livre troisième.

1141. Si l'objet qu'on s'oblige, et successivement,
A donner ou livrer à plus d'un contractant,
Est une chose en soi purement mobilière,
Le possesseur premier et réel se préfère ;
Il acquiert seul un droit à la propriété,
Son titre ne fût-il que le dernier daté,
Pourvu que, dans le cas qu'ici la loi décide,
A la possession, la bonne foi préside.

SECTION III.

De l'Obligation de faire ou de ne pas faire.

1142. Lorsque le débiteur, de l'exécution
N'a pas accompagné son obligation
De faire, ou ne pas faire une chose prescrite,
En dommages, toujours elle se voit réduite.

1143. Le créancier, d'ailleurs, a le droit d'exiger
Que tout ce qu'on a fait, ou tenté d'ériger,
En contravention d'un pacte qu'on outrage,
De la destruction subisse le partage ;
Il peut même obtenir l'autorisation
De procéder lui-même à la destruction,
Aux frais du débiteur, sans aucun préjudice
Des dommages, s'ils ont l'aveu de la justice.

1144. Il peut encore, en cas d'inexécution,
Demander, obtenir l'autorisation
De faire exécuter la chose consentie,
Aux dépens de celui que l'engagement lie.

1145. Si l'obligation est de ne faire point,

Celui qui sciemment contrevient à ce point
Est, d'une indemnité, tenu par le seul acte,
Par le seul fait qui porte infraction au pacte.

SECTION IV.

Des Dommages-intérêts résultant de l'inexécution de l'obligation.

1146. Le débiteur ne doit un dédommagement
Que lorsqu'il est rebelle à son engagement,
Et qu'il est en retard prouvé d'y satisfaire,
A moins qu'il n'ait promis de donner, ou de faire
Un objet qui devait être fait, ou donné,
Dans un temps dont le cours se trouve terminé.

1147. Si l'équité paraît y donner son suffrage,
Le débiteur encourt le paîment du dommage,
Pour n'avoir pas rempli son obligation,
Même pour le retard de l'exécution,
Lorsqu'il ne montre pas qu'une cause incidente,
Et, de sa volonté, prouvée indépendante,
De son engagement, a repoussé l'effet,
Bien que sa bonne foi n'offre rien de suspect.

1148. Quand un obstacle naît et se trouve la suite
D'une force majeure, ou cause fortuite,
Et qu'il peut empêcher le débiteur soumis
De faire, ou de donner ce qu'il avait promis,
Un dédommagement en vain se sollicite,
S'il ne s'acquitte pas de la charge prescrite,
Ou s'il est obligé de faire malgré soi,
Ce que, de ne pas faire, il s'imposa la loi.

1149. Des dommages, la juste et légale étendue
A, généralement, pour base reconnue
Et la perte qu'a pu faire le créancier,
Et ce dont il n'a point pu bénéficier :
A des exceptions que le code autorise,
Dans les nombres suivans, cette règle est soumise.

1150. D'abord, les débiteurs sont seulement tenus
Des dommages qui sont, lors du contrat, prévus,
Ou peuvent se prévoir, quand l'acte se rédige,
Si le pacte, d'ailleurs, dont la foi les oblige,
Sans nul dol de leur part, n'est point exécuté.

1151. Encor qu'au débiteur le dol soit imputé,
Et, de l'infraction, soit la cause connue,
Au dommage, on ne peut assigner d'étendue,
Soit pour le préjudice, en ce cas, éprouvé,
Soit à raison du gain dont on se voit privé,
Que sur l'effet direct dont se trouve suivie
Une convention oubliée et trahie.

1152. Quand il est stipulé dans la convention,
Qu'on paira, pour défaut de l'exécution,
Une certaine somme, à titre de dommage,
On ne peut allouer ni moins, ni davantage.

1153. Quand l'obligation se réduit à payer
Une certaine somme, on ne peut qu'essuyer,
Pour dommages soufferts et qui n'auraient pour cause
Que l'accomplissement trop tardif de la clause,
La condamnation aux intérêts légaux,
Sauf l'exécution des statuts spéciaux,
Au cautionnement, au commerce, applicables.

On doit ces intérêts, ils sont inévitables,
Bien que le créancier ne soit pas en état
De prouver qu'une perte en est le résultat.

Ils courent seulement du jour de la demande,
Excepté, toutefois, quand la loi qui commande
Déclare qu'en tel cas, de plein droit, ils sont dus.

1154. Des deniers capitaux, les intérêts échus,
De nouveaux intérêts, produisent la matière,
Ou par une action qu'en justice on défère,
Ou par un pacte exprès: aux deux cas, néanmoins,
Cet effet n'a pas lieu, s'il ne s'agit, au moins,
D'intérêts qui, d'un an, comprennent l'intervalle.

1155. Par une exception expresse, spéciale,
Du jour de la demande, ou des pactes conclus,
Produisent intérêts, les revenus échus,
Comme sont les loyers, comme sont les fermages,
D'une rente quelconque, enfin les arrérages.

Cette règle s'applique aux fruits restitués ;
Elle s'applique encore aux intérêts payés
Au créancier direct, par un tiers qui dégage
Ainsi le débiteur du lien qui l'engage.

SECTION V.

De l'Interprétation des conventions.

1156. On recherche avec soin, dans les conventions
Quels sont le but commun et les intentions
De chaque individu qui s'y trouve partie,
Plutôt qu'on ne s'arrête à ce que signifie,
Dans le sens littéral, chaque terme adopté.

Titre III. *Contrats ou Obligations convent.* 315

1157. Lorsque, dans une clause, un sens est présenté,
Et qu'un sens différent peut encor s'y comprendre,
Dans le doute qui naît, on doit plutôt l'entendre
Dans le sens par lequel un effet est produit,
Que dans le sens stérile et dénué de fruit.

1158. Les termes exprimés et dans lesquels il semble
Que deux sens opposés veulent lutter ensemble,
Prennent le sens qui peut le mieux se conformer
A l'objet du contrat qu'on a voulu former.

1159. Toute ambiguité se résout, s'interprète
Par l'image vivante, encore que muette,
De ce qu'a consacré l'usage, dans les lieux
Où, des conventions, se sont formés les nœuds.

1160. Les clauses, par l'usage, en un contrat, admises,
Doivent s'y suppléer, quoiqu'elles soient omises.

1161. Les clauses qu'on écrit dans un engagement
Se prêtent l'une à l'autre un éclaircissement,
Et l'on donne à chacune un sens qui se rapporte
Au but déterminé que l'acte entier comporte.

1162. Pour celui qu'on soumet à l'obligation,
Contre celui qui fait la stipulation,
On est toujours tenu d'interpréter le pacte,
Dans le doute qui peut s'élever dans un acte.

1163. Quelque vaste que puisse être l'acception
Des termes que contient la stipulation,
Restreinte, néanmoins, elle ne doit comprendre
Que l'objet sur lequel on a voulu s'entendre,

Et que les contractans, dans leur intention,
Ont marqué pour le but de la convention.

1164. Afin que le contrat soit clair, intelligible,
Si l'on exprime un cas, dans le dessein visible
D'expliquer mieux le sens de l'obligation,
Ce n'est jamais, pour elle, une restriction;
Elle reçoit de droit, par la loi, soutenue,
Aux cas non exprimés, toute son étendue.

SECTION VI.

De l'Effet des conventions à l'égard des tiers.

1165. Par les conventions, sont liés seulement
Ceux qui forment entre eux un tel engagement :
Elles ne font, au tiers, jamais de préjudice ;
Le même tiers ne peut en tirer bénéfice
Que dans le cas prévu, nombre onze cent vingt-un.

1166. Tout créancier, pourtant, jouit du droit commun
De pouvoir exercer tous les droits dont la source,
Ouverte au débiteur, présente une ressource,
En exceptant ceux qui sont exclusivement,
A la personne même, unis étroitement.

1167. En son nom personnel, tout créancier que blesse
Un contrat, où la fraude, employant son adresse,
A compromis ses droits contre son débiteur,
Peut attaquer aussi cet acte avec faveur.
Lorsque le créancier, néanmoins, veut poursuivre
Les droits, les actions que, dans le présent livre,
Les titres un et cinq ont voulu renfermer,
A ce qu'ils ont prescrit, il doit se conformer.

CHAPITRE IV.

Des diverses espèces d'Obligations.

SECTION PREMIÈRE.

Des Obligations conditionnelles.

§. Ier.

De la Condition en général, et de ses diverses espèces.

1168. Toute obligation est conditionnelle,
Lorsque, d'après le vœu du contrat, elle est telle
Qu'elle dépend d'un fait à venir, incertain,
Soit que, jusques au jour marqué par le destin
Où, de l'événement, s'annoncera l'issue,
On la suspende, ou bien qu'elle soit résolue
Si tel événement dont on est convenu
Arrive, ou qu'il ne soit nullement survenu.

1169. Pour la condition qu'on nomme *casuelle*,
Elle se fait toujours reconnaître pour telle,
Quand, soumise au hasard qui peut seul l'accomplir,
Créancier, débiteur, ne sauraient la remplir.

1170. Quant à celle qu'on nomme en droit *potestative*,
Sa présence, au contrat, s'offre, quand il arrive
Que l'exécution du pacte convenu
Dépend de tel, ou tel événement prévu
Que l'un des contractans demeure seul le maître,
Ou de faire arriver, ou d'empêcher de naître.

1171. On donne le nom *mixte* à la condition
Qui dépend à-la-fois, dans l'exécution,
Du vœu de l'un de ceux que l'engagement lie,
Et de la volonté d'une tierce partie.

1172. Toute condition qui comporte avec soi
Une chose impossible, ou que défend la loi,
Ou qui peut se montrer, aux bonnes mœurs, rebelle,
Est évidemment nulle; elle entraîne avec elle
L'entière nullité de la convention
Dont elle accompagnait la stipulation.

1173. Quand la condition consiste à ne pas faire
Une chose impossible, on ne la considère
Jamais comme pouvant briser l'engagement
Dont elle est reconnue être le fondement.

1174. Toute obligation est, de droit, annulée,
Lorsque, dans le contrat, on la voit stipulée
Sous la condition qui laisse l'obligé
Maître de la remplir, sans en être chargé,
Et que, *potestative*, on a plus haut nommée.

1175. Toute condition doit être consommée,
Comme chaque partie a, vraisemblablement,
Entendu, desiré son accomplissement.

1176. Si l'obligation se trouve contractée
Sous la condition consentie, acceptée
Que tel événement, après un temps fixé,
Dans les faits arrivés, se montrera placé,
Cette condition demeure évanouie
Si le temps fuit, avant qu'elle soit accomplie

Elle peut toujours l'être, alors que d'aucun temps,
Il n'est fait mention entre les contractans,
Et ne s'évanouit qu'au cas où l'on peut dire
Que le fait attendu ne peut plus se produire.

1177. Lorsque l'on est lié par un engagement,
Sous la condition que tel événement
Ne se produira pas dans un temps qu'on limite,
Cette condition acquiert tout son mérite,
Si l'on voit, du délai l'intervalle expirer,
Sans que l'événement soit venu se montrer;
Elle obtient un succès d'une valeur égale,
Lorsque, avant que le terme ait franchi l'intervalle,
On est mis en état de pouvoir constater
Que cet événement ne peut se présenter;
Et si, d'un temps fixé, mention n'est pas faite,
Elle ne réussit, elle ne se complète
Que lorsqu'il est certain et que l'on peut prouver
Que cet événement ne peut pas arriver.

1178. Toute condition est censée accomplie,
Lorsque le débiteur qui s'engage et se lie
Sous la loi que prescrit cette condition,
Met lui-même un obstacle à l'exécution.

1179. De la condition, a-t-on rempli la tâche?
La loi fait remonter l'effet qui s'y rattache
Au jour où le contrat, de la convention,
A formé, cimenté la stipulation.
Si la condition n'est pas encor remplie,
Lorsque le créancier vient à quitter la vie,
A ses représentans, passe son action;
Ils recueillent ce droit dans sa succession.

1180. Appuyé par la loi, le créancier peut faire,
Pour conserver son droit, tout acte nécessaire,
Sans attendre le temps où la condition,
De l'accomplissement, reçoit la sanction.

§. II.

De la Condition suspensive.

1181. Toute obligation que peut rendre tardive
Une condition qu'on nomme *suspensive*,
Est celle qui peut voir dépendre son destin,
Ou d'un événement à venir, incertain,
Ou d'un fait qui déjà se trouve en évidence,
Mais dont les contractans ignorent l'existence.
 Au premier des deux cas, cette obligation
Ne peut jamais avoir son exécution
Qu'après l'événement. — Elle est exécutée,
Au second cas, du jour qu'elle fut contractée.

1182. Au cas où l'on appose à l'obligation
Un pacte suspensif de l'exécution,
La chose stipulée et formant la matière
De la convention demeure toute entière
Aux risques de celui qui doit s'en dessaisir,
Au moment où le pacte aura pu s'accomplir.
 Si, de l'objet total la ruine est soufferte,
Sans que le débiteur en provoque la perte,
Nulle obligation ne saurait subsister.
 Si l'objet devient pire, ou vient à se gâter,
Sans que le débiteur en soit répréhensible,
Au choix du créancier, il devient admissible
A résoudre le droit dérivant du contrat,

TITRE III. *Contrats ou Obligations convent.*

On peut prendre l'objet dans son présent état,
Sans que le prix conclu puisse s'en voir réduire.
  Si, par le débiteur, la chose devient pire,
Au choix du créancier, il résout le contrat,
Ou prend le même objet dans son présent état;
Des dommages alors forment un accessoire.

§. III.

De la Condition résolutoire.

  1183. Une condition dite *résolutoire*
Est celle qui révoque, éteint l'engagement,
Lorsqu'elle est parvenue à l'accomplissement,
Et qui rend aux objets la même indépendance
Que si jamais contrat n'avait eu l'existence.
  Elle ne suspend point, pour l'obligation,
Le cours et le progrès de l'exécution;
Par elle, seulement, le créancier s'oblige
A rendre, à rapporter les objets qu'il exige,
Dans le cas où pourra naître l'événement
Qu'avait prévu, décrit l'acte d'engagement.

  1184. Toutes les fois que l'acte est synallagmatique,
Elle est sous-entendue, et toujours on l'applique,
Quand l'un des contractans, à la convention,
Refuse de donner une exécution.
  Les stipulations enchaînant les parties
Ne sont pas, de plein droit, alors anéanties;
Celui qui peut se plaindre avec solidité
De ce que le contrat n'est pas exécuté,
A le droit de forcer l'autre d'y satisfaire,

Quand la chose est possible, ou bien, s'il le préfère,
Il peut demander, outre un dédommagement,
La résolution de cet engagement.

La résolution n'est jamais réclamée
Que par une demande en justice formée;
Le débiteur, suivant la qualité des faits,
Peut, écouté du juge, obtenir des délais.

SECTION II.

Des Obligations à terme.

1185. Le terme, qui paraît avoir le caractère
De la convention, sur ce point en diffère
Qu'il n'est pas suspensif de l'obligation,
Mais apporte un retard à l'exécution.

1186. On ne peut exiger jamais une créance,
Lorsqu'elle est due à terme, avant son échéance;
S'il arrive qu'on paye antérieurement,
On ne peut répéter l'anticipé paîment.

1187. On présume toujours, quand un terme s'appose,
Que, pour le débiteur, on stipule la clause,
A moins que par les faits et par l'engagement,
On ne puisse juger qu'il est également,
Pour le créancier même un utile avantage.

1188. Le débiteur ne peut, du terme, faire usage,
Lorsqu'il est en faillite, ou lorsque, par son fait,
Il a diminué sciemment, ou soustrait
Les sûretés servant d'abord de garantie
A l'obligation qu'il avait consentie.

SECTION III.

Des Obligations alternatives.

1189. Le débiteur que lie une obligation
Qui, d'une alternative, offre l'expression,
De deux objets promis s'acquitte et se libère,
Quand la tradition de l'un des deux s'opère.

1190. Toujours, au débiteur, appartiendra le choix,
Si l'acte expressément n'a prescrit d'autres lois.

1191. De l'un des deux objets, la tradition faite
Rend, pour le débiteur la décharge complète ;
Mais il ne peut jamais forcer, contre ses vœux,
Le créancier à prendre une part dans les deux.

1192. Une obligation, fût-elle contractée
Sous une alternative, est toujours réputée
Pure et simple, si l'un des deux objets promis
Ne pouvait du contrat, être un sujet permis.

1193. Une obligation rendue alternative
S'efface et devient pure et simple, s'il arrive
Que l'un des deux objets qu'on a laissé périr,
A la tradition, ne puisse plus s'offrir,
Même quand on pourrait en assigner pour cause,
Le fait du débiteur. Au prix de cette chose,
Et pour la remplacer, on ne peut recourir.
  Lorsque les deux objets sont venus a périr,
Qu'au débiteur la faute en devient imputable
A l'égard de l'un d'eux, reconnu responsable,

On le force à payer le prix au créancier
De celui des objets qui périt le dernier.

1194. Dans les cas que prévoit l'article qui précède,
Lorsque le débiteur, par l'engagement cède
Au créancier le droit, le pouvoir de choisir,
  Ou l'un des objets vient seulement à périr ;
S'il n'est, au débiteur, nulle faute imputée,
Le créancier alors prend la chose restée ;
Si l'on peut imputer la faute au débiteur,
Alors le créancier jouit de la faveur
De pouvoir réclamer ou la chose restante,
Ou le prix de l'objet dont la perte est constante ;
  Ou l'un et l'autre objet ont cessé d'exister;
Alors, au débiteur, si l'on peut imputer
D'avoir causé la perte, aux deux choses, commune,
Ou d'avoir fait périr, d'elles, seulement, l'une,
Toujours le créancier est, à son choix, admis,
De l'une ou l'autre chose, à réclamer le prix.

1195. Lorsque, des deux objets, la ruine est soufferte,
Sans que le débiteur contribue à leur perte,
Avant qu'il soit encore en demeure placé,
L'engagement s'annule et se trouve effacé,
Suivant ce qu'établit, dans le cours de ce titre,
Nombre treize cent deux, le cinquième chapitre.

1196. Les principes divers que l'on vient d'expliquer
Ont également lieu de se voir appliquer
Avec le même soin, aux cas où, dans ses clauses,
Le pacte alternatif comprend plus de deux choses.

SECTION IV.

Des Obligations solidaires.

§. Ier.

De la solidarité entre les créanciers.

1197. A plusieurs créanciers, lorsqu'un titre commun,
Dans des termes exprès, leur confère à chacun
Le droit d'être payé de la créance entière,
Cette obligation est entre eux solidaire;
On la répute telle aussi, quand l'obligé,
En payant à l'un d'eux, se trouve dégagé,
Encor que le profit de la chose promise
Puisse se partager entre eux et se divise.

1198. De nul des créanciers, tant que le débiteur
Qui n'est point poursuivi, n'éprouve la rigueur,
En payant à celui qu'entre eux tous il préfère,
Il peut faire cesser la dette solidaire.
Néanmoins la remise offerte isolément,
Par l'un des créanciers qu'unit l'engagement,
Ne sert au débiteur que pour la part légale
Qu'avait ce créancier dans la dette totale.

1199. Pour l'un des créanciers solidaires entre eux,
Tout acte qui, marquant un intérêt soigneux,
De la prescription, suspend le cours agile,
Aux autres créanciers, est constamment utile.

§. II.

De la Solidarité de la part des débiteurs.

1200. La dette est solidaire entre les obligés,
Quand, d'une même chose, ensemble étant chargés,
Chacun d'eux, pour le tout, est sujet à poursuite,
Et que, l'un d'eux payant, chacun se trouve quitte.

1201. Quoique deux débiteurs puissent différemment
Se voir assujétis au même engagement,
Leur obligation n'est pas moins solidaire ;
Pour donner un exemple, un tel effet s'opère,
Quand l'un n'est obligé que sous condition,
Que le lien de l'autre est sans restriction,
Ou quand, d'un terme, l'un stipule l'avantage
Dont l'autre ne s'est point fait accorder l'usage.

1202. La solidarité ne se présume point ;
Il faut expressément stipuler un tel point.
La règle, à cet égard, se montre invariable,
Si ce n'est que la loi, par un motif valable,
N'imprime, de plein droit, et par sa volonté,
A la convention, la solidarité.

1203. Quand l'obligation se trouve solidaire,
Que, par le contrat même, elle a ce caractère,
En usant de son droit, le créancier poursuit
Celui des débiteurs qu'il préfère et choisit ;
Celui-ci, dans ce cas, ne peut avec justice,
De la division, vouloir le bénéfice.

1204. A l'un des débiteurs, lorsqu'il s'est adressé,

Le créancier n'est pas, pour cela, repoussé,
Quand il fait, s'appuyant d'une action légale,
Contre chacun d'entre eux, une poursuite égale.

1205. Par la faute des soins de l'un ou de plusieurs
Qu'un lien solidaire a rendus débiteurs,
On pendant leur retard, si la chose est périe,
Les autres débiteurs qu'un même pacte lie
Ne sont point déchargés de l'obligation
De payer cet objet à l'estimation ;
Mais à dédommager, on ne peut les contraindre.
Le créancier ne peut, sous ce rapport, atteindre
Que ceux qu'alors accuse un retard indiscret,
Et ceux qu'a, pour auteurs, la perte de l'objet.

1206. Contre un des débiteurs, la poursuite intentée,
De la prescription, tient la course arrêtée
Contre ceux qu'a liés la solidarité.

1207. Afin que l'intérêt puisse être répété
Contre ceux que soumet le pacte solidaire,
Il suffit de sommer un seul d'y satisfaire.

1208. Par le nœud solidaire, un débiteur uni,
Qui, par le créancier, se trouve poursuivi,
Peut s'armer librement et tirer avantage
De toute exception qu'offrent à son usage
La nature et l'objet de l'obligation ;
Il use également de l'application
De celles qui lui sont purement personnelles,
Ou sont, à ses consorts, communes, mutuelles.
Il ne peut, néanmoins, étendre ce pouvoir
Jusqu'à l'exception que peut faire valoir,

A titre personnel, l'un de ceux qu'associe
A son engagement, la chaîne qui le lie.

1209. Quand l'un des débiteurs devient, du créancier,
Le seul représentant et l'unique héritier,
Ou quand le créancier succédant, au contraire,
A l'un des débiteurs, en prend l'hoirie entière,
La solidarité, par la confusion,
Ne s'éteint seulement que pour la portion
Qui pourroit concerner, dans cette circonstance,
Le débiteur, ou bien le porteur de créance.

1210. Lorsque le créancier d'une obligation
Accorde la faveur de la division
A l'un des débiteurs qu'un même sort enchaîne,
Sur ceux qui sont liés par une même chaîne,
Il conserve son droit de solidarité,
Néanmoins, dans ce cas, réduit et limité
Par la déduction de la part singulière
De celui qu'il dérobe au lien solidaire.

1211. Lorsque le créancier a, par division,
De l'un des débiteurs, reçu la portion,
Sans avoir réservé, comme il l'aurait pu faire,
Ses droits, en général, ou son droit solidaire,
Pour ce débiteur seul, il sera réputé
Avoir remis le droit de solidarité.
Lorsque, du débiteur, le créancier accepte
Une somme pareille à sa part de la dette,
Et qu'en lui concédant quittance à cet égard,
Il ne déclare point qu'il reçoit *pour sa part*,
La solidarité continue et subsiste.
Par un principe égal, la même chose existe,

Lorsque le créancier appelle en jugement
L'un des codébiteurs, *pour sa part* seulement,
Si celui-ci s'oppose au but de la poursuite,
Ou que nul jugement n'en ait été la suite.

1212. Lorsque le créancier a, par division,
Et sans rien réserver, reçu la portion
De l'un des débiteurs, sans la mention faite
D'arrérages, ou bien d'intérêts de la dette,
Il ne perd, en ce cas, la solidarité
Que pour les droits échus sous cette qualité,
Et non pour ceux qui sont de future échéance,
Ni pour le capital, à part la circonstance
Que le débiteur ait consécutivement,
Pendant dix ans entiers, fait le même paîment.

1213. Envers le créancier, une dette indivise,
Entre les débiteurs, de plein droit, se divise;
Ils ne sont constamment, de l'obligation,
Tenus entre eux chacun que pour sa portion.

1214. L'un des codébiteurs pour dette solidaire
Ne saurait répéter, lorsqu'il la paye entière,
Contre ceux qu'a liés le même engagement,
Que la distincte part de chacun seulement.
Si l'un des débiteurs cesse d'être solvable,
La perte que produit une cause semblable
Se répartit toujours, par contribution,
Entre les débiteurs de l'obligation,
Desquels les facultés peuvent y satisfaire,
Et celui qui paya la dette solidaire.

1215. Le créancier a-t-il, pour l'un des débiteurs,
Du lien solidaire, écarté les rigueurs?

Si l'un des obligés à la même créance,
Ou plusieurs, de payer, éprouvent l'impuissance,
De la part de ceux-ci, par contribution,
Doit être faite alors la répartition
Entre les débiteurs que le contrat engage,
Sans même excepter ceux qui tiennent l'avantage
D'avoir précédemment pu se voir dégagés
Du solidaire poids dont ils étaient chargés.

1216. S'il est évidemment constaté que l'affaire
Dont a pu procéder la dette solidaire,
Concerne uniquement un seul coobligé,
De la dette totale, il demeure chargé.
A l'égard de tous ceux que le contrat engage;
Et que, sous ce rapport, alors on n'envisage
Que comme ayant servi chacun de caution.

SECTION V.

Des Obligations divisibles et indivisibles.

1217. On s'assure, on connaît qu'une obligation,
Dans ses propres effets se trouve indivisible,
Ou, de division, se montre susceptible,
Selon qu'elle concerne une chose, un objet
Qui, dans la livraison dont il est le sujet,
Ou quelque fait précis lequel, quand il s'opère,
Peut, ou bien ne peut pas offrir une matière
Qu'on puisse diviser matériellement,
Ou diviser du moins imaginairement.

1218. Une obligation demeure indivisible,
Quoique, vu leur nature, il devienne possible

De mettre en plusieurs parts ou la chose, ou le fait
Qui, de l'engagement s'est présenté l'objet,
Si telle que, dans l'acte, elle est considérée,
D'une exécution, par partie, opérée,
Elle ne peut alors souffrir le résultat.

1219. La solidarité stipulée au contrat,
Par sa propre vertu, ne rend pas susceptible
Une obligation d'être non divisible.

§. I.

Des Effets de l'obligation divisible.

1220. Une obligation, entre le créancier
Et celui qu'envers lui le contrat peut lier,
Doit obtenir l'effet d'un pacte indivisible,
Bien que, de sa nature, elle soit divisible.
Pour leurs héritiers seuls, est la division,
Et, concernant la dette, ils n'ont une action,
Ou ne sont obligés d'en effacer la trace,
Que pour la simple part que chacun d'eux embrasse,
Ou dont ils sont tenus, comme représentans,
Dans un ordre divers, les premiers contractans.

1221. La règle qu'établit l'article qui précède
Doit cesser, à l'égard de celui qui succède
Au débiteur sur qui pèse l'engagement,
 Quand la dette est fondée hypothécairement ;
 Lorsque d'un corps certain cette dette dérive ;
 Quand le pacte consiste en dette alternative
D'objets dont le choix est, au créancier, livré,
Dont l'un ne peut se voir nullement séparé ;

Quand l'un des héritiers cédant à la contrainte
Du titre, doit lui seul rendre la dette éteinte ;
Quand, en appréciant en soi l'engagement,
La chose qu'on en voit être le fondement,
Et le but évident que le contrat présente,
On vient à découvrir l'intention constante,
Qu'on ne pût s'acquitter de l'obligation
Que par un plein paîment fait sans division.
Dans les trois premiers cas le possesseur du gage
Que la convention, par ses liens engage,
Ou que la dette frappe hypothécairement,
Sur l'un ou l'autre, peut être indifféremment
Poursuivi pour le tout : par un recours d'usage,
De ses cohéritiers, chacun le dédommage.
Dans le quatrième cas, l'héritier engagé,
Et, du poids de la dette, entièrement chargé,
Et dans le dernier cas, tous ceux qui, dans la masse
Des héritiers, seront reconnus avoir place,
Peuvent être contraints pour la totalité ;
Ils ont pour recourir la même faculté.

§. II.

Des Effets de l'obligation indivisible.

1222. Chacun des débiteurs que conjointement lie
La dette qu'on ne peut diviser par partie,
N'y satisfait pas moins pour la totalité,
Quoiqu'il n'existe pas de solidarité.

1223. Cette règle enveloppe aussi, dans son usage,
L'héritier de celui qu'un pareil pacte engage.

1224. Le droit favorisant chaque cohéritier
De celui que le pacte a rendu créancier,
Rend l'exécution, pour le tout, exigible,
Quand l'obligation se trouve indivisible.

Il n'a pas, néanmoins, lui seul, la faculté
De remettre la dette en sa totalité;
Nul droit, quand il est seul, non plus, ne l'autorise,
A recevoir le prix, pour la chose promise.
S'il fait une remise excédant son pouvoir,
Ou seul reçoit un prix qu'il ne peut recevoir,
Pour son cohéritier, la loi rend admissible
Le droit de réclamer la chose indivisible,
En déduisant la part de l'héritier surpris,
Ou qui fit la remise, ou qui reçut le prix.

1225. Quand, par une action, le créancier procède,
Qu'au lieu du débiteur, il cite qui succède
Pour la totalité de l'obligation,
Celui-ci peut tenter la réclamation
D'un délai suffisant pour voir, dans cette instance,
Tous ses cohéritiers courir la même chance,
A moins qu'il ne se trouve un tel engagement
Que l'héritier cité doive seul le paiement:
Il peut être alors seul contraint d'y satisfaire,
Sauf, envers ses consorts, le recours ordinaire.

SECTION VI.

Des Obligations avec clauses pénales.

1226. Une clause pénale est celle qui soumet
Une personne, afin de garantir l'effet
D'une convention, à souffrir quelque chose,
Si l'on n'accomplit pas la principale clause.

1227. Le pacte principal, comme nul rejeté,
De la clause pénale entraîne nullité.
La seule nullité de la clause pénale
Ne peut point vicier la clause principale.

1228. Le créancier jouit toujours du droit légal
De faire exécuter le pacte principal,
Au lieu de réclamer que la peine établie
Contre le débiteur en retard, soit subie.

1229. La clause pénale est la compensation
Du dédommagement dont la concession
Est due au créancier, quand, au contrat portée,
La clause principale est inexécutée.
Dans la même demande, avec le principal,
Il ne peut réunir ce qui n'est que pénal,
A moins que, toutefois, la peine retenue,
Pour le simple retard, n'ait été convenue.

1230. Que l'on ait pris le soin, au pacte primitif,
De stipuler, ou non, un terme positif
Pour l'exécution qui doit toujours le suivre,
La peine ne s'encourt et ne peut se poursuivre,

Que lorsque le retard vient à se démontrer
Contre celui qui doit faire, prendre, ou livrer.

1231. Quand il le trouve bon, le juge modifie
La rigueur de la peine, au contrat, établie,
Lorsque le principal de l'obligation,
En partie, a reçu son exécution.

1232. Quand l'obligation première et principale,
Renfermant avec elle une clause pénale,
Porte sur un objet qu'on ne peut diviser,
La peine est encourue, et l'on peut en user,
En cas d'infraction même seulement faite
Par l'un des héritiers de l'auteur de la dette :
On peut la requérir, soit en totalité
Contre le transgresseur du pacte contracté,
Soit contre ses consorts, pour part héréditaire;
On prend aussi contre eux la voie hypothécaire,
Pour la peine totale; ils peuvent recourir
Contre celui d'entre eux qui l'a fait encourir.

1233. Quand l'obligation primitivement faite,
A la division, ne peut qu'être sujette,
La peine stipulée en cas d'infraction,
Atteint isolément la contravention,
Par l'un des héritiers du débiteur, commise,
Et frappe seulement la portion précise
Qui pouvait l'attacher au principal traité,
Sans pouvoir blesser ceux qui l'ont exécuté.
La règle doit cesser, quand la clause pénale
Ajoutée au contrat, détermine et signale
L'expresse intention, qu'en sa totalité,
Le paîment convenu doive être exécuté,

Et qu'un des héritiers qui s'expose à l'enfreindre,
En s'opposant au but, empêche de l'atteindre.
La peine est exigible alors entièrement
Contre celui qui fait manquer l'engagement,
Et contre leurs consorts, pour leur part mutuelle,
Sauf indemnité juste et proportionnelle.

CHAPITRE V.

De l'Extinction des obligations.

1234. On voit cesser, s'éteindre une obligation
Par le paîment reçu, par la novation,
Quand, volontairement, la remise en est faite,
Quand, par un autre droit, on compense la dette;
Elle s'éteint encor par la confusion,
La perte de la chose, ou sa destruction,
Quand elle est rescindée, ou qu'elle est annulée;
Entre les contractans, quand elle est stipulée
Sous la condition qui peut en provoquer
La résolution, dont on a vu marquer
Les différens effets, au précédent chapitre;
Par la prescription, objet d'un autre titre.

SECTION PREMIÈRE.

Du Paiement.

§. I.

Du Paiement en général.

1235. Quand on paye, une dette est censée exister:
Ce qu'on paye indûment, on peut le répéter.
 La répétition ne peut être licite,
Lorsque, de son plein gré, de soi-même, on s'acquitte
Des obligations qu'on ne doit seulement,
Sans nul autre lien, que naturellement.

1236. Une obligation légalement s'acquitte
Par tout individu que l'intérêt excite,
Tel qu'un co-obligé, tel qu'une caution.
 Un tiers, sans intérêt dans l'obligation,
Peut même l'acquitter, pourvu qu'en cet office,
Au nom du débiteur, pour son compte, il agisse
Ou qu'il n'acquière point, s'il agit en son nom,
Aux droits du créancier, la subrogation.

1237. Un tiers ne peut remplir un pacte qui repose
Sur la convention de faire quelque chose ;
S'il ne peut obtenir l'aveu du créancier,
Alors qu'un intérêt excite ce dernier
A vouloir que la clause en soit exécutée
Par les soins de celui qui l'aura contractée.

1238. Celui qui veut payer avec validité,
Doit établir son droit à la propriété

De la chose, en paîment, au créancier donnée,
Et qu'elle peut, par lui, se voir aliénée.

Le paîment, néanmoins, d'une somme en argent,
Ou ce que peut offrir tout autre équivalent
Qui soit considéré comme un objet fongible,
De répétition, n'est jamais susceptible
Contre le créancier qui, sans déception,
S'en est alors permis la consommation,
Bien que, sans aucun droit, la chose soit donnée,
Et sans capacité se trouve aliénée.

1239. Le paîment doit se faire au créancier; celui
Qu'il munit d'un pouvoir doit recevoir pour lui,
Ainsi que ceux à qui l'ordre de la justice,
Ou la loi, de ses droits, délègue l'exercice.

Quoique, du créancier, on n'ait point de pouvoir,
On peut valablement encore recevoir,
Lorsque le créancier rend le paîment licite,
En le ratifiant, ou lorsqu'il en profite.

1240. Le paîment accompli fait, sans déception,
A celui qui, du titre, est en possession,
Est valable, encor bien que, par une poursuite,
Le possesseur en soit évincé dans la suite.

1241. Au créancier que lie une incapacité,
Le paîment que l'on fait est sans validité,
S'il n'est pas établi que la chose payée,
Utile au créancier, pour lui fut employée.

1242. Lorsque le débiteur paye à son créancier,
En méprisant les nœuds dont a pu le lier
Une opposition, un acte de saisie,

Il fait un paîment nul qui ne préjudicie,
En aucun cas, aux tiers saisissans, opposans ;
Ceux-ci, d'après les droits qui leur sont compétens,
Le forcent à payer de nouveau la créance;
Alors, et seulement dans cette circonstance,
Contre le créancier il pourra recourir.

1243. Jamais le créancier n'est contraint de souffrir
Qu'on lui donne en paîment une tout autre chose,
Que l'objet sur lequel sa créance repose,
Encore que l'objet qu'offre le débiteur
Puisse avoir une égale, ou plus grande valeur.

1244. La créance à payer fût-elle divisible?
Le paîment partiel n'en est pas admissible,
Et jamais ce paîment ne peut être tenté
Envers le créancier, contre sa volonté.
Les juges, néanmoins, si quelque chose prouve
Le dénûment réel qu'un débiteur éprouve,
Peuvent, en employant avec discrétion
Cet indulgent moyen de médiation,
De délais modérés, donner les avantages,
Et de toute poursuite, arrêter les orages,
Les choses demeurant dans leur dernier état.

1245. Qui doit un corps certain, fixé par le contrat,
Se libère en livrant cette chose promise
Telle qu'elle se trouve alors qu'elle est remise,
Pourvu que, toutefois, la dégradation
Qui, depuis, y causa quelqu'altération,
A sa faute, à son fait, ne soit point imputable,
Non plus qu'au fait de ceux dont il est responsable,
Ou qu'avant que l'objet ait perdu de son prix,

Dans un retard formel, il ne soit pas surpris.

1246. Si la chose, d'ailleurs, qui doit être donnée,
Excepté pour l'espèce, est indéterminée,
De l'obligation, pour être dégagé,
A donner la meilleure, on n'est pas obligé,
Ni, pour faire, du pacte, évanouir l'empire,
Il ne suffira pas de présenter la pire.

1247. Le paîment doit avoir son exécution
Dans le lieu déclaré par la convention ;
Dans le cas où dans l'acte aucun lieu ne s'assigne,
Et s'il s'agit d'un corps que le contrat désigne,
Dans l'enceinte des lieux où ce corps existait
Au moment du contrat, le paîment sera fait.
Ces deux cas exceptés, c'est dans le lieu qu'habite
Le propre débiteur, que la dette s'acquitte.

1248. Les frais dont le paîment peut être environné
Sont, pour le débiteur, un fardeau destiné.

§. II.

Du Paiement avec subrogation.

1249. La subrogation à des droits qu'abandonne
Le créancier direct, à la tierce personne
Qui pour le débiteur, satisfait au paîment,
Est conventionnelle, ou, de la loi, descend.

1250. Elle porte avec soi le premier caractère,
Lorsque le créancier qui se voit satisfaire
Par le libre secours d'un tiers intervenant,
Le subroge en ses droits, alors abandonnant

Actions, privilége, ou titre hypothécaire,
Contre le débiteur: en pareille matière,
La subrogation doit être expressément
Stipulée, à l'époque où se fait le paîment.
  Lorsque le débiteur, pour acquitter sa dette,
A recours à l'emprunt et subroge qui prête
Aux droits du créancier : la subrogation
N'a de validité, dans cette occasion,
Qu'autant que les contrats d'emprunt et de quittance,
Dans un acte public, puisent leur existence,
Que celui de l'emprunt énonce expressément
Qu'il est fait dans le but d'opérer le paîment,
Et que, dans la quittance, avec soin l'on insère
Que la dette s'acquitte et le paîment s'opère
Par les deniers qu'on tient du nouveau créancier :
Mais le consentement, le concours du premier,
Aux droits du subrogé, n'est jamais nécessaire.

1251. La subrogation, de plein droit, se confère,
  Au profit de celui qui, d'abord créancier,
Guidé par l'intérêt, se décide à payer
Celui dont la créance est en ligne première,
Comme ayant privilége, ou comme hypothécaire;
  Au profit de celui qui, d'un fonds, acquéreur
Paye, avec les deniers qu'il doit au débiteur,
Des créanciers anciens qui, sur cet héritage,
Ont, du droit d'hypothèque, obtenu l'avantage;
  Au profit de celui qui, se trouvant chargé
D'une obligation, comme co-obligé,
Ou qui, pour d'autres tiers, lié par la créance,
A l'intérêt pressant d'en obtenir quittance;
  Au profit de celui qui, dans l'intention

De faire liquider une succession,
De ses propres deniers, l'affranchit, la libère,
Lorsqu'il n'est héritier que bénéficiaire.

1252. La subrogation qui, sur ces fondemens,
Se trouve instituée aux nombres précédens,
Comme les débiteurs, par ses liens attache
Ceux qui, de cautions, doivent remplir la tâche :
Elle ne saurait nuire à celui qui reçoit
Son paîment en partie ; il exerce son droit
Contre le débiteur, même par préférence
Au tiers qui n'a payé qu'une part de créance.

§. III.

De l'Imputation des paiemens.

1253. Quand, à plus d'une dette, il a pu s'obliger,
Et que, par un paîment, il veut se dégager,
Le débiteur jouit de la faveur licite
De déclarer quelle est la dette qu'il acquitte.

1254. Quand la dette produit arrérage, intérêt,
Jamais, par préférence à l'un ou l'autre objet,
Le paîment que l'on fait, encor qu'il soit valable,
Sur le fonds capital, ne peut être imputable,
Lorsque le créancier n'y veut pas consentir :
Le paîment partiel qui doit se répartir
Entre les intérêts et le fonds de créance,
S'impute sur ceux-là d'abord, par préférence.

1255. Quand par plus d'une dette on a pu se lier,
Et qu'on a bien voulu prendre du créancier,

Titre III. *Contrats ou Obligations convent.*

En faisant un paiment qui n'éteint qu'une dette,
Une quittance alors morcelée, incomplète,
Où l'imputation est, spécialement,
Déclarée applicable à tel engagement,
On ne peut demander que, d'une autre créance,
Cette imputation éteigne l'existence,
Lorsque le créancier, envers le débiteur,
D'une surprise, ou dol, n'est pas prouvé l'auteur.

1256. Sur l'imputation, lorsque cette quittance,
Donnée en général, a gardé le silence,
On doit, au débiteur, en ce cas, imputer
Sur ce qu'il est pour lui plus pressant d'acquitter,
Entre dettes ayant atteint leur échéance ;
Mais lorsqu'il n'est échu qu'une seule créance,
Bien qu'elle soit d'un poids plus facile à porter,
Sur elle, le paiment doit toujours s'imputer.

Lorsque les dettes sont, par leur nature, égales,
Toujours la plus ancienne écarte ses rivales ;
Si rien ne les distingue, avec proportion
Entre elles on procède à l'imputation.

§. IV.

Des Offres de paiement et de la consignation.

1257. Lorsque le créancier, au paiment qu'on présente,
Oppose, d'un refus la barrière constante,
On peut en faire l'offre avec réalité ;
Si le refus alors est encor répété,
Ou la chose, ou la somme offerte est consignée.

De consignation, une offre accompagnée

Assure au débiteur sa libération,
Et, de ce qu'on dépose en consignation,
Le créancier devient lui-même responsable.

 1258. Faite réellement, une offre n'est valable,
Qu'autant qu'elle s'adresse à qui peut recevoir,
Ou bien au tiers muni par lui de son pouvoir;
 Qu'elle est directement faite et réalisée
Par personne, à payer dûment autorisée;
 Qu'elle embrasse et comprend, dans sa totalité,
La créance qu'atteint l'exigibilité,
Les arrérages dûs, l'intérêt qui put naître,
Les dépens liquidés, pour ceux qui doivent l'être,
Une certaine somme, et sauf à l'augmenter;
 Que le terme est échu, si, pour en profiter,
Le crancier lui-même en a fait une clause;
 Que la condition sur laquelle repose
La dette que produit la stipulation,
Est prouvée avoir eu son exécution;
 Qu'au lieu déterminé pour le paîment à faire
L'offre, légalement, à cet effet s'opère,
Et que, si d'aucun lieu, dans la convention,
On n'a point exprimé la désignation,
Elle est, au créancier en personne, adressée,
Ou qu'à son domicile elle est faite et laissée,
Ou dans celui fixé par son élection
Pour l'accomplissement de la convention;
 Que l'officier public par qui l'offre s'opère
A, pour l'exécuter, un légal caractère.

 1259. Pour sa validité, la consignation
N'exige point du juge une intervention:
 Pour valoir, il suffit qu'elle soit devancée

D'une sommation par exploit dénoncée
Au créancier, fixant avec précision
Le jour, l'heure et le lieu de l'opération;
 Que, de la chose offerte, à l'instant dessaisie,
La main du débiteur la remette et confie
Au dépôt que la loi désigne expressément,
Avec les intérêts jusques à ce moment;
 Que l'officier public prêtant son ministère,
Dans le procès-verbal qu'il rédige, énumère
L'espèce des deniers qu'on a fait présenter,
Enonce le refus fait de les accepter,
Ou bien, du créancier, le défaut de présence,
Et, du dépôt enfin, constate l'existence;
 Que le procès-verbal, quand n'aura point paru
Le créancier, par lui, soit par exploit connu,
Et que sommation lui soit signifiée
De retirer la chose au dépôt confiée.

1260. Les frais de l'offre faite avec réalité,
Les frais pour consigner, si la formalité
Est, sous ces deux rapports, valablement remplie,
Sont, pour le créancier, une charge établie.

1261. Tant que le créancier, sur l'objet consigné
N'a point porté les mains et qu'il l'a dédaigné,
Le débiteur jouit du droit de le reprendre;
S'il use d'un parti qu'il est libre de prendre,
Il ne s'opère point de libération
Pour son codébiteur, ni pour sa caution.

1262. Lorsque, d'un jugement qui, dans son existence,
De la chose jugée, acquiert la consistance,
Il suit qu'un débiteur, de la formalité

De l'offre et du dépôt, s'est dûment acquitté,
Même, du créancier, quand l'aveu l'autorise,
Du dépôt il ne peut obtenir la remise,
Et porter préjudice à l'opposition
De son codébiteur, ou de sa caution.

1263. Lorsque le créancier consent que l'on retire
La consignation que garantit l'empire
D'un jugement que met la force, le secours
De la chose jugée, à l'abri du recours,
S'il avait privilége, il en perd l'exercice,
Son hypothèque même en souffre un préjudice;
Il ne peut l'exercer qu'à dater du moment
Où l'acte qui fait foi de son consentement
A ce que, du dépôt, la chose soit reprise,
Se trouve revêtu de la forme requise
Qui, du droit d'hypothèque, assure le destin.

1264. Si la chose qu'on doit présente un corps certain,
Dont la tradition seulement doit se faire
Dans le lieu qu'elle occupe, il devient nécessaire
Que le débiteur fasse une sommation
A l'effet d'en venir prendre possession;
Au créancier lui-même, elle est signifiée,
Ou, dans son domicile, elle est notifiée,
Ou dans le lieu marqué par son élection
Pour l'accomplissement de la convention.
Si, la formalité valablement remplie,
La chose, au même lieu, reste encore établie,
Et que le débiteur ait un besoin pressant
De faire procéder à son déplacement,
Il peut, de la justice, obtenir que la chose,
Dans un lieu différent se place et se dépose.

§. V.

De la Cession de biens.

1265. La cession de biens est l'abandon présent
Qu'envers ses créanciers un débiteur consent,
De tout ce qu'il possède, alors que l'impuissance
Lui ravit, de payer, jusques à l'espérance.

1266. On y peut procéder, ou volontairement,
Ou, dans les cas prévus, judiciairement.

1267. La cession reçoit le premier caractère,
De l'acceptation et libre et volontaire
Qu'en font les créanciers ; l'effet en est réglé
Aux termes du contrat, tel qu'il est stipulé
Entre le débiteur et tout cessionnaire.

1268. Quant à la cession dite judiciaire,
Elle est un bénéfice accordé par la loi
Au débiteur intègre et plein de bonne foi,
Que poursuit la rigueur de l'aveugle fortune ;
Pour briser, de ses fers, la barrière importune,
Il peut, de la justice en invoquant l'appui,
Céder aux créanciers tout ce qui fut à lui ;
Aucun engagement n'y peut être contraire.

1269. Jamais la cession, faite ainsi, ne confère
Aux créanciers un droit à la propriété ;
Ils peuvent seulement avoir la faculté,
Pour leur profit commun, d'obtenir qu'on procède
A la vente des biens que le débiteur cède,
Et, jusqu'à ce moment, d'en percevoir les fruits.

1270. Jamais les créanciers ne peuvent être admis,
Lorsque la cession devient judiciaire,
A repousser aucun des effets qu'elle opère,
S'il ne s'agit d'un cas, par les lois, excepté.

Le débiteur par elle, obtient la liberté.

Le cédant, au surplus, dans cette circonstance,
N'est jamais libéré que jusqu'à concurrence
De la valeur des biens dont il s'est dessaisi ;
Au cas où, pour payer, ils n'auront pas suffi,
La loi, si, d'autres biens, l'avenir l'environne,
Jusqu'au parfait paîment, veut qu'il les abandonne.

SECTION II.

De la Novation.

1271. D'une triple manière une obligation
Peut éprouver l'effet de la novation :
Lorsque le débiteur impose sur sa tête,
Envers son créancier, une nouvelle dette
Qui remplace et dissout l'ancien engagement ;
Lorsque le créancier accepte librement,
Pour l'ancien débiteur de qui la dette cesse,
D'un débiteur nouveau, la récente promesse ;
Quand un nouveau contrat vient à s'effectuer
Qui, pour le débiteur tend à substituer
Un nouveau créancier à l'ancien qui délie
De la première dette, envers lui consentie.

1272. De la novation l'effet peut exister
Seulement entre ceux qui peuvent contracter.

1273. De la présomption elle ne saurait naître ;

Dans l'acte, clairement, on doit faire connaître
La libre volonté qu'on a de l'opérer.

1274. Sans que le débiteur doive y coopérer,
Un débiteur nouveau, pour lui, se substitue,
Et la novation, de plein droit, s'effectue.

1275. Lorsque le débiteur cède à son créancier
Un débiteur qui veut, envers lui se lier,
Nulle novation n'intervient, ne s'opère,
S'il n'est pas exprimé par le cessionnaire
Qu'il entend décharger de l'obligation
Le débiteur qui fait la délégation.

1276. Lorsque le créancier décharge de la dette
Le premier débiteur par qui se trouve faite
La délégation, il n'a point la faveur
D'exercer un recours contre ce débiteur,
Lorsque le délégué cesse d'être solvable,
A moins qu'il ne stipule une faveur semblable,
Ou que le délégué ne soit ouvertement
Insolvable, ou failli, dans le même moment
Que l'acte où l'on délègue intervient et se passe.

1277. Quand, d'un tiers présenté pour payer à sa place,
Le débiteur ne fait que l'indication,
Jamais il n'en résulte une novation.
De même, elle ne peut avoir nulle existence,
Lorsque, pour recevoir le prix de sa créance,
Celui qu'elle concerne indique simplement
Un tiers qui doit pour lui recevoir le paîment.

1278. Le privilége, ou bien le droit hypothécaire
Dont l'ancienne créance existait tributaire,

N'éprouvent point l'effet de la transmission
Sur celle qui la suit par substitution,
A moins que, dans le pacte, une expresse réserve,
Au prudent créancier, alors ne les conserve.

1279. D'un nouveau débiteur, la substitution
Opérant les effets de la novation,
Le privilége, ou bien le droit hypothécaire
Qui pouvaient protéger la créance première,
Ne peuvent, sur les biens du nouveau débiteur,
Etendre le bienfait d'un soin conservateur.

1280. Quand la novation se présente établie
Entre le créancier et l'un de ceux que lie
La dette solidaire, on ne peut réserver
L'un ou l'autre des droits propres à conserver
Le pacte primitif, sinon sur l'héritage
De celui qu'à la dette un nouveau pacte engage.

1281. La novation faite entre le créancier
Et l'un des débiteurs que se trouve lier
La solidarité, légalement opère,
Pour les codébiteurs, une quittance entière.
Quand la novation, par un titre légal
Couvre de sa faveur l'obligé principal,
La caution est quitte et rien plus ne l'oblige.
Si, dans le premier cas, néanmoins, on exige,
De tous les obligés, les interventions,
Ou, dans le second cas, celles des cautions,
L'ancien engagement au même état subsiste,
Quand, des codébiteurs, des cautions, existe
Le refus d'accéder à la novation.

SECTION III.

De la Remise de la dette.

1282. Quand, par le créancier, une tradition
Est, à son débiteur, volontairement faite
Du titre original constituant la dette,
Et que, sous seing privé, ce titre fut souscrit,
De celui qui devait, le lien est détruit.

1283. Quand, volontairement est remise et laissée,
La grosse du contrat, la créance est censée
Ou remise ou payée ; en ce cas, néanmoins,
Pour la preuve contraire, on admet des témoins.

1284. Lorsque, pour l'un de ceux que le nœud solidaire
Retient assujétis, la remise s'opère
Du titre original sous seing privé conçu,
Ou bien que, du contrat publiquement reçu,
La grosse est dans ses mains, le destin favorable
De ses codébiteurs, au sien, devient semblable.

1285. La remise, ou décharge, à l'obligation
Mettant fin, par l'effet d'une convention,
Pour l'un de ceux qu'unit la dette solidaire,
A tout codébiteur profite et le libère,
A moins que le contrat n'ait, contre ce dernier,
Réservé clairement les droits du créancier.
Au dernier des deux cas, à répéter sa dette,
Il ne peut être admis que, déduction faite,
Avec proportion, de la part de celui
Qui tient précédemment sa remise de lui.

1286. Lorsqu'en nantissement une chose est cédée,
La remise qui peut en être concédée,
Seule, ne conduit point à la présomption
Qu'on renonce au profit de l'obligation.

1287. L'obligé principal obtenant la remise,
Par stipulation, en sa faveur acquise,
Cette décharge étend jusqu'à la caution
Les effets que produit la libération.
Lorsque la caution obtient une remise,
La libération ne peut point être acquise
A l'acteur principal parmi les obligés.
Du cautionnement, si plusieurs sont chargés,
Et que, de la remise un d'eux ait l'avantage,
Les autres sont liés, et lui seul se dégage.

1288. Quand une caution vient à faire un paîment,
Pour n'être plus sujette au cautionnement,
D'une imputation, la dette est susceptible,
L'obligé principal la trouve moins pénible,
Des autres cautions, le sort est adouci.

SECTION IV.

De la Compensation.

1289. Si je dois à quelqu'un et qu'il me doive aussi,
La compensation, entre nous, s'interpose,
Et, de la double dette, éteint la double cause :
On va tracer de suite une explication
Des règles et des cas de compensation.

1290. Elle naît d'elle-même et, de plein droit, s'opère,
La loi lui donne seule un pareil caractère,

Même à l'insu de ceux qu'une créance atteint;
Le double engagement est à-la-fois éteint,
Quand paraît le moment de sa double existence,
Proportion gardée et jusqu'à concurrence
Du montant respectif de chaque engagement.

1291. La compensation n'a lieu légalement
Que lorsqu'elle intervient au milieu de deux dettes
Qui, pour un but égal, respectivement faites,
Ont pour objet chacune une somme d'argent,
Ou comportent chacune un certain contingent
D'objets qu'on peut ranger dans les choses fongibles,
Egaux par leur espèce, et de même exigibles.
De grains ou de denrée une prestation
Qui n'est point un objet de contestation,
Dont le prix est réglé par la feuille authentique
Où, du prix des marchés, est la note publique,
Par compensation, peut, de droit, s'échanger
Contre somme liquide et qui peut s'exiger.

1292. La compensation, dans le terme de grace,
Ne saurait rencontrer un obstacle efficace.

1293. La compensation a lieu légalement,
Quel que soit le motif du double engagement;
Il faut en excepter la triple circonstance,
De la demande faite et portée en instance
En restitution d'un objet défini,
A son propriétaire, injustement ravi;
D'une action tendante à la juste remise
D'une chose qui fut, par un dépôt transmise,
Et même d'un objet prêté pour en user;
D'une dette sacrée et qui peut reposer

Sur cause d'alimens, toujours si favorables,
Et qui sont déclarés n'être pas saisissables.

1294. Une caution peut toujours faire valoir
La compensation de ce que peut devoir
Le créancier lui-même, à celui dont la dette
A, principalement, pu surcharger la tête.
    Mais celui qui se trouve obligé principal,
Ne jouissant jamais d'un bénéfice égal,
Ne se voit point admis à compenser la dette
Qu'envers le créancier la caution répète.
    Qui solidairement se trouve débiteur,
Ne saurait compenser avec plus de faveur,
Pour son codébiteur, la créance établie
Envers le créancier, qu'un autre contrat lie.

1295. Entre les mains d'un tiers, lorsque le créancier,
Par une cession, transmet son droit entier,
Qu'à l'acte, sans réserve, un débiteur adhère,
Il ne peut opposer à ce cessionnaire
La compensation qu'il eût pu, cependant,
Avant l'adhésion, opposer au cédant.
    Quant à la cession qui n'est point consentie,
Et qu'au débiteur même alors on signifie,
La compensation qu'elle peut arrêter
Est celle seulement qui pourrait résulter
De la création de dettes, survenue
Postérieurement au temps qu'elle est connue.

1296. Des deux dettes, quand l'une est, par l'engagement,
Payable au créancier dans un lieu différent,
La compensation jamais ne s'autorise
Qu'en précomptant d'abord les frais de la remise.

1297. Dans le concours de plus d'une obligation
Que pourrait acquitter la compensation,
On suit, pour l'opérer, les règles établies
Pour l'imputation et qui sont recueillies,
Article noté mil deux cent cinquante-six.

1298. Lorsque, aux droits à des tiers légalement acquis,
La compensation peut porter préjudice,
On ne peut nullement en faire l'exercice :
Ainsi le débiteur qui devient créancier,
Lorsqu'un tiers, en ses mains, a fait notifier
Une saisie-arrêt, a perdu l'espérance
De pouvoir, en ce cas, compenser sa créance.

1299. Le débiteur qui paye une obligation
Eteinte de plein droit par compensation,
Ne peut, en exerçant ensuite la créance
Qu'il n'a pas compensée, invoquer l'influence
Du droit hypothécaire, ou privilégié
Qui, d'après le contrat, pourrait s'y voir lié,
Contre le droit des tiers, lorsqu'avec évidence
Il ne démontre pas qu'il fut dans l'ignorance
Par de justes motifs, de l'obligation
Qui pouvait, de sa dette, éteindre l'action.

SECTION V.

De la Confusion.

1300. Quand je suis créancier, débiteur tout ensemble,
Et qu'ainsi, sur moi-même, en ce cas, je rassemble
Ces titres, il se fait une confusion
Qui détruit les effets de la double action.

1301. Quand la confusion se fait dans la personne
Que le nœud principal de la dette environne,
D'un avantage égal, la caution jouit.

Mais, dans la caution, celle qui se produit
Ne peut anéantir la principale dette.

Quand la confusion légalement est faite
Dans celui qui se trouve être le créancier,
Elle n'apporte à ceux qu'avec lui pût lier
La solidarité, qu'un modique avantage:
Cette confusion seulement les dégage
Envers le créancier, de cette portion
Dont il était tenu par l'obligation.

SECTION VI.

De la Perte de la chose due.

1302. Quand la chose certaine et qu'a déterminée
Le contrat dont elle est la matière bornée,
Condamnée au néant, ne peut se conserver,
Que, du sein du commerce, on la voit enlever,
Ou que sa perte a lieu d'une manière telle
Que, de son existence, on n'a plus de nouvelle,
L'engagement s'éteint, si la chose périt,
Ou si sa perte arrive avant le temps prescrit
Où celui qui la doit est en demeure ouverte,
Et qu'on ne puisse point l'accuser de sa perte.

Lorsque le débiteur, fût-il même en retard,
Ne s'est point imposé les effets du hasard,
L'engagement s'éteint si la chose fournie
Au créancier se fut, de même, anéantie.

Quant au cas fortuit, à l'entendre, éprouvé,

C'est par le débiteur qu'il doit être prouvé.

Par quelqu'évènement que la chose ravie
Soit perdue, égarée, ou soit anéantie,
Celui qui la soustrait ne peut se dispenser
D'en rendre un juste prix qui peut la compenser.

1303. Sans que, du débiteur, la faute y contribue,
Quand la chose se trouve ou détruite, ou perdue,
Ou qu'elle est, du commerce, un objet rejeté,
S'il est une action, un droit d'indemnité
Qui concerne la chose et qui d'elle procède,
Il faut qu'au créancier le débiteur les cède.

SECTION VII.

De l'Action en nullité ou en rescision des conventions.

1304. Toute action qui frappe une convention,
Formée en nullité, soit en rescision,
Dure dix ans, à moins qu'une loi spéciale,
De ce terme fixé, n'abrège l'intervalle.
Si, par la violence, un acte est exercé,
Ce temps court seulement du jour qu'elle a cessé ;
Si l'erreur ou le dol ont marqué leur présence,
Il ne court que du jour qu'en paraît l'influence ;
Quand la femme soumise au pouvoir d'un mari,
Sans se faire avouer par justice, ou par lui,
A passé, des contrats, ce délai ne commence
Que du jour qu'a cessé des époux l'alliance.

Quand, par un interdit, un contrat est souscrit,
Le temps court du moment qu'il n'est plus interdit ;
Pour les conventions où le mineur s'engage,
Du jour où, du majeur, il peut atteindre l'âge.

1305. Quant au mineur privé d'émancipation,
Pour faire rescinder toute convention,
La seule lésion lui fournit une cause;
S'il est émancipé, sur sa tête repose
Par ce moyen, le droit de faire rescinder
Toute convention qui pourrait excéder
Les bornes d'un pouvoir par le Code prescrites:
Titre dix, premier livre, elles y sont écrites.

1306. Lorsque la lésion vient d'un évènement
Qui, sans être prévu, naît fortuitement,
L'individu mineur vainement se propose
D'être restitué pour cette seule cause.

1307. Du mineur qui se dit majeur, l'assertion
Ne nuit point à son droit de restitution.

1308. La restitution, au mineur qui s'exerce
Dans un art, dans la banque, ou qui fait le commerce,
Ne saurait s'accorder à raison des contrats
Qu'il a pu stipuler dans ces divers états.

1309. Quant aux conventions faites en mariage,
Vainement le mineur réclame l'avantage
D'être restitué, lorsque l'engagement
S'est formé sous les yeux et du consentement
De ceux dont la loi veut le concours, l'assistance
Pour la validité de ses nœuds d'alliance.

1310. Il ne peut exercer la restitution,
Lorsqu'il est sous le joug d'une obligation
Que son quasi-délit, ou son délit entraîne.

1311. Il n'est plus recevable à secouer la chaîne
D'un engagement pris dans la minorité,

Lorsqu'il le ratifie à sa majorité,
La nullité de forme en fût-elle admissible,
Ou ne se montrât-il que comme susceptible
D'encourir seulement la restitution.

1312. Lorsque ceux qu'a liés une interdiction,
Les mineurs, ou la femme en mariage unie,
Obtiennent, comme tels et pour leur garantie,
La restitution de leur engagement,
On ne peut en prétendre aucun remboursement
De ce qu'ils ont reçu par l'effet et la suite
De la convention qui se trouve détruite,
Pendant qu'a pu durer, soit l'interdiction,
Soit la minorité, soit enfin l'union,
Si l'on ne prouve pas qu'en entrant dans leur bourse,
D'un profit, ces paîmens furent pour eux la source.

1313. Les majeurs, pour un tort causé par lésion,
Ne peuvent demander la restitution
Que dans les cas, suivant les règles et le mode
Que, spécialement, a consacrés le Code.

1314. Quand, pour vendre un immeuble, au mineur, affecté,
Ou qui, de l'interdit, est la propriété,
Ou bien pour partager la masse universelle
D'une succession où leur droit les appelle,
De la forme requise, on a rempli l'objet,
Ils sont considérés tous deux à ce sujet,
Comme si, du majeur, l'un avait atteint l'âge,
L'autre, des nœuds civils, évité l'esclavage.

CHAPITRE VI.

De la Preuve des obligations, et de celle du paiement.

1315. D'une obligation, quand on poursuit l'objet,
On doit justifier qu'elle existe en effet.
Par réciprocité, qui prétend être quitte,
Est tenu de prouver le paîment qui l'acquitte,
Ou le fait qui, de droit, produit l'extinction
Des devoirs attachés à l'obligation.

1316. Les règles concernant la preuve littérale,
Et la preuve qui n'est que testimoniale,
Sur les présomptions, celles qu'on peut donner,
Et celles dont les lois peuvent environner,
Soit la foi du serment, soit l'aveu des parties,
En plusieurs sections, sont ici recueillies.

SECTION PREMIÈRE.

De la Preuve littérale.

§. Ier.

Du Titre authentique.

1317. Un acte est authentique, alors qu'il est reçu
Par officiers publics ayant le droit connu
D'instrumenter aux lieux où l'acte se rédige,
Et qu'il est solemnel comme la loi l'exige.

1318. L'acte qui n'acquiert point cette authenticité,

Soit par l'incompétence ou l'incapacité
De l'officier choisi, soit que se trouve omise
Une formalité légalement requise,
Lorsque les contractans l'ont du moins approuvé,
En apposant leurs seings, vaut comme écrit privé.

1319. L'acte authentique fait une foi pleine et ferme
De la convention que son texte renferme,
Pour ceux qui, dans cet acte, ont été contractans,
Et pour leurs héritiers ou leurs représentans.
Lorsque, en faux principal, une plainte est rendue,
L'exécution est, néanmoins, suspendue
Par l'effet de la mise en accusation :
Quand, en faux incident, se fait l'inscription,
Le juge, en combinant les faits, peut ou suspendre
Cette exécution, ou ne pas la défendre.

1320. L'acte, soit authentique, ou fait sous seing-privé,
Fait foi pleine entre ceux qui l'auront approuvé,
Même pour tout objet, ou pour toute pensée
Qu'on y peut découvrir seulement énoncée,
Pourvu que, toutefois, l'énonciation
Touche directement la disposition.
L'énonciation qui s'y montre étrangère,
De preuve commencée, a le seul caractère.

1321. Quant à la contre-lettre, elle ne peut jamais
Qu'entre les contractans, produire ses effets ;
Contre les droits des tiers, vainement elle attente,
Elle est, à leur égard, constamment impuissante.

§. II.

De l'Acte sous seing-privé.

1322. L'acte sous seing-privé, reconnu par celui
Contre lequel un tiers peut s'en faire un appui,
Ou que l'on tient pour tel dans la forme légale,
Obtient une foi pleine, et, dans sa force, égale
L'acte même authentique, entre les contractans,
Entre leurs héritiers et leurs représentans.

1323. Qui se voit opposer un écrit qui se trouve
Conçu sous seing-privé, légalement éprouve
L'assujétissement d'avouer, ou nier
Qu'il a pu de sa main l'écrire, ou le signer.
Quant à son héritier, ou tout autre ayant-cause,
Ils peuvent s'en tenir, quand on le leur oppose,
Au soin de déclarer ignorer que l'écrit
Soit sorti de sa main, ou par lui soit souscrit.

1324. Lorsque le défendeur dément sa signature,
Ou que son désaveu porte sur l'écriture,
Quand ses représentans, quels qu'ils soient, sont au cas
De pouvoir déclarer ne les connaître pas,
L'une et l'autre doit être alors vérifiée ;
L'ordonnance en justice en est expédiée.

1325. L'acte sous seing privé, dont les conventions
Se trouvent contenir des dispositions
Dont le nœud mutuel, ou synallagmatique,
A chaque contractant, et s'adresse et s'applique,
Ne vaut et n'a d'effet qu'autant qu'en sont dressés
Autant d'originaux qu'il est d'intéressés.

Un seul original doit, néanmoins, suffire
Pour ceux qu'un seul et même intérêt peut conduire.
 Des originaux faits, le nombre calculé,
Dans chaque original, est toujours rappelé.
 Si cette mention, toutefois, est omise,
Jamais, à s'opposer, ce défaut n'autorise
Celui qui, pour sa part, à la convention,
S'est lui-même lié par l'exécution.

 1326. Si, par billet, promesse, une seule partie,
Envers un contractant, sous seing-privé, se lie,
Que son engagement le soumette à payer
Une somme, un objet qu'on puisse apprécier,
L'auteur doit, de sa main, entièrement écrire
Le corps de la promesse, ensuite la souscrire;
Ou, s'il n'a pas écrit l'acte qu'il a signé,
Son seing doit se trouver au moins accompagné
D'un *bon*, d'un *approuvé* notant en toute lettre,
Ou la somme, ou l'objet qu'on a voulu promettre:
 Excepté dans le cas où l'on voit, de marchands
Laboureurs, vignerons, ou divers artisans,
Ou de gens de service et de gens de journée,
La signature, au bas de tels billets, donnée.

 1327. Dans le corps du billet, quand le montant porté,
Avec celui du *bon*, n'a point d'identité,
Par la présomption, l'engagement demeure
Pour la somme, en ce cas, trouvée inférieure,
Le débiteur eût-il écrit entièrement
Et le corps et le *bon* de son engagement,
Excepté, toutefois, le cas où l'on démontre
De quel côté l'erreur paraît naître et se montre.

1328. L'acte sous seing privé ne date seulement
Que du jour qu'il s'inscrit à l'enregîtrement,
Ou du jour du décès de celui qu'il engage,
Ou bien de l'un de ceux dont il reste l'ouvrage,
Ou du jour que le texte en sera constaté
Par des actes couverts de l'authenticité
Qu'un officier public justement leur confère,
Tels que procès-verbaux de scellé, d'inventaire.

1329. Les regîtres qui sont, par les marchands, tenus
Ne font point, à l'égard de tous individus
Qui ne sont point marchands, preuve des fournitures
Dont ils peuvent porter les traces ou factures,
Sauf ce qui sera dit au sujet du serment.

1330. Ils font preuve, au contraire, à l'égard du marchand;
Mais celui qui désire en tirer avantage
Ne peut, les divisant, bannir le témoignage
De ce qui peut y nuire à sa prétention.

1331. Papiers et documens, notes d'instruction,
Renseignemens privés, domestique regître,
Pour qui les écrivit, ne forment point un titre.
Ils font foi contre lui lorsque, formellement,
On y voit énoncé qu'il reçut un paîment,
Lorsqu'on y peut trouver la mention directe,
En des termes exprès, que la note fut faite
Pour tenir lieu du titre, en faveur de celui
Dont le droit s'y consigne et s'y trouve établi.

1332. Ce que le créancier peut écrire à la suite,
En marge, au dos de pièce en sa faveur souscrite,
Et dont il est toujours resté le possesseur,

Fait foi, lorsqu'il contient l'acquit du débiteur,
Bien qu'on ne puisse y voir date, ni signature.
　Le même résultat s'attache à l'écriture,
Quand, par le créancier, en sont formés les traits
Au dos, en marge, au bas du double de billet,
De titres, ou d'acquits, pourvu que, de la pièce,
La main du débiteur se trouve la maîtresse.

§. III.

Des Tailles.

1333. Les tailles, conservant leurs corrélations
Par le rapport exact de leurs échantillons,
Font foi pleine entre ceux qui, de cette manière,
Et sans nul autre soin, constatent d'ordinaire
Ce qui peut, en détail, être par eux livré,
Et qui par eux ainsi peut être retiré.

§. IV.

Des Copies des titres.

1334. Du titre original subsistant, la copie
Fait foi, mais néanmoins elle ne certifie
Que ce qui, dans le titre, est strictement porté,
Et l'on obtient toujours qu'il soit représenté.

1335. Le titre original n'a-t-il plus d'existence ?
La copie en fait foi ; mais, dans son influence,
Cette règle admet plus d'une distinction.
　On ajoute, à la grosse, à l'expédition
Qui, d'un acte public, se tire la première,
Comme à l'original, une foi pleine, entière :

La copie, ou l'extrait conforme d'un contrat,
Que fait expédier l'ordre du magistrat,
Intéressés présens, ou convoqués pour l'être,
Ou l'extrait délivré, quand ils veulent paraître,
Et le couvrir entre eux de leur consentement,
Comme l'original, font foi pareillement.

Il en doit être ainsi des extraits, ou copies
Que, sans l'ordre du juge, ou l'aveu des parties,
Et depuis que la grosse, ou le premier extrait,
D'une transmission, furent déjà l'objet,
Sur la minute, a pu délivrer le notaire,
Ou bien son successeur ou tout dépositaire,
Comme officier public, du titre, gardien,
Quand le titre n'est plus, que l'extrait est ancien.

Pour qu'on puisse estimer une copie ancienne,
C'est à plus de trente ans qu'il faut qu'elle parvienne.
Au-dessous, elle n'a qu'un effet circonscrit,
Celui de commencer la preuve par écrit.

Lorsque, de la minute, elle n'est pas extraite
Par l'officier par qui la minute fut faite,
Ou qu'elle ne l'est pas par l'un des successeurs,
Par officiers publics, du titre, détenteurs,
De quelqu'ancienneté qu'alors elle puisse être,
Sa destination se borne à faire naître
Le seul commencement de preuve par écrit.

Suivant la qualité des faits dont il s'agit,
Ce qu'un extrait tiré d'un autre peut produire,
A des renseignemens simples, doit se réduire.

1336. Aux regîtres publics, quand un acte est transcrit,
Pour un commencement de preuve par écrit,
Cettte transcription est seulement d'usage ;

Il faut, pour en tirer même cet avantage,
Qu'on puisse constater que les originaux
Que l'officier public reçut, dans les travaux
De l'année où cet acte avec eux a pu naître,
Sont, comme lui, réduits à ne plus reparaître,
Ou que, si, par lui seul, ce sort fut éprouvé,
C'est par un accident à lui seul réservé ;

Qu'il existe un sincère, un légal répertoire
Où le notaire en ait consigné la mémoire,
Et sous le même jour qu'il se trouve daté.

Lorsque, ce double fait se trouvant constaté
La preuve par témoins peut s'admettre et se faire,
S'ils existent encore, il devient nécessaire
De faire entendre ceux qui présens au contrat,
En ont, par ce moyen, connu le résultat.

§. V.

Des Actes récognitifs et confirmatifs.

1337. L'acte récognitif ne peut, de la présence
De l'acte primitif, valoir une dispense,
A moins que, reproduit en texte spécial,
On n'y trouve énoncé l'acte primordial.

Toute clause ajoutée, ou celle qui présente
L'acte primordial sous couleur différente,
Ne peut légalement avoir aucun effet.

Néanmoins, dans ce cas, si l'on réunissait
Plusieurs actes probans formant reconnaissance,
Dont on pût remarquer l'exacte concordance,
Qui fussent soutenus de la possession,
Dont l'un comptât trente ans dès sa création,

Le créancier pourrait être exempt de produire
Le titre primitif qu'on aurait pu souscrire.

1338. Tout acte qui confirme, ou peut ratifier
Une obligation qui peut se délier
Par l'effet résultant d'une action fondée
Pour la faire juger ou nulle, ou rescindée,
N'obtient aucun effet que lorsque, clairement,
Il contient la teneur de cet engagement,
Avec la mention de l'évidente cause
De la rescision, et lorsqu'on y dépose
Le vœu de réparer le vice trop certain
Qui, de cette action, peut ouvrir le chemin.

Lorsqu'il n'existe point d'acte qui ratifie,
Ou qui peut confirmer le contrat qui nous lie,
Il suffit, dans ce cas, que volontairement
Il soit exécuté, quand est passé l'instant
Où l'obligation pouvait être suivie
D'un acte qui confirme, ou bien qui ratifie.

La confirmation, ratification,
Ou consentement libre à l'exécution,
Dans les formes, aux lois, exactement fidelles,
Ainsi que dans le temps déterminé par elles,
Emporte, de plein droit, renonciation
A tout moyen quelconque, à toute exception
Qu'on pouvait avec fruit opposer contre l'acte,
En laissant, néanmoins, la part des tiers intacte.

1339. Une donation vicieuse, entre-vifs,
Invoque en vain l'appui d'actes confirmatifs ;
De nouveau, du moment qu'en la forme elle est nulle,
Dans la forme légale, il faut qu'on la stipule.

1340. La confirmation, ratification,
Ou consentement libre à l'exécution
D'une donation, par celui qui succède
Aux biens du donateur, au moment qu'il décède,
Emporte pleinement renonciation
A quereller la forme, à toute exception.

SECTION II.

De la Preuve testimoniale.

1241. Soit sous un seing-privé, soit devant un notaire,
Toute obligation, tout contrat doit se faire;
Si l'on s'est occupé d'objets plus importans
Que la somme ou valeur de cent cinquante francs,
Même quand il s'agit de dépôt volontaire;
Et l'on ne peut ouïr aucun témoin contraire
Qui puisse, soit nier, soit étendre à son gré
Ce que l'acte contient, ce qu'il a consacré,
Ni déclarer jamais ce qu'on aurait pu dire
Avant, lors ou depuis l'acte qu'on pût souscrire,
Encore que la somme, ou bien l'objet compris,
De cent cinquante francs, n'atteignent pas le prix.
Le tout, sans attaquer toute règle diverse
Que prescrivent les lois faites pour le commerce.

1342. Le principe s'applique au cas où l'action
Contient, du capital, la répétition,
Que, dans le même temps se trouve poursuivie
Celle des intérêts, à la première unie,
Et que ces intérêts mêlés au capital,
De cent cinquante francs, excédent le total.

1343. Qui d'abord en justice a fait une demande
Dans laquelle est comprise une valeur plus grande,
Quand même il offrirait de la réduire à moins,
Ne peut plus invoquer la preuve par témoins.

1344. La preuve par témoins ne saurait être admise
Même sur la demande où ne serait comprise
Qu'une somme au-dessous de cent cinquante francs,
S'ils demeurent le reste, ou s'ils sont dépendans
D'une somme qui fut d'abord plus élevée,
Et, par un acte écrit, ne serait pas prouvée.

1345. Si, dans la même instance, on vient à réunir,
Sans que nul titre écrit puisse les soutenir,
Plusieurs objets formant une seule demande,
Et composant ensemble une somme plus grande
Que cent cinquante francs, on ne peut accorder
La preuve par témoins qu'on pourrait demander,
Bien qu'on puisse alléguer que, de chaque créance,
Une cause diverse a produit l'existence,
Ou que chacune puisse, au milieu de leurs rangs,
Avoir obtenu place en des temps différens,
A moins que, de ces droits, l'origine légale
Ne fût un legs, un don, tout autre chose égale,
A la formation desquels eût concouru,
Pour des motifs distincts, plus d'un individu.

1346. Les demandes alors, quelle qu'en soit la cause
Dont, sur aucun écrit, aucune ne repose,
Doivent être l'objet d'un seul et même exploit
Après lequel jamais nulle ne se reçoit,
Si, par nul titre écrit, on ne la justifie.

1347. Ce qu'on vient d'établir, sous l'exception plie

TITRE III. *Contrats ou Obligations convent.*

Si le demandeur peut invoquer le crédit
D'un commencement né de preuve par écrit.

On doit nommer ainsi tout écrit qu'on oppose,
Émané de celui contre lequel la cause
Peut frapper, ou de ceux qu'il peut représenter,
Et qui doit, sur les faits qu'on allègue, apporter,
Sinon la certitude, au moins la vraisemblance.

1348. Une autre exception prend, de même, naissance
Quand, généralement, il n'est pas au pouvoir
Du créancier alors surpris, de se pourvoir
De la preuve constante et par écrit portée
De l'obligation, envers lui, contractée.

De cette exception, s'applique la faveur
Aux obligations dont l'évident auteur,
Dans le quasi-contrat, peut se faire connaître,
Ou qu'un délit, ou bien quasi-délit fait naître ;

Aux dépôts commandés par la nécessité,
Dans les cas de ruine et de calamité,
Dans les cas de tumulte, incendie ou naufrage,
Aux dépôts qui sont faits pendant que l'on voyage
En prenant logement auprès des hôteliers,
Le tout, en consultant les faits particuliers,
Et, des individus, la qualité connue;

A l'obligation formée et survenue
Dans les cas d'accidens qu'on ne saurait prévoir
Où, d'aucun acte écrit on n'a pu se pourvoir :

Au cas qui nous réduit à la perte fatale
Du titre qui servait de preuve littérale,
Par un événement purement fortuit,
De la force majeure, inopiné produit.

SECTION III.

Des Présomptions.

1349. Une présomption est une conséquence
Que la loi consultant la sévère prudence,
Ou que le magistrat tire d'un fait connu
Pour en déterminer quelque fait inconnu.

§. Ier.

Des Présomptions établies par la loi.

1350. On nomme, on définit présomption légale,
Celle que le lien d'une loi spéciale
Attache à certain acte, attache à certain fait :
Il faut considérer sous un pareil aspect,
 L'acte que la loi même exerçant son empire,
Sur sa qualité, juge et déclare détruire,
Comme présumé fait contre sa volonté ;
 Les cas où la loi veut que la propriété,
La libération reçoivent l'influence
Qu'elle attache elle-même à quelque circonstance ;
 L'autorité qu'obtient et qu'emporte avec soi
Une chose jugée, et que fonde la loi ;
 La force dont la loi, dans ses décrets, appuie
Le serment solemnel, l'aveu de la partie.

1351. Du litige jugé, l'empire, seulement,
A lieu pour ce qui fit l'objet du jugement.
Il faut que, dans ce cas, la chose demandée
Soit la même, et, sur cause identique, fondée,
Qu'entre mêmes plaideurs, sous même qualité,
Le débat soit par eux et contre eux agité.

TITRE III. *Contrats ou Obligations convent.*

De la première espèce, est celui que défère
Une partie à l'autre, alors qu'elle en veut faire
Dépendre le motif de la décision ;
De serment *décisoire*, il prend de là le nom.

Le second est celui dont le juge, d'office,
A l'un des contendans, défère l'exercice.

§. I.

Du Serment décisoire.

1358. Le serment décisoire, en général, s'admet
Dans tous les différends, quel qu'en soit le sujet.

1359. Néanmoins, ce serment seulement se défère
Sur un fait personnel tenant à l'adversaire
A qui l'autre partie offre de l'accorder.

1360. En tout état de cause il peut se concéder,
Encor qu'il ne se montre, en une chance égale,
Aucun commencement de preuve littérale
De la demande faite, ou de l'exception
Sur laquelle on en fait la provocation.

1361. Toute partie à qui le serment se défère,
Qui refuse et s'obstine à n'y pas satisfaire,
Ou bien qui ne veut pas par son consentement,
A son compétiteur, référer le serment,
Ou l'adversaire à qui le serment se réfère,
Qui refuse à son tour et s'obstine à se taire,
Succombe l'un ou l'autre, en cette occasion,
Dans la demande même ou dans l'exception.

1362. Le serment, au surplus, jamais ne se réfère,

SECTION IV.

De l'Aveu de la partie.

1354. L'aveu qu'à la partie on oppose, paraît
Sous deux rapports distincts; il se montre en effet
Extrajudiciaire, ou bien judiciaire.

1355. S'il s'agit d'un aveu de l'espèce première
Et qui soit purement verbal, on tenterait
En vain, en l'alléguant, d'en invoquer l'effet,
Lorsque, dans le débat qu'il s'agit de défendre,
La voix d'aucun témoin ne peut se faire entendre.

1356. La déclaration que fait au tribunal
La partie, ou celui qu'un pouvoir spécial
D'elle émané, pour elle, autorise de faire,
Forme ce qu'on appelle aveu judiciaire.
    A l'égard de l'auteur, il fait pleinement foi.
    Dans son texte en entier, il en faut faire emploi;
Jamais, contre l'auteur, l'aveu ne se divise.
    La révocation n'en peut être permise,
Si l'on ne prouve pas que, d'une erreur de fait,
Il est évidemment et la suite et l'effet:
La révocation ne peut être appuyée
Sur une erreur de droit, même justifiée.

SECTION V.

Du Serment.

1357. Il est, d'après la loi, deux sortes de serment,
Et l'un et l'autre est fait judiciairement:

1352. Toutes présomptions que les lois autorisent
Dispensent de prouver ceux qu'elles favorisent.
 La preuve s'offre en vain pour combattre la foi
Due aux présomptions que consacre la loi,
Quand, sur elles, la loi fondant son exercice
Annulle certain acte, ou dénie en justice
L'action même, à moins qu'elle n'ait réservé
Que le fait opposé pourrait être prouvé,
Et sauf ce que le Code incessamment profère
Concernant le serment, l'aveu judiciaire.

§. II.

Des Présomptions qui ne sont point établies par la loi.

1353. Quant aux présomptions qui n'ont, pour se former,
Nul des traits que la loi seule peut imprimer,
Au magistrat prudent, le poids s'en abandonne ;
De son propre savoir le juge s'environne ;
Sur elles, son esprit ne doit être arrêté
Qu'autant qu'il y distingue, avec la gravité,
De la précision et de la concordance :
Il n'en peut, au surplus, admettre l'influence
Que dans les cas auxquels la preuve par témoins
Se permet par la loi, sauf les cas, néanmoins,
Où l'acte est attaqué pour cause de surprise
Annonçant ou le dol, ou la fraude commise.

Lorsque le fait qui peut en fournir la matière
N'est point, des contendans, un acte mutuel,
Mais paraît se montrer purement personnel
A la partie à qui le serment se défère.

1363. Du serment déféré, de celui qu'on réfère,
Lorsque légalement il est exécuté,
L'adversaire ne peut prouver la fausseté.

1364. L'un des plaideurs par qui le serment se défère,
Ou dans un autre cas, celui qui le réfère,
Ne saurait rétracter un tel consentement,
Quand l'autre se dit prêt à faire le serment.

1365. La force de prouver qu'au serment la loi donne
Ne profite, ou ne nuit qu'à la seule personne
Qui, par son libre choix, défère le serment,
Comme à son héritier ou son représentant.
 Néanmoins, le serment qu'au débiteur défère
L'un de ceux envers qui le lien solidaire
Le tient assujéti, ne peut le délier
Que pour la portion de ce seul créancier.
 Le serment qui détruit la dette principale
Procure aux cautions une remise égale.
 Celui qu'à l'un de ceux que, solidairement,
Envers un créancier, lie un engagement,
Pour son dernier moyen, ce créancier défère,
Est, aux codébiteurs, également prospère.
 Quand, par la caution, le serment est produit,
L'obligé principal en recueille le fruit.
 Dans ces deux derniers cas, le serment qu'on défère
Soit au codébiteur par lien solidaire,
Soit à la caution, n'admet à sa faveur

L'obligé principal, ou le codébiteur,
Qu'autant qu'il se rapporte au seul fait de la dette,
Matière, à son empire, uniquement sujette,
Sans qu'il puisse jamais affecter nullement.
Ni solidarité, ni cautionnement.

§. II.

Du Serment déféré d'office.

1366. A l'un des contendans, le magistrat défère
Le serment à prêter, soit qu'il prétende en faire
Dépendre le motif de la décision,
Soit qu'il ait seulement la simple intention
De fixer justement par certaine limite
La condamnation que son esprit médite.

1367. Le magistrat ne peut être légalement
Conduit à déférer d'office le serment,
Soit sur une demande en justice introduite,
Soit sur l'exception qui, contre elle, est produite,
Que lorsqu'il est aidé par deux conditions :
Il faut que la demande ou les exceptions
Ne se présentent pas parfaitement prouvées,
Ni qu'elles soient de preuve entièrement privées.
Excepté ces deux cas, tout objet répété
Doit être simplement admis ou rejeté.

1368. Le serment que les faits, éclairant la justice,
Forcent le magistrat de provoquer d'office,
Quand, à quelque partie, on le voit déféré,
Ne peut être par elle à l'autre référé.

1369. Le serment que le juge au demandeur commande

Sur la valeur que peut comporter sa demande,
N'a lieu que lorsqu'il est impossible autrement
D'asseoir cette valeur sur quelque fondement.

 Le magistrat doit même, en cette circonstance,
Avec précision, fixer la consistance
Des deniers pour lesquels pourra, sur son serment,
L'auteur de la demande être cru pleinement.

TITRE IV.

Des Engagemens qui se forment sans convention.

 1370. Certains engagemens peuvent prendre naissance,
Sans avoir pour appui la force ou l'influence
Que pourrait comporter une convention
De celui que soumet cette obligation,
Ou de celui pour qui l'engagement subsiste.

 Quant aux uns, dans la loi, le principe en existe;
Sa seule autorité leur sert de fondement :
Les autres, dans un fait qui personnellement
Tient à l'individu qui, sous leur joug, se plie,
Trouvent à préparer la chaîne qui le lie.

 Les premiers sont formés sans nulle volonté,
Tel que celui qui naît de la proximité,
Du fait de voisinage entre propriétaires,
Ou celui des tuteurs, comptables nécessaires,
De tout autre chargé d'administration
Qui ne peut se soustraire à cette fonction.

TITRE IV. *Engagemens sans convention.* 379

Les seconds que produit l'action personnelle
De celui qui s'oblige, ont pour cause réelle
Ou des quasi-contrats, ou des quasi-délits,
Des délits même : ils sont, dans ce titre, établis.

CHAPITRE PREMIER.

Des Quasi-contrats.

1371. Quand le quasi-contrat intervient et s'opère,
De l'homme, c'est un fait purement volontaire
Duquel, envers un tiers, naît un engagement :
Il est quelquefois double, et réciproquement
Il peut envelopper l'une et l'autre partie.

1372. Quand volontairement on a pris la régie
De l'affaire d'autrui, que le fait soit connu
Par le propriétaire, ou qu'il soit méconnu,
Le régisseur souscrit l'engagement tacite
De veiller sur l'affaire et sur toute sa suite,
Même de l'achever, jusqu'au moment certain
Où le propriétaire est en état enfin
De pouvoir y porter sa propre surveillance.
Tous les objets qui sont la simple dépendance
De cette même affaire, à ses soins, sont commis.
 Dans cette circonstance, il est d'ailleurs soumis
Aux obligations que le mandat opère,
Quand il est conféré par le propriétaire.

1373. Il doit continuer la même gestion,
Bien qu'avant qu'elle arrive à la conclusion,
Survienne le trépas du maître de l'affaire,

Jusqu'a ce qu'exerçant son droit héréditaire,
Le successeur lui-même ait pu la diriger.

1374. Astreint par son devoir à ne rien négliger
Il doit gérer, ainsi que le fait un bon père.
　Néanmoins, l'équité du magistrat modère
La condamnation au dédommagement
Que, dans sa gestion, fautif ou négligent
Il pourrait encourir, selon la circonstance
Qui, de son entremise, a provoqué l'urgence.

1375. Quand il est constaté que l'affaire d'autrui,
D'une sage régie a constamment joui,
Tous les engagemens formés au nom du maître
Sont les siens, et pour tels il doit les reconnaître ;
Tous ceux que le gérant lui-même a contractés,
Il doit l'en garantir par des indemnités ;
Tout compte de dépense utile et nécessaire
Doit être remboursé par le propriétaire.

1376. Celui qui, par erreur, ou sciemment reçoit
Ce que réellement personne ne lui doit,
Contracte justement le devoir de le rendre
A qui donne indûment et se laisse surprendre.

1377. Quand on paye une dette, en croyant par erreur
Qu'on en est en effet soi-même débiteur,
Contre le créancier, de droit, on la répète.
　Mais si le créancier, en recevant la dette,
A supprimé le titre ou l'obligation,
On ne peut exercer la répétition
Qu'envers l'individu débiteur véritable.

1378. Si la mauvaise foi vient à rendre coupable

Celui qui n'a reçu qu'avec témérité,
C'est un devoir pour lui justement contracté
De rendre, en capital, la chose ainsi ravie
Qui, du jour du paîment, doit être encor suivie
Des intérêts ou fruits qu'elle peut comporter.

1379. Si l'objet qu'indûment on a pu répéter
Et que l'on a reçu se trouvait un immeuble,
Ou corporellement ne présentait qu'un meuble,
Lorsqu'il existe, il doit être restitué
Tel qu'en nature il peut être constitué ;
Si la chose est périe ou détériorée
Aux mains du détenteur, par sa faute avérée,
Il en doit la valeur ; si, d'un cas fortuit,
La perte de l'objet se montre le produit,
Sur lui, la garantie étroitement repose,
Si la mauvaise foi lui fit prendre la chose.

1380. Quand la bonne foi sert de guide à qui reçoit,
Et que par lui la chose est vendue, il ne doit
La restitution que du prix de la vente.

1381. Le tiers entre les mains de qui se représente
L'objet restitué, doit l'imputation,
Même à celui qui n'eût qu'une possession
Dont la mauvaise foi fût la source première,
De toute la dépense utile et nécessaire,
Par ses soins, employée à conserver l'objet.

CHAPITRE II.

Des Délits et des Quasi-délits.

1382. Le fait produit par l'homme, et quel que soit ce fai[t]
Lorsqu'il est pour autrui la cause d'un dommage,
Met celui dont il est par sa faute l'ouvrage
Dans l'obligation d'en réparer l'effet.

1383. Du dommage qu'on peut imputer à son fait,
Non-seulement chacun demeure responsable,
Mais encor de celui qui peut être imputable
A tout défaut de soins qui ne peut s'excuser,
Ou que son imprudence a pu seule causer.

1384. On doit non-seulement répondre du dommage
Qui, né de notre fait, est notre propre ouvrage,
Mais encor de celui que cause l'action
De tous ceux dont on est garant et caution,
Ou des choses qui sont sous notre surveillance.
Ainsi le père, et quand cesse son existence,
La mère, sont garans des torts dont sont auteurs
Leurs enfans habitant avec eux et mineurs :
Maîtres et commettans, du dommage que causent
Les gens à leur service et tous ceux qu'ils préposent,
Encourent à leur tour la satisfaction,
Quand le dommage naît d'une opération
Que, sous leur surveillance, ils leur ont confiée.
Pareille garantie est encore appuyée
Sur les instituteurs et sur les artisans,
A raison du dommage et des torts résultans

TITRE IV. *Engagemens sans convention.* 383

Des faits des apprentis et de ceux qu'ils instruisent,
Et pendant tout le temps que leurs soins les conduisent.
 De ces indemnités, on supporte le poids,
A moins que les garans ne prouvent, toutefois,
Qu'ils n'ont pu détourner l'action qui les lie
A l'obligation de cette garantie.

 1385. D'un animal, le maître ou celui qui s'en sert,
Pendant le temps qu'il est à son usage offert,
Répond de tout le tort que cet animal cause,
Soit que cet animal, sous sa garde repose,
Soit qu'il s'échappe et fuie avec rapidité,
Ou bien qu'en s'égarant il erre à volonté.

 1386. Lorsque, d'un bâtiment, on est propriétaire,
Que la destruction tout-à-coup s'en opère,
Et que par sa ruine un dommage est causé,
Le maître garantit quiconque en est lésé,
Si, faute d'entretien, ou même par le vice
De sa construction, s'écroule l'édifice.

TITRE V.

Du Contrat de mariage et des Droits respectifs des époux.

CHAPITRE PREMIER.

Dispositions générales.

1387. L'EMPIRE de la loi ne régit les liens
De la société des époux, quant aux biens,
Que lorsqu'en s'unissant les muettes parties,
De pactes spéciaux se trouvent affranchies :
Sous les restrictions dont la loi va parler,
Toute convention qu'ils peuvent stipuler
Comme ils le jugent bon, aux époux est licite,
Si, par les bonnes mœurs, elle n'est pas proscrite.

1388. Ils ne peuvent jamais, par un pacte légal,
Déroger à tout droit du pouvoir marital
Exercé sur la femme et les enfans qui naissent,
Ou qu'à titre de chef les lois au mari laissent,
Aux droits qu'au premier livre, à l'époux survivant,
Donnent les titres neuf et dix, vus ci-devant,
Aux dispositions qui sont prohibitives,
Que le Code présent renferme et rend actives.

1389. Ils ne peuvent former nulle convention,
Ni faire acte portant renonciation

TITRE V. *Contrat de Mariage, etc.*

Qui dénaturerait et rendrait affaiblies,
Pour les successions, les règles établies,
Soit à raison des droits qui leur sont dévolus
En succédant à ceux qui d'eux sont descendus,
Quel qu'en soit le degré, soit aussi qu'il s'agisse
De leurs enfans entre eux ; sans aucun préjudice
De tous dons entre-vifs ou faits par testament,
Aux cas prévus, réglés par le Code présent.

1390. La clause en général jusqu'ici stipulée
Que leur société sera seule réglée
Par l'un de ces statuts, ou coutumes, ou lois,
Dans tels lieux de la France en vigueur autrefois,
Dont le Code présent anéantit l'empire,
Ne leur est plus permise, et l'usage en expire.

1391. Ils peuvent, néanmoins, et généralement,
Déclarer embrasser dans leur engagement,
De la comunauté, le régime et l'usage,
Ou celui de la dot, s'il leur plaît davantage.
Au premier des deux cas, et sous le joug des lois
De la commmunauté, des deux époux les droits,
Ceux de leurs héritiers ont pour règle, en ce titre,
Les dispositions du deuxième chapitre.
Du régime dotal, si l'on a fait le choix,
Les droits en sont réglés par le chapitre trois.

1392. La stipulation que la femme peut faire
Et que dans le contrat de l'hymen on insère,
Qu'elle apporte des biens en dot institués,
Par elle, ou par des tiers ainsi constitués,
Pour soumettre les biens à la prépondérance
Du régime dotal, comme à son influence,

Ne suffira jamais, si l'acte d'union
N'en fait pas clairement l'expresse mention.

Le régime dotal ne peut non plus s'induire
De ce que les époux déclarent, à l'empire
De la communauté ne s'être point livrés,
Ou que de biens entre eux ils seront séparés.

1393. S'il n'est point au contrat de spéciale clause
En termes exclusifs, qui déroge et s'oppose
Au régime prescrit pour la communauté,
Ou, le modifiant, le rende limité,
Les règles dont on voit la masse réunie
Au chapitre second, et première partie,
Universellement formeront désormais
Le droit fixe et commun de l'empire français.

1394. Tout pacte conjugal doit se montrer l'ouvrage
De la main d'un notaire, avant le mariage.

1395. Un tel pacte ne peut subir de changement,
Quand l'hymen célébré reçoit son complément.

1396. Toute mutation qui serait opérée
Avant que l'union se trouvât célébrée,
A besoin du secours d'un acte rédigé,
Comme l'acte où d'abord l'hymen s'est engagé.

Nul changement, d'ailleurs, ou nulle contre-lettre,
Qu'en ces occasions on pourrait se permettre,
Ne vaut qu'autant que ceux qui, du premier contrat,
Ont, comme intéressés, formé le résultat,
Par des consentemens qu'un même vœu rassemble,
Et par leur assistance, y concourent ensemble.

1397. Ces actes, fussent-ils revêtus strictement

Des formes que prescrit l'article précédent,
N'ont, à l'égard des tiers, qu'une existence nulle
Et restent sans effet, si l'on ne les stipule
A la suite de l'acte en minute, où l'hymen
A, des futurs époux, consacré le lien:
Et le notaire encourt la peine du dommage
Qui blesserait le tiers, et serait son ouvrage,
Suivant que, par les faits, il serait inculpé;
D'une peine plus grave, il peut être frappé,
Lorsqu'au bas du contrat, il se permet d'omettre
L'acte du changement ou bien la contre-lettre,
En délivrant la grosse ou l'expédition
De l'acte où les époux forment leur union.

1398. Quand, à se marier, le mineur est habile,
Il donne, en consentant, une existence utile
A tout pacte que peut justement comporter
Le lien conjugal qu'il prétend contracter;
Et sur un fondement immuable repose
Toute convention, tout don qu'il y dépose
Lorsqu'il est au contrat assisté de tous ceux
Dont le consentement doit valider ses nœuds.

CHAPITRE II.

Du Régime en communauté.

1399. Du jour où, des époux l'alliance formée
p l'officier public civil est proclamée,
Soit que, de la loi seule en naisse l'action,
Ou qu'elle soit le fruit d'une convention,
De la communauté, le régime commence

Et porte sur les biens toute son influence :
La loi ne souffre point qu'en cette occasion
On puisse consentir de stipulation
Qui tendrait à changer cette époque réglée.

PREMIERE PARTIE.

De la Communauté légale.

1400. Si la communauté se trouve stipulée
Par le choix des époux au contrat constaté
De vivre sous la loi de la communauté,
Ou, faute de contrat, qu'elle prenne naissance,
Elle est légalement soumise à l'influence
Des règles que le Code a pris soin d'indiquer
Dans les six sections qu'on va voir expliquer.

SECTION PREMIÈRE.

De ce qui compose la Communauté activement et passivement.

§. Ier.

De l'Actif de la communauté.

1401. De la communauté, tout l'actif se compose,
De tout le mobilier dont chaque époux dispose
Au jour où, de l'hymen s'établit le pouvoir,
Ensemble de celui qui pourrait leur échoir
Durant le mariage, à titre héréditaire,
Même à titre de don qu'on aurait pu leur faire,

Dans le cas où l'auteur de la donation
Ne témoignerait point une autre intention;

De tout revenu, fruit, intérêt, arrérage,
Echus ou bien perçus pendant le mariage,
Quel qu'en soit le sujet, et provenant des biens
Des époux au moment que sont nés leurs liens,
Ou de ceux qui leur sont, pendant le mariage,
Sous un titre quelconque, avenus en partage;

De tout immeuble acquis pendant leur union.

1402. De la communauté, par la présomption,
Tout immeuble est acquêt; la règle est écartée,
Quand, par l'un des époux, la preuve est rapportée
Qu'il en était, avant le lien conjugal,
Légal propriétaire ou possesseur légal,
Ou qu'il en est depuis, à titre héréditaire,
Devenu possesseur, ou comme donataire.

1403. Toutes coupes de bois que l'on peut exploiter,
Les différens produits qui peuvent résulter
Des travaux consacrés aux mines et carrières,
De la communauté, sont des parts nécessaires,
Pour tout ce qu'on en peut classer dans l'usufruit,
En s'assujétissant aux règles que prescrit
Le Code, au titre trois, dans le deuxième livre.

Lorsque, conformément aux règles qu'on doit suivre,
Les coupes qui, du temps de la communauté,
Auraient pu s'exploiter, ne l'auront pas été,
A l'époux qui n'est pas maître de l'héritage,
Il est dû récompense; un pareil avantage
Est, à ses héritiers, transmis légalement.

Pendant que, des époux, dure l'engagement,

S'il venoit à s'ouvrir une mine ou carrière,
Les différens produits qu'on en pourroit extraire
Ne tombent dans le sein de la communauté
Que sauf la récompense, ou sauf l'indemnité
A l'époux pour lequel elle peut être acquise.

1404. L'immeuble dont l'époux, lorsque se solemnise
Le lien nuptial, a la possession,
Ou qui lui peut échoir d'une succession,
Pendant que peut durer le cours du mariage,
Pour la communauté, n'est point un avantage.

L'immeuble, néanmoins, dont l'acquisition
Passe à l'époux depuis le contrat d'union,
Mais avant que l'hymen consacre l'alliance,
De la communauté doit subir l'influence,
Lorsque, par le contrat, de la communauté,
Le régime légal se trouve constaté,
A moins que cet achat ne soit, de quelque clause,
Une exécution que le contrat impose;
Alors le résultat de l'acquisition
Est justement réglé par la convention.

1405. Les immeubles donnés pendant le mariage
A l'un des deux époux, ne sont point le partage
De la communauté, mais celui seulement
De l'époux que le don concerne uniquement,
A moins qu'expressément, au don, l'auteur n'imprime
De la communauté les nœuds et le régime.

1406. Quand le père ou la mère, ou tout autre ascendant
A l'un des deux époux, transmet, en le cédant,
Un immeuble, afin d'être envers lui tenu quitte,
Ou sous condition que cet époux l'acquitte

Envers des étrangers, dans la communauté
L'immeuble n'entre point, mais sauf indemnité.

1407. L'immeuble qui s'acquiert pendant le mariage,
Par un échange fait avec un héritage
Qui, de l'un des époux, est la propriété,
N'entre point dans l'actif de la communauté ;
Par subrogation, il vient prendre la place
Du fonds aliéné que l'échange déplace,
Sauf, dans le cas de soûte, un dédommagement.

1408. Par licitation, ou bien tout autrement,
Si l'acquisition, pendant le mariage,
Se fait par les époux, d'une part d'héritage
Dont l'un, par indivis, a la propriété,
Elle n'est point conquêt de la communauté
Qui devra, néanmoins, être récompensée
De la somme, en ce cas, par elle déboursée.
Au cas où le mari seul acquiert en son nom,
Ou se fait adjuger soit une portion,
Soit la totalité d'un fonds, d'un héritage,
Qui, de la femme, en propre est l'indivis partage,
Lorsque cesse le cours de la communauté,
La femme a dans son choix la double faculté,
Ou de céder l'effet à la commune masse,
Qui, débitrice alors de la femme, remplace
La portion du prix qui peut lui revenir,
Ou de prendre la chose et de la retenir
En remboursant alors le prix de cette chose.

§. II.

Du Passif de la communauté, et des actions qui en résultent contre la communauté.

1409. De la communauté, le passif se compose,
De tous dûs mobiliers dont déjà le lien
Obligeait les époux, au jour de leur hymen,
Ou qui sont une charge unie à l'héritage
Qui vient à leur échoir pendant le mariage;
Sauf à récompenser pour les dûs concernant
L'immeuble, à l'un ou l'autre époux, appartenant;
 Des dettes, soit au fonds, soit pour tout arrérage,
Ou pour les intérêts, où le mari s'engage,
Pendant le cours actif de la communauté,
Ou dont l'engagement se trouve contracté
Par la femme elle-même et sous la garantie
Du mari qui consent, et, dans ce cas, l'appuie,
Sauf à récompenser d'après l'état des faits ;
 Des arrérages seuls ou bien des intérêts
De la dette passive ou la rente annuelle
Qui peut, aux deux époux, se trouver personnelle;
 Des réparations qu'impose l'usufruit
Des fonds qui n'entrent point dans le commun profit ;
 Enfin des alimens de ceux que l'hymen lie,
De l'éducation de ceux qui, de la vie,
Tiennent d'eux le bienfait, et de leur entretien,
Et de toute autre charge affectée à l'hymen.

1410. La dette mobilière, avant le mariage,
Pour laquelle la femme elle-même s'engage,
Ne pèse sur les biens de la communauté

Titre V. *Contrat de Mariage, etc.*

Qu'autant que, seulement, le titre en est porté
Dans un acte authentique à qui l'hymen succède,
Ou dont la date au moins, qui, de même précède
L'union des époux, puisse légalement
Se fixer par l'effet de l'enregîtrement,
Ou par le jour certain où perdirent la vie
L'un ou plusieurs de ceux que le même acte lie.

 Au cas où, de la femme on est le créancier,
Sans qu'on soit en état de pouvoir s'appuyer
Sur un acte qui porte en soi le témoignage
D'une date certaine avant le mariage,
On ne peut attaquer que le domaine nu
De l'immeuble pour elle en propre survenu.

 L'époux qui prétendrait, d'une telle créance,
Avoir fait le paîment, n'a point de récompense
Soit de la femme, soit de ses représentans.

1411. Quant aux titres passifs de dettes existans,
Sur la succession purement mobilière
Qui survient aux époux, pendant que les éclaire
Le flambeau de l'hymen, le poids en est porté,
Pour le tout, sur les biens de la communauté.

1412. La dette dont le poids a pour cause première
Une succession qui n'est qu'immobilière
Et qui, durant l'hymen, devient propriété
De l'un des deux époux, de la communauté
N'accroît point le passif; sans aucun préjudice
Au droit du créancier de poursuivre en justice
Le paîment de la dette, en portant l'action
Sur l'immeuble compris dans la succession.
Dans le cas, néanmoins, où le mari succède,

De la succession le créancier procède
Sur le bien au mari proprement affecté,
Et même sur les biens de la communauté,
Pour se faire adjuger le prix de sa créance,
Sauf, dans le second cas, la juste récompense
Pour la femme, ou pour ceux qui recueillent son droit.

1413. Lorsque c'est à la femme elle-même qu'échoit
Une succession qui n'est qu'immobilière,
Et que, quand le mari l'autorise à le faire,
Elle en fait purement une acceptation,
Le créancier direct de la succession
Peut, contre tous les biens personnels de la femme,
Poursuivre le paîment des dettes qu'il réclame :
Mais si la femme n'a simplement accepté,
Au refus du mari, qu'avec l'autorité
Que la justice accorde en cette circonstance,
Le créancier ne peut, en cas d'insuffisance
Des immeubles compris dans la succession,
Attaquer, en suivant une juste action,
Que la propriété nue et particulière
Des biens dont cette femme est la propriétaire.

1414. Quand la succession dont les droits sont transmis
A l'un de ceux qu'hymen sous son joug a soumis,
Pour une portion se trouve mobilière,
Et que, pour l'autre part elle est immobilière,
Les dettes dont le poids par elle est supporté,
Ne peuvent en être un pour la communauté
Qu'avec proportion, et jusqu'à concurrence
De la part mobilière entrant dans la balance
Pour contribution des dettes à payer,

Titre V. *Contrat de Mariage*, etc.

En comparant le prix que vaut le mobilier
Avec celui que vaut la part immobilière.

La contribution a pour loi l'inventaire ;
Il y sera toujours par l'époux procédé,
Soit de son chef, s'il a lui-même succédé,
Soit comme autorisant, appuyant de son aide
Les actes de sa femme alors qu'elle succède.

1415. A défaut d'inventaire, et si l'omission,
De perte, pour la femme est une occasion,
Elle ou ses héritiers, au jour où la fortune,
Entre les deux époux cesse d'être commune,
Peuvent légalement demander d'être admis
Aux dédommagemens, récompenses, permis ;
Même ils peuvent prouver par titres authentiques,
Par documens privés et papiers domestiques,
Par la bouche de ceux qui sont pris à témoin,
Et par le bruit commun, s'il en était besoin,
L'état et la valeur de la part mobilière
Dont on n'a pas eu soin de faire l'inventaire.

Au mari, tout moyen de preuve est interdit.

1416. Les dispositions qu'énonce et que prescrit
Le nombre devançant le nombre qui précède,
Ne sauraient empêcher qu'un créancier procède
Sur tous les biens compris dans la communauté,
Soit que, de son paîment le titre ait affecté
Une succession, d'une part, mobilière,
Et qui, de l'autre part, se trouve immobilière,
Soit que, pour le mari les biens en soient échus,
Soit qu'ils soient, à la femme en propre parvenus,
Quand, du consentement du mari, soutenue,

De la succession, elle s'est prévalue ;
Sauf à récompenser, et respectivement.

Un principe pareil s'applique également,
Si la femme n'a fait de son droit l'exercice,
Que comme autorisée, appuyée en justice,
Et que le mobilier de la succession
Ait été, néanmoins, mis en confusion
Avec celui qu'alors la communauté gère,
Sans qu'il ait été fait préalable inventaire.

1417. Au refus du mari, si l'acceptation,
Par la femme, se fait sous l'intervention,
L'appui de la justice, après un inventaire,
Le droit du créancier ne peut se satisfaire
Que sur les propres biens de la succession,
Et même quels qu'ils soient, immobiliers, ou non :
S'ils ne suffisent pas, le créancier procède
Contre les autres biens que la femme possède ;
La propriété nue, en cette occasion,
Est seule, néanmoins, soumise à l'action.

1418. On doit assujétir aux règles que prescrivent
Nombre quatorze cent onze et ceux qui le suivent,
La dette qui dépend d'une donation,
Comme celle qui naît d'une succession.

1419. Le créancier a droit, pour le paîment des dettes,
De l'aveu du mari, par son épouse faites,
D'agir non-seulement sur la totalité
Des biens qui sont régis par la communauté ;
Mais il atteint encor, pour couvrir sa créance,
Tous ceux que chaque époux se trouve en sa puissance,

Sauf récompense due à la communauté,
Ou sauf, pour le mari, son droit d'indemnité.

1420. Toute dette que fait la femme mariée,
Du pouvoir du mari justement appuyée,
Le pouvoir ne fût-il qu'en termes généraux,
Ou se présentât-il en termes spéciaux,
Sur la communauté toujours pèse et s'acquitte :
Le créancier ne peut exercer la poursuite
Contre celle qui prend un tel engagement,
Sur les biens qu'elle-même a personnellement.

SECTION II.

De l'Administration de la communauté, et de l'effet des actes de l'un ou de l'autre époux, relativement à la Société conjugale.

1421. Seul administrateur de ce qui la compose,
De la communauté le mari seul dispose.
Du concours de la femme écartant les liens,
Il hypothèque, vend, aliène les biens.

1422. Par actes entre-vifs, jamais il ne peut faire
De disposition gratuite, arbitraire,
Des immeubles compris dans la communauté,
De tout le mobilier, ou d'une quotité
De ce genre de biens, si ce n'est qu'il s'agisse
Du sort d'enfans communs et qu'il les établisse.
A titre, néanmoins, gratuit, singulier,
Il dispose d'effets du genre mobilier,
Et de cette faveur la loi n'exclut personne,
Pourvu qu'avec le don l'usufruit s'abandonne.

1423. Lorsque, par testament, une donation
Se fait par le mari, la disposition
Ne saurait excéder la part et l'avantage
Qui, dans les biens communs, tombent en son partage.
　S'il fait en cette forme un présent limité,
D'un effet dépendant de la communauté,
L'effet au donataire appartient en nature,
Si, par l'évènement d'une chance future,
Le partage l'unit au lot fait en faveur
Des héritiers directs du mari donateur ;
Si l'effet dans ce lot ne trouve point sa place,
Pour satisfaire au legs, la valeur s'en remplace
Par un équivalent pris sur la quotité
Que ces héritiers ont dans la communauté,
Même sur la fortune au mari personnelle.

1424. Si, pour une action injuste et criminelle,
Sans que la mort civile y joigne sa rigueur,
Une amende, au mari, vient enlever l'honneur,
Sur la communauté dirigeant la demande,
On peut y recouvrer le paîment de l'amende,
Sauf à la femme à prendre un droit d'indemnité :
Quand un semblable affront, par elle, est supporté,
De ses biens personnels la propriété nue
Répond uniquement de l'amende encourue,
Tant que dure le cours de la communauté.

1425. Les condamnations pour crime constaté,
Que, de la mort civile, accompagne l'empreinte,
Et dont l'un des époux voit sa personne atteinte,
Frappent, outre sa part de la communauté,
Les biens dont, sur sa tête, est la propriété.

1426. Les actes où la femme est seule contractante,
Sans qu'en termes exprès son époux y consente,
Même quand la justice a pu l'autoriser,
Sur la communauté ne peuvent point peser ;
A moins qu'elle n'agisse en marchande publique,
Pour opérations que son commerce indique.

2427. La femme ne peut être admise à s'obliger,
Elle ne peut non plus justement engager
Les biens que rend communs l'acte de mariage,
Même pour terminer du mari l'esclavage,
Ou pourvoir aux moyens d'établir ses enfans,
Au cas où son époux est parmi les absens,
Si la justice alors ne l'aide et l'autorise.

1428. Tous les biens personnels dont le sort favorise
La femme, par l'époux doivent se voir régir.
 En son nom seul, il a la faculté d'agir
Pour tout droit possessoire, action mobilière,
Dont la femme pourrait être propriétaire.
 Il n'aliène point, sans son consentement,
L'immeuble que la femme a personnellement.
 Si, par défaut de soins qui les en garantissent,
De la femme, les biens personnels dépérissent,
Le mari responsable en doit indemnité.

1429. Le bail que le mari lui seul a contracté
Des biens particuliers que la femme possède,
Pour un temps prolongé dont la durée excède
L'espace de neuf ans, n'est un engagement,
Quand la communauté se dissout pleinement,
Pour la femme, ou celui qui vient prendre sa place,
Comme son héritier, que pour le seul espace

Qui demeure à courir, soit des premiers neuf ans,
S'ils ne sont pas remplis, soit des neuf ans suivans,
Et constamment ainsi de suite, de manière
Que le fermier ne puisse excéder la carrière
Que les neuf ans courans peuvent lui présenter.

1430. Le bail que l'époux seul prend soin de contracter,
Ou le bail existant que seul il renouvelle,
D'un bien qui, de la femme, est chose personnelle,
Pour neuf ans, pour un terme encor moins différé,
Plus de trois ans avant que ne soit expiré
Le bail courant des biens que la campagne enferme,
Et de deux ans avant qu'on n'atteigne le terme,
S'il s'agit de maisons, n'est point exécuté,
A moins qu'avant la fin de la communauté,
Une exécution ne commence à s'en faire.

1431. Quand, avec son mari, la femme est solidaire,
Dans un engagement souscrit et contracté
Pour le mari lui-même ou la communauté,
A l'égard de l'époux, la loi ne l'envisage
Que comme caution; du lien qui l'engage,
Elle doit recevoir un dédommagement.

1432. Au cas où le mari, soit solidairement,
Soit d'une autre manière, est garant de la vente,
Que la femme souscrit de chose dépendante
De ses biens personnels du genre immobilier,
Et si, comme garant, il se voit dépouiller,
Il a pareillement contre elle l'exercice
D'un recours que ne peut qu'avouer la justice,
Soit sur sa portion dans la communauté,
Soit sur les biens placés dans sa propriété.

TITRE V. *Contrat de Mariage*, etc. 401

1433. Si l'on vend un immeuble étant la propre chose
De l'un ou l'autre époux, ou lorsque l'on dispose
D'un service foncier qui se trouve affecté
Au profit spécial de la propriété
De l'un d'eux, en souffrant le rachat du service,
Et qu'on en a versé le prix, le bénéfice,
Sans en faire remploi, dans la communauté,
Sur celle-ci ce prix doit être précompté,
Au profit de l'époux jadis propriétaire
De la chose vendue, ou du service, à faire.

1434. Du remploi, se présume une exécution
Pour le mari, quand, lors d'une acquisition,
Il vient à déclarer payer ce qui s'achète
Des deniers qu'a produits la vente qui s'est faite
Du fonds qu'il possédait propriétairement,
Et pour lui tenir lieu de son remplacement.

1435. Si le mari déclare au moment qu'on achète,
Que l'acquisition est réellement faite
Des seuls deniers du fonds par la femme vendu,
Afin que le remploi s'y trouve confondu,
Cela ne suffit point, quand la femme refuse
D'accepter le remploi ; dans un tel cas, elle use,
Lorsque finit le cours de la communauté,
Du droit de réclamer, pour son indemnité,
Au prix de son immeuble une valeur égale.

1436. Du prix du fonds vendu l'indemnité légale,
Quand, du mari, ce fonds est la propriété,
Se prend sur les seuls biens de la communauté :
Si l'objet de la vente appartient à la femme,
L'indemnité du prix à la fois se réclame

Sur les biens du mari, lorsqu'ils sont au-dessous,
Sur les biens qu'en commun possèdent les époux.
Au reste, en tous les cas, la récompense due,
Sur le pied de la vente, est seulement perçue ;
Quelque renseignement qui puisse être donné
Concernant la valeur du fonds aliéné.

1437. Quand, de l'un des époux, pour acquitter la dette
Sur la communauté quelque somme est extraite,
Ou qu'elle l'est, afin qu'il en puisse payer,
D'un immeuble à lui propre, ou le prix en entier,
Ou le prix partiel, ou bien afin qu'il puissse,
D'un service foncier, racheter l'exercice,
Recouvrer, conserver, augmenter la valeur
Des biens dont en personne il est le possesseur,
Et généralement, dans chaque circonstance
Où, pour lui, cet époux puise dans la substance
Des biens appartenans à la communauté,
Il en doit récompense ou droit d'indemnité.

1438. Si, pour l'enfant commun une dot nécessaire
Est donnée à la fois par le père et la mère,
Sans dire nullement pour quelle quotité
Chacun des deux époux entend avoir doté,
Leur libéralité se montre alors rivale,
Et la part de chacun est présumée égale,
Que la dot soit promise ou qu'elle ait consisté
En effets dépendans de la communauté,
Soit qu'on la constitue, ou qu'elle soit promise
Sur la masse des biens à l'un des deux acquise.

Au second cas, l'époux dont l'immeuble ou l'effet
Propre à lui, de la dot est devenu l'objet,

A, sur les biens de l'autre, un droit de récompense,
Ou droit d'indemnité, jusques à concurrence
De la moitié, d'après la valeur de l'effet
A l'époque précise où le don s'en est fait.

1439. Quand, par le mari seul, la dot constituée
Envers l'enfant commun doit être effectuée
En effets dépendans de la communauté,
Par celle-ci, le poids de la dot est porté :
Si la communauté par la femme s'accepte,
La femme doit payer la moitié de la dette,
A moins que le mari n'ait en termes exprès
Déclaré que la dot est à ses propres frais,
Ou qu'il s'en soit chargé pour une part plus forte
Que, de la même dot, la moitié ne comporte.

1440. Quiconque, d'une dot est le constituant,
Ne peut se dispenser d'en être le garant :
Les intérêts ont cours du jour du mariage,
Quoique, d'un terme on ait stipulé l'avantage
Pour acquitter la dot, si dans l'engagement
On n'a point réservé d'en user autrement.

SECTION III.

De la Dissolution de la communauté, et de quelques-unes de ses suites.

1441. De la communauté cesse le cours utile
Par la mort naturelle et par la mort civile ;
La séparation de corps, celle des biens
Et le divorce enfin détruisent ses liens.

1442. Après qu'un des époux aura perdu la vie,
Ou de la mort civile éprouvé l'infamie,
A défaut d'inventaire alors effectué,
Le régime commun n'est pas continué;
Sauf le droit de poursuite, en cette circonstance,
Des tiers intéressés, touchant la consistance
Des biens et des effets de la communauté,
Qu'ils auront de plein droit la juste faculté
De prouver soit par titre ou public témoignage.

Lorsqu'il est des enfans qui n'ont pas atteint l'âge
De la majorité, pour l'inventaire omis,
Le conjoint survivant est en outre soumis
A la privation du droit de jouissance
Que, sur leurs revenus, lui donnoit sa puissance;
Le subrogé tuteur qui ne l'a pas contraint
A faire un inventaire est constamment astreint
A répondre avec lui, sous le joug solidaire,
Des condamnations qu'à défaut d'inventaire,
Au profit des mineurs on pourrait exiger.

1443. La séparation de biens doit s'engager
Devant un tribunal par la femme elle-même,
Lorsque sa dot se trouve en un péril extrême,
Et que l'état suspect des biens de son conjoint
Fait craindre avec raison qu'ils ne suffisent point
Pour remplir tous ses droits. — La loi proscrit, rejette
La séparation volontairement faite.

1444. Quand même elle intervient judiciairement,
La séparation est nulle également
Si, d'exécution elle n'est pas suivie,
Et si, de tous ses droits, la femme n'est remplie

TITRE V. *Contrat de Mariage*, etc.

Par un paiment réel et qui soit constaté
Par acte, sous le sceau de l'authenticité,
Jusqu'au montant des biens que le mari possède,
Ou si, dans quinze ours, la femme ne procède,
A dater de l'instant du jugement rendu,
Sans que le procès soit depuis interrompu.

1445. Elle ne peut jamais se voir exécutée
Que l'affiche n'en ait, avant, été portée
Sur un tableau placé dans le lieu principal
Où, des juges premiers siége le tribunal,
Et de plus, si l'époux s'occupe de commerce,
De banque, de trafic, dans la salle où s'exerce
La jurisdiction consulaire du lieu
Où, pour son domicile, il a fixé son vœu.
Le défaut de remplir ce préalable entraîne,
De l'exécution la nullité, pour peine.

Concernant ses effets, le jugement rendu,
Au jour de la demande, est toujours étendu.

1446. Aucun des créanciers personnels de la femme,
Sans son consentement, avec fruit ne réclame
En justice, de biens la séparation.

Néanmoins il existe un cas d'exception :
Ils peuvent exercer, jusques à concurrence
Du montant respectif qui borne leur créance,
Les drois appartenant à celle qui leur doit,
Quand il est évident et que l'on s'aperçoit
Que le mari se trouve, en cette conjoncture,
Dans le cas de faillite ou de déconfiture.

1447. La séparation tendante à les frauder,
Ceux du mari pourront la faire rescinder ;

Fût-elle exécutée, ils ont cette puissance :
Pour la contester même, ils peuvent, dans l'instance
Où l'on suit la demande en séparation,
Exercer le moyen de l'intervention.

1448. La séparation par la femme obtenue,
Elle ne peut jamais en être moins tenue,
Sur le taux comparé qui peut être établi
Entre ses facultés et celles du mari,
De supporter sa part dans les frais du ménage,
Et dans ceux dont l'emploi procure l'avantage
De l'éducation à leurs communs enfans.

Elle porte le poids de tous ces frais urgens,
S'il ne reste au mari qu'indigence avérée.

1449. La femme, soit de corps et de biens séparée,
Soit seulement de biens, en reprend librement
L'administration et le gouvernement.

De tout son mobilier elle-même dispose,
Elle ne trouve point d'obstacle qui s'oppose
A les aliéner selon sa volonté.

Elle ne jouit point de cette faculté
Lorsqu'il est question de chose immobilière,
A moins que du mari l'aveu n'y coopère,
Ou que, sur son refus, l'autorisation
Des juges ne lui donne une permission.

1450. Le mari n'est soumis à nulle garantie
Du prix que peut offrir la vente consentie
Par la femme qui vend avec l'autorité,
Le secours qu'en ce cas les juges ont prêté,
Pour le défaut d'emplois ou de remplois à faire,
A moins qu'en agissant au contrat il n'adhère,

Ou qu'il ne soit prouvé qu'il a reçu le prix,
Ou qu'il en a tiré de personnels profits.

Si, lui-même présent, on accomplit la vente,
Si son consentement l'avoue et la cimente,
Le défaut des emplois lui peut être imputé,
Mais il ne répond point de leur utilité.

1451. De la communauté, quand la chaîne est brisée,
Par séparation dûment autorisée,
Soit de corps et de biens, soit de biens seulement,
On en peut opérer le rétablissement ;
L'aveu des deux époux lui rend son existence.

Pour lui faire acquérir son ancienne influence,
Devant notaire un acte en doit être passé,
Dont la minute reste et dont l'extrait dressé
A l'affiche est soumis, dans la forme introduite,
Nombre quatorze cent quarante-cinq, prescrite.

Du jour du mariage, elle a tout son effet,
Comme, entre les époux, si rien n'eût été fait,
Sans préjudicier, néanmoins, à l'empire
Des actes qu'à la femme il a plu de souscrire
Pendant sa liberté, d'après les droits acquis,
Nombre quatorze cent quarante-neuf, décrits.

Cette communauté doit être renouée
Sous les conditions qui l'ont constituée
Antérieurement ; et tout pacte arrêté,
S'il en est différent, tombe par nullité.

1452. Lorsque, par le divorce, une même fortune,
Entre les deux époux, cesse d'être commune,
Ou que l'on porte atteinte à ces communs liens
Par séparation, soit de corps et de biens,

Soit de biens seulement, de ses droits de survie,
La femme, en ce moment, ne peut être saisie ;
Ils ne sont pas ouverts; mais elle a seulement
Le droit de parvenir à ce recouvrement,
Quand le trépas ravit au mari la lumière,
Ou quand la mort civile a souillé sa carrière.

SECTION IV.

De l'Acceptation de la communauté, et de la Rénonciation qui peut y être faite, avec les conditions qui y sont relatives.

1453. Quand la communauté cesse de subsister,
La femme, ou bien celui qui peut se présenter
Comme son héritier, comme son ayant cause,
Ont le droit, que le Code entre leurs mains dépose,
D'y renoncer, ou bien celui de l'accepter ;
Nulle convention ne peut les leur ôter.

1454. Quand, dans les biens communs, une femme s'immisce
Du droit de renoncer elle perd l'exercice.
L'acte conservateur, de pure gestion,
Ne saurait emporter aucune immixtion.

1455. Si, majeure, la femme en un acte partie,
Du titre de commune en biens se qualifie,
Elle ne jouit plus du droit de renoncer ;
Contre sa qualité qui ne peut s'effacer,
La restitution ne saurait être admise,
Quand, avant l'inventaire, elle eût même été prise,
A moins que quelque dol ne puisse s'imputer
A ceux qui du mari sont venus hériter.

1456. La femme qu'un mari laisse dans le veuvage,
Qui veut légalement conserver l'avantage
Du droit de renoncer à la communauté,
Doit, dans le triple mois qui toujours est compté
Du jour où son époux a terminé sa vie,
Obtenir par ses soins que l'on inventorie
Avec exactitude, avec fidélité,
Les biens appartenant à la communauté;
L'héritier de l'époux y paraît avec elle,
Ou, pour y concourir, du moins elle l'appelle.

Quand on clôt l'inventaire, en tout son résultat,
Elle doit affirmer qu'il est sincère, exact,
Devant l'homme public prêtant son ministère.

1457. Du moment que l'époux a fini sa carrière,
Dans le cours des trois mois, et de quarante jours
Qu'à ce premier délai l'on ajoute toujours,
Elle doit renoncer au greffe de justice
Où les juges premiers exercent leur office,
Dans l'arrondissement où l'époux qu'elle perd
Fut domicilié; sur le regître ouvert
Où doit se consigner le refus qu'on veut faire
D'une succession, un tel acte s'opère.

1458. Toute veuve, suivant la qualité des faits,
Du tribunal civil peut obtenir l'accès,
Afin qu'en sa faveur le tribunal prononce
De plus amples délais avant qu'elle renonce:
La loi veut au surplus qu'il y soit procédé
Avec le successeur du mari décédé,
Ou qu'au moins il reçoive un appel préalable,
Lorsque le tribunal le juge convenable.

1459. La veuve qui n'a point, dans le délai fixé,
Par un acte formel, encore renoncé,
De cette faculté ne peut être déchue,
Si de l'immixtion elle s'est défendue,
Et que d'un inventaire elle puisse s'aider ;
On pourra seulement contre elle procéder,
En la considérant toujours comme commune,
Jusques à ce qu'elle ait séparé sa fortune
Par un acte portant renonciation :
Elle doit les frais faits jusqu'à cette action.

1460. Quoiqu'elle ait renoncé, toute veuve infidèle
Qui, dans son imprudence, ou détourne ou recèle
Quelques effets compris dans la communauté,
Doit demeurer commune ; elle l'a mérité.
Contre ses héritiers cette peine est égale.

1461. Si la veuve décède avant que l'intervalle
Des trois mois accordés se trouve révolu,
Sans qu'aucun inventaire ait été fait, conclu,
Ses héritiers auront trois mois nouveaux pour faire
Ou bien pour terminer l'acte de l'inventaire,
Du moment qu'elle aura cessé de respirer ;
Ils obtiendront de plus, et pour délibérer,
Quarante nouveaux jours après que la clôture
Aura, de l'inventaire, accompli la mesure.
Lorsque la veuve meurt, l'inventaire fini,
Pour se déterminer et pour prendre un parti,
Ses héritiers auront quarantaine nouvelle,
Du jour qu'elle a quitté sa dépouille mortelle.
Les héritiers pourront renoncer, au surplus,
D'après les règlemens énoncés ci-dessus ;

Les deux nombres que suit celui qu'on vient de lire,
Sur eux également étendent leur empire.

1462. On applique le nombre offrant quatorze cents
Joints à cinquante-six, ainsi que les suivans,
Aux femmes des maris que mort civile enchaîne,
Du jour qu'a commencé le cours de cette peine.

1463. La femme, dans l'état de séparation,
Celle dont le divorce a rompu l'union,
Qui, dans le triple mois et dans la quarantaine,
Quand en dernier ressort est détruite sa chaîne,
N'a point, des biens communs, fait l'acceptation,
Y fait, par cela seul, renonciation,
A moins qu'étant encor dans le délai placée,
La prorogation n'ait été prononcée
Judiciairement, et son époux ouï,
Ou, pour l'être, du moins par exploit averti.

1464. Quand la femme, ou tous ceux à qui la loi défère,
Pour la représenter, un droit héréditaire,
Font un acte portant renonciation
Fraudant les créanciers de leur prétention,
Ceux-ci peuvent, de l'acte attaquant l'existence,
Eux-mêmes accepter pour sauver leur créance.

1465. La veuve, dans le cas de l'acceptation,
Ainsi que dans celui de l'abdication,
Peut, pendant les trois mois, pendant la quarantaine,
Qui lui sont accordés par la loi souveraine,
Et pour faire inventaire et pour délibérer,
Prendre ses alimens et même en procurer
A ceux qui, la servant, auprès d'elle subsistent,

Sur les provisions qui, dans ce cas, existent,
A défaut par emprunt justement limité,
Au compte et sur les fonds de la communauté.

Pour l'habitation que la veuve aurait prise,
Pendant tous les délais, en la maison comprise
Dans les biens dépendans de la communauté,
Ou dans celle qui peut être en propriété
A tout individu qui de l'époux hérite,
Cette habitation doit être gratuite.
Quand la communauté vient à se délier,
Si les époux tenaient par un bail à loyer
La commune maison qui leur servait d'asile,
La femme y conservant encor son domicile
Pendant le cours légal de ces mêmes délais,
Ne participe point au paîment de ces frais ;
Du loyer, sur la masse, est levé le salaire.

1466. Si, la femme mourant, par suite nécessaire ;
De la communauté le nœud vient à cesser,
Ses héritiers, comme elle, y peuvent renoncer ;
Dans un semblable cas, les délais et les formes
Pour la femme prescrits, pour eux, sont uniformes.

SECTION V.

Du partage de la communauté après l'acceptation.

1467. Quand la femme, ou celui qui peut lui succéder
A l'acceptation a pu se décider,
On partage des biens la portion active,
Et l'on doit supporter la portion passive,
Ainsi qu'on va le voir immédiatement.

§. I.

Du partage de l'actif.

1468. Les époux, ou tous ceux qui d'eux en héritant
Peuvent être à leurs droits dans cette circonstance,
Rapportent au total des biens en existence
Ce qu'ils peuvent devoir à la communauté,
Ou comme récompense, ou comme indemnité :
Au chapitre présent et première partie,
Deuxième section, la règle est établie.

1469. Chacun des deux époux, ou son représentant
Par droit d'hérédité, rapporte également
Les capitaux tirés de la masse commune,
Ou la valeur des biens que, sur cette fortune,
Il a pris pour doter l'enfant d'un autre lit,
Ou pour faire lui seul une dot au profit
De l'enfant né du sein du commun mariage.

1470. Sur la masse des biens, objet de ce partage,
Chacun des deux époux, ou son représentant,
Prélève tous les biens qui sont séparément
Dans sa propre fortune, à la masse, étrangère,
Lorsqu'ils ont conservé leur nature première,
Ou ceux qui, pour remploi, se trouvent obtenus ;
Le prix de tous ses fonds immobiliers, vendus,
Quand la communauté parcourait sa carrière,
Et qui, d'aucun remploi, n'ont été la matière ;
Et chaque récompense ou chaque indemnité
Dont il est créancier sur la communauté.

1471. Avant que le mari du même droit jouisse,

De ses prélèvemens la femme a l'exercice.

    Quand les biens ne sont plus en nature existans,
La femme prend d'abord sur les deniers comptans,
Et pour y suppléer le mobilier succède ;
Subsidiairement elle agit et procède
Sur les immeubles pris dans la communauté :
Dans ce troisième cas, elle a la faculté
De choisir à son gré l'immeuble qui remplace ;
A son représentant, cette faculté passe.

    1472. Quand des droits de reprise, au mari sont acquis
L'exercice n'en peut être jamais admis
Que sur les biens compris dans la masse commune.
    Si la communauté n'offre qu'une fortune
Qui ne présente pas des moyens suffisans,
La femme peut, ainsi que ses représentans,
Se faire rembourser toutes reprises dues
Sur les propriétés, au mari, dévolues.

    1473. Tout remploi, récompense ou toute indemnité
Qui sont dus aux époux par la communauté,
Et toute indemnité, toutes les récompenses
Qui, pour elle, sur eux, sont autant de créances,
Emportent intérêt, de plein droit, à compter
Du jour que son empire a cessé d'exister.

    1474. Quand les prélèvemens que, de son chef, embras
Chacun des deux époux, ont eu lieu sur la masse,
Du surplus, l'un et l'autre ou leurs représentans,
Pour la juste moitié sont les copartageans.

    1475. Quand ceux qui par la femme appelés lui succède
Entre eux peu concordans, différemment procèdent,

TITRE V. *Contrat de Mariage, etc.*

Et que l'un d'eux renonce à la communauté,
Lorsque le poids en est par un autre accepté,
L'acceptant ne devient jamais propriétaire
Que de la portion virile, héréditaire
Qui peut lui revenir dans l'objet désigné
Pour composer le lot à la femme assigné.

Du surplus, le mari reste propriétaire,
Mais chargé de la part virile, héréditaire,
Que pourrait réclamer l'héritier renonçant
Dans les droits qu'eût acquis la femme en l'imitant.

1476. De la communauté, du reste, le partage,
Pour les formalités dont on doit faire usage,
Des fonds immobiliers la licitation,
Quand il faut accomplir cette opération,
Du partage l'effet, des lots la garantie,
Et la soûte que peut payer une partie,
Se règlent, dans chacun des points particuliers,
Comme un partage fait entre cohéritiers,
Ainsi que l'a prescrit précédemment le titre
Sur *les successions*, au sixième chapitre.

1477. Celui des deux époux qui recèle ou soustrait
De la masse commune une chose, un effet,
Pour la punition de cet acte infidèle,
Perd sa part de l'objet qu'il détourne ou recèle.

1478. Quand le partage est fait, si, par évènement,
Un époux, contre l'autre, a personnellement
Des droits de créancier, pour avoir d'une dette
Personnelle, affranchi de l'autre époux la tête,
Employant à ce but la valeur de son bien,

Ou pour toute autre cause égale à ce moyen,
De ses droits de créance, il porte l'exercice
Sur la part que l'époux a prise en bénéfice
Dans la masse commune, ou bien peut procéder
Sur les biens qu'en personne il pourrait posséder.

1479. Les répétitions, matières personnelles,
Entre les deux époux, d'actions mutuelles,
Emportent intérêt du jour où seulement
L'un contre l'autre agit judiciairement.

1480. Toute exécution de dons qu'aura pu faire
Un conjoint libéral à l'autre, ne s'opère
Que sur sa part de biens dans la communauté,
Et sur ceux dont lui seul a la propriété.

1481. De la femme le deuil, quand le mari décède,
Est aux frais de celui qui, dans ce cas, succède.
Des biens du décédé, l'état est consulté,
Et règle de ce deuil l'exacte quotité.
La femme qui renonce à la masse commune
N'en ajoute pas moins ce deuil à sa fortune.

§. II.

Du passif de la communauté, et de la contribution aux dettes.

1482. Ce qui peut être dû par la communauté,
Par moitié, de plein droit, est toujours acquitté
Par les époux ou ceux qu'un droit héréditaire
A leur place établit : le scellé, l'inventaire,
Vente de mobilier et liquidation,

Règlement de partage et licitation,
De ces dettes toujours tous ces frais font partie.

1483. La femme, à ce sujet, ne reste assujétie
Tant envers le mari qu'envers ses héritiers,
De même qu'à l'égard des communs créanciers,
Que jusqu'à la valeur du gain qu'elle a pu faire,
S'il existe d'ailleurs un fidèle inventaire,
En rendant compte exact de tout ce qu'il contient,
Et de ce que son lot par le partage obtient.

1484. Le mari doit lui seul payer l'entière dette
De la communauté qu'il a lui-même faite ;
Il a contre la femme ou ses représentans
Son recours pour moitié de ces engagemens.

1485. Il n'est assujéti que pour moitié des dettes
Qui, personnellement, par la femme sont faites,
Et dont le poids tombé sur la communauté,
Par elle, dans ce cas, devait être porté.

1486. La femme ne peut être à l'abri de poursuite
Pour la totalité de la dette produite
De son chef personnel, et dont la quotité
Avait grevé les biens de la communauté ;
Mais contre son époux un recours lui compète,
Ou contre l'héritier, pour moitié de la dette.

1487. La femme, toutefois, qui personuellement,
Pour la dette commune, a pris engagement,
Ne saurait éprouver de poursuite directe
Qu'à raison de moitié d'une semblable dette,

A moins, que dans ce cas, elle n'ait contracté
Une obligation de solidarité.

1488. Quand la femme a payé sur la commune dette,
Au-delà du montant de sa moitié complète,
Elle ne peut jamais répéter l'excédant
Contre le créancier, à moins qu'en le payant
Elle ne fasse inscrire au corps de la quittance
Qu'elle entend acquitter moitié de la créance.

1489. Si, par l'effet d'un droit d'hypothèque exercé
Sur le fonds qu'en ses mains le partage a placé,
Contre l'un des époux une poursuite est faite
Pour la totalité d'une commune dette,
Il a, pour la moitié, droit au remboursement
Contre l'autre conjoint, ou son représentant.

1490. Toutefois, nul obstacle en tout ce qui précède
A ce que, lorsqu'entre eux au partage on procède,
L'un des copartageans s'oblige de solder,
Pour dettes, une part qui pourrait excéder
La moitié légitime, et même se soumette
A s'en faire donner la quittance complète.
Au reste, en général, quand un copartageant
Prouve qu'il a payé plus que le contingent
Dont il était tenu dans la commune dette,
Contre l'autre conjoint un recours lui compète.

1491. Ce que la loi prend soin de consigner ici,
Et qui peut concerner la femme ou le mari,
S'applique aux héritiers que l'un ou l'autre laissent ;
Les mêmes droits en eux toujours se reconnaissent,
Des mêmes actions ils sont aussi tenus ;
Ainsi revit en eux le conjoint qui n'est plus.

SECTION VI.

De la Renonciation à la communauté, et de ses effets.

1492. A la communauté, quand renonce la femme,
Aucun droit, de sa part, jamais ne s'y réclame;
Elle perd, dans ce cas, même le mobilier
Qui, venu de son chef, aurait pu s'y lier.

Elle peut retirer, c'est son seul avantage,
Les linges personnels, hardes à son usage.

1493. La femme renonçante a le droit d'obtenir
L'immeuble qui lui peut en propre appartenir,
S'il existe en nature, ou celui que présente
A sa place un remploi, par l'effet d'une vente;

Le prix de son immeuble, alors qu'aliéné,
On n'en a fait aucun remploi déterminé,
Accepté dans la forme énoncée et prescrite;

Et par la même règle en sa faveur produite,
La femme se prévaut de toute indemnité
Qu'elle a pu conquérir sur la communauté.

1494. La femme en renonçant garantit sa fortune
De contribution à la dette commune,
Tant envers le mari qu'envers les créanciers;
Mais elle est, néanmoins, tenue envers les tiers,
Lorsqu'avec son époux elle s'est obligée,
Ou bien lorsque la dette, eu commune, changée,
Provenait de son chef originairement.
Elle exerce, au surplus, en tout évènement,
Un recours légitime auquel elle procède
Sur le mari lui-même ou sur qui lui succède.

1495. Sur les biens contenus dans la communauté,
Et sur ceux dont l'époux a la propriété,
Toutes les actions et toutes les reprises
Qu'on vient de détailler, sont à la femme acquises.

Son héritier s'y trouve admis également,
Excepté s'il s'agit, soit du prélèvement
Des linges, hardes, soit des frais de nourriture,
De ceux de logement, tant que le délai dure
Pour faire l'inventaire et pour délibérer ;
La femme, à de tels droits, seule peut aspirer.

Disposition relative à la communauté légale, lorsque l'un des époux ou tous deux ont des enfans de précédens mariages.

1496. Les dispositions que l'on vient de prescrire
Doivent également exercer leur empire,
Lorsque l'un des époux, ou même tous les deux
Mariés plusieurs fois ont pu voir naître d'eux
Des enfans d'unions antécédemment faites.

Si la confusion du mobilier, des dettes,
Au profit d'un époux, toutefois, opérait
Quelque grand avantage et qui surpasserait
Ce qu'au titre second de ce livre troisième,
Admet l'article mil quatre-vingt-dix-huitième,
Né dans le premier lit de l'autre époux, l'enfant
Obtiendra l'action pour le retranchement.

SECONDE PARTIE.

De la Communauté conventionnelle, et des conventions qui peuvent modifier, ou même exclure la communauté légale.

1497. Les époux, affranchis de toutes les limites,
Si ce n'est, toutefois, celles qui sont prescrites
Aux quatre numéros qui, du titre présent,
Se montrant les premiers, font le commencement,
Donnent, comme il leur plaît, une forme inégale
A la communauté que l'on nomme légale.

Ils peuvent, dans ce cas, et principalement
Convenir à leur gré dans leur engagement,
  Que la communauté, n'étendra son empire
Que sur tous les acquêts qui pourront se produire;
  Que tout le mobilier actuel et présent,
Ou qui s'y mêlerait postérieurement,
De la communauté ne fera point partie,
Ou qu'une part pourra s'y trouver réunie;
  Qu'en prenant le moyen de l'ameublissement,
On y réunira tout immeuble présent,
Tout immeuble futur, ou des parts convenues;
  Que les époux païront les dettes survenues
Avant le mariage, et que séparément,
De leur côté chacun, ils feront ce paiment;
  Du droit de renoncer, si la femme profite,
Qu'elle retirera son apport franc et quitte;
    Qu'un préciput sera pour qui mourra plus tard;
    Que les époux auront une inégale part;
    Qu'à titre universel, entre eux, sera commune
La quotité de biens composant leur fortune.

SECTION PREMIÈRE.

De la Communauté réduite aux acquêts.

1498. Quand les époux entre eux n'ont pris d'engagement
Que pour rendre communs les acquêts seulement,
Ils sont, de droit, censés avoir exclu les dettes,
Antérieurement, par l'un et l'autre faites,
Et celles qui pourront se faire à l'avenir,
Comme le mobilier pouvant appartenir
A chacun des époux au jour du mariage,
Ou qui, dans l'avenir, peut être leur partage.

Alors, quand chaque époux a d'abord prélevé
Tout apport qu'il a fait et qui sera prouvé,
On soumet seulement à l'effet du partage
Les acquêts obtenus, durant le mariage,
Par les époux ensemble ou bien séparément,
Soit qu'on puisse établir qu'ils ont pour fondement
Des époux réunis la commune industrie,
Ou qu'ils sont le produit né de l'économie
Assise sur les fruits et sur les revenus
De la masse des biens qui leur sont avenus.

1499. Lorsque le mobilier qui, lors du mariage,
Existe ou qui depuis échoit dans le ménage,
Ne se présente pas, soit inventorié,
Soit par un bon état dûment justifié,
Au milieu des acquêts il vient prendre une place,
Et la présomption le met dans cette classe.

SECTION II.

De la clause qui exclut de la communauté le mobilier en tout ou partie.

1500. Les époux ont toujours la libre faculté
De repousser, du sein de la communauté,
Du mobilier présent la masse circonscrite,
Et celui qui pourrait leur échoir dans la suite.
    Lorsqu'ils sont convenus, par réciprocité,
Qu'ils en rendront commun jusqu'à la quotité
D'une somme ou valeur, dans le contrat, écrite,
Du surplus la réserve est censée introduite.

1501. Lorsque, dans le contrat, ce pacte est arrêté,
L'époux est débiteur de la communauté
Pour la somme ou valeur qu'il a promis d'y mettre;
Il est légalement tenu de se soumettre
A prouver qu'il a fait cet apport convenu.

1502. Pour le mari, l'apport se trouve reconnu,
Quand on lit au contrat, précédant l'hyménée,
La déclaration claire et déterminée
Qu'à telle valeur fixe atteint son mobilier.
    Pour la femme, l'apport peut se justifier,
Quand le mari l'en a, par écrit, acquittée,
Ou bien donné quittance à ceux qui l'ont dotée.

1503. Quand le lien rompu de la communauté,
Fait cesser entre époux cette société,
Quel que soit le sujet qui vienne la détruire,
Par un prélèvement chaque conjoint retire,

De tout le mobilier qui, lors de l'union,
Pouvait se rencontrer en sa possession,
Ou depuis est échu, la valeur qui surpasse
Ce qu'il en a voulu confondre dans la masse.

1504. Pendant que l'union dure, le mobilier
A chaque époux échu doit s'inventorier.
Lorsque c'est au mari qu'un mobilier arrive,
A défaut d'un fidèle inventaire qui suive,
Ou si par autre titre on ne peut constater
Dans quel état d'abord il a pu consister,
Et quelle est sa valeur, toute dette déduite,
La reprise au mari n'en peut qu'être interdite.
Lorsqu'à la femme même échoit un mobilier,
Et qu'on a négligé de l'inventorier,
Elle, ou ses héritiers, par titre juridique,
Par la voix des témoins, ou par la voix publique,
Ont le droit d'établir et de justifier
La valeur à laquelle on peut l'apprécier.

SECTION III.

De la clause d'ameublissement.

1505. Lorsque les deux époux ou l'un d'eux réunissent
A la communauté, régime qu'ils choisissent,
Les immeubles futurs ou qu'ils ont maintenant,
Soit en totalité, soit partiellement,
C'est, *ameublissement*, que s'appelle la clause.

1506. Cet ameublissement dont ainsi l'on dispose
Offre deux cas ; il est, ou non, déterminé.
Il est au premier cas, quand l'époux a donné

Sa déclaration précise de soumettre
A l'ameublissement, ainsi que de remettre
A la communauté tel immeuble connu
En tout, ou jusqu'au taux de tel prix convenu.

 Il est au second cas, lorsque l'époux dispose
En termes généraux qu'il soumet à la clause
De l'ameublissement ses fonds immobiliers,
Jusques à la valeur fixe de tels deniers.

 1507. Quand l'ameublissement est fixe, les immeubles,
Ou l'immeuble soumis, comme même les meubles,
Sont placés dans les biens de la communauté.

 Si l'ameublissement frappe en totalité
Un seul, ou tous les fonds immeubles que la femme,
Comme propriété personnelle, réclame,
Le mari les employe en toute liberté
Comme tout autre effet de la communauté;
Par lui, la masse peut en être aliénée.

 Pour valeur en deniers fixe et déterminée,
Si l'immeuble est soumis à l'ameublissement,
La femme doit aider de son consentement
Le mari qui prétend en conclure la vente;
Mais il n'a nul besoin que la femme y consente,
S'il veut l'hypothéquer jusqu'au prix seulement
Fixé par le contrat pour l'ameublissement.

 1508. Si l'ameublissement n'ayant aucune assiette
Est indéterminé, la communauté faite
N'a nul droit de jouir propriétairement
Des immeubles soumis à l'ameublissement;
Mais l'époux obligé doit unir à la masse,
Quand la communauté se termine et s'efface,

Quelques-uns de ses biens propres immobiliers,
Jusques à la valeur convenue en deniers.

Dans un tel cas, ainsi qu'au nombre qui devance,
Si la femme au mari n'en donne la puissance
Par l'expresse faveur de son consentement,
Il ne peut, soit en tout, soit partiellement,
Aliéner les fonds que frappe et que domine
Un ameublissement que rien ne détermine ;
Mais il les hypothèque, et sans empêchement,
Dans la proportion de l'ameublissement.

1509. Quand l'époux ameublit un fonds, un héritage,
Il a la faculté, quand se fait le partage,
A compte de sa part, de se l'approprier,
Au taux auquel on peut alors l'apprécier.

SECTION IV.

De la clause de la séparation des dettes.

1510. Quand les conventions des contractans sont telles
Que chacun d'eux paîra ses dettes personnelles,
Tous deux se font raison, par réciprocité,
Quand arrive la fin de la communauté,
Des dettes qui pourront être justifiées,
Aux frais des biens communs, avoir été payées
En faveur de l'époux qui s'en trouvait chargé.

L'un et l'autre, à ce compte, est de même obligé,
Soit qu'il existe, ou non, un acte d'inventaire :
Mais si l'on n'a pas eu le soin d'en faire faire
Avant le mariage ou qu'un état légal,
Et précédant aussi le lien conjugal,

N'ait pas déterminé la masse mobilière
Qui, des biens en commun, a fourni la matière,
De l'un et l'autre époux les divers créanciers,
Sans distinguer parmi les objets mobiliers,
Peuvent légalement poursuivre leur créance,
Et sur le mobilier qui, dans la circonstance,
Se trouve réuni sans être constaté,
Et sur tout autre bien de la communauté.

A la même action les créanciers procèdent
Sur tout le mobilier échu, lorsque succèdent
Les époux, dans le cours de la communauté,
S'il ne se trouve pas de même constaté
Par état authentique ou par un inventaire.

1511. Quand, par convention, clause particulière,
Les deux futurs époux ont ensemble apporté,
Pour être confondu dans la communauté,
Un corps certain de biens, une somme certaine,
Toujours un tel apport tacitement entraîne
La stipulation qu'avant le jour d'hymen,
Il n'a d'aucune dette éprouvé le lien ;
Et dans ce cas l'époux qu'engageait la créance
Fait à l'autre raison, jusques à concurrence
De ce qu'elle ôterait à son apport promis.

1512. Quand les époux se sont par un pacte soumis
A séparer le poids des dettes personnelles,
Arrérage, intérêt qui peut découler d'elles,
Depuis que de l'hymen le nœud est contracté,
N'en est pas moins payé par la communauté.

1513. Quand la communauté se trouve poursuivie

Pour les dettes de l'un de ceux que l'hymen lie,
Déclaré par contrat pleinement affranchi
De toute dette née avant qu'il fût uni,
Par une indemnité, l'autre se dédommage;
Il la prend sur la part qui revient en partage
A l'époux débiteur dans la communauté,
Sur les biens qui, d'ailleurs, sont sa propriété;
Et cette indemnité peut être poursuivie,
En cas d'insuffisance, et par la garantie,
Contre les père, mère, ascendant ou tuteur,
Lorsqu'ils ont déclaré quitte le débiteur.

Contre ces tiers, l'époux avec succès réclame,
Si la dette provient du côté de la femme,
Même durant le cours de la communauté;
En ce cas, les garans auront la faculté
De poursuivre la femme, ou qui la représente,
Pour le remboursement de la dette existante,
Quand la communauté n'aura plus d'action.

SECTION V.

De la faculté accordée à la femme de reprendre son apport franc et quitte.

1514. La femme peut user de la convention
Qu'en cas qu'elle renonce à la masse commune,
Elle y pourra reprendre ou toute la fortune
Dont elle l'augmenta, soit en se mariant,
Soit dans la suite, ou bien, une part seulement.
Mais la convention, au-delà de la chose
Que pourra contenir expressément la clause,
Ne peut jamais avoir nulle exécution,

Et ne se montre utile, en cette occasion,
Qu'à ceux mêmes auxquels un tel profit s'assigne,
Dont la vocation, dans l'acte, se désigne.

Ainsi, si le contrat a pu spécifier
Que la femme pourra prendre le mobilier
Qu'elle a mis en commun au jour du mariage,
Elle ne peut jouir d'un pareil avantage
Pour celui qui depuis lui pourrait être échu.

Ainsi, lorsque le droit, pour elle est reconnu,
Au profit des enfans, il ne saurait s'étendre ;
Si les enfans, comme elle, ont le droit de reprendre,
Nul pour les ascendans, il s'arrête à ce point,
Et les collatéraux non plus n'en usent point.

Si, d'ailleurs, quelque dette à la femme affectée,
A pu, des biens communs, se trouver acquittée,
Ces deniers doivent être, en tous les cas, déduits,
Avant que les apports puissent être repris.

SECTION VI.

Du Préciput conventionnel.

1515. Quand il est stipulé qu'avant aucun partage,
Le conjoint survivant obtiendra l'avantage
De prélever pour lui telle somme en deniers,
Telle quantité fixe en effets mobiliers,
Qui seront en nature, une pareille clause,
Sur l'accomplissement d'un point de fait, repose,
S'il s'agit de la femme ; à ce prélèvement,
Elle ne peut jamais qu'aspirer vainement,
Si la communauté par elle est refusée,
A moins que le contrat ne l'ait autorisée

A recueillir ce droit, et même en renonçant.

Hors ce cas réservé, l'époux en exerçant
Le préciput, ne peut en prendre l'avantage
Que sur les biens communs destinés au partage;
L'exercice du droit ne peut être accordé
Sur les biens personnels du premier décédé.

1516. On ne regarde point, du préciput, la clause
Comme un de ces bienfaits dont la valeur repose
Sur les formalités d'une donation,
Mais comme de l'hymen une convention.

1517. La mort, quand ce tribut se paye à la nature,
Du préciput toujours appelle l'ouverture;
La mort, qui par les lois frappe civilement,
Toute feinte qu'elle est, l'appelle également.

1518. Quand la communauté cesse d'avoir sa force
Par séparation de corps ou par divorce,
Le préciput ne peut, dans l'instant, s'exercer;
Mais l'époux qui parvient à faire prononcer
Sur l'un des deux moyens de délier sa chaîne,
Conserve, s'il survit, l'espérance certaine
De l'exercer un jour. Si la femme a vaincu,
La somme de deniers ou l'objet reconnu
Qui, de ce préciput, peut former la matière,
Dans les mains du mari comme dépositaire,
Doit toujours demeurer et provisoirement;
Il donne, à cet égard, un cautionnement.

1519. Au reste, en tous les cas, le droit de faire vendre
Ce que le préciput pourrait en soi comprendre
Demeure aux créanciers de la communauté;

L'époux peut employer alors la faculté
D'exercer son recours, comme dans le cas même
Du nombre antérieur mille cinq cent-quinzième.

SECTION VII.

Des clauses par lesquelles on assigne à chacun des époux des parts inégales dans la communauté.

1520. Au droit qu'à lots égaux ils ont de partager,
Il est libre aux époux entre eux de déroger,
En donnant à l'époux qui le dernier décède,
Soit à l'individu qui dans ses biens succède,
Dans les fonds dépendans de la communauté,
Une inégale part qui, dans sa quotité,
De la juste moitié n'offre pas l'avantage,
En donnant à l'époux, pour tout droit de partage,
Une somme fixée, enfin en stipulant
Qu'en certain cas prévus, le conjoint survivant,
De la communauté prendra la masse entière,
Ou qu'un d'eux en sera lui seul propriétaire.

1521. Lorsqu'on a stipulé qu'une certaine part
Dans la communauté, comme le tiers, le quart,
De l'un des deux époux deviendra l'apanage,
Ou de ses héritiers, réduits à ce partage,
Ils ne portent le poids des dettes, du passif,
Qu'à raison de la part qu'ils prennent dans l'actif.
Mais un pareil accord est nul, lorsqu'il les charge
D'une plus forte part, ou lorsqu'il les décharge
De l'obligation de payer, du passif,
Une part qui réponde à leur part dans l'actif.

1522. Lorsqu'il est stipulé par une clause expresse
Que l'un des deux époux, ou l'héritier qu'il laisse,
Ne prendra pour tout droit dans la communauté
Qu'une somme en deniers à fixe quotité,
La clause est un forfait. La somme convenue,
Contre l'autre conjoint, est toujours obtenue;
Son héritier la doit payer également,
De la communauté, quel que soit le montant,
Et qu'il suffise, ou non, pour acquitter la dette.

1523. Si le forfait conclu se limite et s'arrête,
Sans concerner l'époux, sur son représentant,
L'époux, lorsqu'il survit, conserve un droit constant
A prendre une moitié dans le légal partage.

1524. Soit le mari, soit ceux qui, de son héritage,
Sont investis, des biens de la communauté,
Quand ils ont dans leurs mains mis la totalité,
En exécution de la clause licite,
Nombre quinze cent-vingt, en ce titre introduite,
Sont personnellement tenus de l'acquitter
De tous les droits passifs qui peuvent l'affecter.
    Ceux qui peuvent avoir quelque droit de créance
Ne peuvent l'exercer, dans cette circonstance,
A l'égard de la femme ou de son successeur.
    Si la femme survit, et que cette faveur
De retenir les biens de la masse commune,
Pour une somme fixe, entre dans sa fortune,
L'un de ces deux partis par elle est employé;
Par elle, l'héritier de l'époux est payé
Des deniers convenus; elle reste sujette
A l'obligation d'acquitter chaque dette;

Ou bien elle renonce à la communauté
Qui, pour l'époux, ajoute à son hérédité
Les charges et les biens dont elle se compose.

1525. Il est libre aux époux de stipuler la clause
Que celui qui survit, ou l'un d'eux seulement
Doit voir entre ses mains passer entièrement
Les biens qui sont communs; mais le Code autorise
Les héritiers de l'autre à faire alors reprise
Des apports, capitaux et de toute valeur
Dans la masse introduits, du chef de leur auteur.
 Cette clause n'est pas un de ces avantages
Qu'on doive assujétir aux règles, aux usages
Dont se trouve entourée une donation,
En ce qui peut toucher ou la forme ou le fond;
C'est, pour le mariage, un pacte qu'on tolère;
Comme entre associés, la loi le considère.

SECTION VIII.

De la Communauté à titre universel.

1526. A leur gré, les époux, en formant leurs liens,
Peuvent légalement composer, de leurs biens,
Une communauté qui soit universelle :
On la doit de plein droit regarder comme telle,
Quand on y fait entrer tous les biens mobiliers,
Présens, futurs, ainsi que les immobiliers,
Ou seulement tous ceux qui sont en existence,
Ou tous ceux seulement qui sont en espérance.

Dispositions communes aux huit sections ci-dessus.

1527. Le sens fixe et précis des dispositions
Qu'on vient de remarquer dans les huit sections
Qui précèdent, n'a pas pour but de circonscrire
Les stipulations qui peuvent s'introduire
Dans la communauté que la convention
A formée entre époux lors de leur union.

Ils ont à cet égard liberté sans limite ;
Dans le titre présent, la règle en est écrite
A l'article premier, sauf les amendemens
Qu'éprouve cette règle aux trois nombres suivans.

Si, toutefois, durant un premier mariage,
Il est né des enfans, tout don, tout avantage
En faveur d'un époux, qui pourrait excéder
Cette part qu'a voulu seulement accorder
L'article noté mil quatre-vingt-dix-huitième,
Livre trois, titre deux, au chapitre neuvième,
Est nul, pour l'excédent de cette portion.
Le gain que, des travaux, opère l'union,
Légitime produit d'une active industrie,
Celui qui naît de l'ordre et de l'économie
Que, sur leurs revenus, quoiqu'entre eux différens,
Apportent par leurs soins des époux vigilans,
Ne sont point regardés comme des avantages
Faits pour nuire aux enfans de premiers mariages.

1528. Quand la communauté naît des conventions,
Elle reste soumise aux dispositions
Dont la communauté légale suit l'empire,
Pour tous les cas auxquels on n'a rien pu prescrire.

Qui, dans le contrat, puisse y faire un changement,
Soit en termes exprès, soit implicitement.

SECTION IX.

Des Conventions exclusives de la communauté.

1529. Au cas où les époux, sans qu'ils s'assujétissent
Au régime dotal, déclarent qu'ils s'unissent
Sans la communauté, libres de ses liens,
Ou qu'ils demeureront séparés quant aux biens,
On règle les effets de l'une ou l'autre clause
D'après ce que le Code incontinent dispose.

§. I.

De la clause portant que les époux se marient sans communauté.

1530. Quand l'hymen des époux se trouve contracté
Libre de tous les nœuds de la communauté,
La femme, de ses biens, n'obtient pas la régie;
La récolte des fruits n'en est pas recueillie
Par elle, et le mari les prend comme un moyen
De supporter le poids des charges de l'hymen.

1531. Le mari seul régit, de la femme, les meubles,
Son droit d'administrer s'étend sur les immeubles;
Le mobilier dotal, c'est lui qui le perçoit,
De même que celui qui, dans la suite, échoit;
Sauf à restituer, quand finit l'hyménée,
Ou quand, légalement par justice ordonnée,
La séparation de biens a son effet.

1532. Si, dans le mobilier qui se trouve l'objet
De la dot de la femme, ou qui dans son partage
Dans la suite est échu pendant le mariage,
Des choses, des effets se montrent renfermés,
Qui ne peuvent servir sans être consommés,
L'état estimatif au contrat s'en insère,
Ou, lorsqu'ils sont échus, on en fait l'inventaire;
Le mari rend le prix de l'estimation.

1533. Le mari jouissant supporte avec raison,
Sur un tel usufruit, toute charge placée.

1534. Par la clause au présent paragraphe énoncée,
Il n'est point empêché qu'il ne soit convenu
Que la femme pourra prendre, en son revenu,
Une annuelle part sur sa seule quittance
Pour ses propres besoins, pour sa propre dépense.

1535. Au cas du paragraphe expliqué maintenant,
Aux objets de la dot l'immeuble appartenant,
D'aliénation peut être susceptible.
La vente, néanmoins, n'en est point admissible,
Si l'aveu du mari se requiert vainement,
Ou s'il n'est suppléé judiciairement.

§. II.

De la clause de séparation de biens.

1536. Quand les futurs époux, dans leur contrat, déclarent
Que, réciproquement, de biens ils se séparent,
La femme, de tout bien immeuble et mobilier
Qui tient à sa personne, a le régime entier,
Et de ses revenus la libre jouissance.

1537. Du ménage commun les charges, la dépense,
Par chacun des époux sont un poids soutenu,
Comme dans leur contrat il en est convenu.
Si l'acte, à cet égard, a gardé le silence,
La femme y doit fournir jusques à concurrence
Du tiers des revenus qu'elle peut consommer.

1538. Quelque convention que l'on ait pu former,
Et quel que soit le cas, afin qu'elle aliène
Ses immeubles, il faut que la femme en obtienne
Un aveu du mari précis et spécial,
Ou qu'elle ait, à défaut, celui du tribunal.
L'autorisation générale donnée
Par contrat à la femme, ou depuis l'hyménée,
D'aliéner ses biens immeubles, ne saurait,
Comme pleinement nulle, avoir aucun effet.

1539. Si, des biens séparés qui sont en sa puissance,
La femme à son mari laisse la jouissance,
Celui-ci n'est tenu quand, par une action,
La femme fait des fruits la répétition,
Ou lorsque se dissout le nœud de l'alliance,
Qu'à l'offre, qu'au rapport des fruits en existence ;
Jamais, de ceux qu'a pu jusqu'alors emporter
La consommation, il ne devra compter.

CHAPITRE III.

Du Régime dotal.

1540. La dot, sous ce régime, est justement, de même
Que sous celui qu'on voit au chapitre deuxième,
Le bien à son mari par la femme apporté,
Pour soutenir le poids de l'hymen contracté.

1541. Ce que se donne en dot la femme qu'on marie,
Ce qu'on lui constitue au contrat qui la lie,
Est reconnu dotal, et comme tel réglé,
Si les époux n'ont pas autrement stipulé.

SECTION PREMIÈRE.

De la Constitution de dot.

1542. La constitution de dot pourra comprendre,
Ou tous les biens présens et ceux que peut attendre
La femme à l'avenir, ou les biens seulement
Qu'elle peut posséder dans l'actuel moment,
Ou, de ses biens présens et de ceux qu'à la suite
L'avenir peut offrir une part circonscrite,
Ou même des objets distincts et spéciaux.
La constitution, en termes généraux,
De tous biens que la femme a sous sa dépendance,
Ne comprend pas les biens à future échéance.

1543. Pendant le mariage, on ne peut contracter
Pour établir la dot, ni même l'augmenter.

TITRE V. *Contrat de Mariage*, etc. 439

1544. Sans distinguer en quoi chacun y contribue,
Si, par les deux auteurs, la dot se constitue,
Ils sont censés former la constitution,
En fournissant chacun égale portion.
　Si la dot s'établit seulement par le père,
Pour les droits de son chef et du chef de la mère,
Bien qu'elle soit présente à cet engagement,
La mère ne s'oblige, en ce cas, nullement;
Le père, de la dot porte la charge entière.

1545. Lorsque le survivant entre les père et mère
Constitue une dot pour les biens paternels,
Et simultanément pour les biens maternels,
Sans que, de chacun d'eux, la part se spécifie,
La dot se prend d'abord sur la part de l'hoirie
Qu'a le futur époux sur les biens du conjoint
Mort le premier, et quand l'objet ne suffit point,
Le surplus de la dot, de plein droit, se complète
Sur les biens personnels de celui qui l'a faite.

1546. Bien que la fille à qui promettent une dot
Et son père et sa mère, ait dans son propre lot
Certaine quotité de biens dont ils jouissent,
Sur leurs biens cependant eux-mêmes la fournissent,
Lorsqu'il n'existe point d'autre convention.

1547. Ceux qui font d'une dot la constitution,
Fidèles au contrat, doivent la garantie
Des objets consacrés pour en faire partie.

1548. La dot, des intérêts qui la suivent toujours,
Contre qui la promet, voit commencer le cours,
Du jour que sont formés les nœuds de l'hyménée,

Bien qu'une époque puisse être déterminée,
Qui des objets dotaux recule le paîment,
A moins que le contrat ne l'exprime autrement.

SECTION II.

Des Droits du mari sur les biens dotaux, et de l'inaliénation du bien dotal.

1549. Libre administrateur, le mari, sans partage,
Régit les biens dotaux pendant le mariage.
 Il en poursuit, de droit, lui seul les débiteurs ;
Il en suit l'action contre les détenteurs ;
Les fruits, les intérêts par lui seul se perçoivent,
Les capitaux enfin par lui seul se reçoivent.
 Cependant, il peut être au contrat convenu
Que la femme pourra prendre en son revenu,
Par an, certaine part sur sa seule quittance,
Pour besoins d'entretien, pour sa propre dépense.

1550. Le mari n'est jamais dans l'obligation,
Pour recevoir la dot, de donner caution,
A moins qu'expressément le contrat ne dispose
Qu'il se trouve soumis à remplir cette clause.

1551. Si, de la dot, partie ou la totalité
Consiste en mobiliers dont le prix est porté
Au texte du contrat, sans la clause suivante,
Que l'estimation n'en fait pas une vente,
C'est pour le mari même une acquisition ;
Il ne doit que le prix de l'estimation.

1552. L'immeuble apprécié que la dot peut comprendre

Ne transmet aucun titre au mari d'y prétendre
Un droit équivalent à la propriété,
Si les époux n'ont pas autrement contracté.

1553 Des deniers de la dot la chose immeuble **acquise**,
Au régime dotal ne peut être soumise,
Si la condition d'en faire un tel emploi,
Du contrat nuptial ne fut pas une loi.
  Il en doit être ainsi, lorsque, constituée
En argent, une dot en immeuble est payée.

1554. Pour composer la dot, un immeuble donné
Ne peut à l'hypothèque être subordonné,
Non plus qu'être vendu pendant le mariage,
Ni par l'un des conjoints que ce lien engage,
Ni par les deux ensemble : à des exceptions,
Le Code assujétit ces dispositions.

1555. La femme que l'aveu du mari favorise,
Ou que, sur son refus, la justice autorise,
Peut de ses biens dotaux disposer librement,
Pour les faire servir à l'établissement
Des enfans qu'elle aurait d'un premier hyménée ;
Si la permission à la femme donnée
N'est que judiciaire, elle doit réserver
Qu'au mari l'usufruit devra se conserver.

1556. La femme également, quand l'époux l'autorise,
Dans les biens de sa dot avec liberté puise
Pour établir l'enfant qui, de leur lit, est né.

1557. Tout immeuble dotal peut être aliéné,
Si, dans le contrat même, une clause introduite,
S'expliquant sur ce point, rend la vente licite.

1558. L'aliénation de l'immeuble dotal
Peut encore avoir lieu, dans un mode légal,
Avec permission de justice, aux enchères
Que doivent précéder trois placards nécessaires,
   Pour briser les liens de l'un ou l'autre époux,
En abaissant pour eux des prisons les verroux;
   Pour remplir un devoir que dicte la nature,
Satisfaire aux besoins, fournir la nourriture
De la famille, aux cas par le Code prescrits,
Qu'on a vu consignés sous les nombres écrits
Deux cent trois, deux cent cinq, deux cent six, dans le titre
Touchant le *mariage*, au cinquième chapitre;
   Pour affranchir la femme, ou ceux de qui le don
A formé de sa dot la constitution,
De tout engagement dont la date assurée,
Du contrat nuptial précède la durée;
   Pour tous les gros travaux de réparation
Qu'impérieusement la conservation
De l'immeuble dotal recommande, autorise;
   Enfin, lorsque la chose immeuble est indivise
Avec différens tiers, et qu'il est constaté
Qu'un partage ne peut en être exécuté.
   Du prix qui, dans ces cas, de la vente procède,
Si, d'après le calcul, quelque partie excède
Les besoins reconnus, l'excédant est dotal;
Et l'on fait sous ce titre emploi du capital;
Au profit de la femme un tel emploi s'opère.

1559. De l'immeuble dotal l'échange peut se faire;
Mais le consentement de la femme est requis:
L'immeuble qui pour elle en échange est acquis
Doit, au moins, présenter une valeur semblable

Pour quatre parts sur cinq ; cet acte n'est valable
Qu'autant qu'on justifie avec sévérité
Qu'il joint la convenance avec l'utilité ;
On doit se procurer l'aveu de la justice ;
D'une estimation par experts que d'office
Nomme le tribunal, l'échange est précédé.

En échange l'immeuble à la femme cédé
Est dotal ; l'excédant du prix, s'il en existe,
Le devenant aussi, sous ce titre subsiste ;
Au profit de la femme il en est fait emploi,
Pour suivre avec la dot une commune loi.

1560. Hors les cas exceptés dont on a vu l'ensemble,
Si le mari, la femme, ou tous les deux ensemble
Se permettent, malgré la prohibition,
De l'immeuble dotal l'aliénation,
La femme ou l'héritier, après que l'hyménée
Aura vu par le temps sa course terminée,
Pourront en provoquer la révocation,
Sans qu'on puisse opposer nulle prescription
Pendant que durera le cours du mariage :
La femme jouira d'un pareil avantage,
Quand, de biens, aura lieu la séparation.

Le droit de provoquer la révocation
Est au mari lui-même, encor que l'hyménée
Des époux réunis règle la destinée :
Mais il reste sujet au dédommagement
Qu'envers lui l'acheteur répète justement,
S'il n'a pas déclaré que l'objet de la vente
Etait aux biens dotaux une part inhérente.

1561. Tout immeuble dotal qu'on n'a pas déclaré,

Au contrat, pouvoir être au commerce livré,
De la prescription méconnaissant l'empire,
Tant que dure l'hymen, ne peut point se prescrire
A moins qu'auparavant elle n'ait commencé.

Sous ce joug, néanmoins, il peut être placé,
Après que, l'union se trouvant affaiblie,
La séparation des biens est établie ;
Et cette règle a lieu, quel que soit le moment
Où la prescription a pris commencement.

1562. A l'égard des objets dont la dot se compose,
Des obligations que la justice impose
A qui, d'un usufruit, jouit légalement,
Avec soin le mari s'acquitte également.

Toutes prescriptions qui pourraient être acquises,
Les dégradations souffertes et commises,
De son insouciance effet plus qu'apparent,
Doivent, dans le mari, rencontrer un garant.

1563. Au moment qu'en péril la dot se trouve mise
La femme, à séparer ses biens, peut être admise,
Ainsi qu'il est prescrit aux nombres précédens
Quatorze cent quarante et trois et les suivans.

TITRE V. *Contrat de Mariage, etc.* 445

SECTION III.

De la Restitution de la dot.

1564. Dans le cas où la dot consiste en biens immeubles,
Ou lorsqu'elle est formée en effets et biens meubles
Auxquels on n'a fixé nul prix, en contractant,
Ou qu'on peut avoir mis à prix, en déclarant
Que la propriété n'en sera point ôtée,
Bien qu'ils soient estimés, à la femme dotée,
L'époux, ceux que la mort peut lui substituer,
Peuvent être contraints à la restituer,
A l'instant qu'est dissous le nœud de l'hyménée.

1565. Si la dot ne comprend qu'une somme donnée,
Ou de meubles soumis à l'estimation
Dans l'acte nuptial, sans déclaration
Que, quoiqu'appréciés, le mari n'en peut être,
Comme propriétaire, en aucun cas le maître,
On n'en peut exiger la restitution
Que douze mois après la dissolution.

1566. Si les meubles, d'ailleurs, dont la masse est restée
Dans les biens personnels de la femme dotée,
Par l'usage qu'on put en faire, ont dépéri,
Sans qu'on puisse imputer nulle faute au mari,
Il rend seulement ceux qui restent en nature,
Et tels qu'ils sont trouvés dans cette conjoncture.
La femme peut toujours retirer, néanmoins,
Linges, hardes servant alors à ses besoins;
Une restriction est à ce droit portée;
La valeur par la femme en sera précomptée,
S'ils ont été soumis à l'estimation,
Lorsqu'on en a formé la constitution,

LIVRE III. *Manières d'acquérir la Propriété.*

1567. Dans ce qui peut fonder la dot, s'il se présente
Des obligations, ou des contrats de rente
En constitution, qui viennent à périr,
Ou puissent éprouver la chance de souffrir
Quelque retranchement, sans qu'un pareil dommage,
D'un mari négligent, soit réputé l'ouvrage,
Il ne peut en répondre et toujours, dans ce cas,
Il est pleinement quitte en rendant les contrats.

1568. Lorsque, d'un usufruit une dot se compose,
L'époux, ou l'héritier ne doivent autre chose,
Quand l'hymen est frappé de dissolution,
Que, du droit d'usufruit, la restitution,
Et non les fruits échus pendant cet hyménée.

1569. Lorsque l'hymen aura de la dixième année,
Vu s'accomplir le cours, à compter du moment
Où l'on est convenu de faire le paîment
De l'objet de la dot, toute femme est admise,
Comme son héritier, à faire la reprise
Du montant de la dot contre son propre époux,
Après que de l'hymen les nœuds seront dissous:
Dans cette circonstance, elle n'est point tenue
De prouver que la dot par l'époux fut reçue,
A moins que, cependant, il ne fût constaté
Que, par une poursuite, en vain il a tenté
D'obtenir du paîment le légal avantage.

1570. Si la mort de la femme éteint le mariage,
L'intérêt et les fruits de la dot que l'on doit
Alors restituée, se comptent de plein droit
Au profit de celui qui, de la femme, hérite,
Du jour où de l'hymen l'union est détruite.

Lorsque c'est, du mari, qu'arrive le décès,
La femme, de sa dot, perçoit les intérêts,
Pendant que l'an de deuil parcourra sa carrière,
Ou bien se fait fournir, lorsqu'elle le préfère,
Des alimens aux frais du mari décédé :
Mais quel que soit le choix qu'elle aura décidé,
D'une habitation elle sera pourvue,
De ses habits de deuil elle sera vêtue,
Pendant l'année, aux frais de la succession,
Et, sur ses intérêts, sans imputation.

1571. Du jour où se dissout le nœud du mariage,
Des fruits des fonds dotaux, le produit se partage
Entre les deux époux ou leurs représentans,
En calculant alors la mesure du temps
Que l'hymen a duré dans la dernière année.
L'an commence à partir du jour où l'hyménée
A pu réaliser sa célébration.

1572. La femme, ou qui, de droit, prend sa succession,
Pour répéter les biens qui se trouvent le siége,
Le gage de sa dot, n'ont point de privilége
Contre les créanciers qui, les premiers inscrits,
Antérieurs aux siens, ont des droits établis.

1573. D'une profession, ou d'un art, incapable,
Si déjà le mari se trouvait insolvable,
Quand le père a fondé pour sa fille une dot,
La fille n'est tenue, en réclamant son lot
Dans la succession directe et paternelle,
Que du simple rapport de l'action formelle
Qu'elle a contre les biens qu'en ce cas peut laisser
Son mari, pour pouvoir s'en faire rembourser.

Mais lorsque le mari, changeant de destinée,
Cessa d'être solvable après son hyménée,
Ou s'il eut un métier, une profession
Qui lui tint lieu de biens par compensation,
La perte de la dot devenant trop réelle
Retombe sur la femme et ne peut frapper qu'elle.

SECTION IV.

Des Biens paraphernaux.

1574. Quand des biens ne sont pas constitués dotaux
En faveur de la femme, ils sont paraphernaux.

1575. Si les biens que la femme en mariage apporte
Ont tous la qualité de la dernière sorte,
Et que, dans le contrat, nulle convention
Ne trace quelle doit être sa portion
Des charges de l'hymen, la troisième partie
De tous ses revenus, par la femme, est fournie.

1576. La femme, de plein droit, non-seulement jouit
Des biens paraphernaux, mais elle les régit.
A les aliéner, elle ne peut prétendre,
Non plus qu'en jugement jamais se faire entendre,
A raison de ces biens, à moins que, du mari,
Elle n'obtienne alors le favorable appui,
Ou que, sur son refus, l'aveu de la justice,
De l'un ou l'autre droit, n'accorde l'exercice.

1577. Des biens paraphernaux, lorsque la gestion
Se confie au mari par procuration,
Et que l'acte contient une clause formelle

TITRE V. *Contrat de Mariage*, etc.

Portant qu'il doit des fruits rendre un compte fidèle
Envers la femme, il est tenu par ce contrat
Comme toute personne acceptant un mandat.

1578. Des biens paraphernaux, sans mandat de la **femme**,
Si le mari jouit, et sans qu'elle réclame,
Il n'est jamais tenu quand, par une action,
La femme fait des fruits la répétition,
Ou lorsque se dissout le nœud de l'alliance,
Qu'à l'offre, qu'au rapport des fruits en existence;
Jamais de ceux qu'a pu jusqu'alors emporter
La consommation, il ne devra compter.

1579. Des biens paraphernaux que possède la **femme**,
Si le mari jouit, malgré qu'elle réclame
Et fasse constater son opposition,
Il est tout à-la-fois dans l'obligation
De lui rendre les fruits qui sont en existence,
Et ceux qu'a consommés l'ancienne jouissance.

1580. Des biens paraphernaux, quand jouit le **mari**,
Comme l'usufruitier, il est assujéti.

Disposition particulière.

1581. Le régime dotal auquel ils se soumettent
Ne peut point empêcher que les époux admettent
Une société relative aux acquêts;
Deux nombres isolés en règlent les effets,
Dans la seconde part du deuxième chapitre,
Première section, et dans le présent titre.

TITRE VI.

De la Vente.

CHAPITRE PREMIER.

De la nature et de la forme de la vente.

1582. On définit la vente une convention
Où l'un s'assujétit à l'obligation
De fournir librement et livrer une chose,
Et par laquelle l'autre en même temps s'impose
La loi de la payer ; tel est le résultat
Que, sous le nom de vente, embrasse ce contrat.
  Par un acte authentique elle a son existence ;
L'acte sous seing-privé lui donne aussi naissance.

1583. Elle devient parfaite entre les contractans,
Et la propriété, les droits en résultans,
Passent d'une manière absolue et complète
De celui qui la vend à celui qui l'achète,
De la chose et du prix, dès qu'on est convenu,
Bien qu'on retienne l'une et que l'autre soit dû.

1584. La vente est pure et simple, ou bien elle s'opère
Sous des conditions qu'il est permis de faire,
Qui peuvent en suspendre ou résoudre l'effet.
  La vente également peut avoir pour objet
Deux choses ou plusieurs d'espèce alternative.

Titre VI. *De la Vente.*

Dans ces différens cas, quoi qu'alors il arrive,
L'effet en est conforme aux dispositions
Faites en général pour les conventions.

1585. Lorsque l'on ne vend pas en bloc la marchandise,
Qu'au poids, à la mesure, au compte, elle est acquise,
La vente n'atteint pas à sa perfection,
En ce sens que l'objet de l'acquisition,
Aux risques du vendeur doit rester en nature,
Jusqu'à ce qu'on le pèse, on le compte ou mesure :
Mais l'acheteur obtient qu'il lui soit adjugé,
Ou que, suivant le cas, il soit dédommagé,
Si la convention manque d'être remplie.

1586. La vente est au contraire, en tout point, accomplie,
Lorsque l'objet en bloc, dans la vente, est entré,
Bien qu'il ne soit pesé, compté, ni mesuré.

1587. Quant aux choses qui sont, dans l'usage, goûtées,
Comme vin, huile, avant qu'elles soient achetées,
La vente n'en a lieu que lorsqu'en les goûtant,
L'acheteur les agrée et s'en trouve content.

1588. Dans le cas où la vente est à l'essai formée,
Cette condition est toujours présumée
La tenir en suspens jusques à l'essai fait.

1589. La promesse de vente est la vente en effet,
Quand le consentement des contractans repose,
Par un vœu mutuel, sur le prix et la chose.

1590. Quand on promet de vendre et que, dans ce traité,
Des arrhes le lien, le gage est ajouté,
Chacun des contractans peut toujours s'en dédire ;

De la règle suivante on suit alors l'empire :
Qui, des arrhes, offrit l'avance et le tribut,
Doit les abandonner ; celui qui les reçut,
Soumis à les doubler, ainsi les restitue.

1591. Le prix qui fait l'objet d'une vente conclue
Doit préalablement être déterminé
Entre les contractans, et par eux désigné.

1592. On peut charger un tiers de faire l'arbitrage
Du prix qui, du marché, doit consommer l'ouvrage :
Si le tiers ne veut pas ou ne peut estimer,
La vente, dans ce cas, ne peut point se former.

1593. L'acheteur, de la vente acquitte les frais d'acte,
Et tous les autres frais accompagnant ce pacte.

CHAPITRE II.

Qui peut acheter ou vendre.

1594. Tous ceux à qui la loi ne l'a pas défendu,
D'acheter ou de vendre, ont le droit absolu.

1595. La vente, entre conjoints est seulement permise
Dans les trois cas suivans : le Code l'autorise,
Lorsque l'un des époux qui, préalablement,
De l'autre est séparé judiciairement,
Lui rembourse ses droits par des biens qu'il lui cède ;
Lorsque la cession à laquelle procède,
En faveur de sa femme, un mari dont les biens
Ne sont point distingués, ni séparés des siens,
Sur un motif jugé légitime, repose,

Comme si, par exemple, elle a pour juste cause
Le remploi de son fonds précédemment vendu,
Celui d'un capital pour elle dévolu,
Si d'ailleurs ces objets que le mari remplace,
Dans la communauté, n'ont point déjà pris place;
 Quand la femme au mari consent à délivrer
Des biens, dans le dessein de se voir libérer
De la somme qu'en dot elle aurait pu promettre,
Mesure, toutefois, qui ne saurait s'admettre
Qu'avec l'exclusion de la communauté ;
 Sauf, aux représentans d'un et d'autre côté,
Dans les trois cas prévus, de tous leurs droits l'usage,
S'il pouvait exister indirect avantage.

 1596. Ne peut se procurer l'adjudication,
Et sans voir annuller cette opération,
Soit que lui-même agisse, ou qu'un tiers s'interpose,
 Le tuteur, d'aucun bien de celui qui repose
Sous sa tutelle, et vit sous son autorité;
 Celui que peut lier un mandat accepté,
Des propres biens qu'en vente il est chargé de mettre;
 Tout administrateur, de ceux qui peuvent être
Aux communes, ou bien aux établissemens
Publics et généraux dont ils sont les gérens;
 Tout officier, des biens qui de l'état dépendent,
Qui, par leur ministère et sous leurs yeux se vendent.

 1597. Le juge titulaire, ou juge suppléant,
Au nom de l'empereur le magistrat parlant,
Le greffier et l'huissier, l'avoué, le notaire,
L'avocat, ne saurait être cessionnaire
Des procès, actions et droits litigieux

Qui sont assujétis à passer sous les yeux
Du même tribunal où, de son ministère,
Chacun d'eux est admis à suivre la carrière :
Ici la loi prononce avec sévérité
Dommages et dépens, peine de nullité.

CHAPITRE III.

Des choses qui peuvent être vendues.

1598. Tout peut être vendu; c'est un droit qui s'exerce
Sur chacun des objets qui sont dans le commerce,
Quand, spécialement, l'aliénation
Ne peut en éprouver de prohibition.

1599. De la chose d'autrui, la vente est toujours nulle;
D'un dédommagement la peine se cumule,
Quand l'acheteur n'a pu d'avance être éclairci
Sur le fait que la chose était celle d'autrui.

1600. Quand la personne vit, encor qu'elle y consente,
De sa succession, on ne peut passer vente.

1601. Si, dans le moment même où la chose se vend,
La chose se trouvait périe entièrement,
La vente serait nulle : alors qu'une partie
De la chose achetée est seulement périe,
L'acquéreur a le choix d'annuller le contrat,
Ou de prendre la chose en son dernier état;
Par ventilation, alors on détermine
La valeur de la part qu'épargna la ruine.

CHAPITRE IV.

Des Obligations du vendeur.

SECTION PREMIÈRE.

Dispositions générales.

1602. Le vendeur est tenu d'expliquer clairement
L'étendue et le but de son engagement.
Tout pacte dont la clause est obscure, incomplète,
Toute ambiguité, contre lui, s'interprète.

1603. Il contracte surtout deux obligations,
Principaux élémens de ces conventions ;
Par un double devoir, à la fois il s'impose
Le soin de délivrer, de garantir la chose.

SECTION II.

De la Délivrance.

1604. Cette délivrance est le transport de l'objet
Qui, de la vente, peut présenter le sujet,
Dans la possession, dans la puissance pleine
De celui qui, dès-lors, en acquiert le domaine.

1605. S'il s'agit d'un immeuble, il sera délivré,
Et de l'engagement le vendeur libéré,
Lorsqu'il aura remis les clefs de l'édifice,
Si c'est d'un tel objet qu'en ce cas il s'agisse,
Ou les titres garans de la propriété.

1606. Des meubles le domaine est censé transporté,
Par la tradition effective et réelle,
Ou, s'ils sont renfermés, la remise actuelle,
Aux mains de l'acheteur, des clefs du bâtiment,
Ou même par l'effet du seul consentement
Des auteurs du contrat, si l'on n'en peut pas faire
Le transport, au moment que la vente s'opère,
Ou si, déjà pourvu d'un titre, l'acheteur
Avant la vente même en était détenteur.

1607. Les droits incorporels se livrent, se transmettent
Ou lorsqu'à l'acquéreur les titres s'en remettent,
Ou lorsque, de ces droits, use cet acquéreur
Sur le consentement que donne le vendeur.

1608. Les frais pour parvenir à délivrer la chose
Est un poids que le Code à tout vendeur impose;
L'acheteur doit payer ceux de l'enlèvement,
Si la convention ne le porte autrement.

1609. De la chose vendue, on fait la délivrance
Au lieu même où l'objet attestait sa présence,
A l'époque où l'achat en est intervenu,
S'il n'en est, toutefois, autrement convenu.

1610. Lorsque le vendeur manque à délivrer la chose,
Au temps que, du contrat, détermine la clause,
L'acquéreur à son choix de la convention,
Peut, de droit, réclamer la résolution,
Ou la possession de l'objet qu'on lui cède,
Si le retard, du fait du seul vendeur, procède.

1611. Le vendeur, quel que soit le cas déterminé,

Titre VI. *De la Vente.*

Au dédommagement doit être condamné,
Lorsque, de l'acquéreur, la fortune est blessée,
Faute de délivrance à l'époque fixée.

1612. A délivrer l'objet rien n'astreint le vendeur,
Lorsqu'il n'en reçoit pas le prix de l'acheteur,
Et que, pour le paîment, demeurant en arrière,
L'acheteur n'a point eu de délai pour le faire.

1613. A délivrer la chose, il n'est non plus forcé,
Bien que, pour le paîment, un délai soit fixé,
Si, depuis, l'acheteur est, par mésaventure,
En état de faillite ou de déconfiture,
Et que, dans un tel cas, le vendeur soit surpris
Par le danger pressant de la perte du prix,
A moins que l'acheteur ne présente, pour gage,
Caution de payer au terme qui l'engage.

1614. L'objet se doit toujours délivrer dans l'état
Qu'il se montre au moment où se fait le contrat.
Depuis ce jour, les fruits que l'objet peut produire,
Du nouvel acquéreur, reconnaissent l'empire.

1615. Cette obligation de délivrer comprend
L'accessoire qui tient à la chose qu'on vend,
Comme tout ce qui peut assurer l'avantage,
La perpétuité de son utile usage.

1616. Quant à la contenance, on doit la délivrer
Telle que le contrat a pu la déclarer :
Sous les rapports suivans, ce point se modifie.

1617. D'un immeuble vendu, lorsque l'on spécifie

La juste contenance en des termes précis,
Et qu'à tant la mesure on en fixe le prix,
Le vendeur doit livrer, si l'acquéreur l'exige,
Toute la quantité pour laquelle il s'oblige :
 Et s'il ne le peut pas, ou bien si l'acquéreur
Ne veut pas l'exiger dans toute la rigueur,
Le prix se voit réduit jusques à concurrence
De ce qui peut manquer à cette contenance.

1618. Si, dans le cas qui s'offre au nombre précédent
Il se trouve, au contraire, un contenu plus grand
Que celui dont la vente a fixé la mesure,
L'acquéreur, à son choix, dans cette conjoncture,
 Du prix déterminé fournit le supplément,
Ou peut se désister de son engagement,
Lorsque cet excédant, d'un vingtième, surpasse
Du terrain déclaré la réelle surface.

1619. Dans tous les autres cas, soit qu'on ait contracté
Une vente d'un corps certain et limité,
 Soit qu'elle ait embrassé divers fonds dont l'enceinte
Soit mutuellement séparée et distincte,
 Soit que par la mesure on ait pu commencer,
Ou, de l'objet vendu, qu'on ait fait devancer
La désignation et suivre la mesure,
 De cette quotité l'expression n'assure,
En faveur du vendeur, nul supplément de prix,
Si, dans l'acte, il se trouve un excédant compris,
Ni même à l'acquéreur, ne donne l'espérance
De voir diminuer du prix la consistance,
Pour mesure plus faible et moindre quotité,
Qu'autant que la mesure en sa réalité,

Soit en plus, soit en moins, d'un vingtième diffère
De celle dont la vente a posé la barrière,
Suivant le prix du tout justement comparé,
Si l'acte ne l'a pas autrement déclaré.

1620. Dans le cas où, d'après la règle précédente,
Le prix doit s'augmenter pour mesure excédante,
L'acquéreur a le choix ou de se désister
De la convention qu'il a pu contracter,
Ou d'ajouter au prix le prix supplémentaire
Avec les intérêts, accessoire ordinaire.

1621. Dans tous les cas où peut l'acquéreur mécontent
Rompre, de son contrat, le lien chancelant,
Avec les frais entiers le vendeur restitue
La somme qui formait le prix, s'il l'a reçue.

1622. L'action du vendeur en supplément de prix,
Celle de l'acquéreur qui peut avoir acquis
Le droit de réclamer une remise due,
Ou de résilier la vente convenue,
Commencent dans l'année à dater du contrat;
La peine du retard interdit tout débat.

1623. Si deux fonds sont l'objet d'un seul acte de vente
Qu'un seul et même prix détermine et cimente,
Que l'on ait assigné la mesure à chacun,
Et que l'on trouve plus de contenance en l'un
Et moins dans l'autre, entr'eux une juste balance
Se forme, s'établit jusques à concurrence,
Et réciproquement, l'une ou l'autre action
En supplément de prix ou diminution,
Suit la règle qu'on a précédemment posée.

1624. Quant à la question qui serait proposée
De savoir qui des deux, entre les contractans,
Doit supporter la perte ou dégâts existans,
Avant la livraison de la chose vendue,
Cette difficulté doit être résolue
Par l'application des différentes lois
Qu'on voit au présent livre et sous le titre trois.

SECTION III.

De la Garantie.

1625. Qui vend, à l'acquéreur doit une garantie,
Et cet objet présente une double partie;
La première s'attache à la possession,
Le paisible attribut de la tradition,
L'autre tient aux défauts qui ne sont pas notoires,
Ou qu'on nomme autrement vices rédhibitoires.

§. Ier.

De la Garantie en cas d'éviction.

1626. Bien que, lorsqu'un contrat de vente s'est formé,
Touchant la garantie, on n'ait rien exprimé,
Qui vend, à l'acquéreur, doit une garantie,
Lorsque l'objet vendu dans le tout, ou partie,
Lui peut être enlevé par une éviction:
Il doit le garantir de l'imposition,
Sur l'immeuble acheté, de charges prétendues,
Et qui, lors du contrat, n'ont pas été connues.

1627. Par l'effet spécial d'une convention,

Titre VI. De la Vente.

On aggrave à son gré cette obligation ;
On peut également en affaiblir l'empire :
Cette clause, au contrat, peut même s'introduire,
Qu'à toute garantie est soustrait le vendeur.

1628. Quand, de ce dernier pacte, il obtient la faveur,
Le vendeur, sous le droit qu'admet la garantie,
Ne doit pas moins plier sa tête assujétie,
Quand, d'un fait personnel à lui-même, elle naît ;
Toute clause contraire est nulle et sans effet.

1629. Dans le cas même où l'acte exprime et notifie
La pleine exemption de toute garantie,
Le vendeur, cependant, en cas d'éviction,
Ne doit pas moins du prix la restitution,
A moins que prévenu du danger qui s'apprête,
L'acquéreur ne le brave, à ses périls n'achète.

1630. Lorsque la garantie existe, ou, sur ce point,
Quand le contrat se tait et ne s'explique point,
Si, d'une éviction, il devient la victime,
L'acquéreur exerçant un recours légitime
A contre le vendeur une juste action,
   Pour obtenir, du prix la restitution,
   Celle des fruits, s'il est obligé de les rendre
A celui qui l'évince et qui peut y prétendre,
 Les frais qui sont causés par sa propre action,
Et ceux qu'a faits l'auteur de cette éviction,
   Enfin les intérêts sous le nom de dommage,
Les frais et loyaux coûts d'un contrat si volage.

1631. Lors de l'éviction que subit l'acheteur,
Si la chose vendue est de moindre valeur,

Ou bien ne s'offre plus que fort endommagée,
Soit que par lui la chose ait été négligée,
Ou que force majeure ait produit cet effet,
Le vendeur son garant n'en est pas moins sujet
A lui restituer du prix la somme entière.

1632. Mais lorsque l'acquéreur a trouvé la matière
D'un profit, dans le fait des dégradations
Dont il a provoqué les opérations,
Le vendeur se retient, par faculté légale,
Sur le prix, une somme à ce profit égale.

1633. Lorsque l'objet vendu, lors de l'éviction,
A reçu dans son prix une augmentation,
Du fait de l'acquéreur, fût-elle indépendante,
Le vendeur est soumis, outre le prix de vente,
A lui restituer ce supplément de prix,
Dans la chose vendue, accessoire compris.

1634. Le vendeur est tenu de payer, ou de faire
Lui-même rembourser, par le propriétaire
Qui jouit de l'effet de son éviction,
Non-seulement les frais de réparation,
Mais encor la dépense utilement placée
Pour donner à la chose une valeur haussée.

1635. Si, de mauvaise foi, l'on vend le fonds d'autrui,
Le vendeur est tenu de payer, à celui
Qu'il induit en erreur, les dépenses entières
Qu'il lui plut d'employer, même voluptuaires
Ou de pur agrément, à l'immeuble acheté.

1636. Si, par l'éviction, le tout n'est pas ôté,

Que ce soit une part d'une telle nature
Que, comparée au tout, on en puisse conclure
Que l'acheteur n'eût point stipulé le marché,
Dans le cas où l'objet eût été retranché,
Il fait avec succès résilier la vente.

1637. Dans le cas où s'admet la règle précédente,
Si l'acquéreur s'en tient à l'acte ainsi blessé,
La valeur de la part dont il est évincé
Doit passer dans ses mains, telle qu'on l'apprécie,
Au temps où cette part lui peut être ravie,
Sans que le prix de vente en sa totalité,
Pour la proportion, puisse être consulté,
Bien que, du fonds vendu, la valeur actuelle
Offre, plus grande ou moindre, une valeur nouvelle.

1638. Si l'héritage, objet de la vente, est grevé,
Sans que dans le contrat on n'ait rien observé,
De services fonciers qui n'ont point d'apparence,
Et qu'ils soient cependant d'une telle importance
Que l'acquéreur surpris doive être réputé,
S'il les avait connus, n'avoir pas acheté,
A son choix, du contrat l'acquéreur se dégage,
Ou, d'une indemnité, le prix est son partage.

1639. Toute autre question qui pourrait résulter
Des dédommagemens qu'a droit de répéter
Tout acquéreur lésé, lorsque se résilie
Le contrat de la vente, est réglée, applanie
Par l'esprit général introduit dans les lois
Qu'on voit au présent livre et sous le titre trois.

1640. Quand, d'une éviction, naît une garantie,

Elle cesse, et de droit elle est anéantie,
Si l'acquéreur oisif vient à subir le sort
Qui suit un jugement en suprême ressort,
Ou dont l'appel n'est plus désormais recevable,
Sans avoir appelé le vendeur responsable,
Alors que celui-ci parvient à constater
Qu'à l'attaque on pouvait justement résister.

§. II.

De la Garantie des défauts de la chose vendue.

1641. Toujours, par le vendeur, la garantie est due,
Pour les défauts cachés de la chose vendue,
S'ils peuvent s'opposer à l'exécution
De l'usage qui fait sa destination,
Ou peuvent tellement affaiblir cet usage
Que l'acquéreur trompé, privé de l'avantage
Que promettait l'objet, ne l'eût point accepté,
S'il les avait connus, ou l'eût moins acheté.

1642. Le vice qui présente apparence sensible,
Dont la conviction n'était pas impossible
Pour les yeux attentifs d'un soigneux acheteur,
Ne saurait en garant transformer le vendeur.

1643. Pour vices inconnus, et que lui-même ignore,
Le vendeur voit sur lui la garantie éclore,
A moins que, dans ce cas, il ne soit convenu
Qu'il n'en sera jamais à ce titre tenu.

1644. Aux cas du nombre mil six cent quarante-unième
Et du nombre mil six cent quarante-troisième,

Titre VI. De la Vente.

A son choix, l'acheteur rend l'objet acheté
Dont le prix en ses mains doit être rapporté,
Ou le garde, et du prix reprend une partie
Telle que, par experts, un rapport l'apprécie.

1645. Lorsque, par le vendeur, les vices de l'objet
N'étaient pas ignorés, il est encor sujet
A payer, en rendant le prix qu'il a pu prendre,
Un dommage à celui qu'il a voulu surprendre.

1646. Des vices, n'avait-il aucune notion ?
Il ne doit que du prix la restitution ;
Il paye à l'acquéreur, en outre, la dépense
Qui, dans les frais de vente, a puisé la naissance.

1647. Dans le cas où l'objet de vices affecté
Périt, par son défaut de bonne qualité,
La perte au vendeur même alors s'en attribue,
A l'acquéreur par lui le prix se restitue,
Outre les autres frais et dédommagemens
Expliqués dans les deux articles précédens.
  Si, d'un cas fortuit, a procédé la perte,
Par l'acquéreur lui-même elle est alors soufferte.

1648. L'action que provoque un vice signalé
Pour de certains objets, qui se trouve appelé
Vice rédhibitoire, alors qu'elle est tentée,
Par un délai très-court doit être limitée,
Suivant les divers cas de rédhibition,
Et l'usage du lieu de la convention.

1649. D'une telle action l'on n'a point l'exercice,
Dans les ventes qu'on fait par ordre de justice.

CHAPITRE V.

Des Obligations de l'acheteur.

1650. Au jour, au lieu réglé par la vente, payer,
Pour qui fait un achat est le devoir premier.

1651. Si l'on n'a rien réglé quand la vente s'est faite,
On doit payer le prix de ce que l'on achète,
A l'époque précise, au lieu même où l'objet,
De la tradition doit éprouver l'effet.

1652. Les intérêts du prix de la vente souscrite
Sont dus par l'acheteur, jusqu'à ce qu'il s'acquitte
Des deniers capitaux dans les trois cas suivans :
S'il est ainsi réglé parmi les contractans ;
Si la chose vendue à l'acquéreur livrée,
De fruits ou revenus est la source assurée ;
Si l'acheteur tardif dans l'exécution
A reçu, pour payer, une sommation.
  Au dernier de ces cas, l'intérêt ne commence
Qu'à la sommation faite à la négligence.

1653. Lorsque, par l'acquéreur, un trouble est éprouvé
Ou qu'il craint justement qu'il n'en soit élevé,
Soit par une action que l'hypothèque appuie,
Soit par une demande exercée, établie,
A l'effet d'obtenir revendication,
Il peut garder le prix de l'acquisition,
Jusqu'à ce qu'il ait vu, du trouble ou de la crainte,
Le vendeur dissiper, bannir la double atteinte,

Titre VI. *De la Vente.*

A moins que celui-ci ne donne caution,
Ou qu'il ne soit porté par la convention
Que le trouble au paîment ne sera pas nuisible.

1654. La résolution de l'acte est admissible,
Et la voie au vendeur s'en ouvre librement,
Si l'acheteur, du prix, ne fait pas le paîment.

1655. La résolution de la vente passée
D'un corps immobilier de suite est prononcée,
Si le vendeur se trouve enveloppé, surpris
Dans le danger de perdre et la chose et le prix.
Lorsque de ce danger la crainte est interdite,
Le juge, à l'acquéreur, quand il l'en sollicite,
Accorde, en consultant des faits la qualité,
Un indulgent délai plus ou moins limité.
Si, le délai passé, l'acquéreur temporise,
La résolution de la vente est admise.

1656. Lorsque, dans le contrat où l'immeuble est vendu,
Il est expressément stipulé, convenu
Que faute de paîment à l'époque fixée,
La résolution se verra prononcée,
A s'acquitter encor l'acquéreur est admis,
Bien que soit expiré tout le délai permis,
Tant que de son retard l'imprudente inertie
D'une sommation n'a pas été suivie.
Quand à cette mesure on a fait procéder
Par le juge, un délai ne peut plus s'accorder.

1657. Lorsqu'il est question de ventes opérées,
Soit d'effets mobiliers, soit de simples denrées,
En faveur du vendeur, la résolution

Existe de plein droit et sans sommation,
Quand, du délai fixé pour retirer la chose,
La carrière se montre et parcourue et close.

CHAPITRE VI.

De la Nullité et de la Résolution de la vente.

1658. Outre tous les motifs que l'on vient d'expliquer
Dans le titre présent, qui peuvent provoquer
La résolution, la nullité des ventes,
Outre le résultat des causes différentes
Qui peuvent annuller toute convention,
La vente éprouve encor la résolution
Dont le droit de rachat peut offrir la ressource,
Ou dont un prix trop vil peut devenir la source.

SECTION PREMIÈRE.

De la Faculté de rachat.

1659. Le pacte de rachat ou bien de réméré,
Au profit du vendeur, forme un droit consacré
De reprendre son fonds, pourvu qu'il restitue
Le prix en principal, que même il effectue
L'entier remboursement qu'indique une des lois,
Article mil six cent soixante-dix, plus trois.

1660. Cette faveur ne peut être déterminée
Pour un terme au-delà de la cinquième année.
Si, pour un temps plus long, le droit est accordé,
On en doit retrancher tout le temps excédé.

Titre VI. De la Vente.

1661. Dans toute sa rigueur le terme doit se prendre
On recourrait en vain au juge pour l'étendre.

1662. Faute par le vendeur d'exercer le rachat
Dans le terme précis fixé par le contrat,
L'acquéreur est muni d'un titre inattaquable,
Et la propriété demeure irrévocable.

1663. Le délai suit sa marche et court, pour l'acquéreur,
Contre toute personne et même le mineur,
Sauf recours, si l'on peut en avoir l'exercice,
Contre ceux qu'on a droit d'appeler en justice.

1664. Du pacte de rachat appuyé, le vendeur
Peut de même attaquer un second acquéreur,
Encor qu'en se livrant à faire un second acte,
On n'ait pas inséré la mention du pacte.

1665. Bien que soumis au droit de rachat, l'acquéreur
Exerce pleinement tous les droits du vendeur;
La prescription peut en sa faveur s'admettre
Contre le propre droit du véritable maître,
Ainsi qu'envers les tiers qui, sur l'objet cédé,
Prétendraient hypothèque ou quelque droit fondé.

1666. Il a la faculté d'obtenir en justice,
De la Discussion, le légal bénéfice,
Contre les créanciers que laisse son vendeur.

1667. Au pacte de rachat soumis, si l'acquéreur
D'une part d'héritage et qui soit indivise,
De l'héritage entier obtient une remise,
D'après un jugement d'adjudication

Provoqué contre lui sur licitation,
Le vendeur est contraint à prendre l'héritage
En entier, si du pacte il prétend faire usage.

1668. Si plusieurs ont vendu par le même contrat
Un fonds commun entr'eux, sous pacte de rachat,
L'action de chacun, en vertu de ce pacte,
S'exerce sur la part qu'il avait avant l'acte.

1669. On en agit ainsi dans le cas où celui
Qui fait lui seul passer sur la tête d'autrui
Un immeuble, à plusieurs laisse son héritage;
Entre ses héritiers l'action se partage;
Et chacun d'eux n'a droit à cette faculté
Que pour la part qu'il prend dans cette hérédité.

1670. Mais, dans le cas des deux nombres qu'on vient de lire
L'acquéreur l'exigeant, le juge doit prescrire
Que tous les héritiers ou tous les co-vendeurs,
Dans la cause appelés soient communs demandeurs,
Et qu'entr'eux s'accordant, de la réintégrande
Pour l'héritage entier, ils fassent la demande;
S'ils ne parviennent pas à se concilier,
De l'attaque isolée, on doit le renvoyer.

1671. Quand la propriété sur plusieurs se rassemble,
Qu'elle n'est pas vendue en tout par tous ensemble,
Que de sa seule part chacun a disposé,
Chacun séparément peut être autorisé
A jouir du rachat de la part singulière
Que pouvait pour son compte offrir la chose entière;
Et celui dont ainsi le droit est exercé,
A retirer le tout ne peut être forcé.

1672. Lorsque, de l'acquéreur décédé, l'héritage
De plusieurs héritiers se trouve le partage,
On ne peut du rachat exercer l'action,
A l'égard de chacun, que pour sa portion,
Lorsqu'elle peut encor se trouver indivise,
Ou quand séparément elle leur est transmise
Par le partage fait entr'eux du fonds vendu.

Si, de l'hérédité, le partage est conclu,
Que la propriété de la chose vendue,
A l'un des héritiers, pour son lot, soit échue,
L'action du rachat peut sans témérité
S'intenter contre lui pour la totalité.

1673. Du rachat, le vendeur exécutant le pacte,
Rend le prix principal, frais et loyaux coûts d'acte ;
Il rembourse les frais de réparation,
Dont la nécessité fit l'approbation ;
Il paye également la dépense ajoutée
Dont la valeur du fonds se présente augmentée,
Et dans ce dernier cas, dans la proportion
Que peut déterminer cette augmentation.
Ce n'est qu'en remplissant un tel préliminaire,
Qu'une seconde fois il est propriétaire.

Par l'effet du rachat qu'il s'était préparé,
Quand, dans l'objet vendu, le vendeur est rentré,
L'hypothèque et tout droit que l'acquéreur fit naître
Ne sont plus à sa charge et doivent disparaître ;
Les baux que l'acquéreur sans fraude a contractés,
En ce cas, néanmoins, seront exécutés.

SECTION II.

De la Rescision de la vente pour cause de lésion.

1674. Dans le prix d'un objet d'espèce immobilière,
Si, de plus de sept parts sur douze, il se peut faire
Qu'un vendeur soit lésé, pour lui naît l'action
De soumettre la vente à la rescision,
Quand même expressément, dans l'acte qui l'engage,
Il aurait abdiqué le droit d'en faire usage,
Et même abandonné le prix supérieur
Dont l'immeuble pouvait renfermer la valeur.

1675. Pour que la lésion puisse être reconnue,
On estime le prix de la chose vendue,
En en considérant la valeur et l'état
Au jour où s'est formé le lien du contrat.

1676. C'est en vain, toutefois, que l'action s'intente,
Après deux ans passés depuis l'acte de vente.
Les femmes que l'hymen attache à des maris,
Ainsi que les absens comme les interdits,
Et ceux que d'un tuteur protège la prudence,
De ce même délai subissent l'influence,
Lorsqu'ils viennent du chef de tout individu
Qui, sous la qualité de majeur, a vendu.
Le pacte de rachat, le temps de sa durée,
N'ôtent rien au délai de sa course assurée.

1677. De cette lésion et de son fondement,
La preuve ne s'admet que par un jugement,
Et seulement au cas où les faits qu'on avance,

Avec la gravité joignant la vraisemblance,
Peuvent servir de base à la présomption
Que l'acte dénoncé contient la lésion.

1678. La preuve doit porter sur le seul témoignage
Fixé dans un rapport, de trois experts l'ouvrage ;
Un seul procès-verbal est rédigé par eux ;
Il exprime en commun quels ont été leurs vœux ;
Ils ne doivent donner qu'un avis uniforme ;
A la pluralité des voix l'avis se forme.

1679. Si différens avis, néanmoins, sont formés,
Les motifs au rapport en seront renfermés,
Sans qu'on puisse jamais y faire reconnaître
L'avis particulier dont chaque expert pût être.

1680. Le choix des trois experts d'office est prononcé,
A moins que, par l'accord de chaque intéressé
Dont le vœu mutuel sur tous trois se rassemble,
Ils ne reçoivent d'eux leur mission ensemble.

1681. Lorsqu'un entier succès couronne l'action,
Et qu'on obtient l'effet de la rescision,
L'acquéreur, à son choix, rend la chose achetée,
En reprenant la somme à ce sujet comptée,
Ou bien gardant le fonds il ajoute à son prix
Le juste supplément qui s'y trouve compris,
Sous la déduction avouée et légale
De la dixième part de la somme totale.
    Un tel droit appartient même au tiers possesseur
Qui peut, en garantie, attaquer son vendeur.

1682. En conservant l'objet, si l'acquéreur préfère

Payer le supplément devenu nécessaire,
Ainsi que l'a réglé l'article précédent,
Il doit les intérêts de ce prix excédant
Du jour que la demande intentée en justice,
De la rescision commença l'exercice.

S'il préfère le rendre et recevoir le prix,
Du jour de la demande, il doit rendre les fruits.

Du prix qu'il a payé l'intérêt qui procède,
Du jour de la demande, à l'acquéreur se cède ;
L'intérêt part du jour où le prix est reçu,
Si, privé de tout fruit, il n'en a point perçu.

1683. Pour fait de lésion, l'action provoquée
Jamais, par l'acheteur, ne peut être invoquée.

1684. D'une telle action, l'on ne peut faire emploi
Contre les ventes qui, dans l'ordre de la loi,
Ne sauraient obtenir un légal caractère
Que sous l'inspection de l'œil judiciaire.

1685. Ce que la section précédant celle-ci,
Dans ses décisions, peut avoir établi,
Pour les cas où plusieurs, de la chose commune,
Passent chacun la vente, ou n'en passent tous qu'une,
Et pour la circonstance où plus d'un successeur
Vient remplacer celui qui vend, ou l'acheteur,
S'observe également, lorsque le bénéfice
De la rescision se poursuit en justice.

CHAPITRE VII.

De la Licitation.

1686. Si, commune à plusieurs, une propriété
Ne peut se partager avec commodité,
Et sans péril constant de perte inévitable;

Ou si, lorsqu'on partage, ou par voie amiable,
Ou sans formalité, des biens qui sont communs,
Dans la masse totale, il en est quelques-uns
Qu'aucun intéressé ne puisse ou veuille prendre,

Aux enchères alors ils sont tenus de vendre,
Et le prix entre tous se trouve à partager.

1687. Chacun d'eux a le droit d'appeler l'étranger,
Lorsque son intérêt à cet appel l'excite,
A venir enchérir sur l'objet qu'on licite;
Et nécessairement, l'étranger est admis,
Quand, avec un mineur, l'immeuble est indivis.

1688. En licitation, le mode qu'il faut suivre
S'est vu précédemment expliqué dans ce livre,
Titre, *successions*; dans le Code appelé
Judiciaire, il est également réglé.

CHAPITRE VIII.

Du Transport des créances et d'autres droits incorporels.

1689. Par le titre remis, délivrance s'opère
Entre celui qui cède et le cessionnaire,
S'il s'agit du transport d'une obligation
Sur un tiers, ou d'un droit ou bien d'une action.

1690. Le droit n'est affermi pour le cessionnaire,
Contre le tiers cédé, qu'autant qu'on a fait faire
Connaître au débiteur le transport par exploit.
  Il peut, néanmoins, être encor saisi du droit,
Lorsque le débiteur qui lui-même s'explique
Accepte le transport dans un acte authentique.

1691. Avant que le cédant, ou bien l'individu
Auquel il a transmis ce qui peut être dû
Ait, à celui qui doit, donné la connaissance
Du transport qui s'est fait d'une telle créance,
Si le débiteur vient à payer le cédant,
Le débiteur est quitte, il l'est valablement.

1692. La vente ou cession faite d'une créance
Unit au principal qui forme la substance
Ce qui s'y trouve joint par droit d'accession,
Privilége, hypothèque et même caution.

1693. Celui qui se permet de vendre une créance,
Ou droit incorporel, garantit l'existence

Titre VI. *De la Vente.*

De l'objet de la vente, au temps du transport fait,
Quoique, sans garantie, il contracte en effet.

1694. Lorsque le débiteur peut n'être pas solvable,
Qui fait la cession n'en devient responsable
Qu'autant qu'il se soumet à cet engagement;
Et, dans ce même cas, il répond seulement
Du prix que lui produit la vente consentie.

1695. Quand le cédant promet, par une garantie,
Du débiteur cédé la solvabilité,
Un tel engagement doit être interprêté
Et s'entend seulement pour l'époque présente
Où peut se contracter la cession, ou vente,
Et non pour l'avenir, à moins qu'expressément
Le cédant n'ait voulu stipuler autrement.

1696. D'une succession, quand le vendeur dispose,
Sans nombrer les objets dont elle se compose,
Pour toute garantie, il doit justifier
Qu'il a la qualité, le titre d'héritier.

1697. Si déjà sur des fruits sa main s'est étendue,
Qu'il ait reçu le prix d'une créance due
A la succession, ou bien qu'il ait vendu
Quelque effet, dans les biens successifs, confondu,
Il rembourse le tout, à moins qu'une réserve
Ne l'excepte de l'acte et ne le lui conserve.

1698. L'acquéreur à son tour doit aussi rembourser
Dettes, charges ou droits que pouvait embrasser
Cette succession, que de sa propre bourse
A payés le vendeur; de plus, il lui rembourse

Tout ce dont il était créancier reconnu,
Si ce n'est qu'autrement il n'en soit convenu.

1699. Quand, à quelqu'acheteur, contre une autre personn[e]
Un droit litigieux se vend et s'abandonne,
Celui contre lequel se fait la cession
Obtient de l'acheteur sa libération,
En lui payant le prix énoncé dans le pacte,
Les frais et loyaux coûts qui dérivent de l'acte,
Enfin les intérêts, à compter du moment
Qu'il a payé le prix de cet engagement.

1700. La chose est présumée être litigieuse,
Lorsque, du fond du droit, la matière douteuse
Est, devant la justice, en contestation.

1701. Le Code fait cesser la disposition
Qui vient d'être portée au nombre pénultième
Et noté mil six cent quatre-vingt-dix-neuvième,
Dans trois cas dont il faut faire ici mention;
A la règle posée, il est exception,
Lorsque, du droit cédé le copropriétaire,
Ou le cohéritier en est cessionnaire;
Lorsque la cession concerne un créancier
Que, par cette mesure, on a voulu payer;
Lorsqu'elle est faite au tiers possédant l'héritage
Qui, d'un procès douteux a fait naître l'orage.

TITRE VII.

De l'Echange.

1702. L'ÉCHANGE est un contrat où, respectivement,
Un tiers prend avec nous un tel engagement
Que si, de deux objets, nous lui donnons le nôtre,
Dans le même moment nous en recevons l'autre.

1703. L'échange vaut la vente ; on doit l'y comparer ;
Le seul consentement suffit pour l'opérer.

1704. Si l'un des contractans a déjà pris la chose
Dont l'autre, en sa faveur, par l'échange dispose,
Et qu'il vienne à prouver que l'autre contractant,
Sur la propriété, n'a point un droit constant,
Il n'est pas obligé de faire la remise
De celle que lui-même, en échange, a promise ;
Mais il cède l'objet entre ses mains placé.

1705. Entre copermutans, si l'un est évincé
De l'objet dont l'échange a formé son partage,
Il peut, d'après son choix, réclamer le dommage
Que cause du contrat l'inexécution,
Ou faire de son bien la répétition.

1706. En vain la lésion, de son vice, le frappe,
A la rescision toujours l'échange échappe.

1707. Ce qu'on a, pour la vente, eu le soin d'expliquer,
Pour l'échange, d'ailleurs, doit toujours s'appliquer.

TITRE VIII.

Du Contrat de louage.

CHAPITRE PREMIER.

Dispositions générales.

1708. On reconnaît en droit deux contrats de louage,
Le premier, des objets, et le second, d'ouvrage.

1709. Le louage touchant une chose, un objet,
Est, généralement, le contrat qui se fait
Quand l'un de ses auteurs s'oblige et se dispose
A rendre l'autre sûr de jouir d'une chose
Pendant un certain temps, et pour un prix constant
Dont celui-ci s'oblige à payer le montant.

1710. Le Code définit le louage d'ouvrage
Un acte où le premier des contractans s'engage
A faire quelque chose en faveur du second,
Pour un prix convenu dont celui-ci répond.

1711. Ces genres primitifs et distincts de louage
Dont les lois ont permis et consacré l'usage,
Souvent modifiés, en se subdivisant,
De plus d'une autre espèce, offrent l'ordre suivant:
Des meubles, des maisons, le contrat de louage
Nommé *bail à loyer*, comme tel s'envisage;

Titre VIII. *Du Contrat de louage.*

Bail à ferme, est celui des immeubles ruraux;
Loyer, celui touchant ou service, ou travaux;
Bail à cheptel, celui par lequel on engage
Un nombre d'animaux, dont le fruit se partage
Entre celui qui, d'eux, a la propriété,
Et celui dont le soin leur demeure affecté.

Le *devis*, le *marché*, le *prix fait* que l'on passe
A l'effet d'entreprendre un ouvrage qu'on trace,
Moyennant un prix fixe, offrent également
Le louage lui-même et son engagement,
Alors que la matière en l'ouvrage est fournie
Par celui qui, de l'autre, invoque l'industrie.

Sous ces trois derniers traits le louage existant
Est, par la loi, réglé particulièrement.

1712. Des biens nationaux, de ceux d'une commune,
D'un établissement d'utilité commune,
Les baux qui sont passés, d'un réglement légal
Reconnaissent toujours l'empire spécial.

CHAPITRE II.

Du Louage des choses.

1713. On loue en général toutes sortes de meubles,
On peut louer aussi toutes sortes d'immeubles.

SECTION PREMIÈRE.

Des Règles communes aux baux des maisons et des biens ruraux.

1714. On peut, soit par écrit, ou bien verbalement,
Du louage former le juste engagement.

1715. Dans le cas où le bail qui, sans écrit, se passe,
De l'exécution n'offre encor nulle trace,
Si l'un des contractans s'obstine à le nier,
La preuve, à des témoins, ne peut s'en confier,
Quelle que soit du prix la modique importance,
Et même alléguât-on d'arrhes la délivrance.
  Dans un semblable cas, on peut uniquement,
A qui dément le bail déférer le serment.

1716. Quand l'exécution du bail verbal commence,
Et qu'il n'existe point, toutefois, de quittance,
Si le prix contesté se porte en jugement,
Le maître, sur ce prix, est cru sur son serment;
Mais il est, avant tout, permis au locataire
D'invoquer, sur ce prix, des experts la lumière;
Il supporte les frais de l'estimation,
Quand elle a surpassé sa déclaration.

1717. De sous-louer la chose, au preneur le droit passe
Dans le bail même un autre à son gré le remplace,
Si la convention, lorsqu'il a contracté,
Ne l'a pas dépouillé de cette faculté.
  Il peut s'en voir privé pour le tout, ou partie.
Cette clause est toujours à la rigueur suivie.

Titre VIII. Du Contrat de louage.

1718. Les dispositions des articles écrits,
Titre cinq, présent livre, où se trouvent prescrits
Les statuts sur les baux pour femmes mariées,
Sont, aux baux pour mineur, de droit, appropriées.

1719. Par la nature même et le but du contrat,
Et sans qu'il soit besoin, pour un tel résultat,
De stipulation qui soit particulière,
Voici ce qu'un bailleur est obligé de faire :
   Il délivre l'objet du louage au preneur ;
   Il conserve et maintient l'objet dans sa valeur,
Et toujours en état de servir à l'usage
Pour lequel le preneur en a fait le louage ;
   Il doit le faire enfin jouir paisiblement,
Pendant que de son bail dure l'engagement.

1720. Par le bailleur, la chose en tout point réparée
Et dans un bon état doit être délivrée.
   Pendant le temps du bail, quand un pressant besoin,
Des réparations nécessite le soin,
C'est par lui qu'on les voit encore exécutées ;
Les locatives sont, néanmoins, exceptées.

1721. Si, de l'objet loué quelqu'altération,
En empêche l'usage et la possession,
Pour ce vice, au preneur il est dû garantie ;
La règle n'est pas moins sévèrement suivie,
Bien qu'à l'époque même où le bail s'est conclu,
Du bailleur, le défaut n'ait pas été connu.
   Lorsque, par quelque perte, à raison de ce vice,
Le premier est lésé, d'un pareil préjudice,
Il est dédommagé par les soins du bailleur.

1722. Si, pendant que le bail est encore en vigueur,
La chose détenue en louage est détruite
Dans sa totalité par cause fortuite,
Le bail prend fin, de droit ; si l'objet est détruit
Pour une seule part, le preneur avec fruit,
Suivant les faits, réclame ou que le contrat cesse,
Ou que le prix soit moindre : en l'une et l'autre espèce,
Il ne peut demander aucune indemnité.

1723. Le bailleur ne saurait avoir la faculté
D'altérer, de changer la chose à bail livrée,
Pendant que le contrat prolonge sa durée.

1724. Lorsque, pendant le bail, l'impérieux besoin,
De réparations sollicite le soin,
Que l'exécution, jusqu'après sa durée,
Ne peut sans préjudice en être différée,
Le preneur doit souffrir cette nécessité,
Quelle que soit pour lui cette incommodité,
Et bien qu'il soit privé, pendant qu'on fait l'ouvrage,
De jouir d'une part des objets du louage.
Mais si, pour rendre enfin ces objets réparés,
Plus de quarante jours se trouvent consacrés,
De la location le prix se diminue,
En faveur du preneur le rabais s'effectue,
A raison et du temps et de la portion
Qui n'est pas demeurée en sa possesion.
Des réparations, lorsque telle est l'espèce
Qu'accompagné des siens, le locataire cesse
De pouvoir désormais loger commodément,
Celui-ci peut du bail rompre l'engagement.

1725. Du preneur, quand des tiers troublent la jouissance

Titre VIII. *Du Contrat de louage.*

Par des moyens de fait, sans aucune apparence
Qu'ils veuillent exercer, d'ailleurs, nulle action,
Nul droit sur les objets de la location,
Le bailleur n'est tenu d'aucune garantie :
En son nom le preneur devient alors partie,
Et peut, contre les tiers, agir, s'il lui convient.

1726. Si, dans un autre cas, le trouble qui survient
Et peut nuire au fermier, ou nuire au locataire,
Naît de quelqu'action, d'un droit qui se réfère
Au fonds, sous le rapport de la propriété,
Ils peuvent demander, comme une indemnité,
La diminution sur le prix que renferme
Ou le bail à loyer, ou bien le bail à ferme,
Dans la proportion qui pourra convenir,
S'ils ont eu, toutefois, le soin de prévenir
Du trouble que, contre eux, excite un adversaire,
Celui qui, de la chose, est le propriétaire.

1727. Si ceux qu'a signalés l'entreprise de fait,
Entendent exercer quelque droit sur l'objet
De la location, ou si, pour l'exercice
De leurs prétentions, ils portent en justice,
En citant le preneur, la réclamation
De l'objet en entier, ou d'une portion,
Ou d'un droit qui s'attache à quelque servitude,
Le preneur doit, cédant à sa sollicitude,
Appeler le bailleur qui doit le garantir;
Et s'il veut l'exiger, d'instance il doit sortir
En nommant le bailleur qui vient prendre sa place.

1728. Le devoir du preneur étroitement embrasse,
Dans le premier degré, deux obligations :

Avec le zèle pur et les attentions
Qu'un père de famille y mettrait en usage,
Il est tenu d'user des objets du louage,
En leur continuant la destination
Qui pourrait résulter de la convention,
Ou celle que paraît tracer la circonstance,
Si l'acte à cet égard a gardé le silence :
   Il doit payer le prix aux termes convenus.

1729. Au cas où le preneur se livre à des abus,
Quand par son propre fait la chose à bail donnée,
De l'usage prescrit, se trouve détournée,
Ou quand il se permet tout autre changement
Qui frappe le bailleur de quelque détriment,
Ce même bailleur peut, suivant la circonstance,
Obtenir que du bail finisse l'existence.

1730. Dans un fidèle état, si les lieux sont décrits,
Le preneur doit les rendre ainsi qu'il les a pris
Suivant le même état, sans être responsable
De ce qui se dégrade, ou devient périssable,
Soit par force majeure, ou bien par vétusté.

1731. Si nul état des lieux ne se trouve arrêté,
Les réparations locatives nommées
Etant, en bon état, dans ce cas, présumées,
Le preneur est censé prendre les lieux ainsi ;
Tels, à la fin du bail, il doit les rendre aussi ;
On l'admet, toutefois, à la preuve contraire.

1732. Lorsque l'objet loué se dégrade, s'altère,
Ou si, pendant le bail, quelque perte survient,
Le garant est connu, le preneur le devient,

TITRE VIII. *Du Contrat de louage.*

A moins que, cependant, par preuve il n'établisse
Que sa faute n'a pas causé ce préjudice.

1733. L'incendie est un fait dont répond le preneur,
Lorsqu'il ne prouve pas qu'on ne doit ce malheur
Qu'à la force majeure, ou cause fortuite,
Ou qu'il est clairement l'inévitable suite
D'un vice reconnu dans la construction,
Ou que le feu, prenant dans une autre maison
Dont l'établissement est dans le voisinage,
Sur la maison louée a porté son ravage.

1734. Si plus d'un locataire est dans le bâtiment,
Ils répondent du feu, tous solidairement.
S'ils prouvent, néanmoins, que la flamme homicide,
Du logis de l'un d'eux a pris son cours rapide,
Celui-là seul répond de tout l'évènement :
Si quelques-uns d'entre eux prouvent également
Que chez eux n'a pas pu commencer l'incendie,
Ceux-là ne sont tenus d'aucune garantie.

1735. Le preneur est tenu des dégradations,
Des pertes, dont la cause est dans les actions
De ceux que, sous son toit, une ombre hospitalière
Protège, ou dans le fait de son sous-locataire.

1736. Si le bail est verbal, l'un ou l'autre obligé,
A l'autre contractant ne peut donner congé,
Qu'en le subordonnant à tout délai licite
Dont l'usage des lieux a prescrit la limite.

1737. Le bail fait par écrit, de plein droit, doit cesser,
Quand finit le délai qu'on prit soin d'y fixer,

Et réciproquement l'une et l'autre partie,
A donner le congé n'est point assujétie.

1738. Quand, à la fin du bail par écrit contracté,
Dans la possession le preneur est resté,
Entre les contractans un nouveau bail s'opère ;
Ce bail reçoit le joug de la règle ordinaire
Qu'un article récent détermine et prescrit
Pour les locations qui se font sans écrit.

1739. La reconduction qu'on appelle tacite,
Au preneur qui l'invoque est toujours interdite,
S'il existe un congé, par un exploit, connu,
Bien qu'en sa jouissance il se soit maintenu.

1740. La caution du bail, au cas où l'on procède
Comme prévoit le double article qui précède,
Ne peut jamais s'étendre à l'obligation
Que pourrait entraîner la prolongation.

1741. De l'objet du contrat, quand arrive la perte,
La résolution du louage est soufferte ;
Il se résout aussi, quand respectivement,
Le bailleur, le preneur manque à l'engagement.

1742. A la mort du bailleur, le bail ne peut s'éteindre;
Du preneur, le décès ne peut non plus l'atteindre.

1743. Lorsque l'objet loué cesse d'être au bailleur
Qui le vend, il n'est point permis à l'acquéreur
D'expulser le fermier, ou bien le locataire
Dont un bail authentique est l'appui tutélaire,
Ou dont le bail écrit est dûment constaté
Antérieurement avoir été daté,

TITRE VIII. *Du Contrat de louage.*

A moins que, de ce droit, dans l'acte de louage,
Le bailleur ne se soit réservé l'avantage.

1744. Quand il est convenu, lors du bail contracté,
Que le libre acquéreur aura la faculté
D'expulser le fermier, ou bien le locataire,
Et qu'on n'a rien prévu, réglé qui se réfère
Au dédommagement qui revient au preneur,
Il est indemnisé par les mains du bailleur;
A cet égard, voici la règle qu'on applique.

1745. S'agit-il de maison, appartement, boutique?
Le bailleur, sous le nom de dédommagement,
Au preneur évincé doit faire le paîment
D'une somme égalant le prix de son louage,
Pour le temps qui, des lieux en consultant l'usage,
Et s'accorde et s'écoule à dater du congé
Jusques à ce moment où l'on est délogé.

1746. Si c'est de biens ruraux qu'en ce cas il s'agisse,
Ce dont le bailleur doit faire le sacrifice,
A titre de dommage, en faveur du fermier,
Egalera le tiers du prix de son loyer,
Pendant le temps qui reste à courir jusqu'au terme.

1747. Si, parmi les objets loués, le bail renferme
Manufacture, usine, autre établissement
Auxquels peuvent eux seuls servir de fondement,
De grands fonds avancés, l'indemnité s'appuie
Sur un rapport d'experts, et par eux s'apprécie.

1748. Quand on a réservé par la convention,
En cas que l'on vendît, le droit d'expulsion;

Contre le locataire, en fait-on l'exercice?
Il faut que l'acquéreur, en outre, l'avertisse
Au temps d'avance, au moins, sur les lieux usité,
Pour donner les congés avec validité.

 Quant au fermier rural, on donne connaissance
Qu'on entend l'expulser, au moins, un an d'avance.

 1749. On ne peut, du preneur ou fermier locataire,
Tenter l'expulsion, avant de leur payer
Le dédommagement que la loi leur assigne,
Qu'aux nombres précédens la même loi désigne :
Ils doivent l'obtenir par les soins du bailleur,
A son défaut, des mains du nouvel acquéreur.

 1750. Si le bail n'est pas fait par un acte authentique,
Ou qu'au même contrat la date qui s'applique
N'ait point de certitude, à toute indemnité,
L'acquéreur échappant n'est point inquiété.

 1751. A pacte de rachat, lorsque la vente est faite,
L'acquéreur, du preneur, ne force la retraite,
Qu'autant que sur sa tête est enfin arrêté
Un droit incommutable à la propriété,
Par l'expiration qui couronne le terme
Du délai de rachat que la vente renferme.

SECTION II.

Des Règles particulières aux baux à loyer.

 1752. Lorsque le preneur fait des efforts impuissans
Pour garnir la maison de meubles suffisans,
Il peut être expulsé, si, du moins, il n'assure
Les loyers au moyen d'une caution sûre.

Titre VIII. Du Contrat de louage.

1753. Quant au sous-locataire, en voici le destin :
Par le propriétaire il ne peut être atteint
Que pour le juste prix du contrat qui le lie,
Dont il est débiteur quand se fait la saisie,
Sans qu'il puisse opposer la libération
Que pourrait présenter l'anticipation.

 Le paîment avancé par le sous-locataire,
Suivant le pacte écrit qu'en son bail on insère,
Ou bien suivant qu'aux lieux l'usage est adopté,
D'anticipation n'est jamais suspecté.

1754. Les réparations qu'on nomme locatives
Qui, d'entretien menu, sont représentatives,
Et dont le locataire est constamment tenu,
Au cas où, toutefois, il n'est rien contenu
De contraire à ce droit dans le pacte, sont celles
Que l'usage des lieux désigne comme telles.
On ne saurait ici toutes les retracer;
Mais on peut, par exemple, entr'autres y placer
Les réparations qui peuvent être faites,
Aux âtres, contre-cœurs, chambranles et tablettes
Qui, d'une cheminée, offre le complément ;
 Aux murs à récrépir au bas d'appartement,
D'autres lieux habités, à la hauteur d'un mètre;
 Aux pavés et carreaux qu'il s'agit de remettre
Aux chambres, quand ils sont détruits ou déplacés ;
Au cas où seulement quelques-uns sont cassés ;
 Aux vitres, quand la grêle ou bien une autre cause
Dont la force majeure en sa fureur dispose,
Et dont aucun preneur ne peut être tenu,
A leur destruction n'aura pas concouru ;
 Aux planches des cloisons ou bien des fermetures

De boutiques, aux gonds, targettes et serrures;
La porte, la croisée en sont également.

1755. Des réparations dont le dénombrement
Vient ici d'être fait, de toute autre semblable,
Le locataire n'est nullement responsable,
Quand on y reconnaît l'effet nécessité
De la force majeure, ou de la vétusté.

1756. La loi laisse au bailleur les frais, la surveillance
Du curement des puits et des fosses d'aisance,
A moins que le contraire au bail ne soit prescrit.

1757. Quand le bail est conclu pour meubles qu'on fournit
A l'effet de garnir une maison en masse,
Ou, d'un corps de logis, l'enceinte qu'il embrasse,
Une boutique, ou bien tout autre apppartement,
Sa durée est en tout, comparativement,
Celle qui, dans les baux, d'ordinaire s'applique
Pour les corps de logis, appartement, boutique,
Maison, comme des lieux l'usage l'a réglé.

1758. Lorsqu'il s'agit de bail d'appartement meublé,
Cette location doit durer une année,
Si c'est à tant par an qu'elle est déterminée;
Si c'est à tant par mois, elle cesse avec lui;
Si c'est à tant par jour, lorsque ce jour a fui.
Pour l'an, le mois, le jour, si l'acte de louage
Ne constate aucun vœu, des lieux on suit l'usage.

1759. Lorsque, d'une maison, ou d'un appartement,
Le preneur continue à jouir librement,
Sans être inquiété par le propriétaire,

Titre VIII. Du Contrat de louage.

Après qu'un bail écrit a fini sa carrière,
Sans aucun changement, pour le terme fixé
Par l'usage des lieux, il est alors censé
Occuper le local : il ne peut plus le rendre,
Et le bailleur ne peut à son tour le reprendre,
Qu'après que, d'un congé, dans le délai légal
Observé sur les lieux, on a fait le signal.

1760. Quand on a résolu le contrat de louage,
Et que cet incident, de sa faute, est l'ouvrage,
Toujours le locataire est tenu de payer
Tous les termes courans du prix de son loyer
Pour le temps exigé pour un nouveau louage,
Outre qu'il est soumis à payer le dommage
Qu'a pu causer l'abus qui l'a fait inculper.

1761. Encor que, par lui-même, il entende occuper
La maison dont il a disposé par louage,
Le bailleur ne rompt point le lien qui l'engage,
A moins que le contraire, au bail, ne soit réglé.

1762. Lorsque, dans le contrat, on trouve stipulé
Qu'à son gré le bailleur pourra venir reprendre,
Occuper sa maison, il est tenu d'attendre
Le terme d'un congé qu'avant il doit donner,
Au temps qu'aux lieux l'usage a pu déterminer.

SECTION III.

Des Règles particulières aux baux à ferme.

1763. Celui qui, s'engageant à faire le partage
Des fruits à recueillir, cultive un héritage,

A moins qu'il ne se fasse, au bail même, accorder
Un pareil droit, ne peut sous-louer, ni céder.

1764. En cas d'infraction, le maître de la chose
Y rentre, et de nouveau librement en dispose,
Tandis que le preneur est, au surplus, astreint
Au dédommagement naissant du bail enfreint.

1765. Si, quant aux fonds que peut comprendre un bail à ferme
Il est dit que chacun, en mesure, renferme
Soit une plus notable, ou moindre quotité
Qu'il n'en peut contenir dans la réalité,
Le prix, pour le fermier, ne se baisse ou n'augmente
Que comme il est prescrit au titre de la vente.

1766. Au cas où le fermier d'héritages ruraux
Omet de les garnir de suffisans bestiaux,
Et de tout instrument propre à l'agriculture,
S'il vient à négliger les soins de la culture,
Si même, en cultivant, il ne se montre pas
Bon père de famille en marchant sur ses pas,
S'il détourne l'emploi de l'objet du louage,
Réglé par le contrat, pour un tout autre usage,
Ou généralement si l'exécution,
Du bail contrariant la stipulation,
Aux dépens du bailleur, entraîne un préjudice,
Celui-ci peut, de droit, réclamer en justice,
Et suivant que les faits ont de la gravité,
Que le bail violé demeure rétracté.
Si, du fait du preneur, le bail se résilie,
Sa condamnation aux dommages se lie
A son expulsion, le *tout conformément*
Au nombre antérieur au nombre précédent.

1767. Tout preneur ou fermier d'héritage rustique
Doit engranger aux lieux que le contrat indique.

1768. A peine de dépens et d'une indemnité,
Le preneur est astreint, sous cette qualité,
A donner au bailleur connaissance précise
De l'usurpation, sur les fonds, entreprise.
   Cet avertissement par lui sera donné
Dans le même délai qu'on a déterminé
Pour les cas dans lesquels en justice on assigne,
Et que, des lieux divers, la distance désigne.

1769. Si, pour plus d'une année un bail est contracté,
Et que, pendant qu'il dure, une fatalité
Sur la récolte entière apporte le ravage,
Ou qu'au moins la moitié succombe sous l'orage,
Le fermier, du montant de sa location,
A droit de réclamer la diminution,
A moins que le produit des récoltes passées
N'offre, en les compensant, les pertes effacées.
   Si le fermier n'est pas dans cette exception,
On ne peut estimer la diminution
Qu'à la fin de son bail, moment où l'on compense
Le produit qu'a donné chaque an de jouissance.
   Le juge, néanmoins, peut provisoirement
Dispenser le preneur de faire le paîment
D'une part de son prix, en raison de la perte
Qu'éclairant la justice il prouve avoir soufferte.

1770. Pour un an seulement, si le bail est conclu,
Et que, de tous les fruits, le produit soit perdu,
Ou qu'au moins la moitié des fruits s'évanouisse,

Pour le dédommager d'un pareil préjudice,
On alloue au preneur la diminution
Que comporte le prix de sa location.

Au-dessous de moitié, si sa perte est réduite,
D'une remise il fait vainement la poursuite.

1771. Au fermier, la remise échappe également,
Quand la perte des fruits a suivi le moment
Où ces fruits ont été séparés de la terre.
Si, toutefois, le bail donne au propriétaire,
Dans les fruits en nature, un objet réservé,
Il supporte sa part du dégât éprouvé,
Pourvu que le preneur usant de diligence
Ne soit point en retard de faire délivrance
Au bailleur de la part qui lui revient des fruits.

Le preneur ne saurait être non plus admis
A se faire adjuger aucune retenue,
Lorsqu'existait, et même était par lui connue
La cause dont est né le dommage ou dégât,
Au moment où, du bail, s'est formé le contrat.

1772. Pour les cas fortuits, si le preneur stipule
Qu'il s'en charge, sur lui le poids s'en accumule.

1773. Ce pacte ne s'entend que des cas fortuits,
De l'ordre des saisons ordinaires produits,
Accidens variés qu'on doit à la nature,
Tels que grêle, tonnerre, ou gelée ou coulure.

Mais il ne s'entend pas particulièrement
De ces cas fortuits amenés rarement,
Tels que l'affreuse guerre avec tous ses ravages,
Une inondation couvrant tous les rivages,

Lorsque, de ces fléaux, le terrible tourment
N'atteint pas le pays périodiquement,
A moins qu'à supporter ce que le sort dirige,
Qu'il soit ou non prévu, le preneur ne s'oblige.

1774. Le bail d'un fonds rural, lorsqu'il n'est pas écrit,
Est toujours censé fait pour le temps qui suffit
A cueillir tous les fruits de l'héritage en ferme.
 Par exemple, le bail sans écrit qui renferme
Soit vigne, soit prairie, ou bien tout autre fonds
Dont les fruits à cueillir demandent aux saisons
Que leur course à la fois se trouve terminée,
Est réputé toujours conclu pour une année.
 Le bail fait d'un terrain qui doit se labourer,
Quand, par sole ou saison, il faut le séparer,
Est réputé durer pendant autant d'années
Que, de soles, au champ, seront déterminées.

1775. Au nombre précédent, ainsi qu'il est prescrit,
Le bail des fonds ruraux, quoique fait sans écrit,
Doit cesser de plein droit, dès le moment qu'expire
Le temps qu'est présumé parcourir son empire.

1776. Alors qu'un bail rural écrit est terminé,
Qu'à sortir le preneur n'est pas déterminé,
Que sa possession continue au contraire,
Par un aveu tacite un nouveau bail s'opère,
Qui produit un effet réglé, conformément
Au nombre antérieur au nombre précédent.

1777. Quand le bail est fini, le fermier sortant cède
A qui, dans la culture, à sa place succède,
Un abri convenable et la facilité

Pour que, de l'an suivant, puisse être exécuté,
Sur les fonds affermés, le travail nécessaire ;
Et réciproquement, le fermier qui va faire
Dans les biens son entrée, au précédent qui sort
Doit avec équité procurer même sort,
Pour qu'il puisse aisément, consommant le fourrage,
Des récoltes à faire achever tout l'ouvrage.

Dans l'un et l'autre cas, on doit se conformer
Aux règles que des lieux l'usage a pu former.

1778. Le fermier en sortant laisse sur l'héritage
Les pailles, les engrais devenus son partage,
Lorsqu'il a commencé son exploitation.
S'il n'en a pas alors fait la perception,
Le maître peut en faire aussi la retenue,
Et la valeur en est par experts reconnue.

CHAPITRE III.

Du Louage d'ouvrage et d'industrie.

1779. L'ouvrage et l'industrie enfantent plusieurs baux;
Dans l'espèce, on en compte au moins trois principaux :
Le louage des gens de travail et de peine
Qu'au service d'autrui leur destinée enchaîne ;
Celui des voituriers qui, par terre ou par eau,
Des objets de trafic transportent le fardeau,
Ou des individus abrègent le voyage ;
Celui des gens de l'art, entrepreneurs d'ouvrage,
Par suite de devis, ou de marchés constans.

Titre VIII. *Du Contrat de louage.*

SECTION PREMIÈRE.

Du Louage des domestiques et ouvriers.

1780. On ne peut engager ses services qu'à temps,
Ou pour une entreprise et fixe et convenue.

1781. Une affirmation du maître est toujours crue,
Pour les gages promis, quant à leur quotité,
Pour le fait énoncé du salaire acquitté,
S'il s'agit de l'année auparavant échue,
Pour l'à-compte sur l'an dont le cours continue.

SECTION II.

Des Voituriers par terre et par eau.

1782. Pour garder, conserver les objets confiés,
Les voituriers par terre et par eau sont liés
Par l'obligation qui soumet l'aubergiste
A cette garantie, et dont la règle existe
Au titre onze inséré dans le livre présent.

1783. Leur devoir de garant non-seulement s'étend
A ce qu'ils ont déjà reçu dans leur voiture,
Ou dans leur bâtiment, mais encore il assure
Ce qui leur est remis sur le port, en dépôt,
Ou dans le lieu qui peut leur servir d'entrepôt,
Pour que, dans leur voiture, il obtienne une place,
Ou qu'en leur bâtiment, le même objet se place.

1784. Ceux qui ne prouvent pas que l'effet est produit,

Ou par force majeure, ou par cas fortuit,
Répondent de la chose à leurs soins confiée,
Alors qu'elle est perdue ou bien avariée.

1785. Tous les entrepreneurs, en ouvrant un bureau
De voiture publique et par terre et par eau,
De roulage public, sont forcés, à ce titre,
De tenir avec soin, avec ordre, regitre
Des effets et paquets déposés et commis,
Ainsi que de l'argent entre leurs mains remis.

1786. Tous ces entrepreneurs, et quiconque s'applique
A gérer, diriger soit voiture publique,
Soit roulage public, les maîtres et patrons
De navire, bateau, des obligations
Que peuvent imposer des règles spéciales
Qui, comme des contrats, forment des lois égales
Entr'eux et l'intérêt des autres citoyens,
Reconnaissent en outre, et portent les liens.

SECTION III.

Des Devis et des Marchés.

1787. Lorsqu'on charge quelqu'un de faire quelque ouvrage
Aux termes de ce pacte, ou l'ouvrier s'engage
A fournir industrie ou travail seulement,
Ou bien, allant plus loin dans son engagement,
Il se soumet encore à fournir la matière.

1788. Si, dans le second cas, n'importe la manière,
Avant d'être livré, l'objet vient à périr,

Titre VIII. Du Contrat de louage.

Par le seul ouvrier la perte est à souffrir,
Si ce n'est que celui qui veut en faire usage
Ne se trouve en retard de retirer l'ouvrage.

1789. Si, dans le premier cas, vient à périr l'objet,
Le preneur est tenu seulement de son fait ;
L'objet périt pour lui, si sa faute est prouvée.

1790. Si, dans le même cas, la perte est éprouvée,
Sans qu'on puisse imputer de faute à l'ouvrier,
Avant que son ouvrage ait pu s'expédier
Et même être reçu, sans que d'ailleurs le maître,
De le vérifier et de le reconnaître,
En demeure soit mis, l'ouvrier sans espoir
En vain veut un salaire, il n'en peut recevoir,
A moins que, de l'objet, la perte ne s'opère
Par le vice, ou défaut de la propre matière.

1791. Quand de plus d'une pièce un ouvrage est pourvu,
Ou quand, à la mesure, il doit être reçu,
On peut, isolément, procéder par partie,
Et la pièce ou mesure ainsi se vérifie :
On tient pour reconnus et pour vérifiés
Les pièces ou morceaux que le maître a payés,
Si, de lui, l'ouvrier accepte son salaire
Dans la proportion que l'ouvrage s'opère.

1792. Au cas où l'édifice à prix fait est construit,
Et qu'en tout, ou partie, il se trouve détruit,
Quand sa construction vicieuse en est cause,
Ou le vice du sol sur lequel il repose,
On tient l'entrepreneur, l'architecte, garans
Pour l'intervalle entier que parcourent dix ans.

1793. Lorsqu'un entrepreneur ou bien un architecte
S'est soumis, à forfait et par clause directe,
A la construction de quelque bâtiment,
D'après un plan fixé par le consentement
De celui qui, du sol, est le propriétaire,
Il ne peut demander qu'on hausse son salaire.
Soit qu'il puisse alléguer que, sur des prix plus hauts,
Se vendent la main-d'œuvre ou les matériaux,
Ou que des changemens, quelqu'addition faite
Ont, du plan primitif, dénaturé l'assiète,
Si, par écrit, le maître, à l'augmentation,
Aux changemens, n'a pas donné sa sanction,
Et convenu du prix que ces objets font naître.

1794. Du contrat à forfait, et quand il plaît au maître,
Toute exécution doit à l'instant cesser,
Bien que déjà l'ouvrage ait pu se commencer ;
Alors l'entrepreneur, de toute sa dépense,
De ses travaux entiers, du gain que l'espérance
Pouvait lui présenter dans l'accomplissement
De son marché, reçoit le dédommagement.

1795. La dissolution du contrat de louage,
Quand il a pour objet le fait de quelque ouvrage,
A lieu, lorsque la mort soumet à sa rigueur
L'ouvrier, l'architecte ou bien l'entrepreneur.

1796. Mais le maître est tenu, dans cette circonstance,
De payer, en faisant une juste balance
Du prix déterminé dans la convention,
A ceux qu'un droit appelle à leur succession,
Outre l'ouvrage fait, la réelle dépense
Pour les matériaux préparés à l'avance,

Lors seulement qu'il peut s'aider de ces travaux,
Ou faire utile emploi de ces matériaux.

1797. L'entrepreneur, du fait de tout auxiliaire
Qu'il prend à son service, est garant nécessaire.

1798. Les maçons, charpentiers et tout autre ouvrier
Dont le travail requis aura pu s'employer
Pour la construction qu'à forfait on s'engage
De faire, de maisons ou de tout autre ouvrage,
Ne peuvent recourir dans leur propre intérêt
Contre l'individu pour qui l'ouvrage est fait,
Que jusques au montant de la somme précise
Qu'il peut devoir encore au chef de l'entreprise,
Au moment qu'en justice ils portent l'action.

1799. Ouvrier, charpentier, serrurier ou maçon,
Qui font directement des marchés à prix fixe,
Subissent à leur tour toute règle que fixe
Le pouvoir de la loi dans cette section;
Ils sont entrepreneurs dans leur profession.

CHAPITRE IV.

Du Bail à cheptel.

SECTION PREMIÈRE.

Dispositions générales.

1800. Le bail à cheptel offre un contrat où l'on donne
Un fonds fixe en bétail, à telle autre personne
Qui le garde, nourrit et tient en bon état,

Sous les conditions que porte le contrat.

1801. Les baux à cheptel sont d'espèce différente :
Le simple ou l'ordinaire, en premier se présente ;
Le cheptel à moitié se présente en second ;
Le troisième concerne un fermier ou colon ;
Une quatrième espèce, et qui s'est appelée
Improprement cheptel, est encor stipulée.

1802. Le cheptel peut s'étendre à tous les animaux
Qui, se multipliant, en forment de nouveaux,
Ou donnent des produits, par leur propre nature,
En faveur du commerce ou de l'agriculture.

1803. Si, spécialement, il n'est rien stipulé
Par les statuts suivans, ce contrat est réglé.

SECTION II.

Du Cheptel simple.

1804. Le contrat de cheptel est simple, quand on donne
Un nombre de bestiaux à telle autre personne
Qui doit, en les gardant, les soigner, les nourrir,
Sous la condition qu'elle devra jouir
De la moitié du croît en bénéfice offerte,
Et supporter aussi la moitié de la perte.

1805. Dans le contrat, le prix du cheptel arrêté
Ne confère aucun droit sur la propriété
Au preneur ; seulement il règle, il détermine
La perte ou le profit, quand le bail se termine,

TITRE VIII. *Du Contrat de louage.*

1806. Gardien du cheptel, le preneur doit au moins
D'un père de famille y donner tous les soins.

1807. Quant au cas fortuit, il n'en est responsable
Que lorsque, de sa part, une faute blâmable
A précédé ce cas, et lorsqu'il est prouvé
Qu'elle est le fondement du dommage éprouvé.

1808. Le preneur est tenu, s'il s'élève une instance
Sur le cas fortuit, d'en prouver l'existence,
Et l'équité soumet à son tour le bailleur
prouver l'imprudence imputée au preneur.

1809. Quand, du cas fortuit, aucune garantie
Ne peut sur le preneur rester appesantie,
Celui-ci doit toujours rendre compte des peaux,
Restes qu'en périssant ont laissés les bestiaux.

1810. Sans faute du preneur, si, du cheptel, la perte
Arrive entière, elle est, par le bailleur, soufferte.
Si seulement il vient en partie à périr,
Du dommage commun chacun d'eux doit souffrir,
En comparant le prix fixé dans l'origine
A celui du moment où le bail se termine.

1811. Le preneur ne peut être, en l'acte, assujéti
Aux pertes du cheptel, en tout, anéanti,
Bien qu'un cas fortuit ait produit cette chance,
Et qu'on ne puisse point accuser sa prudence :
On ne peut stipuler qu'à l'égard du profit,
Il aura moindre part que dans le déficit :
On ne peut convenir que, quand le bail s'achève,
Quelque chose de plus se prenne et se prélève

Au-delà du cheptel, au profit du bailleur.
Toute convention semblable est sans valeur.
Des bestiaux du cheptel, travail, fumier, laitages,
Offrent pour le preneur d'exclusifs avantages.
Les laines et le croît doivent se diviser.

1812. Le preneur n'est jamais admis à disposer
D'aucun des animaux du troupeau dont il use,
Soit du fonds, soit du croît, si le bailleur refuse
Son aveu sur ce point, et le même bailleur
Ne peut en disposer sans l'aveu du preneur.

1813. Quand, au fermier d'autrui, le cheptel se confie
Afin qu'il soit connu, l'acte s'en notifie
Au vrai maître de qui ce fermier tient le bien ;
Le maître, si l'on a négligé ce moyen,
Peut le faire saisir, même le faire vendre
Pour ce que, du fermier, il a droit de prétendre.

1814. Avant de commencer la tonte, le preneur
Devra, de ce travail, prévenir le bailleur.

1815. Du cheptel, la durée à trois ans se limite,
Si, par le pacte même, elle n'est pas prescrite.

1816. On en obtient plutôt la résolution,
Si le preneur enfreint son obligation.

1817. Lorsque le bail expire ou qu'il se résilie,
La valeur du cheptel de nouveau s'apprécie.
Jusqu'à la concurrence où pourra s'élever
Le premier prix, le maître a droit de prélever
Des bêtes que fournit chaque espèce existante,
Et l'on doit partager la portion restante.

Si le bétail rendu ne répond pas au prix
Auquel, dans l'origine, il avait été pris,
La portion restante, au maître, est départie;
Entre les contractans, la perte est répartie.

SECTION III.

Du Cheptel à moitié.

1818. Du cheptel à moitié, la stipulation
Nous présente un contrat d'association
Où, mutuellement et par chaque partie,
La moitié des bestiaux en nature est fournie;
Ils demeurent communs à la société,
Pour le fait de la perte ou de l'utilité.

1819. Le preneur se prévaut lui seul des avantages
Du fumier, du travail des bêtes, des laitages,
Ainsi qu'au cheptel simple, et le bailleur n'a droit
Qu'à la seule moitié des laines et du croît.

Tout pacte est nul, s'il est à cet égard contraire,
A moins que le bailleur ne soit propriétaire
Des biens dont le preneur se trouve le fermier,
Le colon partiaire ou bien le métayer.

1820. Pour le simple cheptel, toute règle expliquée,
Au cheptel à moitié, du reste, est appliquée.

SECTION IV.

Du Cheptel donné par le propriétaire à son fermier ou colon partiaire.

§. Ier.

Du Cheptel donné au fermier.

1821. Le contrat de cheptel, au fermier, confié
(Du nom *cheptel de fer*, aussi qualifié)
Se forme et s'établit, quand un propriétaire
De métairie, à bail à ferme la confère,
Sous la condition qu'à la fin de son bail,
Le fermier lui devra remettre du bétail
Offrant une valeur telle qu'à son entrée,
Pour le bétail remis elle fut arbitrée.

1822. L'appréciation que le cheptel reçoit,
Pour la propriété, ne confère aucun droit
Au fermier qui s'en charge, et quand elle est soufferte,
Elle met, néanmoins, à ses risques la perte.

1823. Quels que soient les profits du cheptel, le fermier
Par le vœu de la loi les recueille en entier,
Pendant que son bail dure, à moins qu'on ne préfère
Stipuler au contrat une clause contraire.

1824. Quand on donne au fermier un semblable cheptel
Le fumier n'accroît point son profit personnel ;
La métairie en a l'exclusif avantage,
Et l'exploitation en consomme l'usage.

1825. La perte, même entière et par cas fortuit,
Frappe le fermier seul, à moins qu'on n'ait souscrit
Une convention qui puisse être contraire.

1826. Lorsque le bail atteint la fin de sa carrière,
Du cheptel, le fermier ne peut se prévaloir,
Même quand il paîrait ce qu'il pouvait valoir
Originairement : il est toujours comptable
D'un cheptel, en valeur, au précédent, semblable.
  S'il est un déficit, il devra le payer,
Et c'est l'excédant seul qu'il peut s'approprier.

§. II.

Du Cheptel donné au colon partiaire.

1827. Sans faute du colon, si, du cheptel, la perte
Arrive entière, elle est, par le bailleur, soufferte.

1828. On peut légalement régler que le colon,
Au bailleur, livrera sa part de la toison,
Pour un plus faible prix que le prix ordinaire ;
  Que, sur les gains produits par un cheptel prospère,
D'une plus grande part, le bailleur jouira ;
  Qu'il aura du laitage et le partagera ;
  Mais il n'est pas permis de régler que la perte
Sera, par le colon, entièrement soufferte.

1829. Le bail à métairie, alors qu'il est fini,
Fait cesser le cheptel qui s'éteint avec lui.

1830. Pour le simple cheptel, toute règle expliquée,
A celui-ci, d'ailleurs, est toujours appliquée.

SECTION V.

Du Contrat improprement appelé Cheptel.

1831. Lorsqu'on donne une vache ou plusieurs, plus ou moi
Pour les loger, nourrir et leur donner des soins,
De la propriété, le bailleur reste maître ;
Il a, pour seul profit, les veaux qui peuvent naître.

TITRE IX.

Du Contrat de société.

CHAPITRE PREMIER.

Dispositions générales.

1832. PAR la société, l'on entend un contrat
Qui, dans ce qu'il contient, offre pour résultat,
Une convention où plus d'une personne,
Pour rendre, s'il se peut, sa condition bonne,
Et jouir des profits que le succès promet,
A mettre quelque chose en commun, se soumet.

1833. Toute société, pour n'être pas proscrite,
Doit toujours se fonder sur un objet licite;
L'avantage commun de chaque intéressé,
Dans cet engagement doit être balancé.
On fournit de l'argent, lorsque l'on s'associe,

Ou d'autres biens divers, ou sa propre industrie.

1834. Lorsqu'en valeur, l'objet de la société,
De cent cinquante francs, passe la quotité,
Ce n'est que par écrit, que l'acte peut s'en faire.
On ne saurait admettre aucun témoin contraire
Qui puisse, soit nier, soit étendre à son gré
Ce que l'acte contient, ce qu'il a déclaré,
Ni jamais expliquer ce qu'on aurait pu dire
Avant, lors ou depuis ce qu'on a pu souscrire,
Quand même il s'agirait d'une somme ou valeur,
A cent cinquante francs, d'un taux inférieur.

CHAPITRE II.

Des diverses espèces de Sociétés.

1835. Toute société, d'après son caractère,
Se montre universelle, ou bien particulière.

SECTION PREMIÈRE.

Des Sociétés universelles.

1836. Du genre universel, on en distingue deux;
Celle qui s'établit en étendant ses nœuds
Sur tous les biens présens, celle qui, dans sa sphère,
Embrasse, de tous gains, la perspective entière.

1837. Quand la société comprend tout bien présent,
Ceux qui, de ce contrat, forment l'engagement,
Mettent non-seulement, en commun, tous biens meubles
Qu'ils possèdent alors, mais encor tous immeubles,

Ainsi que les profits qui pourront en venir.

   Ils ont également le droit d'y réunir
Tous autres gains futurs ; mais les biens d'espérance
Ne peuvent s'y placer que pour la jouissance,
Tels que ceux qui viendraient d'une succession,
D'un legs, ou du bienfait d'une donation :
Tout pacte convenu dont l'effet pourrait tendre
A ce que le contrat, sur ces biens, pût s'étendre,
Prohibé par les loix est d'avance dissous,
Et l'on ne peut ainsi stipuler qu'entre époux,
En respectant la loi qui leur est personnelle.

   1838. Dans la société de gains, universelle,
Se trouve renfermé ce que les contractans,
Quel qu'en soit le moyen, pourront, pendant le temps
De la société, devoir à l'industrie :
Les meubles que chacun, au moment qu'il se lie,
Peut posséder, y sont compris également ;
L'objet immobilier que, personnellement,
Chaque associé peut avoir en sa puissance,
Ne vient s'y réunir que pour la jouissance.

   1839. Quand la convention indique simplement
La société faite universellement,
Sans clause explicative, on ne doit voir en elle
Que la société de gains universelle.

   1840. Nulle société du genre universel
N'est permise qu'à ceux qu'un pouvoir mutuel
Rend libres dans les dons qu'ils désirent se faire,
Ou qui, pour recevoir, pourvus de caractère,
Ont, à s'avantager, des titres absolus,
Fût-ce même aux dépens d'autres individus.

SECTION II.

De la Société particulière.

1841. Une société s'offre particulière,
Quand l'application, seulement, s'en opère
A de certains objets que l'on peut limiter,
A leur usage, aux fruits qu'ils peuvent rapporter.

1842. L'association, par plusieurs, établie,
Soit pour une entreprise et fixée et choisie,
Soit pour coopérer à l'exécution
Des travaux d'un métier, d'une profession,
Ne peut également qu'offrir le caractère
D'une société simple et particulière.

CHAPITRE III.

Des Engagemens des associés entre eux et à l'égard des tiers.

SECTION PREMIÈRE.

Des Engagemens des associés entre eux.

1843. Si, sur un autre temps, le contrat est muet,
Au moment du contrat, la société naît.

1844. Lorsque, dans le contrat, nulle borne assurée,
De la société ne fixe la durée,
Le cours n'en est censé pouvoir être détruit
Que par la mort de ceux dont le pacte est souscrit;

L'article mil huit cent soixante-neuf limite,
En la modifiant, cette règle prescrite :
S'il s'agit d'un objet à terme limité,
L'objet rempli met fin à la société.

1845. Qui s'associe, envers la masse sociale,
Se trouve débiteur d'une valeur égale
A ce qu'il a promis de verser dans son sein.
  Lorsque l'apport qu'il doit consiste en corps certain,
Et que l'éviction peut en être subie,
L'associé toujours en doit la garantie
A la société, de même qu'un vendeur
La doit, en cas pareil, envers son acheteur.

1846. Qui devait apporter une somme certaine
A la masse, et n'a fait qu'une promesse vaine,
Sans demande, devient, de plein droit, débiteur
Des intérêts, du jour qu'il doit cette valeur.
  Il doit les intérêts d'une manière égale
Pour les sommes qu'il puise en caisse sociale,
A compter du moment où, pour son seul profit,
Il s'est, de ces deniers, approprié le fruit ;
  Sauf condamnation d'une valeur plus forte
Pour dédommagement, si le cas le comporte.

1847. Quand chaque associé promet par le traité
Toute son industrie à la société,
Il doit lui rapporter tout gain dont est suivie,
Par l'emploi qu'il en fait, cette même industrie
Pour laquelle on forma l'association.

1848. Si, des associés, l'un, en son propre nom,
A, contre une personne, un titre de créance

Qui puisse s'exiger, que, dans cette occurrence,
A la société, le même débiteur
Ait, d'une dette échue, à compter la valeur,
Des deniers qu'il reçoit, l'imputation faite,
Dans la proportion de cette double dette,
Porte sur ce qu'on doit à la société,
Et sur ce qui, par lui, peut être répété,
Encore qu'il énonce, en passant la quittance,
Qu'il impute le tout sur sa propre créance :
Mais si, dans son acquit, le tout est imputé
Sur la créance due à la société,
La stipulation, par son vœu, cimentée,
Contre son intérêt, doit être exécutée.

1849. Lorsqu'un associé reçoit sa portion
D'une créance due à la réunion,
Et que, du débiteur envers lui tenu quitte,
L'insolvabilité se manifeste ensuite,
Par cet associé, doit être rapporté
Ce qu'il put recevoir, à la société,
Encor que son écrit porte reconnaissance
Que pour *sa part* unique il a donné quittance.

1850. L'associé répond à la société
Des suites du dommage, à sa faute, imputé ;
Il ne peut compenser un semblable dommage
Avec tout le profit, avec tout l'avantage
Dont, par son industrie, et sur d'autres objets,
Il aurait procuré les utiles effets.

1851. A la société, si les choses soumises,
Et qui, pour en jouir seulement, y sont mises,
Offrent des corps certains, fixes dans leur objet,

Que ne consomme point l'usage qu'on en fait,
Quand la perte en arrive, elle ne peut se faire
Qu'aux risques personnels du seul propriétaire.

Si ce sont des objets de consommation,
Sujets, en les gardant, à dégradation,
S'ils attendent l'instant d'une vente opportune,
Ou s'ils sont introduits dans la masse commune,
D'après le résultat d'une estimation
Dont un bon inventaire offre la mention,
La société court les risques de la perte.

Si, dans le dernier cas, elle est, d'ailleurs, soufferte,
L'associé, du prix de l'estimation,
Peut faire seulement la répétition.

1852. L'associé, muni d'une action légale,
A le droit d'attaquer la masse sociale,
A raison des deniers, pour elle, déboursés,
Et des engagemens qui, par lui, sont passés
Dans le propre intérêt de la commune masse,
Quand, de la bonne foi, s'y distingue la trace;
Le risque, indispensable effet de gestion,
Lui donne également contre elle une action.

1853. Quand l'acte social laisse indéterminée
La part éventuelle, à chacun, destinée
Dans la perte ou le gain, cette part, pour chacun,
Se fixe sur l'apport fait dans le fonds commun.

Celui dont tout l'apport est dans son industrie,
Dans la perte ou le gain, voit sa part établie,
Comme on la détermine envers l'associé
Qui, dans les fonds communs, en a moins employé.

1854. Si les associés, pour régler le partage,

Titre IX. Du Contrat de Société.

De l'un d'eux ou d'un tiers, choisissent l'arbitrage,
Un règlement pareil doit être exécuté,
S'il n'est évidemment contraire à l'équité.

Du recours, dans ce cas, la voie est illégale,
Si, de plus de trois mois, s'écoule l'intervalle,
Du moment qu'on aura pris le soin d'informer
Du règlement, celui qui prétend réclamer,
Ou si, du règlement, par lui-même, en partie,
Une exécution est déjà consentie.

1855. Le pacte par lequel il serait stipulé
Qu'un seul aura le gain entier, est annulé.

Le Code annulle aussi toute clause soufferte
Qui pourrait déclarer exempts de toute perte,
Des sommes, des effets sociaux, confiés
Par l'un ou par plusieurs des coassociés.

1856. Le coassocié chargé de la régie,
D'après un pacte exprès du contrat qui le lie,
Peut faire, nonobstant toute opposition
De ceux qu'unit à lui l'association,
Tout acte qui dépend du pouvoir qu'il embrasse,
Pourvu que sans reproche et sans fraude il le fasse.

Ce pouvoir de régir ne lui peut être ôté,
Tant que dure le cours de la société,
Sans un juste motif; mais s'il le tient d'un acte
Qui, par sa date, soit postérieur au pacte
Dont les nœuds sociaux forment le résultat,
Il peut se révoquer comme un simple mandat.

1857. De la société qui se trouve liée,
A plusieurs, la régie est-elle confiée,
Sans qu'on ait séparé l'administration

Ou sans qu'on ait écrit la stipulation
Qu'aux actes leur concours deviendrait nécessaire?
Il est, séparément, libre à chacun de faire
Tout acte relatif à cette gestion.

1858. Lorsque, dans le contrat d'association,
Il est déterminé que, de ceux qui régissent,
L'un ne pourra rien faire, à moins que tous n'agissent,
Sans un pacte nouveau qui permette d'agir,
En l'absence de l'autre, un seul ne peut régir,
Encor qu'il soit prouvé que, dans la circonstance,
L'autre, de concourir, éprouve l'impuissance.

1859. Si, spécialement, on n'a rien stipulé
Sur l'ordre du régime, il est ainsi réglé :
  Les coassociés sont censés reconnaître
Que, mutuellement, l'un pour l'autre est le maître
D'agir, d'administrer : tous les associés,
Par ce que chacun fait, sont justement liés,
Sans qu'il soit nul besoin qu'aucun d'eux y consente;
Et, néanmoins, avant qu'elle ne se cimente,
Ils ont tous, ou l'un d'eux, sans contestation,
Le droit de s'opposer à l'opération.
  Chaque associé peut se servir de la chose
Dont la masse commune et jouit et dispose,
Pourvu que cet emploi soit strictement borné
Au but qui, par l'usage, en est déterminé,
Que la société n'en souffre aucun dommage,
Et qu'aussi chaque membre en puisse faire usage.
  Le coassocié peut forcer chacun d'eux
A fournir avec lui tous les frais onéreux,
Qu'afin de conserver et maintenir la chose

De la société, l'urgent devoir impose.

 Sur des fonds dépendans de la société,
Dans le cas où, d'immeuble, ils ont la qualité,
L'un des associés n'est point admis à faire
Une innovation, parût-elle prospère,
Et servir, à ses yeux, tous les intéressés,
Si, contredit par eux, ses plans sont repoussés.

 1860. Lorsque l'associé n'est pas celui qui gère,
Il ne peut engager, fût-elle mobilière,
La chose qui dépend de la société ;
Moins encor, de la vendre, a-t-il la faculté.

 1861. Chaque associé peut, concernant la partie
Qui, par lui, dans le tout, peut être recueillie,
Sans le consentement de ses associés,
Avoir, avec un tiers, ses intérêts liés ;
Sans ce consentement, il ne peut se permettre,
Lui seul, de l'introduire et de le faire admettre
Dans le premier contrat d'association,
Quand même il en aurait l'administration.

SECTION II.

Des Engagemens des associés à l'égard des tiers.

 1862. Dans les sociétés, hors celles de commerce,
La solidarité nullement ne s'exerce,
Pour la dette commune, envers l'associé ;
Et, par le fait de l'un, nul autre n'est lié,
A moins que, cependant, celui-ci ne lui donne
Un pouvoir spécial d'engager sa personne.

1863. Lorsque ceux que l'on voit entre eux s'associer
Contractent une dette, au commun créancier,
Ils ne doivent chacun, pour raison sociale,
Qu'une somme pareille et qu'une part égale,
Encore que l'un d'eux puisse se voir doté
D'une moins grande part dans la société,
Si l'obligation de celui-ci, dans l'acte,
N'est point, à cette part, restreinte par un pacte.

1864. Quand il est exprimé que l'on a contracté
Pour le compte commun de la société,
La stipulation, aux autres, étrangère,
Contre le contractant, uniquement opère;
A moins qu'il n'ait pouvoir, par les autres, donné,
Ou qu'au profit commun la chose n'ait tourné.

CHAPITRE IV.

Des différentes manières dont finit la Société.

1865. Toute société voit finir son empire,
Quand le temps indiqué pour sa durée expire;
Quand la chose s'éteint, ou quand est consommé
Le spécial objet du négoce entamé;
Quand l'un des contractans que son destin appelle,
Dans sa course est atteint par la mort naturelle;
Quand, sous la mort civile un d'eux a succombé,
Dans la déconfiture, alors qu'il est tombé,
Ou quand, d'un interdit, la chaîne est son partage;
Quand un seul, ou plusieurs, pour leur propre avantage,
Expriment à leur gré la résolution
De ne plus prolonger l'association.

Titre IX. *Du Contrat de Société.*

1866. D'une société qu'un temps fixe limite,
La prorogation ne peut être la suite
Que d'un écrit portant même formalité
Que le premier contrat de la société.

1867. Lorsqu'un associé promet par une clause
De mettre et réunir en commun quelque chose,
La perte survenue, avant cette union,
Rompt nécessairement l'association,
Par rapport à tous ceux qu'a pu lier sa chaîne.
 La perte de la chose, en tous les cas, entraîne
La dissolution de la société,
Lorsqu'on a seulement en commun apporté,
De l'objet disparu, la simple jouissance,
Et que l'associé qui l'eut en sa puissance
A conservé son droit à la propriété.
 Mais rien ne rompt les nœuds de la société,
Quand la propriété de la chose périe,
A la masse commune, est déjà réunie.

1868. Lorsqu'il est stipulé qu'au cas où, de la mort,
L'un des associés éprouvera le sort,
L'association ne sera pas rompue
Avec son héritier, ou sera maintenue
Pour les associés qui, seuls, alors vivront,
De cette volonté les effets survivront :
Dans le deuxième cas, ce que peut, au partage,
Prétendre l'héritier, se borne à l'avantage
Dont la masse commune, au moment du décès,
Pour les associés, offre les intérêts ;
Des droits ultérieurs, néanmoins, il profite,
S'ils sont l'immédiate et nécessaire suite

De ce que l'on a pu faire et négocier,
Du vivant de celui dont il est héritier.

1869. Si, par la volonté d'une seule partie,
L'association peut être anéantie,
Cette règle est restreinte à la société
Dont le terme, au contrat, se trouve illimité.
La dissolution, par celui qui renonce,
Par un exploit formel, dans ce cas, se dénonce;
Elle s'opère ainsi, lorsque, de bonne foi,
Et non à contre-temps, du droit, on fait emploi.

1870. La bonne foi s'enfuit, quand celui qui renonce
A la société, par ses projets annonce
Qu'il veut s'approprier à lui seul les profits
Que les associés en corps s'étaient promis.
Le contre-temps existe, alors que les matières
De la société ne restent plus entières,
Et qu'il est important pour les associés
Que leurs nœuds ne soient point encore déliés.

1871. L'association, à terme, convenue
Ne saurait être, avant ce terme, résolue
Sur le recours formé par un associé,
Si, d'un juste motif, il n'est pas appuyé,
Et s'il n'allègue pas qu'au lien qui l'engage,
Un des associés et manque et s'en dégage,
Ou qu'une habituelle et longue infirmité
Rend son zèle inutile à la société,
Ou des motifs pareils dont le poids légitime,
Par les seuls magistrats se balance et s'estime.

1872. Les règles dont la loi fait l'application

Titre IX. *Du Contrat de Société.*

Au partage des biens d'une succession,
La forme qui préside à ce même partage,
Les obligations dont il devient le gage
Entre cohéritiers, dans les partages **faits**
Par des associés, reçoivent leurs effets.

Dispositions relatives aux Sociétés de commerce.

1873. Les dispositions que ce titre présente,
Quant aux sociétés que le commerce enfante,
N'ont de force qu'autant qu'on respecte à la fois,
De l'état du commerce et l'usage et les lois.

TITRE X.

Du Prêt.

1874. En deux sortes, le prêt se montre et se partage ;
Celui de tout objet dont on peut faire usage
Sans y porter l'effet de la destruction,
Et celui de la chose où l'opération
De l'usage la rend pleinement consommée.
Des deux sortes de prêt, la première est nommée
Prêt pour l'*usage*, ou bien *commodat* est son nom ;
On nomme l'autre *prêt de consommation*,
Ou, sous le simple nom de *prêt*, on l'envisage.

CHAPITRE PREMIER.

Du Prêt à usage, ou commodat.

SECTION PREMIÈRE.

De la Nature du prêt à usage.

1875. Le commodat, ou bien le prêt fait pour l'usage
Est un contrat où l'un de ceux qu'il peut unir
Livre à l'autre une chose afin de s'en servir,
Sous la condition que le preneur s'impose,
Après l'usage fait, de rendre cette chose.

1876. L'essence de ce prêt est d'être gratuit.

1877. A la convention, le prêteur qui souscrit,
De l'objet emprunté, reste propriétaire.

1878. Ce qui peut, de commerce, offrir une matière,
Et que ne détruit point l'usage qu'on en fait,
D'un semblable contrat, peut devenir l'objet.

1879. Tous les engagemens que peut et doit produire
Le prêt, ou commodat, conservent leur empire,
Et sur les héritiers que laisse le prêteur,
Et sur les héritiers que laisse l'emprunteur.
Mais si l'emprunteur seul, du prêt, fut le mobile,
Si, seulement à lui, l'on voulut être utile,
Son héritier ne peut avoir la faculté
De jouir, après lui, de l'objet emprunté.

SECTION II.

Des Engagemens de l'emprunteur.

1880. Des soins les plus constans la suite est apportée
A la garde, au maintien de la chose prêtée;
En père de famille, y veille l'emprunteur.
Il ne peut que remplir, dans toute la rigueur,
La destination qu'à cette chose assure
Ou la convention, ou sa propre nature;
Autrement, et selon la gravité des cas,
Au dédommagement il ne se soustrait pas.

1881. Si, d'une autre manière, il use de la chose,
Au-delà du délai fixé, s'il en dispose,
L'emprunteur est tenu, lorsqu'elle se détruit,
De tout évènement, et même fortuit.

1882. Si, par cas fortuit, on éprouve la perte
De la chose prêtée, et qu'on n'eût pas soufferte,
Si, de la sienne propre, eût usé l'emprunteur,
Ou si ne pouvant pas, zélé conservateur,
Sauver les deux objets, c'est le sien qu'il préfère,
Pour la perte de l'autre il devient tributaire.

1883. Lorsqu'en prêtant l'objet, à l'estimation
Il est assujéti, de sa destruction,
L'emprunteur est garant, fût-elle fortuite,
Si la convention contraire n'est écrite.

1884. Lorsque la chose tombe en dégradation,
Pendant qu'elle reçoit la destination

Qu'en assigne l'emprunt, et sans faute imputée
A celui qui se sert de la chose prêtée,
De son mauvais état, il n'est pas le garant.

1885. De l'objet confié, l'emprunteur s'emparant
Ne peut le retenir pour le prix d'une dette
Qui lie à son égard celui qui le lui prête.

1886. Les frais faits pour user des objets empruntés,
Toujours par l'emprunteur sont en vain répétés.

1887. Si celui qui consent à prêter une chose,
En faveur de plusieurs, à la fois en dispose,
A l'égard du prêteur, chacun d'eux est garant
De la chose prêtée et solidairement.

SECTION III.

Des Engagemens de celui qui prête à usage.

1888. L'objet, par le prêteur seulement se retire,
Quand, du temps convenu, le terme fixe expire,
Ou s'il n'existe pas de stipulation,
Quand la chose a rempli sa destination.

1889. Quand l'époque de rendre encor n'est pas venue,
Ou que, de l'emprunteur, le besoin continue,
Si le prêteur se voit soudain sollicité
Du besoin imprévu de l'objet emprunté,
A le restituer le magistrat oblige
L'emprunteur, si le cas est urgent et l'exige.

1890. Au cas où l'emprunteur, pendant le cours du prêt,

Se trouve assujéti, pour conserver l'objet,
A des frais excédant ceux qui sont ordinaires,
Et tellement pressés, tellement nécessaires
Qu'il n'ait pu, sur ce point, prévenir le prêteur,
Celui-ci, de ces frais, rembourse l'emprunteur.

1891. Lorsque l'objet prêté renferme quelque vice
Qui peut, à l'emprunteur, causer du préjudice,
Ce dernier, de ce tort, par l'autre est garanti,
Quand le prêteur instruit ne l'a pas averti.

CHAPITRE II.

Du Prêt de consommation, ou simple prêt.

SECTION PREMIÈRE.

De la Nature du prêt de consommation.

1892. Le prêt simple, ordinaire et que caractérise
La consommation que ce prêt autorise,
Est un acte où, par l'un, il est remis, prêté
A l'autre contractant, certaine quantité
De choses que dissipe et consomme l'usage,
Tandis que ce dernier en même temps s'engage
A rendre autant, en même espèce et qualité.

1893. Par l'effet de ce prêt, de la propriété
Des objets délivrés, l'emprunteur devient maître;
S'ils viennent à périr, ou bien à disparaître,
Quel que soit le motif de ce tort éprouvé,
Par cet évènement il est lui seul grevé.

1894. A titre de ce prêt, jamais on ne délaisse
Des objets qui, placés dans une même espèce,
Sont, par l'individu, différens, inégaux,
Comme la chose arrive entre les animaux :
C'est le prêt pour l'usage alors qu'on voit paraître.

1895. Du prêt fait en argent, la dette qui peut naître
Embrasse uniquement pour constant résultat
La somme numérique énoncée au contrat.
Lorsque, avant qu'on arrive à l'époque établie
Pour le paiment, l'espèce, ou devient affaiblie,
On reçoit au contraire une augmentation,
Le débiteur remplit son obligation
En rendant, pour le prêt, la somme numérique;
Il ne doit rembourser que cette somme unique,
Dans l'espèce ayant cours lorsqu'il fait le paiment.

1896. De la règle portée au nombre précédent,
La disposition n'est point exécutée,
Lorsque c'est en lingots que la chose est prêtée.

1897. Si ce sont des lingots dont on a fait le prêt,
Ou si quelque denrée en a fourni l'objet,
Que le prix en augmente ou qu'il en diminue,
Le débiteur est quitte alors qu'il restitue
Et quantité pareille et même qualité :
Rien au-delà ne peut en être répété.

Titre X. *Du Prêt.*

SECTION II.

Des Obligations du prêteur.

1898. Dans un semblable prêt, il est réglé, de même
Qu'en l'article dix-huit cent-quatre-vingt-onzième
Qui concerne le prêt dont il doit être usé,
Que le prêteur répond du dommage causé.

1899. Si le terme est fixé, toute chose prêtée
Ne peut par le prêteur être, avant, répétée.

1900. Lorsque, pour opérer la restitution,
Nul terme n'est fixé par la convention,
Le magistrat, suivant qu'il le trouve équitable,
Accorde à l'emprunteur un délai convenable.

1901. Si l'on a stipulé que l'emprunteur pairait
Quand il aurait des fonds, ou quand il le pourrait,
En consultant les faits, 'e juge délibère,
Et fixe un terme auquel le paiment doit se faire.

SECTION III.

Des Engagemens de l'emprunteur.

1902. Au terme stipulé, quand on est parvenu,
Prompt à se libérer, l'emprunteur est tenu
De rendre en même nombre, en qualité semblable,
L'objet remis en prêt dont il est redevable.

1903. S'il ne peut satisfaire à l'obligation,
Il en doit la valeur sur estimation,

Suivant le lieu, le temps où la chose reçue,
D'après le pacte fait, devait être rendue.

 Si ce temps et ce lieu ne sont pas convenus,
Au prix du lieu, du temps où les objets reçus
Ont accompli le prêt, le paîment doit se faire.

 1904. Au terme convenu, si l'emprunteur diffère
De rendre les objets qu'on a pu lui prêter,
Ou la valeur qui sert à les représenter,
Il en doit l'intérêt qui commence et se fixe
Du jour où la demande est portée en justice.

CHAPITRE III.

Du Prêt à intérêt.

 1905. La stipulation de justes intérêts
Est permise, à raison de tous les simples prêts,
Qu'il s'agisse d'argent, ou de quelque denrée,
Ou de toute autre chose aux meubles comparée.

 1906. L'intérêt qu'a payé l'emprunteur, dans le cas
Où la convention ne l'y soumettait pas,
Par ce même emprunteur jamais ne se répète,
Et ne s'impute point sur le fonds de sa dette.

 1907. L'intérêt est légal ou conventionnel.
La loi limite l'un par un acte formel.
L'autre peut excéder la limite posée,
Quand la loi n'en fait pas la défense opposée.

 Le taux de l'intérêt que l'on peut stipuler
Par un contrat écrit doit toujours se régler,

Titre X. Du Prêt.

1908. Lorsque, du capital, la quittance se passe,
Sans que, des intérêts, la réserve se fasse,
Cette quittance en fait présumer le paiment,
Et toujours, sur ce point, éteint l'engagement.

1909. On peut, d'un intérêt, stipuler l'avantage
Pour deniers capitaux dont le prêteur s'engage
A n'exiger jamais la restitution.
Dans ce cas, un tel prêt est connu sous le nom
De *constitution*, ou de contrat de *rente*.

1910. Un double mode, ici, d'opérer se présente ;
C'est en perpétuel, ou c'est en viager
Que s'établit la rente et qu'on peut l'exiger.

1911. Lorsqu'en perpétuel la rente est consentie,
Au rachat, par essence, elle est assujétie.
On pourra seulement stipuler au contrat
Que l'on n'obtiendra point les effets du rachat
Avant certaine époque, au moins déterminée
Dans le cercle fermé par la dixième année,
Ou bien sans avertir d'avance le prêteur,
Au temps dont le contrat sera l'indicateur.

1912. Lorsqu'en perpétuel la rente est érigée,
Le débiteur tardif dont elle est exigée
Peut se voir et poursuivre et contraindre au rachat,
Lorsque, pendant deux ans, aux pactes du contrat,
Sa foi, sa volonté cessent d'être soumises;
S'il refuse au prêteur les sûretés promises.

1913. D'une rente créée à perpétuité,
Le fonds également peut être répété,

Lorsque le débiteur provoque la mesure
Par le cas de faillite ou de déconfiture.

1914. A l'égard des statuts embrassant pour objet
La rente viagère ainsi que son effet,
Ils sont développés et deviennent notoires
Au titre des *contrats* qu'on nomme *aléatoires*.

TITRE XI.

Du Dépôt et du Séquestre.

CHAPITRE PREMIER.

Du Dépôt en général et de ses diverses espèces.

1915. Un acte, en général, de dépôt est celui
Par lequel on reçoit une chose d'autrui,
Sous la condition, la charge simple et pure
De garder cette chose et la rendre en nature.

1916. Sous une double espèce un dépôt se produit ;
Le premier est nommé dépôt proprement dit,
Et le nom de séquestre au deuxième s'adresse.

Titre XI. *Du Dépôt et du Séquestre.*

CHAPITRE II.

Du Dépôt proprement dit.

SECTION PREMIÈRE.

De la nature et de l'essence du Contrat de dépôt.

1917. Le contrat de dépôt de la première espèce
Doit être gratuit essentiellement.

1918. Ce dépôt doit toujours avoir pour fondement,
Pour objet exclusif, la chose mobilière.

1919. Pour le rendre parfait, il devient nécessaire
Qu'il soit accompagné de la tradition
Faite réellement, ou bien par fiction,
De l'objet mobilier qu'au dépôt l'on présente.
La tradition feinte est toujours suffisante,
Quand le dépositaire est déjà possesseur,
Par un autre motif ou titre antérieur,
De l'objet mobilier dont sa main est nantie,
Qu'à titre de dépôt à sa foi l'on confie.

1920. Le contrat de dépôt naît de la volonté,
Ou de l'effet pressant de la nécessité.

SECTION II.

Du Dépôt volontaire.

1921. Le dépôt volontaire est celui qui se forme
Par le consentement mutuel et conforme

De celui qui délivre et dépose l'objet,
De celui dans les mains duquel on le remet.

1922. De l'objet déposé, le seul propriétaire
Fait régulièrement le dépôt volontaire;
Il peut être encor fait de son consentement,
Quand il le donne exprès, ou bien tacitement.

1923. Pour prouver qu'il existe un dépôt volontaire,
Le secours d'un écrit se trouve nécessaire:
Quand cent cinquante francs excède sa valeur,
La preuve par témoins n'obtient nulle faveur.

1924. Quand le fonds du dépôt passe cette limite,
Qu'il n'est point constaté par une preuve écrite,
Celui que l'on attaque en restitution
En est cru, lorsqu'il fait sa déclaration
Pour le fait du dépôt, ainsi que pour la chose
Qui pouvait en offrir et l'objet et la cause,
Et pour le fait touchant la restitution.

1925. D'un semblable dépôt, la stipulation
Ne peut intervenir que parmi les parties,
De la capacité de contracter munies.
Mais si, néanmoins, apte à faire des contrats,
Quelqu'un, d'un autre qui lui-même ne l'est pas,
Accepte le dépôt, il devra satisfaire
Aux obligations d'un vrai dépositaire;
Il peut être attaqué par l'administrateur
Ou tuteur de celui qui, de l'acte, est l'auteur.

1926. Quand il s'est, par quelqu'un qui se trouvait capabl
A qui ne l'était pas, fait un dépôt semblable,

Titre XI. *Du Dépôt et du Séquestre.*

L'auteur de ce dépôt a la seule action
Que l'on appelle en droit revendication,
Pour se faire adjuger, du dépôt la matière,
Tant qu'elle est dans les mains d'un tel dépositaire;
Si le dépôt n'est plus en sa possession,
Et qu'il en ait hâté la disparition,
Celui qui déposa peut encore prétendre
A suivre une action pour se le faire rendre,
Dans la proportion du profit reconnu
Que le dépositaire en peut avoir reçu.

SECTION III.

Des Obligations du dépositaire.

1927. Il doit être apporté par le dépositaire,
Pour garder le dépôt, tout le soin tutélaire
Qu'on lui voit consacrer avec activité
Aux objets dépendans de sa propriété.

1928. La disposition qui vient d'être expliquée
Avec plus de rigueur est encore appliquée,
Si le dépositaire, avec un zèle ouvert,
Pour prendre le dépôt lui-même s'est offert;
Si, pour garder la chose en ses mains confiée,
Une somme à la fin doit être payée;
Si le dépositaire, en ce pacte, engagé,
Pour son seul intérêt, du dépôt s'est chargé;
Si l'on est convenu par une clause expresse
Que tomberaient sur lui fautes de toute espèce.

1929. A garder un dépôt, celui qui s'est livré
Ne peut, dans aucun cas être considéré

LIVRE III. *Manières d'acquérir la Propriété.*

Comme garant des coups de la force majeure,
A moins qu'il ne soit mis justement en demeure
De rendre ce qu'on put dans ses mains déposer.

1930. De l'objet du dépôt, il ne peut point user
Sans la permission expresse ou présumée
Du maître de la chose en ses mains renfermée.

1931. Il ne doit point chercher à connaître l'objet
Qui, du dépôt, a pu devenir le sujet,
Si, dans un coffre clos, la chose fut remise,
Ou sous une enveloppe, à des cachets soumise.

1932. Rendre identiquement ce qu'il put recevoir,
Pour le dépositaire est un constant devoir.
Il rend, par conséquent, les sommes monnayées
De même qu'elles ont été spécifiées
Lors du dépôt, au cas d'une augmentation,
Tout comme dans celui de diminution
Des élémens réels de leur valeur première.

1933. Tout devoir est rempli par le dépositaire,
S'il rend le dépôt tel qu'il est constitué
Dans le même moment qu'il est restitué.
La dégradation survenue à la chose
Doit peser seulement sur celui qui dépose.

1934. A qui garde un dépôt qui, dans ses mains, est fait,
Si la force majeure en enlève l'objet,
Et qu'il reçoive un prix, quelque chose à la place,
Il doit restituer la chose qui remplace.

1935. Quand, du dépositaire, il est un héritier

Titre XI. *Du Dépôt et du Séquestre.*

Qui vend de bonne foi ce qu'on put confier
A titre d'un dépôt qu'il n'a pas pu connaître,
Il est uniquement tenu de rendre au maître
De l'objet déposé le prix qu'il a reçu,
Ou bien de lui céder, lorsque ce prix est dû,
L'action qui lui reste en vertu de la vente.

1936. Si l'objet déposé, par quelques fruits, s'augmente,
Que le dépositaire ait lui-même perçus,
Par lui, ces mêmes fruits doivent être rendus :
Il ne doit l'intérêt de l'argent qu'on dépose
Que du jour où, sommé de remettre la chose,
D'un retard négligent il se trouve accusé.

1937. La restitution de l'objet déposé
Doit se faire toujours, pour être régulière,
A qui plaça sa foi dans le dépositaire,
Ou bien à la personne au nom de qui fut fait
Le dépôt qui devait, pour elle, avoir effet,
Ou bien enfin à qui peut justement prétendre,
Comme indiqué dans l'acte, au droit de le reprendre.

1938. Qui reçoit un dépôt ne peut pas exiger
La preuve de celui qui l'y veut engager,
Que de ce qu'il confie il est propriétaire.
Néanmoins, si guidé par des traits de lumière,
Il vient à découvrir que l'objet déposé
Est le produit d'un vol secrètement osé,
Et quel en est aussi le véritable maître,
Il doit à celui-ci faire à l'instant connaître
Le dépôt clandestin qui dans ses mains s'est fait,
Avec sommation d'en réclamer l'objet
Dans un délai qu'il fixe et qui puisse suffire.

Après un tel avis, s'il n'a rien pu produire
Et s'il n'est pas suivi de réclamation,
Le libre gardien, par la tradition
Du dépôt à celui dont il en prit la charge,
Se délie et reçoit sa valable décharge.

1939. Quand la mort naturelle ou civile a frappé
Qui, de faire un dépôt, s'est lui-même occupé,
La chose qui par lui fut au dépôt soumise,
A son seul héritier ne peut qu'être remise.
Si plusieurs prennent part à sa succession,
Chacun d'eux, de la chose, obtient sa portion.
Si, pour la diviser, quelqu'obstacle s'oppose,
Ils s'accordent entre eux pour recevoir la chose.

1940. Si l'auteur du dépôt vient à changer d'état;
Si la femme étant libre au moment du contrat,
A la loi de l'hymen jurant obéissance
A depuis reconnu d'un mari la puissance;
Si le majeur par qui l'objet fut confié,
Par l'interdiction vient à se voir lié;
Dans tous ces cas et ceux qui, dans cette matière,
Paraissent présenter le même caractère,
A la seule personne à qui furent soumis
Les droits du déposant, le dépôt est remis.

1941. De la chose en dépôt mise et constituée,
Si la tradition se trouve effectuée
Par l'administrateur, le tuteur ou mari,
Sous l'un ou l'autre titre agissant pour autrui,
La restitution n'en peut être remise
Qu'à la personne ainsi par son état soumise

Titre XI. Du Dépôt et du Séquestre.

A se voir suppléer par ces divers agens,
Si, de leur gestion, est expiré le temps.

1942. Si l'acte de dépôt fixe par une clause
Les lieux où se devra restituer la chose,
C'est au dépositaire à l'y faire porter;
Quant aux frais du transport, s'il peut en exister,
Ils sont au déposant une charge imposée.

1943. Si, pour restituer la chose déposée,
Le contrat d'aucun lieu ne fait la mention,
Là doit s'exécuter la restitution
Où l'acte du dépôt lui-même a pu se faire.

1944. Le dépôt est rendu par le dépositaire,
Aussi-tôt que l'objet s'en trouve réclamé,
Lors même qu'au contrat on aurait exprimé
Avec précision le moment de le rendre,
A moins que, cependant, ne vienne tout suspendre
Une saisie-arrêt, une opposition
Enchaînant à-la-fois la restitution
Et le déplacement de la chose saisie,
Dans cette main qui fut, pour le dépôt, choisie.

1945. Le droit de cession est toujours écarté
Pour qui fait, au dépôt, une infidélité.

1946. Les obligations qui, de ce contrat, naissent,
Pour le dépositaire, à l'instant même cessent,
S'il vient à découvrir et s'il est constaté
Que l'objet du dépôt est sa propriété.

SECTION IV.

Des Obligations de la personne par laquelle le dépôt a été fait.

1947. Qui confie un dépôt doit au dépositaire
L'entier remboursement des frais qu'il a pu faire,
Pour remplir les devoirs qu'il s'était imposés,
Et conserver intacts les objets déposés ;
Il doit également l'indemniser des pertes
Qu'à raison du dépôt il peut avoir souffertes.

1948. Si le dépositaire est ainsi créancier
Pour cause du dépôt qu'on put lui confier,
Il peut le retenir jusques à l'existence
D'un paîment effectif éteignant sa créance.

SECTION V.

Du Dépôt nécessaire.

1949. Le dépôt nécessaire est le dépôt contraint
Par un malheur cruel dont on se trouve atteint ;
Tel est un incendie, ou l'horreur d'un pillage,
Celle d'une ruine, ou celle d'un naufrage,
Tout autre évènement qu'on ne saurait prévoir.

1950. La preuve par témoins pourra se recevoir
Sur les faits concernant le dépôt nécessaire,
Et par exception à tout cas ordinaire,
Quand même il s'agirait d'objets plus importans
Que la valeur donnée à cent cinquante francs.

1951. Aux nombres précédens les règles expliquées,
A ce dépôt, d'ailleurs, doivent être appliquées.

1952. Celui qui tient auberge ou qui tient un hôtel,
Comme dépositaire, est garant personnel
Des effets apportés par celui qui voyage
Et qui, chez lui logeant, y marque son passage :
De ces sortes d'effets, le dépôt est censé
Marcher au même rang que le dépôt forcé.

1953. Il doit répondre aussi du vol ou du dommage
Qu'éprouvent les effets de celui qui voyage,
Soit que le vol soit fait, le dommage causé,
Ou par le domestique, ou par le préposé,
Qui, gagés par le maître, au logis appartiennent,
Ou par des étrangers lorsqu'ils y vont et viennent.

1954. Il n'est pas le garant du vol qu'un bras armé,
Que la force majeure a seule consommé.

CHAPITRE III.

Du Séquestre.

SECTION PREMIÈRE.

Des diverses espèces de Séquestre.

1955. Le séquestre, suivant que cet acte s'opère,
Est conventionnel, ou bien judiciaire.

SECTION II.

Du Séquestre conventionnel.

1956. Ce séquestre présente un dépôt concerté
Par un ou par plusieurs, d'un objet contesté,
Entre les mains d'un tiers qui s'oblige à le rendre
A qui, par jugement, aura droit d'y prétendre.

1957. Un tel séquestre peut n'être pas gratuit.

1958. S'il est fait sans salaire, à son égard on suit
Les règles, pour dépôt proprement dit, tracées,
Aux différences près qui vont être énoncées.

1959. Du séquestre l'objet peut être mobilier,
Il embrasse à son tour l'objet immobilier.

1960. Celui qui du séquestre a pris sur lui la charge
Ne peut en obtenir une juste décharge,
Avant que le litige ait été terminé,
Que du consentement expressément donné
Par tous ceux qu'au procès leur intérêt anime,
Ou pour quelque motif qu'on juge légitime.

SECTION III.

Du Séquestre ou Dépôt judiciaire.

1961. Le séquestre peut être en justice ordonné
De l'un ou l'autre objet ainsi déterminé,
Des meubles qu'on saisit sur l'auteur d'une dette;
D'un immeuble quelconque, ou d'un bien que rejette

TITRE XI. *Du Dépôt et du Séquestre.*

Parmi les mobiliers sa propre qualité,
Dont la possession, ou la propriété,
Entre deux, ou plusieurs que l'intérêt appelle
Devant les tribunaux, nourrit une querelle;
　Des choses que celui que presse une action
Offre pour obtenir sa libération.

1962. Lorsque le magistrat croit devoir le prescrire,
Du séquestre établi l'effet est de produire,
Et pour le saisissant et pour le gardien,
Un devoir réciproque, un mutuel lien.
En père de famille un gardien doit faire
Ce que peut commander le soin le plus sévère,
Pour conserver intacts tous les effets saisis.
　A les représenter, il doit être soumis
Pour en donner décharge à la main saisissante,
Lorsque, de ces effets, va s'opérer la vente,
Ou pour les délivrer au débiteur saisi,
Quand, par la main-levée, il en est ressaisi.
　Qui saisit, à son tour au gardien doit faire
Le paîment qu'a fixé la loi pour son salaire.

1963. Le séquestre est donné judiciairement,
Soit à l'individu dont, mutuellement,
Tous les intéressés ont requis le service,
Soit à qui, par le juge, est désigné d'office.
　Dans l'un ou l'autre cas, le gardien choisi,
Pour conserver l'objet qui se trouve saisi,
Est astreint aux devoirs que le séquestre impose,
Quand, sur convention, le séquestre repose.

TITRE XII.

Des Contrats aléatoires.

1964. Dans le contrat auquel on applique le nom
D'aléatoire, on voit une convention
Qui par sa propre essence est toujours mutuelle,
Dont l'effet, quant au gain, à la perte réelle,
Pour tous les contractans, pour l'un ou plusieurs d'eux,
Dépend d'un fait quelconque incertain ou douteux.

Le contrat d'assurance est de cette nature,
De même que le prêt dit à grosse aventure;
Encore de ce rang sont le jeu, le pari;
De rente viagère un contrat l'est aussi.

Des deux premiers contrats l'effet se détermine
Suivant l'autorité des lois sur la marine.

CHAPITRE PREMIER.

Du Jeu et du Pari.

1965. Une dette du jeu, le paîment d'un pari,
D'une action légale invoque en vain l'appui.

1966. La disposition qui vient d'être énoncée,
Par le législateur, n'est point d'ailleurs tracée
Pour les jeux qui, tenant au régime guerrier,
Des armes, des combats, apprennent le métier,
Les courses à cheval, les courses à pied, faites,

Titre XII. Des Contrats aléatoires.

Les courses de chariots que tentent des athlètes,
Le jeu de paume, ainsi qu'autres semblables jeux
Qui rendent notre corps souple, adroit et nerveux.
   La demande excessive, et telle réputée
Par le juge, pourtant, peut être rejetée.

   1967. Jamais, par le perdant, ne sera répété
Ce qu'il aura payé de bonne volonté,
Si le gagnant, du dol, de la supercherie,
N'a point employé l'aide, ou bien l'escroquerie.

CHAPITRE II.

Du Contrat de rente viagère.

SECTION PREMIÈRE.

Des Conditions requises pour la validité du contrat.

   1968. Une somme d'argent, un effet mobilier
Dont le prix s'évalue, un fonds immobilier,
Sous un titre onéreux, peuvent fournir matière
A fonder, à créer la rente viagère.

   1969. Un don fait entre-vifs, ou bien par testament,
A titre gratuit, la crée également.
   Elle doit être alors soigneusement soumise
A la formalité que les lois ont requise.

   1970. Au cas du numéro qui vient de précéder,
Lorsqu'il est reconnu qu'elle peut excéder
La fixe quotité de la part disponible,
La rente viagère est toujours réductible :

Faite pour ceux qui n'ont nulle capacité
De recevoir, elle est de toute nullité.

1971. On peut constituer la rente sur la tête
De celui par lequel, du prix, l'avance est faite,
Ou sur celle d'un tiers qu'il lui plaît de choisir
Et qui n'a, cependant, aucun droit d'en jouir.

1972. Sur une ou sur plusieurs têtes, constituée
La rente également peut être effectuée.

1973. Quoiqu'une autre personne en fournisse le prix,
On en peut, pour un tiers, assurer les profits.
Encor que, dans ce cas, la rente viagère,
D'un bienfait gratuit porte le caractère,
Elle n'est point sujette aux dispositions
Que consacre la loi pour les donations;
Mais elle est réductible, elle est même annulée,
Suivant ce que prescrit la règle rappelée
Dans le numéro mil neuf cent soixante-dix.

1974. Sur la tête de ceux que la mort a saisis,
La constitution de rente viagère
Est un acte inutile et vainement s'opère;
Elle ne peut avoir nulle exécution.

1975. Ce principe s'applique à la création
D'une rente semblable assise sur la tête
De tout individu dont le tombeau s'apprête,
Et qui, dans cet instant malade, est décédé
Dans les vingt jours après le contrat accordé.

1976. Les auteurs du contrat, au taux qui peut leur plaire,
Sont admis à créer la rente viagère.

SECTION II.

Des Effets du contrat entre les parties contractantes.

1977. Celui qui, sur sa tête, en fournissant un prix,
D'une pareille rente, assure les profits,
Peut demander, sans craindre une poursuite vaine,
La résolution du contrat qui l'enchaîne,
Si le constituant manquant de bonne foi,
Infidèle au contrat, omet de faire emploi
Des sûretés par lui promises dans cet acte
Pour l'exécution qui doit suivre le pacte.

1978. Cet unique motif, le défaut de payer
Les termes de la rente échus au créancier,
Ne lui peut point ouvrir la ressource légale
De répéter, du prix, la somme capitale,
Ou de revendiquer son fonds aliéné :
Tout son droit, dans ce cas, est seulement borné,
En suivant l'action par saisie et par vente
Sur les biens de celui qui peut devoir la rente,
A faire prononcer, s'il éprouve un refus,
Que, sur le prix des biens que l'on aura vendus,
Il sera prélevé la somme suffisante
Pour faire le paîment des termes de la rente.

1979. En vain qui doit la rente offre de rembourser
Le capital reçu, pour la faire cesser ;
En vain ajoute-t-il l'offre, à cet avantage,
De ne point répéter nul ancien arrérage ;
Il doit servir la rente autant que vit celui,
Ou bien que vivent ceux sur la tête de qui

La rente stipulée a pu prendre naissance,
Quelque longue que puisse être leur existence,
Quelque onéreux, d'ailleurs, que puisse devenir
Le libre engagement qu'il a pu consentir.

1980. Pour tout individu créé propriétaire
D'un tribut viager, le paîment s'en opère
Dans la proportion du nombre calculé
De jours qu'en sa faveur les Parques ont filé.
Si l'on est, toutefois, convenu que d'avance
La rente se paîrait, quand, à son échéance,
Le terme est parvenu, du jour où le paîment
A dû s'en faire, il est acquis légalement.

1981. On ne peut stipuler qu'une rente semblable
Restera pour toujours intacte, insaisissable,
Que lorsque, d'un bienfait honorable produit,
Elle est constituée à titre gratuit.

1982. Lorsque, civilement meurt le propriétaire,
Sa peine n'éteint pas la rente viagère ;
Son trépas naturel est l'unique moment
Où l'on doive cesser d'en faire le paîment.

1983. Quand, des termes fixés l'échéance s'opère,
Celui que le contrat rend le propriétaire
De ce que l'on a nommé le tribut viager,
Ne peut légalement jamais les exiger
Qu'en prouvant ou qu'il vit, ou que le tiers existe
Sur la tête de qui cette rente subsiste.

TITRE XIII.

Du Mandat.

CHAPITRE PREMIER.

De la Nature et de la Forme du mandat.

1984. Ce qu'on nomme mandat ou procuration
Est, entre contractans, une convention
Où l'un donne pouvoir, en son nom, à sa place,
De faire quelque chose, au tiers qui le remplace.
   Le mandataire doit accepter le mandat ;
C'est alors seulement qu'est formé le contrat.

1985. Le mandat peut, de droit, se donner, se commettre
Par un acte public, privé, même par lettre ;
Il peut se voir encor donné verbalement ;
La preuve par témoins ne peut légalement
Etre reçue alors, que d'après le système
Du livre trois du Code, en son titre troisième.
   On peut tacitement accepter le mandat ;
Cette acceptation devient le résultat
De l'exécution qu'y donne un mandataire,
En usant, par le fait, du droit qu'il lui défère.

1986. Quand le pacte autrement ne l'aura pas prescrit,
Constamment le mandat doit être gratuit.

1987. Il est ou *spécial*, alors il se confère

Avec restriction, pour une seule affaire
Ou pour certains objets qui sont déterminés,
Ou *général*, alors des pouvoirs non bornés
A la totalité des affaires s'appliquent.

1988. En termes généraux, quand les mandats s'expliquent
On comprend seulement dans cette extension
Les actes et les soins d'administration.
Lorsqu'il est question d'hypothéquer ou vendre,
Ou bien de tout autre acte et qui puisse dépendre
D'un droit qui se rattache à la propriété,
C'est d'un mandat exprès qu'il faut l'autorité.

1989. Qui reçoit un mandat, sans en passer le terme,
Dans les pouvoirs transmis avec soin se renferme.
Il ne peut compromettre, alors que, à transiger,
Son pouvoir seulement lui permet de songer.

1990. On peut licitement choisir pour mandataires
Les femmes, les mineurs, que, des nœuds tutélaires,
Ont rendus affranchis de l'émancipation ;
Mais le mandant ne peut avoir nulle action
A l'égard du mineur devenu mandataire,
Que d'après le statut général, ordinaire,
Renfermant dans son sein les dispositions
Qui règlent, des mineurs, les obligations ;
Pareillement, envers la femme mariée
Qui, du mandat, se charge et se trouve liée
Sans avoir du mari l'autorisation,
L'auteur de ce mandat n'exerce d'action
Qu'en puisant ses moyens dans les règles prescrites
Par le titre cinquième, au présent livre écrites.

CHAPITRE II.

Des Obligations du mandataire.

1991. Le mandataire doit accomplir le mandat,
Tant qu'il reste soumis aux nœuds de ce contrat;
S'il ne l'accomplit pas, il doit la garantie
Des dommages qu'entraîne une telle inertie.

De même, il est tenu de l'accomplissement
De la chose par lui commencée, au moment
Où l'auteur du mandat est à sa dernière heure,
Lorsque l'on reconnaît péril en la demeure.

1992. Il est garant du dol, quand il est de son fait;
Il est garant encor des fautes qu'il commet.

Aux fautes, néanmoins, un principe semblable,
Avec moins de rigueur, est toujours applicable,
Alors que du mandat l'office est gratuit,
Que lorsque d'un salaire il offre le produit.

1993. La loi voit un comptable en chaque mandataire;
Il doit faire raison, au mandant qu'il éclaire,
De tout ce qu'en son nom il a pu recevoir
En vertu du mandat qui bornait son pouvoir,
Lors même qu'il aurait compris dans sa recette
Ce qui, pour le mandant, n'était pas une dette.

1994. Lorsque, pour mandataire, on est constitué,
On répond de celui qu'on s'est substitué,
Quand on n'a pas reçu le pouvoir nécessaire
De se substituer un autre mandataire;
Quand un pareil pouvoir est simplement donné

Sans désignation d'un tiers déterminé,
Et que le tiers choisi s'annonçait incapable,
Notoirement, ou bien se trouvait insolvable.
　Le mandant peut toujours directement agir
Contre le substitut qu'on a pu se choisir.

　1995. Quand on a fait le choix de plusieurs mandataires
Dans un seul et même acte, ils ne sont solidaires
Qu'autant qu'il est dans l'acte expressément porté
Qu'entre eux on établit la solidarité.

　1996. Lorsque le mandataire emploie à son usage
L'argent, qui du mandant doit être le partage,
Du jour de l'emploi même, il en doit l'intérêt ;
Et quand, au reliquat, il n'a pas satisfait,
La somme d'intérêts par lui sera comptée
Du jour où sa demeure est dûment constatée.

　1997. Lorsque le mandataire instruit suffisamment,
Des pouvoirs qui lui sont donnés par le mandant,
Le tiers avec lequel il traite en mandataire,
Des bornes du mandat s'il franchit la barrière,
A garantir son fait jamais il n'est soumis,
Si personnellement il ne l'a point promis.

CHAPITRE III.

Des Obligations du mandant.

　1998. Tous les engagemens que prend le mandataire,
Conformes au pouvoir que le mandat confère,
Sont des lois qu'un mandant ne peut point rejeter.
　Mais si le mandataire, au lieu de respecter

Titre XIII. *Du Mandat.*

Les termes du mandat, en passe la limite,
Une approbation expresse ou bien tacite,
Seule peut au mandant, en cette occasion,
Imposer le devoir de l'exécution.

1999. Le mandant, par devoir, rembourse au mandataire
Les avances et frais que celui-ci peut faire
Pour l'exécution du mandat confié;
S'il a promis salaire, il est par lui payé.

Si l'on n'impute point de faute au mandataire,
Quand même il n'aurait pas réussi dans l'affaire,
Le mandant doit toujours payer et rembourser,
Et nul motif jamais ne peut l'en dispenser.
Il ne peut point non plus soutenir réductible,
Des avances et frais, le montant exigible,
Sous le prétexte vain qu'il pourrait démontrer
Que plus d'économie aurait pu s'y montrer.

2000. Le mandant doit aussi dédommager des pertes
Qui, par le mandataire, auront été souffertes,
Et que sa gestion a pu seule causer,
Si, d'aucune imprudence, on ne peut l'accuser.

2001. Le mandant doit encor payer au mandataire,
Des deniers dont l'avance a paru nécessaire,
L'intérêt légitime, à dater du moment
Que l'avance a reçu son accomplissement.

2002. Quand, pour lui confier une commune affaire,
Plusieurs nomment ensemble un commun mandataire,
Envers lui, chacun d'eux est solidairement
Tenu de chaque effet de cet engagement.

CHAPITRE IV.

Des différentes manières dont le mandat finit.

2003. Le mandat est éteint, lorsque le mandataire
Qu'on révoque est privé du droit qu'il lui confère,
Lorsqu'au mandat reçu lui-même a renoncé,
Quand la mort naturelle a, de son doigt glacé,
Frappé soit le mandant ou bien le mandataire,
Ou que, sur l'un ou l'autre, un jugement sévère
A, de la mort civile, appesanti l'effet,
Ou qu'enfin l'un ou l'autre est devenu sujet
A l'interdiction, à la déconfiture.

2004. Le mandant n'obéit qu'à sa volonté pure,
S'il prétend révoquer sa procuration;
Et si le cas l'exige, il use d'action
Pour ôter de la main qui peut l'avoir reçue,
L'écrit sous seing-privé qui la tient contenue,
Ou bien l'original de procuration,
Lorsqu'elle est en brevet, ou l'expédition,
Lorsque d'une minute elle est une copie.

2005. Quand, au seul mandataire, elle se notifie,
La révocation ne nuit point à celui
Que la bonne foi guide et qui traite avec lui,
Ignorant qu'il n'a plus le pouvoir nécessaire,
Sauf les droits du mandant contre son mandataire.

2006. Si, pour la même affaire, on fait élection
D'un nouveau procureur, la révocation
Du premier mandataire en est la conséquence,

Titre XIII. *Du Mandat.*

A compter du moment qu'il en a connaissance,
Que les nouveaux pouvoirs lui sont notifiés.

2007. Aux pouvoirs acceptés qui lui sont confiés,
Le mandataire peut déclarer qu'il renonce;
En le notifiant au mandant il l'annonce.
 Mais lorsque, par ce fait, il peut nuire au mandant,
Il lui doit le tribut d'un dédommagement,
A moins que, dans ce cas, lui-même il n'établisse
Que, sans en éprouver un réel préjudice,
Il ne peut plus donner ses soins pour le mandant.

2008. Si, du mandant, la mort est un évènement
Ignoré de celui qui fut son mandataire,
Ou qu'il ne soit instruit par aucune lumière
De tout autre motif qui détruit son pouvoir,
Ce qu'en cette ignorance il a fait doit valoir.

2009. Une exécution aussi juste qu'entière
Suit tout engagement que prend le mandataire
Dans les cas ci-dessus, à l'égard de celui
Qui, de la bonne foi, peut invoquer l'appui.

2010. Lorsque, du mandataire a cessé l'existence,
Ses héritiers, tenus d'en donner connaissance
A celui qui portait le titre de mandant,
Avec précaution, doivent, en attendant,
Prendre tous les moyens que, dans la circonstance,
Pour son propre intérêt, peut prescrire l'urgence.

TITRE XIV.

Du Cautionnement.

CHAPITRE PREMIER.

De la Nature et de l'Etendue du Cautionnement.

2011. Celui qui cautionne une obligation,
A cet engagement doit satisfaction
Envers le créancier, si celui qui s'oblige
A remplir ce devoir, lui-même le néglige.

2012. Une obligation faite valablement
Seule fait exister le cautionnement.
 Bien qu'elle soit sujette à nullité formelle,
Par une exception purement personnelle
A celui qui s'engage, une obligation
Peut alors, néamoins, lier la caution ;
Dans le cas du mineur, on en voit un exemple.

2013. Le cautionnement ne peut être plus ample
Que l'obligation du propre débiteur ;
Il ne peut être fait avec plus de rigueur.
 Mais, de la dette, il peut n'embrasser que partie,
Et la condition peut en être adoucie.
 S'il excède la dette, ou s'il est contracté

Sous des clauses portant plus de sévérité,
Il n'est pas nul; il est réduit à la mesure
Du pacte principal dont il suit la nature.

2014. On peut cautionner sans ordre de celui
Auquel, en s'obligeant, on prête cet appui,
Et, même à son insçu, l'on peut encor le faire.
On peut cautionner de la même manière
Celui qui s'est déjà, de l'obligation
Du premier débiteur, rendu la caution.

2015. Le cautionnement jamais ne se suppose;
C'est toujours par un acte exprès qu'on se l'impose,
Et, par le cercle étroit dont l'ont environné
Les termes du contrat, il doit être borné.

2016. En termes généraux, lorsque l'on cautionne
Une obligation que passe une personne,
Ce qui suit de la dette est indéfiniment
Compris, comme accessoire, au cautionnement:
Il s'étend même aux frais qu'entraîne et qu'autorise
La première demande au tribunal soumise,
Aux frais même qu'on fait après que l'action
Est dénoncée à qui se trouve caution.

2017. Tout pacte par lequel la caution s'engage
Passe à ses successeurs avec son héritage;
La contrainte par corps fait une exception,
Si cet engagement grevait la caution.

2018. Le débiteur soumis, par convention faite,
A fournir caution pour garantir sa dette,
Est tenu de l'offrir de telle qualité

Que, pour faire un contrat, elle ait capacité,
Qu'elle possède un bien dont la valeur réponde
A l'objet sur lequel l'engagement se fonde,
Et que son domicile enfin puisse être tel
Qu'il soit dans le ressort du tribunal d'appel
Où cette caution doit se trouver fournie.

2019. Quant à la caution offerte, on n'apprécie
Sa solvabilité que relativement
A ses propriétés foncières seulement.
La règle cesse, quand, au commerce, on l'applique,
Ou même dans le cas où la dette est modique.

Un immeuble en litige, ou qui, placé trop loin,
Pour la discussion, présente trop de soin,
N'est point considéré ni mis dans la balance.

2020. Alors que le porteur d'un titre de créance
A reçu caution ou volontairement,
Ou dans le cas requis judiciairement,
La solvabilité se trouvant démentie,
D'une autre, on lui devra donner la garantie.

On excepte un seul cas ; c'est quand la caution
Est donnée en vertu d'une convention
Où le créancier même exige qu'on lui donne,
Pour être caution, une telle personne.

TITRE XIV. *Du Cautionnement.* 559

CHAPITRE II.

De l'Effet du Cautionnement.

SECTION PREMIÈRE.

De l'Effet du Cautionnement entre le créancier et la caution.

2021. La caution ne doit payer le créancier
Qu'à défaut seulement du débiteur premier
Qui doit voir, avant tout, dans ses biens, s'introduire,
De la discussion le nécessaire empire,
A moins qu'à ce profit de la discussion
N'ait renoncé celui qui sert de caution,
Ou qu'il n'ait pris sur lui la dette originaire.

2022. Le créancier n'est point, par un droit spécial,
Tenu de discuter l'obligé principal,
Si, par la caution elle-même attaquée,
La mesure n'est pas requise et provoquée.

2023. Lorsque la caution croit devoir recourir
A la discussion et la veut requérir,
De celui qu'a lié la dette personnelle,
Les biens, au créancier, sont indiqués par elle;
De la discussion, pour suivre les progrès,
En deniers suffisans elle avance les frais.
Dans l'indication, elle ne peut comprendre
Ni des biens éloignés et qui pourraient s'étendre
Hors du cercle tracé par l'arrondissement
Du tribunal d'appel des lieux où le paiment
Doit, par le débiteur, d'après l'acte, se faire,

Livre III. *Manières d'acquérir la Propriété.*

Ni ceux qui, d'un débat présentant la matière,
Comme litigieux pourraient être attaqués,
Ni ceux qui, pour la dette, étant hypothéqués,
Pourraient ne plus avoir le débiteur pour maître.

2024. Lorsque la caution a fait ainsi connaître
Les biens à discuter, sous l'offre en même temps,
Pour la discussion, de deniers suffisans,
Le trop lent créancier, jusques à concurrence
De la valeur des biens dont il a connaissance,
Demeure responsable envers la caution,
Quand le premier grevé de l'obligation
Cesse d'être solvable, à défaut de poursuite.

2025. Lorsque du débiteur l'intérêt sollicite
Qu'au même engagement, plus d'une caution
Consente à garantir son obligation,
Chacune répondra de la dette totale.

2026. Chacune, néanmoins, à la faveur légale
Pour elle résultant de la division,
Quand elle n'a pas fait renonciation,
Peut prétendre, avant tout, qu'un créancier divise,
Et que son action, dans ce cas, se réduise
A la part seulement de chaque caution.
Lorsque, dans le temps même où la division
Par une caution est requise, obtenue,
L'insolvabilité se trouve reconnue
Chez d'autres, ce défaut de solvabilité
Est, par proportion, par elle supporté;
Mais cette caution n'a du moins plus à craindre
Qu'il soit dorénavant possible de l'atteindre

Dans les cas survenus d'insolvabilité,
Quand la division est un fait complété.

2027. Si la division, mesure volontaire
Que prend le créancier, par lui-même s'opère,
Il ne peut révoquer cette division,
Encor qu'avant le temps de l'opération,
Il pourrait résulter de faits incontestables
Que quelques cautions se trouvaient insolvables.

SECTION II.

De l'Effet du Cautionnement entre le débiteur et la caution.

2028. Lorsque la caution elle-même a payé,
Contre le débiteur du premier nœud lié,
Elle obtient son recours, soit qu'il ait pu connaître
Le cautionnement que sa dette a fait naître,
Soit qu'il n'ait pu connaître un tel engagement.

Dans un pareil recours sont simultanément
Compris le principal, l'intérêt de la dette,
Les frais : quant à ceux-ci, la caution répète
Les seuls frais qu'elle a faits, depuis qu'elle a donné
Au propre débiteur qu'elle a cautionné,
Un avis dénonçant l'attaque personnelle
Qu'on a pu diriger directement contre elle.

Un semblable recours embrasse également,
Si le cas le requiert, tout dédommagement.

2029. Au cautionnement la personne obligée,
En acquittant la dette est toujours subrogée
Aux droits, quelle qu'en puisse exister la valeur
Qu'avait le créancier contre le débiteur.

2030. De plusieurs débiteurs principaux, quand la dette
Se trouvait par eux tous solidairement faite,
Celui qui fit pour tous le cautionnement
Peut, contre chacun d'eux, avoir directement
Le droit de répéter jusques à concurrence
De la somme en entier dont il a fait l'avance.

2031. Lorsque la caution fait un premier paîment,
Elle ne peut en faire aucun recouvrement
Contre celui qui fit la principale dette,
Si, d'un second, l'avance est par celui-ci faite,
Quand il n'a recueilli par cette caution,
Du paîment qu'elle a fait, aucune instruction :
La caution ne peut, dans cette circonstance,
Que répéter envers le porteur de créance
Les deniers qu'il a pu payer, dans son erreur,
Pour obtenir l'acquit du réel débiteur.

Lorsque la caution, sans être poursuivie,
Et sans donner avis au débiteur que lie
Le pacte principal, vient à payer pour lui,
Contre lui, d'un recours elle n'a point l'appui,
Lorsqu'au temps du paîment il était en puissance
De faire déclarer éteinte la créance ;
Mais elle a son recours contre le créancier.

2032. Toujours la caution, même avant de payer,
A se pourvoir, afin d'en être indemnisée,
Contre le débiteur, peut être autorisée ;
Lorsque, pour la contraindre elle-même au paîment,
Contre elle l'on poursuit judiciairement ;
Lorsque le débiteur est en déconfiture,
Ou que, d'une faillite, il a subi l'injure,

Lorsque le débiteur doit, dans un temps prescrit,
De l'obligation lui rapporter l'acquit;

Quand la dette sonscrite, en atteignant le terme
Que la convention à cet égard renferme,
Donne, pour l'exiger, un pouvoir établi;

Quand la dixième année a vu son cours rempli,
Si, pour le principal qui forme la créance,
L'acte n'a point fixé de terme à l'échéance,
Excepté dans le cas où l'obligation,
Telle que, d'un tuteur l'administration,
Ne soit d'une nature à ne pouvoir s'éteindre
Avant un temps légal qu'il s'agisse d'atteindre.

SECTION III.

De l'Effet du Cautionnement entre les cofidéjusseurs.

2033. Quand plusieurs à la fois, de l'obligation
D'un même débiteur, se rendent caution,
Celui qui satisfait au paîment de la dette
A, d'un recours légal, la ressource directe
Contre ceux qu'a liés le cautionnement,
Mais pour la portion de chacun seulement.

Un tel recours n'a lieu que dans la circonstance
Où cette caution a payé la créance
Dans l'un des cas prévus au nombre précédent.

CHAPITRE III.

De l'Extinction du Cautionnement.

2034. La créance qui naît du cautionnement
S'éteint et voit cesser toute son influence
Par les mêmes motifs que toute autre créance.

2035. Dans les cas où s'opère une confusion
Et dans le débiteur et dans sa caution,
L'un, de l'autre, venant recueillir l'héritage,
Le créancier ne peut en perdre l'avantage
D'atteindre, par l'effet d'une juste action,
Du cautionnement la propre caution.

2036. Si quelque exception repose sur la tête
De celui qu'a lié la principale dette,
Qu'à cette même dette ait trait l'exception,
Le droit de l'opposer est à la caution.
Mais si l'exception est de nature telle
Qu'au débiteur lui seul elle soit personnelle,
La caution n'est point admise à l'opposer.

2037. La caution, du joug qu'elle a pu s'imposer,
Obtient pleine décharge, et n'est plus obligée,
Quand elle ne peut plus se trouver subrogée
A tout droit, quel qu'il soit, acquis au créancier,
Si cet obstacle naît du fait de ce dernier.

2038. Lorsque, pour acquitter la dette principale,
On fait au créancier la remise légale
D'un effet de tout genre, immeuble ou mobilier,

TITRE XIV. *Du Cautionnement.*

La caution se voit par ce fait délier,
Bien qu'une éviction, éventuelle chance,
En vienne au créancier ravir la jouissance.

2039. Quand, par le créancier, le terme est prorogé
Envers le débiteur principal obligé,
Le cautionnement à ce fait doit survivre ;
Alors la caution peut seulement poursuivre
Celui qui s'est soumis à cet engagement,
Afin de le forcer à faire l paiment..

CHAPITRE IV.

De la Caution légale et de la Caution judiciaire.

2040. Soit, quand un jugement soumet une personne
A fournir caution, soit, quand la loi l'ordonne,
Celle qu'on offre doit, pour les conditions,
Pleinement satisfaire aux dispositions
Du nombre antérieur deux mille dix-huitième
Et du nombre suivant deux mille dix-neuvième.
Lorsqu'il est question d'un cautionnement
Qui doit s'effectuer d'après un jugement,
La caution doit être encore offerte telle
Que l'emprisonnement puisse répondre d'elle.

2041. Qui ne peut pas trouver un cautionnement,
Obligé par la loi livre en nantissement
Un gage suffisant et qu'il y substitue.

2042. Lorsque la caution en justice est reçue,

Elle n'est point admise à la discussion
Du principal grevé de l'obligation.

2043. Celui qui, par son fait, simplement cautionne
La même caution qu'en justice l'on donne,
Ne peut point aspirer à la discussion
Du grevé principal et de la caution.

TITRE XV.

Des Transactions.

2044. Quand les intéressés terminent une instance,
Ou veulent la finir, même avant sa naissance,
Un tel contrat se nomme une transaction.
Par écrit on procède à sa rédaction (1).

2045. Pour former ce contrat la règle étroite exige
Impérieusement que celui qui transige
Puisse se dessaisir par disposition
Des objets contenus dans la transaction.
Pour le faible mineur, ou pour celui que lie
Une interdiction sur sa tête établie,
Le tuteur ne peut faire une transaction
Qu'après avoir rempli la disposition
Du nombre quatre cent soixante-sept, au titre
Compté dix, premier livre, au deuxième chapitre:

---

(1) Il paraît qu'il y a ici un pléonasme, mais il est dans le texte du Code.

Titre XV. Des Transactions.

Sur le compte qu'il doit au mineur fait majeur,
Il ne peut transiger que d'après la teneur
Du nombre quatre cent soixante-douze, au titre
Qu'on vient de rappeler, dans le même chapitre.
    Un établissement public n'est point lié
Par la transaction, s'il n'est pas appuié
D'un ordre impérial, exprès, qui l'autorise ;
On tient toute commune au même joug soumise.

2046. Sur l'intérêt civil résultant d'un délit,
Une transaction permise s'établit.
    Cette transaction n'enchaîne point, au reste,
La vindicte publique, et son action reste.

2047. Lorsqu'on fait le contrat d'une transaction,
On y peut ajouter la stipulation
Que tout intéressé que ce contrat enchaîne,
S'il ne l'accomplit pas, encourra telle peine.

2048. A son objet, se borne une transaction :
Quand l'acte porterait renonciation
A tout droit, quel qu'il fût, que l'on pourrait prétendre,
La stipulation ne peut jamais s'étendre
Qu'à ce qui peut avoir quelque relation
Au différend, sujet de la transaction.

2049. Une transaction uniquement opère
Sur le débat qui peut en être la matière,
Soit que les souscripteurs de l'acte, en s'exprimant
En termes généraux, ou spécialement,
De leur intention donnent la connaissance,
Soit qu'on puisse la voir comme une conséquence
De ce que le contrat peut déjà renfermer.

2050. Sur un droit qu'on pouvait, de son chef, réclamer
Quand on a transigé par un pacte valable,
Si, d'un tiers, on obtient ensuite un droit semblable,
On n'a pu nuire au droit acquis nouvellement
Par la transaction faite précédemment.

2051. Quand, d'un même intérêt, plusieurs ont le partage
Dans le cas où l'un d'eux, en transigeant, s'engage,
Ce traité n'étend pas sur les autres ses nœuds;
Il ne peut point non plus être opposé par eux.

2052. Une transaction, entre ceux qu'elle lie,
Porte l'autorité qui se trouve établie,
Quand le débat jugé l'est en dernier ressort.
On tente vainement d'en attaquer le sort,
Soit que l'erreur de droit, contre elle, se propose,
Soit que, de lésion on invoque la cause.

2053. Un contrat, néanmoins, formant transaction,
Peut éprouver l'effet de la rescision,
Lorsque, sur la personne, une erreur se démontre,
Ou, sur l'objet traité, quand elle se rencontre.
Le dol, la violence, en tout évènement,
A la rescision servent de fondement.

2054. La transaction peut aussi souffrir l'épreuve
De la rescision, s'il existe la preuve
Que, sur un titre nul, repose le traité,
A moins qu'en transigeant, sur cette nullité
Le contrat n'ait porté d'une manière expresse.

2055. Quand la transaction porte sur une pièce
Dont on a reconnu, depuis, la fausseté,
Rien n'en peut, pour le tout, sauver la nullité.

2056. Jamais valablement personne ne transige
Sur la suite et l'effet d'un objet de litige
Dont a réglé le sort un jugement porté,
De la chose jugée ayant l'autorité,
Quand, par les contractans une pareille issue,
On par l'un d'eux, pouvait ne pas être connue.

Mais si le jugement qu'on pouvait ignorer
Par l'effet d'un appel pouvait se réparer,
Le traité consommé demeurera valable.

2057. Quand des intéressés, par un pacte semblable,
Ont, généralement, tranché les divers nœuds
De tous les différends qui subsistaient entre eux,
Les titres qu'ils pouvaient ne pas alors connaître,
Qui, depuis découverts, au jour viennent paraître,
Ne peuvent motiver une rescision,
A moins que, des auteurs de la transaction,
L'un, des titres cachés, n'eût fait la retenue.

Si la transaction n'était intervenue
Que sur un seul objet, et qu'il fût avéré
Par un titre probant et depuis recouvré,
Que l'un des contractans n'y pouvait rien prétendre,
Le traité, nul alors, ne pourrait se défendre.

2058. D'une erreur de calcul dans la transaction,
On prononce toujours la réparation.

TITRE XVI.

De la Contrainte par corps en matière civile.

2059. La contrainte par corps présente un frein utile
Pour le stellionat, en matière civile.
  D'un semblable délit on commet l'action,
  Lorsque, par hypothèque, aliénation,
On transmet à des tiers la chose immobilière
Dont on sait n'être pas le vrai propriétaire;
  Lorsque l'on ose offrir, comme libres, des biens
Que des droits d'hypothèque ont chargés de liens,
Ou qu'on déclare moindre un droit hypothécaire,
Que celui dont les biens portent la charge austère.

2060. La contrainte par corps a lieu pareillement
  Pour le cas du dépôt fait nécessairement;
  Lorsqu'il s'agit du cas de la réintégrande
Qu'autorise et qu'amène une juste demande,
Pour le délaissement en justice obtenu
D'un fonds qu'un ravisseur par force a retenu;
Pour restitution de récolte perçue,
Pendant qu'a pu durer la jouissance indue;
Pour la somme à payer en dédommagement
Que le propriétaire obtient du jugement;
  Pour répétition de sommes consignées
Dans les divers dépôts de caisses désignées

Titre XVI. *De la Contrainte par corps.*

Que tiennent des agens publics, autorisés;
   Pour l'exhibition des objets déposés
Dans les mains d'un séquestre, ou bien de commissaires,
Ou d'autres gardiens qui sont judiciaires;
   Contre la caution admise en jugement,
Contre celles de ceux de qui l'engagement
Les soumet à subir une telle contrainte,
Quand elles ont voulu partager cette atteinte;
   Contre tous officiers publics, pour les forcer
Au rapport, quand le juge a pu le prononcer,
Des actes qu'en minute ils ont le droit de faire;
   Contre tout avoué, tout huissier, tout notaire,
Pour restitution de titres confiés,
Et celle de deniers entre leurs mains payés
Pour les individus formant leur clientelle,
D'après les fonctions que leur état appelle.

2061. Quand, pour le pétitoire, un jugement porté,
De la chose jugée acquiert l'autorité,
Que celui qu'il condamne à délaisser la chose,
A l'exécution se refuse et s'oppose,
D'un second jugement, valablement atteint,
Par la prise de corps il peut être contraint,
Quinze jours francs après que, par exploit utile
Qu'on donne à la personne ou bien à domicile,
Le premier jugement lui sera parvenu.
   Si l'espace, du fonds qui doit être rendu,
Peut alors excéder cinquante kilomètres,
Au séjour du contraint, par cinq myriamètres,
Au délai de quinzaine un jour est ajouté.

2062. Si ce pacte n'est pas formellement porté

Dans le contrat de bail, on ne peut point atteindre
Le fermier, et par corps on ne peut le contraindre
Pour le prix convenu qu'il s'oblige à payer,
Le fermier, néanmoins, même le métayer
Peuvent légalement être en proie à l'atteinte,
Sans stipulation, d'une telle contrainte,
S'ils ne produisent pas, à la fin de leur bail,
Le grain propre à semer, le cheptel de bétail,
Et tous les instrumens voués à la culture
Confiés en leurs mains, à moins de preuve sûre
Qu'ils doivent établir, que, sur aucun objet,
Le déficit ne peut procéder de leur fait.

2063. Hors les cas que la loi précédemment rappelle
Ou qui seraient un jour, par une loi formelle,
Ajoutés et prescrits, par aucun magistrat,
La contrainte par corps ne peut, sans attentat,
Se prononcer ; défense à tout greffier, notaire,
De recevoir un acte où cette clause austère
Imposerait son joug; défense à tout Français,
Par cet engagement de se lier jamais,
Encor qu'il habitât une terre étrangère :
Le tout déterminé, sous la peine sévère
De nullité, dépens, dommages-intérêts.

2064. La contrainte par corps qu'en termes clairs, exprès
Dans les cas énoncés, notre Code autorise,
A l'égard des mineurs, ne peut être permise.

2065. On ne peut l'appliquer pour aucune valeur
Qui, de trois fois cent francs, n'atteint pas la hauteur.

2066. Elle ne peut frapper le septuagénaire,

TITRE XVI. *De la Contrainte par corps.*

A moins qu'on ne le traite en stellionataire;
Femmes, filles ont droit à cette exception
Bornée également par la restriction.

La faveur est acquise au septuagénaire,
Quand l'an soixante-dix commence sa carrière.

Pour le stellionat, la femme, sous l'hymen,
Ne peut de la contrainte éprouver le lien,
Qu'autant qu'un jugement, de biens, l'a séparée,
Ou lorsque par ses soins, se trouve administrée
Une part de ses biens qu'elle a pu réserver;
Et même elle ne doit au surplus, l'éprouver
Qu'à raison des contrats qu'elle a cru pouvoir faire,
Et dont ces mêmes biens ont été la matière.

La femme sous le joug de la communauté,
Qui, solidairement, ou par société,
Compagne de l'époux, impose sur sa tête
Une obligation, ne peut être sujette
A se voir accuser pour le stellionat
Qui pourrait résulter de ce même contrat.

2067. Dans les divers cas même où la loi l'autorise,
La contrainte par corps ne peut être permise,
Et ne peut recevoir son application
Qu'après un jugement de condamnation.

2068. Elle peut nonobstant l'appel, être exercée
Quand, par le magistrat, on la voit prononcée,
Et que le jugement, avec provision
A pu l'autoriser, en donnant caution.

2069. Les exécutions sur les biens, les poursuites
Ne se suspendent point, ne sont point interdites,

Bien qu'on ait eu recours aux extrêmes efforts
De faire exécuter la contrainte par corps.

2070. Ces dispositions ne portent nulle atteinte
Aux différentes lois prononçant la contrainte
Pour des cas résultant de faits commerciaux,
Ni ne dérogent point aux statuts spéciaux
De la police, en tant que correctionnelle,
Non plus qu'aux règlemens qu'à son secours appelle,
Pour les deniers publics, l'administration,
Comme moyen utile à la répression.

TITRE XVII.

Du Nantissement.

2071. Pour que la sûreté de la dette y repose,
Lorsque le débiteur fait passer une chose
Aux mains du créancier, par cet engagement,
S'établit le contrat nommé nantissement.

2072. Quand ce contrat comprend la chose mobilière,
En *gage* transformé, sous ce nom il s'opère :
Quand une chose immeuble en peut être l'objet,
Sous le nom d'*antichrèse*, il produit son effet.

TITRE XVII. *Du Nantissement.*

CHAPITRE PREMIER.

Du Gage.

2073. Le gage, au créancier, confère l'avantage
De prendre sur la chose, objet même du gage,
Ce qui peut satisfaire à son paîment entier;
Il a droit d'écarter tout autre créancier
Par un tel privilège emportant préférence.

2074. Ce légitime droit, pour acquérir naissance,
Par un acte public doit être consacré,
Ou par acte privé dûment enregitré;
Dans l'acte, quel qu'il soit, doit être contenue
La déclaration de la creance due,
Et la description de tous les attributs
Distinguant les objets en gage retenus,
Où l'on y doit unir, par précaution sûre,
Un état énonçant qualité, poids, mesure.

L'acte n'est, toutefois, rédigé par écrit,
Et l'enregitrement n'en peut être prescrit,
Que lorsque la matière, objet de l'assurance,
De cent cinquante francs surpasse l'importance.

2075. Le privilége admis au nombre précédent
Ne peut, dans tous les cas, s'établir, cependant,
Sur meuble incorporel, tel qu'est une créance
Qui prend du mobilier la fictive substance,
Que par acte public, ou bien sous seing-privé,
Par l'enregitrement dans sa date approuvé
Et qui se signifie à celui dont la dette
Vient, au gage donné, de se rendre sujette.

2076. Dans tous les cas, le droit de privilége acquis
Ne s'obtient sur le gage et n'y demeure assis,
Qu'autant qu'avec effet au créancier il passe,
Et qu'en ses propres mains il conserve sa place,
Ou qu'en celles d'un tiers dont on a convenu,
Il est réellement déposé, retenu.

2077. Au lieu du débiteur que la créance engage,
Un tiers peut être admis à délivrer le gage.

2078. Le créancier ne peut, lorsqu'il n'est pas payé,
Disposer de l'objet en gage confié ;
Il peut faire juger seulement que le gage,
A défaut de paîment restera son partage,
Dans la proportion de son prix limité
Que déterminera des experts l'équité,
Ou qu'il sera vendu sous le feu des enchères.
Toutes conventions, à ces règles, contraires,
Et qui pourraient donner le droit au créancier
De disposer du gage ou se l'approprier,
Sans les formalités qu'on vient de voir prescrites
Au nombre précédent, sont nulles et proscrites.

2079. Jusqu'au jour où celui qui par dette est lié,
Si le cas le requiert se trouve exproprié,
De la propriété du gage il reste maître :
Aux mains du créancier, le gage ne peut être
Qu'un objet de dépôt, intéressant moyen
Qui, de son privilége, assure le maintien.

2080. Le créancier, d'après les règles énoncées,
Et sous le titre trois, présent livre, placées,
Demeure responsable, alors que, négligent,

On lui peut imputer, comme le concernant,
La dégradation ou la perte du gage.

De la part de celui que la créance engage,
Au créancier, de même, il doit être compté
De la dépense utile ou de nécessité
Qu'à conserver l'objet il aurait consacrée.

2081. Quand l'obligation qui, pour gage, est livrée,
Porte intérêts, sur ceux que pourrait répéter
Le créancier lui-même, ils doivent s'imputer.

La dette dont on veut fonder la garantie
Sur une autre créance au gage assujétie,
Ne porte-t-elle point elle-même intérêts ?
Ceux que le créancier retire sont sujets
A se voir imputés sur le fonds de la dette.

2082. Le débiteur, à moins qu'un abus se commette
Par celui qui, du gage, a la possession,
Ne peut en demander la restitution
Qu'après avoir reçu la complète quittance
Du fonds, des intérêts et frais de la créance
Pour laquelle le gage a servi de garant.

Lorsque déjà lié par un engagement,
Le même débiteur impose sur sa tête,
Pour le profit du même, une nouvelle dette,
Postérieurement au gage confié,
Et rendue exigible avant qu'il ait payé
Ce qui peut résulter de la dette première,
Le créancier, du droit que le gage confère,
Ne peut être privé qu'il ne soit satisfait
Des deux dettes, quand même il n'aurait été fait
Nulle convention pour destiner le gage
A couvrir la seconde et doubler l'avantage.

2083. Entre les héritiers de celui qu'à lier
La dette est parvenue, ou ceux du créancier,
Bien que l'engagement puisse être divisible,
Le gage, néanmoins, demeure indivisible.

Lorsque, du débiteur l'héritier, en payant,
De sa part de la dette éteint le contingent,
Il ne peut demander, encor qu'il se dégage,
La restitution de sa part dans le gage,
Tant qu'on n'a pas payé la dette en son entier.

Et réciproquement, au cas où l'héritier
Du créancier lui-même a reçu, de la dette,
La juste portion qui seule lui compète,
Au détriment de ceux de ses cohéritiers
Qui ne sont pas payés de leur part de deniers,
Il ne peut point du gage opérer la remise.

2084. Ces dispositions que le Code autorise
Ne peuvent recevoir nulle application,
S'il s'agit de commerce, ou bien d'une maison
A qui l'autorité permet le prêt sur gage :
On suit à cet égard toutes lois en usage,
Et chaque règlement qui peut être prescrit.

CHAPITRE II.

De l'Antichrèse.

2085. L'antichrèse ne peut exister sans écrit.
Par un pareil contrat, le porteur de créance
Acquiert l'unique droit d'avoir la jouissance
Des fruits du fonds remis, sous la condition
D'en faire chaque année une imputation,

Titre XVII. Du Nantissement.

D'abord sur l'intérêt, si ce droit lui compète,
Et successivement sur le fonds de la dette.

2086. S'il n'en est pas, dans l'acte, autrement convenu,
Le porteur de créance est constamment tenu
De payer toute charge annuelle qui pèse
Sur l'immeuble en ses mains remis en antichrèse ;
Des contributions il est aussi chargé.

Il est également strictement obligé
A pourvoir avec soin, sous peine de dommage,
Aux réparations d'un utile avantage,
Ou qui doivent naissance à la nécessité,
Pour conserver l'immeuble à son gage affecté :
De ces divers objets la légitime avance,
Par un prélèvement, sur les fruits, se compense.

2087. Le débiteur, avant d'être quitte en entier,
Ne peut jamais soustraire aux mains du créancier
Aucun fruit de l'objet que l'antichrèse engage.

Mais si le créancier trouve quelque avantage
A s'affranchir du poids des obligations
Que vient de consacrer par ses expressions
L'article qui précède, il peut toujours contraindre,
A moins qu'en renonçant lui-même ait fait éteindre
Ce légitime droit, le débiteur lié
A reprendre les fruits de l'objet confié.

2088. De l'immeuble formant, du gage, la matière,
Le créancier n'est point rendu propriétaire
Par la seule raison qu'il n'a pas obtenu
Le paîment de la dette, au terme convenu ;
Toute autre clause est nulle et ne saurait s'admettre ;
En un semblable cas, ce qu'il peut se permettre,

C'est de faire ordonner, par légale action,
Du débiteur tardif l'expropriation.

2089. Quand on a stipulé le pacte volontaire
Que les fruits que produit, du gage, la matière,
Deviendront un objet de compensation
Avec les intérêts de l'obligation,
Soit en totalité, soit pour une partie
Qu'on a soin de fixer, la clause consentie
A son effet, et doit avoir le même poids
Qu'une autre qui n'est point proscrite par les lois.

2090. Par l'article deux mil soixante-dix-septième
Et par l'article deux mil quatre-vingt-troisième,
Les principes admis, au gage, consacrés,
Communs à l'antichrèse, ici sont déclarés.

2091. Sur la propriété dont le Code autorise,
A titre d'antichrèse, à faire la remise,
Si des tiers ont des droits, ce qu'on vient d'établir
Au chapitre présent ne peut les leur ravir.
Lorsque le créancier, muni de l'avantage
D'avoir entre ses mains un immeuble pour gage,
A d'ailleurs sur le fonds qui s'en trouve grevé
Un droit hypothécaire, établi, conservé,
Ou droit de privilége, à son ordre, en justice,
Comme tout créancier, il en fait l'exercice.

TITRE XVIII.

Des Priviléges et Hypothèques.

CHAPITRE PREMIER.

Dispositions générales.

2092. Quiconque, en général, s'est personnellement
Imposé les liens de quelque engagement,
Est, sur ses biens présens, sur les biens qu'il espère,
Immeubles, mobiliers, tenu d'y satisfaire.

2093. Les biens du débiteur, immeubles, mobiliers,
Sont le gage commun de tous ses créanciers :
Du prix de tous ces biens, la valeur reconnue,
Par contribution entre eux se distribue,
A moins qu'il ne subsiste, entre les réclamans,
Pour être préférés, de justes fondemens.

2094. Privilége, hypothèque, en votre sein, repose,
De cette préférence une licite cause.

CHAPITRE II.

Des Priviléges.

2095. Ici le privilége est un droit affecté
A l'obligation, d'après sa qualité,

Et qui lui donne rang sur une autre créance,
D'un droit hypothécaire eut-elle l'assistance.

2096. Quand plusieurs créanciers sont privilégiés,
Les droits de préférence, entre eux appréciés
Se règlent, en raison des qualités unies
A chaque privilége et dûment établies.

2097. Lorsque les créanciers qui sont également,
D'un privilége acquis saisis légalement,
Ont dans le même rang, un droit de préférence,
Leur paîment s'effectue, entre eux, par concurrence.

2098. Quant au trésor public, aux droits dont il jouit,
Au privilége actif dont la loi l'investit,
A l'ordre dans lequel il s'exerce et s'opère,
Des statuts spéciaux règlent cette matière.
Mais le trésor public, encor qu'il soit admis
A quelque privilége, aux droits des tiers acquis
Antérieurement, ne saurait jamais nuire.

2099. Le privilége peut justement s'introduire
Sur tout ce qui peut être un objet mobilier,
En embrassant aussi l'objet immobilier.

SECTION PREMIÈRE.

Des Priviléges sur les meubles.

2100. Du privilége acquis, la force est générale,
Ou frappe certain meuble et n'est que spéciale.

Titre XVIII. *Des Priviléges et Hypothèques.*

§. Ier.

Des Priviléges généraux sur les meubles.

2101. Les créances donnant un privilége entier
Sur tout ce que comprend le genre mobilier,
Sont celles qui vont être à l'instant énoncées,
Et dans l'ordre suivant doivent être exercées :
— Les frais que la justice a droit de demander ;
— Ceux que le lit funèbre aura pu commander ;
— Tous ceux qu'a pu causer l'extrême maladie ;
La concurrence alors est, de droit, établie
Pour ceux à qui ces frais doivent être payés ;
— Les salaires des gens au service liés,
Pour l'année, en ce cas, pleinement terminée,
Et ce qui serait dû pour la courante année ;
— Tous les objets fournis pour donner les moyens
De pouvoir subsister au débiteur, aux siens,
Savoir, pendant six mois de la dernière année,
Pour ceux de qui la chose en détail est donnée,
Tels que les boulangers, bouchers et leurs égaux,
Et pendant douze mois entiers les plus nouveaux,
Pour le maître tenant pension reconnue,
Et celui dont la chose est en masse vendue.

§. II.

Des Priviléges sur certains meubles.

2102. Les créances donnant, par droit particulier,
Un privilége acquis, sur certain mobilier,
— Sont, des immobiliers le loyer, le fermage,

Sur les fruits dont l'année a produit l'avantage,
Et sur le prix entier des objets renfermés,
Pour garnir la maison ou les biens affermés,
Et de tout ce qui peut par sa propre nature
Etre utile à la ferme, en aider la culture;
Savoir, pour ce qui peut, comme échu, s'obtenir,
Et tout ce qui dépend des termes à venir,
Si les baux sont passés par un acte authentique,
Et si, sous seing-privé, la date en est publique:
Peuvent, dans ces deux cas, les autres créanciers,
Relouer la maison, placer nouveaux fermiers,
Et prendre les profits des baux et des fermages;
Ils ne peuvent jouir de pareils avantages,
Qu'en payant ce qui peut être encore répété
A celui qui jouit de la propriété;
Si, par acte public, le bail ne se constate,
Ou si, sous seing-privé, rien n'en fixe la date,
Pour un an, à partir du terme complété
De celui dont le cours est en activité.

Le même droit soumet à ses prérogatives,
Pour réparations qu'on nomme locatives;
Il embrasse à son tour toute convention
Qui n'est, du bail souscrit, que l'exécution.

Les sommes, néanmoins, qui peuvent être dues
Pour semence ou pour frais de récoltes perçues
Dans le cours de l'année, ont leur paîment assis
Sur le prix des fruits même, en ce temps, recueillis;
Et les deniers qu'on peut devoir pour ustensiles
Sont payés sur le prix de ces objets utiles;
Le maître de l'immeuble affermé ne peut pas
Avoir la préférence en l'un et l'autre cas.

Il est un droit acquis à tout propriétaire,

Titre XVIII. *Des Priviléges et Hypothèques.*

C'est de faire saisir la chose mobilière
Qui garnissait la ferme ou maison, quand l'objet,
Sans son consentement, de son lieu, disparait;
Sur cet objet, son droit ne cesse pas de vivre,
Pourvu que, diligent, il ait soin de le suivre
Par un acte portant revendication,
Savoir, dans un délai dont l'expiration,
Au quarantième jour, voit arriver son terme,
Si c'est un mobilier garnissant une ferme,
Et dans les quinze jours, lorsqu'il est question
Des meubles garnissant une simple maison;

— La créance, sur gage alors qu'elle est assise,
Et la chose engagée, au créancier remise;

— Les frais qu'on a pu faire avec le but direct
D'en consacrer l'emploi pour conserver l'objet;

— Le prix qui proviendrait de chose mobilière
Qu'on n'aurait pas payée, alors qu'elle est entière
Aux mains du débiteur, soit qu'il ait acheté
Ou pour un terme fixe ou sans terme arrêté.

Si la tradition s'est, sans terme, opérée,
Il est une faveur, au vendeur, assurée;
Il peut revendiquer l'objet, quand l'acheteur
Est dans le cas d'en être encore possesseur;
La revente, par lui, peut en être entravée,
S'il le réclame avant la huitaine achevée
Depuis la livraison, et qu'il soit demeuré
Tel qu'il se présentait alors qu'on l'a livré.

Le privilége acquis au vendeur ne peut être,
Néanmoins, exercé qu'après celui du maître
De la ferme ou maison, s'il n'est pas constaté
Que le maître avait su que la propriété
Des choses garnissant les objets du louage,

Du preneur, ou fermier, n'étaient pas le partage,
 Au commerce, à ses lois, nulle innovation
Sur le droit emportant revendication;

— Les objets que fournit le maître d'une auberge
A tout individu voyageant qu'il héberge,
Sur les effets par lui dans l'auberge apportés;

— Les frais, à la voiture, au transport, affectés,
Ceux qu'accessoirement et de toute nature
Il y faut employer, sur l'objet qu'on voiture;

— La créance qui naît des malversations
Et des autres abus que, dans ses fonctions,
Commet un officier public en exercice,
Tant sur le capital qu'à raison de l'office
Il a pu destiner au cautionnement,
Que sur les intérêts dont est dû le paîment.

SECTION II.

Des Priviléges sur les immeubles.

2103. Les créanciers à qui s'accorde un privilége
Dont un objet immeuble offre et fonde le siége,

— Sont le propre vendeur, sur l'immeuble vendu,
Pour le paîment du prix qui peut en être dû.

Si la première vente est de plusieurs suivie,
Que les prix en soient dus en tout, ou par partie,
On préfère, au second des vendeurs, le premier,
Le second au troisième, ainsi jusqu'au dernier;

— Celui qui, pour aider l'acquisition faite
D'un fonds, fournit la somme à celui qui l'achète,
Si, dans ce cas, il est toutefois, constaté,
Avec le sceau public de l'authenticité,

Par l'acte de l'emprunt, que la somme donnée,
A l'emploi déclaré se trouvait destinée,
Et par l'acte d'acquit que donne le vendeur,
Que les deniers payés procèdent du prêteur;
    — Les communs héritiers, sur chose immobilière
Qu'embrasse dans son sein la masse héréditaire,
Pour sûreté des lots au partage énoncés,
Et des soulte ou retour qui les ont compensés :
    — L'entrepreneur, l'expert en l'art d'architecture,
Maçon, autre ouvrier de pareille nature,
Qui répare ou construit bâtimens ou canaux,
Ou se livre en ce genre à tous autres travaux,
Pourvu que, néanmoins, avant toute entreprise,
Il soit, par un expert que d'office autorise
Le tribunal civil de l'arrondissement
Où peut être fixé le sol du bâtiment,
Dressé procès-verbal dans lequel on insère
L'état présent des lieux où le propriétaire
Déclare avoir dessein de faire édifier,
Et que les travaux faits, qu'on doit vérifier,
Soient reçus dans six mois depuis leur fin entière
Par un expert nommé de la même manière.
    Le montant, néanmoins, du privilège acquis
Ne peut pas excéder le résultat admis
Par le dernier expert, et l'on doit le réduire
A ce qu'a pu gagner, en y faisant construire,
L'immeuble, en l'estimant lorsqu'il est acheté;
    — Ceux dont le capital en deniers est prêté
Pour payer l'ouvrier ou pour qu'on le rembourse
Du même privilège obtiennent la ressource,
Pourvu que cet emploi soit authentiquement,
Par l'acte de l'emprunt prouvé légalement,

Et que, de l'ouvrier, s'y joigne la quittance,
En observant, en tout, dans cette circonstance,
Ce que l'on a prescrit à l'égard du prêteur
Qui verse ses deniers pour aider l'acquéreur.

SECTION III.

Des Priviléges qui s'étendent sur les meubles et les immeubles.

2104. Les priviléges qui, s'étendant sur les meubles,
Viennent également atteindre les immeubles,
Sont ceux dont on a vu l'énonciation,
Nombre deux mil cent un, première section.

2105. Lorsque, le mobilier ne pouvant satisfaire,
Les privilégiés qu'annonce et qu'énumère
L'article qui précède, attendent leurs paîmens
Sur le prix d'un immeuble, et qu'ils sont les concurrens
De divers créanciers qui, sur cet héritage,
D'un droit de privilége ont aussi le partage,
Les paîmens sont admis aux rangs ici marqués :
— Les frais dus à justice, autres frais indiqués
Au nombre rappelé deux mille cent unième ;
— Les divers droits notés au deux mil cent troisième.

SECTION IV.

Comment se conservent les priviléges.

2106. Entre les créanciers, le privilége admis
Ne peut, sur un immeuble, être dûment assis,
L'effet qu'on en attend ne saurait se produire,
Qu'autant qu'il est public et qu'on le fait inscrire

TITRE XVIII. *Des Priviléges et Hypothèques.* 539

Aux regîtres tenus par le conservateur,
Du droit hypothécaire, institué tuteur;
La manière d'inscrire est, par la loi, tracée;
Du privilége acquis, la date est annoncée
Par la date apposée à ces inscriptions;
On va voir, néanmoins, quelques exceptions.

2107. Nombre deux mil cent un, les créances citées,
De toute inscription demeurent exemptées.

2108. Ayant un privilége en sa possession,
Le vendeur en obtient la conservation
Par la transcription du titre qui transfère
Ses droits à l'acquéreur nouveau propriétaire,
Et qui peut établir qu'il reste créancier
Soit d'une part du prix, soit du prix en entier :
Alors, par l'acquéreur la transcription faite
Vaudra pour le vendeur inscription complète,
Ainsi que pour le tiers payant comme prêteur,
Et que l'acte subroge aux droits de ce vendeur.
Mais le conservateur du droit hypothécaire
N'en est pas moins tenu suivant son ministère,
Sous la peine de voir, sur sa tête, peser
Les dommages qu'aux tiers il aura pu causer,
De faire inscription que d'office il insère
Aux regîtres publics, des créances qu'opère
Le contrat qui transmet l'immeuble à l'acquéreur,
Tant pour celui qui vend qu'au profit du prêteur:
Au surplus ces derniers que leur droit autorise,
Si la transcription de la vente est omise,
Peuvent faire opérer cette transcription,
A l'effet d'acquérir légale inscription

De ce qui, sur le prix, peut former leur créance.

2109. Par une inscription faite à sa diligence,
Dans les soixante jours, à dater du moment
Qu'existe le partage, ou bien le jugement
D'adjudication des objets qu'on licite,
Celui qui, de concert, avec d'autres hérite,
Ou le copartageant, légalement maintient
Le privilége actif que, de droit, il obtient
Sur les biens composant chaque lot du partage,
Ou ceux qu'à liciter quelque besoin engage,
Pour les soulte ou retour, quant aux lots, arrêtés,
Ou le montant du prix des objets licités :
Dans ces soixante jours, nul droit hypothécaire
Ne peut frapper le bien, de soulte, tributaire,
Ou le bien licité qui se trouve transmis,
Pour nuire au créancier de la soulte ou du prix.

2110. L'entrepreneur, l'expert en l'art d'architecture,
Maçon, autre ouvrier de pareille nature,
Qui répare ou construit bâtimens ou canaux,
Ou se livre, en ce genre, à tous autres travaux ;
Ceux qui, pour les payer et pour qu'on les rembourse,
Font dûment établir qu'ils prêtent de leur bourse,
Conservent, en faisant la double inscription
De l'acte qui des lieux fait la description,
De celui qui contaste et qui reçoit l'ouvrage,
Leur privilége, ainsi que tout son avantage,
Du jour où le premier acte ou procès-verbal
A, de l'inscription, reçu le sceau légal.

2111. Chacun des créanciers et chaque légataire

TITRE XVIII. *Des Priviléges et Hypothèques.* 591

Qui demandent, pour eux ressource auxiliaire,
La séparation des biens du décédé,
D'après ce que le Code a déjà décidé
Dans l'article huit cent-soixante-dix-huitième,
Sous le titre premier de ce livre troisième,
Conservent privilége envers les créanciers
De ceux qui, du défunt, sont ou les héritiers
Ou les représentans ; ils ont cet avantage
Sur chacun des biens-fonds compris dans l'héritage,
Par des inscriptions faites dans les six mois
Du jour ou, de l'hoirie, on voit s'ouvrir les droits.
Nulle hypothèque, avant que ce délai n'expire,
Ne peut être établie avec un juste empire,
Par nul des héritiers ou des représentans,
Sur aucun de ces biens, pour valoir aux dépens
Ou de ces créanciers ou de ces légataires.

2112. Des privilégiés, les tiers cessionnaires,
Semblables aux cédans, au même rang placés,
Exercent tous les droits qu'ils auraient exercés.

2113. Au rang du privilége, une créance assise,
Et dont l'inscription est par la loi requise,
Quand les moyens divers ci-dessus établis
Pour conserver ce rang, n'ont pas été remplis,
Demeure, néanmoins, toujours hypothécaire ;
Mais l'hypothèque alors, quand on la considère
Dans l'intérêt des tiers, ne date et n'a d'effet
Que du jour où du titre inscription se fait,
Ainsi que dans la suite on le verra prescrire.

CHAPITRE III.

Des Hypothèques.

2114. L'hypothèque est un droit réel et dont l'empire
Pèse sur un immeuble, et, comme caution,
Le soumet au paîment d'une obligation.
  Elle est, de sa nature, indivisible, entière
Sur l'ensemble des fonds d'espèce immobilière
Qu'elle peut affecter, sur chacun de ces fonds,
Même sur chaque part de leurs divisions.
  N'abandonnant jamais d'un immeuble la trace,
Elle le suit toujours en quelque main qu'il passe.

2115. Elle a lieu seulement par les formalités,
Et dans les cas divers, par la loi, décrétés.

2116. Elle a, comme légale, ou bien judiciaire,
Ou conventionnelle, un triple caractère.

2117. L'hypothèque légale est celle qui reçoit
Du pouvoir de la loi sa naissance et son droit;
  Elle est judiciaire, alors que l'exercice
En naît de jugemens, d'actes faits en justice,
  Et conventionnelle, alors qu'un fondement
Est, pour elle, établi, sur quelque engagement,
Et qu'elle a pour appui l'extérieure forme
Des actes, qui la fait exister et la forme.

2118. Au droit de l'hypothèque, on pourra seulement
Avec validité soumettre utilement,
  Les immeubles desquels le commerce dispose,

L'accessoire avec eux censé la même chose ;
　　L'usufruit de ces biens et l'accessoire aussi,
Tant que le terme en dure et n'est pas accompli.

　　2119. Tout objet mobilier à l'hypothèque échappe ;
Elle ne peut le suivre et jamais ne le frappe.
　　2120. On ne déroge point aux maritimes lois
Qui peuvent concerner les créances ou droits
Sur bâtiment de mer et tout autre navire ;
Sous le Code présent, elles ont leur empire.

SECTION PREMIÈRE.

Des Hypothèques légales.

　　2121. L'hypothèque légale assure son pouvoir
Aux créances et droits que peut faire valoir,
　　Sur les biens du mari, la femme mariée ;
　　La personne mineure, ou qui se voit liée,
Sous le joug rigoureux de l'interdiction,
Sur les biens du tuteur ayant eu gestion ;
　　Le trésor de l'état, la commune ou la ville,
Ou l'établissement, pour le public, utile,
Sur les biens de tous ceux qui, comme receveurs,
Doivent compter, ou bien comme administrateurs.

　　2122. Lorsque cette hypothèque est une fois acquise
A quelque créancier, ce titre l'autorise,
Pour mettre en action son droit, à procéder
Sur tout immobilier qu'alors peut posséder
Son débiteur, ainsi que sur tout héritage
Qui peut, à l'avenir, devenir son partage,

Sauf les restrictions qu'ultérieurement
Le Code prendra soin de marquer clairement.

SECTION II.

Des Hypothèques judiciaires.

2123. C'est par des jugemens, qu'ils soient contradictoires,
Ou par défaut, qu'ils soient au fond ou provisoires,
Qu'en faveur de celui qui peut les obtenir,
L'hypothèque en justice a droit de s'établir.
Cette hypothèque prend également naissance,
Quand en justice on fait soit la reconnaissance,
Soit un acte portant vérification
De signature au bas d'une obligation,
Lorsque, sous seing-privé, la dette est consentie.
  L'action peut en être à la fois poursuivie
Sur les immobiliers présens du débiteur,
Sur ceux dont il peut être un jour le possesseur,
Sauf les restrictions par le Code tracées
Qu'ultérieurement on verra prononcées.
  C'est seulement, après l'autorisation
Qu'on tient du magistrat pour l'exécution,
Que les décisions que rendent les arbitres
Peuvent, à l'hypothèque, avoir de justes titres.
  En pays étranger, un jugement porté
Ne peut, de l'hypothèque, avoir l'autorité,
Qu'autant pareillement qu'un tribunal de France
Le rend exécutoire en pleine connaissance;
Sans préjudicier aux dispositions
Contenant, sur ce point, des oppositions,
Que peuvent renfermer soit les lois politiques,
Soit les divers traités des puissances publiques.

SECTION III.

Des Hypothèques conventionnelles.

2124. L'hypothèque qui naît de la convention
N'est valable qu'autant que la concession
S'en fait par celui qui peut vendre l'héritage
Devenant, de ce droit, la matière et le gage.

2125. Quand sur l'immeuble on n'a que la possession
D'un droit que peut suspendre une condition,
Ou qui peut se résoudre en quelque circonstance,
Ou d'être rescindé peut éprouver la chance,
L'hypothèque qu'alors on pourra consentir
Devra pareillement se voir assujétir
A ces conditions, de même qu'à l'issue
De la rescision qui serait obtenue.

2126. Les biens de l'interdit, du mineur, de l'absent,
Tant que l'on n'en jouit que provisoirement,
Ne peuvent être atteints du droit hypothécaire,
Que pour les seuls motifs, de la seule manière
Que la loi s'expliquant l'a clairement voulu,
Ou de l'autorité d'un jugement rendu.

2127. Par la convention l'hypothèque réglée
Doit authentiquement se montrer stipulée
Par deux notaires qui réunissent leurs soins,
Ou par un seul notaire aidé de deux témoins.

2128. L'acte fait en pays étranger ne confère,
Sur l'immeuble français, nul droit hypothécaire,

Sans préjudicier aux dispositions
Contenant, sur ce point, des oppositions,
Que peuvent renfermer soit les lois politiques,
Soit les divers traités des puissances publiques.

2129. L'hypothèque qui naît d'une convention
Peut seulement avoir son exécution,
Lorsque, soit dans le titre en authentique forme,
Où l'obligation se consent et se forme,
Soit dans un autre titre, et depuis contracté
De même sous le sceau de l'authenticité,
On énonce avec soin et même on spécifie
La situation à la nature unie
De chaque immeuble alors, au débiteur, acquis
Sur lequel il entend et veut que soit assis
Le droit hypothécaire affectant la créance.
Tous et chacun des biens qu'il a dans sa puissance
Au moment actuel, peuvent légalement
Se voir hypothéqués nominativement.

Les biens que l'avenir promet et qu'on espère
Ne peuvent se soumettre au droit hypothécaire.

2130. Si, néanmoins, les biens et libres et présens
Du débiteur lié, ne sont pas suffisans
Pour mettre en sûreté l'objet de la créance,
En faisant mention de cette circonstance,
Il peut légalement d'avance consentir
Que tout bien qu'il pourra, dans la suite, acquérir
Y demeure affecté de plein droit, à mesure
Que par lui des achats viendront à se conclure.

2131. De même; si l'immeuble ou plusieurs pareils biens,
Présens, que l'hypothèque enferme en ses liens,

TITRE XVIII. Des Priviléges et Hypothèques.

Viennent à dépérir, ou que, par l'influence
De dégradations, fruit de la négligence,
Ils ne présentent plus un gage sûr, entier,
Qui puisse garantir les droits du créancier,
De son remboursement celui-ci, sans attendre,
Peut poursuivre l'effet, ou de plein droit prétendre,
Pour son droit d'hypothèque, un juste supplément.

2132. L'hypothèque ne vaut, par un engagement,
Qu'autant que le contrat énonce et spécifie
La somme pour laquelle on l'aura consentie :
Si la dette naissant de l'obligation
Dépend, pour exister, d'une condition,
Ou que, dans sa valeur, elle soit indécise,
Le créancier ne prend l'inscription requise,
Et dont on doit parler ultérieurement,
Que jusqu'à la valeur dont par lui justement
Une estimation sera déterminée,
Et l'indication expressément donnée ;
Sans préjudicier au droit du débiteur
Qui sera toujours sûr d'obtenir la faveur
D'exercer sa critique et la faire réduire,
Si quelque circonstance à ce but peut conduire.

2133. Une hypothèque acquise enveloppe en ses nœuds
Ce qui peut augmenter, rendre plus précieux
Tout immeuble soumis au droit hypothécaire.

SECTION IV.

Du rang que les Hypothèques ont entre elles.

2134. Entre les créanciers, légal, judiciaire,
Ou conventionnel, un tel droit n'a de rang
Qu'à compter du jour même où le créancier prend
L'acte d'inscription consignée aux regîtres
Par le conservateur, gardien de ces titres,
Dans le mode conforme aux dispositions
Prescrites par la loi, sauf les exceptions
Que va développer l'article qui va suivre.

2135. L'hypothèque commence et la loi la fait vivre,
Même indépendamment de toute inscription,
  Au profit de tous ceux dont l'interdiction
Ou la minorité provoquent la tutelle,
Du jour qu'est accepté le rôle qu'elle appelle,
Sur tout immeuble acquis à leur tuteur élu,
A raison du devoir à ses soins dévolu;
  Au profit de la femme, à la date précise
Du jour que de l'hymen la pompe solemnise,
A raison de sa dot et des conventions
Que forment du contrat les stipulations,
Sur les biens dont l'époux est le propriétaire.
  La femme ne jouit du droit hypothécaire,
Pour les deniers dotaux venus en son pouvoir,
Ou de successions qui lui peuvent échoir,
Ou de dons qu'on lui fait pendant le mariage,
Qu'à commencer du jour où s'ouvre l'héritage,
Ou du jour où les dons se sont vus accomplir.

TITRE XVIII. *Des Priviléges et Hypothèques.*

Quant à l'indemnité qui lui peut revenir
Soit pour la dette, entre elle et son mari, commune,
Soit pour remploi des biens de sa propre fortune
Dont elle a pu souffrir l'aliénation,
L'hypothèque ne peut avoir une action
Qu'à commencer du jour où put naître la dette,
Ou du jour reconnu que la vente s'est faite.

Au reste, en tous les cas, la disposition
Dont l'article présent contient la mention,
Ne pourra nullement apporter préjudice
A tous les droits acquis aux tiers avec justice,
Avant qu'au présent titre, avec solemnité,
Il ait été donné de la publicité.

2136. Toutefois les maris doivent faire connaître,
Ainsi que les tuteurs, les droits qui peuvent être
Hypothécairement, sur leurs biens, obtenus;
Ils sont, à cet effet, sans nul délai, tenus
De prendre inscription aux bureaux ordinaires
Sur les biens dont ils sont déjà propriétaires,
Et sur ceux que pourra leur donner l'avenir.

Les maris, les tuteurs qui, sans s'assujétir
A la règle qui vient de leur être prescrite,
Auraient, soit consenti, soit laissé prendre ensuite
Un droit hypothécaire ou privilégié,
Sur l'immeuble déjà formellement lié
Sous le joug absolu du droit hypothécaire
Qu'aux femmes, aux mineurs, la loi même confère,
Sans faire expressément la déclaration
Qui pourrait présenter leur situation,
Par le stellionat aux lois portant atteinte,
Peuvent, même par corps, éprouver la contrainte.

2137. Ici la loi commande, en exprimant ses vœux,
Aux subrogés tuteurs un devoir rigoureux ;
Ils doivent le remplir sous une garantie
Qui leur est personnelle et même assujétie
Au paîment, de leur chef, de toute indemnité ;
C'est celui de veiller avec sévérité
A ce que, strictement et sans nulle remise,
Sur les biens du tuteur, l'inscription soit prise,
Pour raison de ses soins et de sa gestion,
Même de procéder à cette inscription.

2138. Si les inscriptions que l'on a remarquées
Aux nombres précédens, ne sont point provoquées
Par le mari, tuteur ou tuteur subrogé,
En réparation d'un devoir négligé,
L'acte en sera requis à la poursuite utile
Du procureur du prince aux lieux du domicile
Qu'on pourra reconnaître aux tuteurs et maris,
Ou des lieux où les biens se trouveront assis.

2139. A ces inscriptions, si le cas le réclame,
Les parens du mari, les parens de la femme,
Les parens du mineur, à défaut, ses amis,
Peuvent donner des soins qui sont toujours admis :
La femme, le mineur, d'une manière égale,
Peut aussi requérir l'inscription légale.

2140. Lorsque, dans le contrat où l'hymen est conclu
Par les futurs majeurs il sera résolu
Que, des biens du mari, de certaines parties
A des inscriptions seront assujéties,
Les autres biens, qu'alors on n'a pas indiqués,
Sont libres et jamais ne sont hypothéqués

Titre XVIII. *Des Priviléges et Hypothèques.*

Pour la dot de la femme et tout autre avantage
Que pourrait contenir l'acte de mariage.
Mais la loi n'admet point la stipulation
Que l'on ne pourra prendre aucune inscription.

2141. Aux fonds immobiliers que le tuteur possède,
S'applique également la règle qui précède,
Lorsqu'a délibéré le conseil des parens
Que certains de ces biens serviraient de garans,
Et, de l'inscription, seraient seuls susceptibles.

2142. Aux deux cas que la loi vient de rendre admissibles,
Les maris, les tuteurs, les tuteurs subrogés,
Pour remplir leurs devoirs, ne seront obligés
Qu'à prendre inscription sur les biens en partie
Dont l'indication se verra consentie.

2143. En nommant le tuteur, si l'on n'a pas restreint
L'hypothèque et le droit dont il peut être atteint,
Et lorsque, de ses biens, liant la masse entière,
La généralité du droit hypothécaire
Excède évidemment la juste caution
Qui pourrait garantir ses faits de gestion,
Le tuteur est admis à le faire réduire
Aux immeubles jugés capables de suffire
A donner au mineur, de son indemnité,
Si le cas le requiert, la pleine sûreté.
Lorsque, pour cet effet, la demande est portée,
Du subrogé tuteur la personne est citée ;
Un avis de famille est requis dans ce cas,
Et, de cette action, forme le premier pas.

2144. Quand la femme y consent, sur l'avis préalable

Qu'en conseil de famille, énonce, en cas semblable,
Une réunion de quatre des parens
A la femme liés dans les plus proches rangs,
Le mari peut aussi demander qu'on réduise
La généralité de l'hypothèque assise
Sur ses propriétés, pour conservation
De sa dot et de toute autre convention
Qu'en l'acte nuptial, pour elle on put souscrire,
Aux immeubles jugés en état de suffire
A garantir ses droits dans leur intégrité.

2145. Pour les maris, tuteurs, tout jugement porté,
Quand, en semblable cas, ils font une poursuite,
Ne peut être jamais prononcé qu'à la suite
Des observations de l'agent de l'état,
Contradictoirement avec ce magistrat.
Lorsque le tribunal juge que des limites,
Au droit trop étendu, doivent être prescrites,
Ce droit frappant alors des biens déterminés,
Les autres à l'instant cessent d'être enchaînés,
On raye à cet égard les inscriptions prises.

CHAPITRE IV.

Du Mode de l'inscription des priviléges et hypothèques.

2146. Toutes inscriptions doivent être requises
Et se faire au bureau de conservation,
Dans son cercle embrassant la situation
Des biens immobiliers qui forment la matière
D'un droit de privilége ou droit hypothécaire.

TITRE XVIII. *Des Priviléges et Hypothèque.*

Prises dans le délai par la loi limité,
Où constamment un vice, emportant nullité,
Frappe l'engagement fait avant la faillite,
Elles ne peuvent point avoir aucune suite,
Et doivent demeurer sans exécution.

Entre les créanciers d'une succession,
L'inscription est nulle, alors que la mesure
N'est prise par l'un d'eux que depuis l'ouverture,
Et dans la circonstance où l'on n'ait accepté
Que d'après inventaire et son mode usité.

2147. Les créanciers inscrits dans la même journée
Ont tous concurremment la même destinée,
L'hypothèque de tous date du même instant :
On ne distingue point, fût-il même constant
Que des inscriptions, le matin, furent prises,
Que d'autres seulement, le soir, furent requises,
Et le conservateur, pour être plus exact,
Eût-il fait mention d'un pareil résultat.

2148. Pour que légalement l'inscription soit prise,
Le créancier, ou bien le tiers qu'il autorise,
Doit mettre sous les yeux de l'administrateur
Qui, des droits d'hypothèque, est le conservateur,
La minute en brevet, ou copie authentique
De jugement, ou d'acte ou de pièce publique
De qui le privilége est né valablement,
Ou, du droit d'hypothèque, utile fondement.

Un double bordereau doit aussi se produire ;
Sur du papier timbré tous deux doivent s'écrire ;
Sur l'expédition du titre offert, l'un d'eux
Peut avoir une place ; ils contiennent tous deux,
—Du créancier, les nom, prénom, le domicile

Et la profession, quand il se rend utile
Et qu'il en exerce une, outre l'élection
D'un nouveau domicile, en un lieu, portion
De l'arrondissement que le bureau limite;
— Du débiteur, les nom, prénom, lieu qu'il habite,
Le nom, s'il est connu, de sa profession,
Ou, de l'individu la désignation
Tellement spéciale et tellement expresse
Que le conservateur clairement reconnaisse
Quel est le débiteur d'hypothèque grevé;
— La nature et le jour du titre conservé;
— Le fonds en capital des créances formées
Qui peuvent se trouver dans le titre exprimées,
Ou dont l'inscrivant fait l'évaluation,
Lorsqu'il s'agit de rente et de prestation,
Ou s'il s'agit de droits qui paraîtraient dépendre
De quelque événement, ou que pourrait suspendre
Une condition, ou qui ne seraient pas
Fixes, déterminés, seulement dans les cas
Où, par la volonté de quelque loi précise,
L'évaluation pourrait être requise;
On y doit ajouter l'aperçu du montant
Qui, de ces capitaux, naît accessoirement,
De même que l'époque où, de chaque créance,
L'exigibilité se montre et prend naissance;
— Une indication qui distingue les biens
Sur lesquels on entend conserver les liens
Formés par l'hypothèque ou par le privilége,
En fixant de ces biens et l'espèce et le siége.

 Ce dernier point n'est pas une formalité
Que l'on doive remplir avec nécessité,
Quand, par la seule loi, l'hypothèque s'opère,

Ou que, par sa nature, elle est judiciaire :
Dans ces cas, à défaut d'une convention,
Bien qu'isolément pris, l'acte d'inscription,
A tous immobiliers renfermés dans l'enceinte
De l'arrondissement du bureau, porte atteinte.

2149. Quant aux biens du défunt, s'il naît l'occasion
De les assujétir par une inscription,
Un acte suffisant valablement s'opère
En faisant du défunt une mention claire,
Ainsi que le prescrit l'article antérieur
Quand il faut désigner quel est le débiteur.

2150. Le préposé de suite au regître confie,
Du double bordereau la fidèle copie,
Et remet à qui fait la réquisition,
L'original du titre, ou l'expédition
Et l'un des bordereaux ; il atteste à sa suite
Que, par ces soins remplis, la créance est inscrite.

2151. Le créancier inscrit pour un fonds principal
Qui produit arrérage ou l'intérêt légal,
Peut être, seulement pour une double année,
Et pour celle qui court et n'est pas terminée,
Placé, pour l'hypothèque, au semblable degré
Qu'il s'est en inscrivant pour son fonds assuré ;
Sauf à ce créancier que son droit autorise,
Par une inscription successivement prise
Emportant hypothèque, à partir seulement
De sa date, à couvrir ultérieurement
Tout arrérage échu qu'au droit hypothécaire
N'a pas assujéti l'inscription première.

2152. Lorsque le créancier a pris inscription,
Il peut, ou celui qui, par une cession
Authentiquement faite, ou sous un autre titre,
Est son représentant, changer sur le regitre
Que tient le préposé son domicile élu;
Mais, dans ce cas, au choix d'un autre il est tenu,
Sans pouvoir du bureau jamais franchir l'enceinte.

2153. Tous les droits d'hypothèque offrant la pure empre
De la loi qui la forme, en faveur de l'état,
Ou bien d'une commune, ou dont le résultat
Peut avoir pour objet les créances civiles
Des établissemens, pour le public, utiles,
Sur les biens d'un comptable, et les droits d'un mineur,
Ou ceux d'un interdit, sur les biens d'un tuteur,
Enfin les mêmes droits des femmes mariées,
Sur ceux au sort desquels l'hymen les a liées,
Seront avec valeur inscrits, en produisant
Un double bordereau contenant seulement,
— Du créancier, le nom, le prénom, l'art utile
Ou la profession, son réel domicile,
Et celui que lui-même ou son représentant
Est tenu de choisir dans l'arrondissement;
— Du débiteur, les nom, prénom, état, demeure,
Ou désignation qu'aucun doute n'effleure;
— La nature des droits qui sont à conserver,
Et le montant auquel ils peuvent s'élever,
Quand les objets en sont d'une valeur certaine;
De ce dernier devoir s'évanouit la gêne,
Si ces mêmes objets sont, soit éventuels,
Soit indéterminés, soit conditionnels.

2154. Par ces inscriptions ainsi déterminées,

Titre XVIII. *Des Priviléges et Hypothèques.*

Privilége, hypothèque ont, durant dix années,
Un sûr maintien, du jour où naît l'inscription;
Cet effet cesse, alors que, par omission,
La même inscription n'est pas renouvelée,
Avant, de ces dix ans, la mesure écoulée.

2155. Les légitimes frais nés de l'inscription
Sont, pour le débiteur, une obligation,
Si l'on n'est point lié par un pacte contraire ;
Par l'inscrivant l'avance, au reste, doit s'en faire,
Excepté dans les cas où le conservateur
Exerce son recours contre le débiteur,
Comme lorsqu'il s'agit d'une hypothèque assise
En vertu de la loi qui la caractérise.
Pour la transcription que requiert le vendeur,
Les frais en sont toujours un poids pour l'acquéreur.

2156. Contre les créanciers, l'action qui peut naître
Pour fait d'inscription, doit légalement être
Portée au tribunal qui sera compétent;
L'exploit leur est donné soit personnellement,
Soit aux lieux indiqués pour dernier domicile
Dont le regître doit tenir la note utile;
Et toujours il sera même ainsi procédé,
Bien que le créancier se trouve décédé,
Ou que vienne à mourir la personne entremise
Chez qui l'élection de domicile est prise.

CHAPITRE V.

De la Radiation et Réduction des inscriptions.

2157. Pour annuler l'effet qui suit l'inscription
Et pour en obtenir la radiation,
Il faut se procurer un aveu préalable
De tout intéressé, pour le donner, capable,
Ou qu'en dernier ressort un jugement rendu,
Ou, de chose jugée, acquérant la vertu,
A l'accomplissement d'un tel droit, autorise.

2158. Dans les deux cas, celui par lequel est requise
La radiation, remet à l'employé,
Pour que, dans son bureau, le titre soit rayé,
Une expédition du contrat authentique
Légalement reçu par personne publique,
Portant, du créancier, libre consentement,
Ou, dans la même forme, extrait du jugement.

2159. La radiation qui n'est pas accordée
Par un consentement, doit être demandée
Au tribunal du lieu du régime établi
Où, de l'inscription, le fait s'est accompli,
A moins que, toutefois, l'inscription formée
N'ait eu le juste but, quand on l'a réclamée,
D'assurer un objet de condamnation
Que l'on n'a pu fixer avec précision,
Ou sur qui l'avenir peut avoir influence,
Et que, sous ce rapport, il n'existe une instance
Soumise au jugement d'un autre tribunal,
Entre le débiteur que charge un poids fatal,

TITRE XVIII. *Des Priviléges et Hypothèques.*

Et celui qui prétend exercer sa créance :
Du tribunal saisi, dans cette circonstance,
La demande formée en radiation,
Directe, ou renvoyée, est l'attribution.
  Lorsque le créancier, le débiteur conviennent
De porter ces débats, lorsqu'entre eux ils surviennent,
Devant un tribunal par leur choix adopté,
Ce pacte, néanmoins, doit être exécuté :
Du vœu des contractans la loi se rend garante.

  2160. Les tribunaux, d'après cette loi prévoyante,
Sont tenus d'ordonner la radiation,
Lorsque la faculté de prendre inscription
N'est point, ni sur la loi, ni sur titre appuyée,
Ou lorsque la mesure est requise, employée
D'après un titre nul, ou détruit, ou soldé,
Ou quand, par le moyen d'un légal procédé,
Du privilége, ou bien du droit hypothécaire,
Dans un sens absolu l'extinction s'opère.

  2161. Quand les inscriptions que prend un créancier
Qui, fondé sur la loi, pourrait les appuyer
Sur les biens que possède ou qu'aura dans la suite
Le débiteur lié, sans aucune limite,
Atteignent beaucoup plus d'immeubles différens
Qu'il n'en faut pour servir de solides garans
Aux obligations, celui-ci peut prétendre
A les faire réduire, où son droit peut s'étendre
Jusques à demander la radiation
De la part s'écartant de la proportion.
  Quant à la compétence, on suit la règle même
Que le Code a prescrite au nombre pénultième.

Quand l'hypothèque naît d'une convention,
Elle n'est point soumise à la réduction.

2162. Dans les inscriptions qui, sur plusieurs domaines
Etendent à la fois la rigueur de leurs chaînes,
Il existe un excès qui n'est jamais douteux,
Quand la valeur de l'un ou de quelques-uns d'eux,
De plus d'un tiers, en fonds qui sont libres, surpasse
Le montant calculé des créances en masse
Que peuvent composer leurs divers capitaux,
En les accompagnant d'accessoires légaux.

2163. L'inscription peut être également réduite
Pour cause de l'excès, quand elle est introduite
D'après le seul calcul que fait le créancier
D'un droit qu'on n'a pas pris le soin d'apprécier
Par des conventions, pour régler la mesure
De l'hypothèque à prendre, ou qui, par sa nature
Que rien n'a pu changer, est, soit éventuel,
Soit indéterminé, soit conditionnel.

2164. Par le juge, en ce cas, d'après les circonstances,
La probabilité des différentes chances,
Et les présomptions qui découlent des faits,
S'examine, s'estime et s'arbitre l'excès :
On laisse au créancier tout son droit vraisemblable,
On laisse au débiteur le crédit raisonnable
Qu'on peut lui conserver, sans, néanmoins, bannir
Toute autre inscription qui se peut établir
Avec une hypothèque au jour qu'elle est datée,
Quand, par l'évènement, la créance arrêtée
Et fixant désormais le sort du débiteur,
D'une somme plus forte offrira la valeur.

2165. Des biens immobiliers la valeur comparée
Avec celle des droits de créance assurée,
Outre le tiers en sus, doit contrebalancer
Quinze fois le produit que pourrait énoncer
La matrice du rôle où s'inscrit et s'opère
La contribution que l'on nomme foncière,
Ou que peut indiquer la cotisation
Sur le rôle ou cahier de contribution,
Dans la proportion que l'on peut reconnaître
Au lieu de la commune où les biens peuvent être,
Entre cette matrice ou cote et le produit,
Pour l'immeuble à l'abri du sort d'être détruit,
Et dix fois seulement une valeur égale,
Pour l'immeuble qu'attend cette chance fatale.
Le juge, néanmoins, peut encor consulter
Tous les renseignemens qui peuvent résulter,
Soit des baux non suspects, soit des états sincères,
Ou des procès-verbaux muets dépositaires
D'une estimation faite précédemment
Dans un temps n'offrant pas un grand éloignement,
Soit enfin de tout acte à ces premiers semblable,
Et régler le produit d'une manière stable,
En tenant le milieu parmi les élémens
Que peuvent lui fournir de tels renseignemens.

CHAPITRE VI.

De l'Effet des priviléges et hypothèques contre les tiers détenteurs.

2166. Quand, pour les créanciers, un immeuble est le siége
D'une hypothèque inscrite ou bien d'un privilége,

En quelques mains qu'il passe, ils suivent cet objet,
Pour être colloqués et voir leur paîment fait,
Selon l'ordre direct de leurs droits de créance,
Ou des inscriptions prises en conséquence.

2167. Si le tiers détenteur omet de recourir
Aux formes que la loi va bientôt établir
Dans les nombres suivans, pour asseoir sur sa tête,
De sa propriété la liberté complète,
En tant que détenteur et par le seul effet
De ces inscriptions, il demeure sujet
A tous les droits naissans de dette hypothécaire,
Et, quand par des délais le paîment se diffère,
Que des termes fixés peuvent encor courir,
Comme le débiteur, il a droit d'en jouir.

2168. Le même détenteur, dans cette circonstance,
Est tenu de payer, sans nulle résistance,
Intérêts, capitaux que l'on peut exiger,
Quel qu'en soit le montant, ou l'on peut l'obliger
A délaisser l'objet que l'hypothèque engage :
Nulle réserve alors ne devient son partage.

2169. Lorsqu'entre ces partis, au lieu de faire un choix,
Le débiteur rebelle y résiste à la fois,
Appuyé sur le droit que l'hypothèque assure,
Sur lui, tout créancier peut prendre la mesure
De faire aliéner l'immeuble assujéti,
Trente jours écoulés, depuis qu'est averti
Par un commandement celui qui, sous la dette,
Originairement a pu courber la tête,
Et que le détenteur est sommé de choisir
De payer la créance, ou bien de déguerpir.

2170. Si le tiers détenteur qu'ainsi l'on inquiète,
En personne, n'est pas obligé pour la dette,
Du fonds hypothéqué qui, dans ses mains, fut mis,
A repousser la vente, il peut se voir admis,
Quand il est d'autres fonds que l'hypothèque engage
Pour la même créance, et qui sont le partage
D'un ou plusieurs de ceux qui, principalement,
Se sont assujétis par leur engagement,
Et, de plus, requérir que, dans un cas semblable,
Une discussion s'en fasse au préalable,
Dans la forme réglée antérieurement,
Au titre relatif au *cautionnement*.
Par la discussion, quand elle est obtenue,
Du fonds hypothéqué la vente est suspendue.

2171. On ne peut recourir à la discussion,
Lorsque le créancier est en possession
D'un droit de privilége établi sur la chose,
Ou qu'un droit spécial d'hypothèque y repose.

2172. Quant au délaissement par hypothèque admis,
A tout tiers détenteur, il peut être permis,
S'il n'est pas, de la dette, en personne, comptable,
Et que, d'aliéner, il se trouve capable.

2173. Il peut même être fait, bien que le détenteur
Reconnaisse la dette, ou même qu'en faveur
De celui qui poursuit, un jugement émane
Qui, sous ce titre seul, l'atteigne et le condamne :
De ce délaissement la licite action
N'empêche point qu'avant l'adjudication,
Le détenteur, payant les frais et la créance,
Ne puisse retenir l'immeuble en sa puissance.

2174. Lorsque, par hypothèque un immeuble est laissé,
Dans le dépôt du greffe un acte en est dressé,
Auprès du tribunal où, des biens, est l'assiette,
Et l'on obtient de lui cet acte sur requête.
Sur la pétition de chaque intéressé
Et du plus diligent, l'immeuble délaissé
Reçoit un curateur sur lequel on fait suivre
La vente de l'objet; elle doit se poursuivre
Dans la forme prescrite et propre à l'action
Qui doit accompagner l'expropriation.

2175. Les dégradations qui, tirant leur naissance
Du fait du détenteur ou de sa négligence,
Nuisent aux créanciers qui se trouvent munis
D'une hypothèque assise ou privilége acquis,
Enfantent contre lui l'action en dommage :
Mais il ne peut prétendre avec quelque avantage
Les impenses rendant le fonds plus précieux,
Qu'à raison seulement de ce qu'il en vaut mieux.

2176. Du fonds hypothéqué, les fruits qui peuvent naître
Dus par le détenteur, ne peuvent jamais l'être
Qu'à commencer du jour de la sommation
De faire le paîment ou de faire abandon,
Et, lorsque la poursuite, avant aucune issue,
Pendant trois ans se trouve ensuite interrompue,
A compter du moment où l'on a répété,
De la sommation l'acte nécessité.

2177. Avant que d'en jouir, de l'avoir en partage,
Si le tiers détenteur avait sur l'héritage
Des services fonciers et d'autres droits réels,

Quand, du délaissement la mesure est remplie,
Ou quand, du fonds sur lui la vente est accomplie.
 Ses propres créanciers, à la suite de ceux
Qui, de l'inscription, invoquèrent les nœuds
Contre le débiteur ancien propriétaire,
Exercent, à leur rang, leur droit hypothécaire
Sur l'immeuble échappé de sa possession,
Ou dont il a souffert l'adjudication.

2178. Quand le tiers détenteur s'acquitte de la dette,
Au droit que l'hypothèque accompagne, sujette,
Ou qu'il consent, du bien, la dépossession,
Ou qu'il en souffre enfin l'expropriation,
Il exerce un recours, dans la forme légale,
Contre celui qui fit la dette principale.

2179. Quand le tiers détenteur, à sa propriété,
Veut, en payant le prix, rendre la liberté,
Il suit les règlemens qui, dans le présent titre,
Se trouvent établis au huitième chapitre.

CHAPITRE VII.

De l'Extinction des priviléges et hypothèques.

2180. Le droit, au privilége, à l'hypothèque, uni,
Désormais sans effet, se trouve évanoui,
 Quand l'obligation principale est détruite,
 Lorsque, de l'hypothèque, à son égard, produite,
Le libre créancier abdique la faveur,
 Quand on a vu remplir par le tiers détenteur
Et les conditions et la forme requise,

Pour affranchir la chose, à son profit, acquise,
    Quand s'achève le cours de la prescription.
    Par ce dernier moyen, la libération
S'acquiert au débiteur, quant aux biens qu'il possède,
Par l'espace écoulé de ce temps d'où procède,
Ou pour le privilége, ou pour toute action
Emportant hypothèque, une prescription.
    Quant aux biens dont le tiers se trouve en jouissance,
De la prescription il acquiert la puissance
Par l'espace de temps qui peut, à son profit,
De la propriété, rendre le droit prescrit :
Si la prescription suppose l'existence
D'un titre qui la fonde, elle ne prend naissance
Que du jour où, du titre, on transcrit la teneur
Au bureau dirigé par le conservateur.
    Malgré l'inscription qu'un créancier peut prendre,
Nulle prescription ne peut se voir suspendre
Dans son cours, quand la loi l'établit en faveur
Ou de celui qui doit, ou du tiers détenteur.

CHAPITRE VIII.

Du Mode de purger les propriétés des priviléges et hypothèques.

2181. Tout acte, tout contrat dont la force transfère
Ou la propriété de chose immobilière,
Ou bien celle d'un droit réel immobilier,
Que le tiers détenteur désire délier
Du droit de privilége et droit hypothécaire,
Est transcrit en entier par le dépositaire

Titre XVIII. *Des Privilèges et Hypothèques.*

Gardien de ces droits, au bureau qui comprend
Les biens dont il s'agit dans l'arrondissement.
 Un regître tenu pour cet unique usage,
De la transcription reçoit le témoignage;
Par le conservateur, à titre de garant,
Une reconnaissance est faite au requérant.

2182. On ne saurait purger les droits de privilége,
L'hypothèque et les siens, dont un fonds est le siége,
Quand le titre ou contrat de la propriété
Est simplement transcrit au regître cité.
 Qui vend ne peut jamais à l'acquéreur transmettre
Que la propriété dont il était le maître
Et les droits qu'il avait sur les objets vendus;
Il les livre toujours affectés et tenus
Du même privilége et droit hypothécaire
Dont il était grevé, comme propriétaire.

2183. Si le maître nouveau veut se mettre à l'abri
Des poursuites qu'on peut diriger contre lui,
D'après la faculté qu'offrent, au présent titre,
Les dispositions du sixième chapitre,
Il doit, soit même avant qu'il se trouve attaqué,
Soit dans le mois au plus, du jour fixe et marqué
De la sommation qu'il reçoit la première,
Faire notifier, avec un soin sévère,
Aux créanciers inscrits, aux lieux par eux élus
Dans leurs inscriptions, comme ils y sont tenus,
 — De son titre, l'extrait qui seulement rapporte
La qualité de l'acte et la date qu'il porte,
Le nom et ce qui peut désigner sûrement
Celui qui de la vente a pris l'engagement,

Ou bien a consenti la donation faite,
Que l'on veut affranchir alors de toute dette,
La situation, l'espèce de l'objet
Qui, de la vente, ou don, se montre le sujet;
Et, lorsqu'il peut s'agir d'un corps de bien en masse,
Le nom qui seulement en général embrasse,
Du domaine total la désignation,
Et celui du ressort de sa position,
Le prix, en ajoutant les charges de la vente
Qui font, du même prix, une part adhérente,
Ou, de l'objet donné l'évaluation,
S'il s'agit en effet d'une donation;
— Une expédition fidelle et concordante
De la transcription de son contrat de vente;
— D'une triple colonne, un tableau composé;
La première contient, dans son rang, disposé,
Le jour où l'hypothèque a pu se voir assise,
De même que celui de l'inscription prise;
Le nom des créanciers, dans la seconde, est mis;
Et la troisième enfin montre les droits inscrits.

2184. L'acquéreur, ou celui qu'on a fait donataire,
Dans l'acte précédent qu'il est tenu de faire,
Déclare en même temps qu'il est prêt à payer
Tout droit hypothécaire à chaque créancier,
Jusqu'à ce que, du prix, la somme soit remplie,
Sans que, d'aucun délai, le secours ne l'appuie,
Sans pouvoir distinguer, entre les divers cas,
Ce qui s'offre exigible ou ce qui ne l'est pas.

2185. Dans le délai fixé, lorsque, du nouveau maître,
Par l'exploit énoncé, le vœu s'est fait connaître,

Titre XVIII. *Des Priviléges et Hypothèques.*

Tout créancier muni de son inscription
Requiert avec succès l'adjudication
De l'immeuble alors mis aux publiques enchères,
Sous ces conditions strictement nécessaires :
— La réquisition doit se signifier
Au nouveau détenteur du bien immobilier,
Dans les quarante jours, seul délai, borne extrême,
A partir de l'exploit qu'il a donné lui-même ;
On y joint un jour double, autant de fois compté
Que le myriamètre, et cinq fois répété,
Peut mettre de distance entre le domicile
Elu du requérant et son réel asile ;
— Le créancier qui fait la réquisition
Y déclare souscrire à la soumission
De faire surpasser par autre, ou par lui-même,
D'une part égalant, pour le moins, le dixième,
Le prix que l'on aura, dans l'acte, stipulé,
Ou que le nouveau maître a lui-même réglé ;
— La réquisition ainsi spécifiée
Doit, dans le même temps, être signifiée
Au maître précédent, débiteur principal ;
— Cette double copie et l'acte original
Sont signés par celui qui réclame l'enchère,
Ou par le tiers auquel, dans ce cas, il confère
Un pouvoir spécial ; la procuration,
Par copie, entre alors dans la production ;
— D'un cautionnement, jusques à concurrence
Des charges et du prix, il offre l'assurance.
Le tout doit s'accomplir ; d'une formalité
La seule omission emporte nullité.

2186. Quand on n'a point requis, aux enchères, la mise,

Dans le délai prescrit, dans la forme permise,
Le prix que l'on aura, dans l'acte, stipulé,
Ou que le nouveau maître a lui-même réglé,
Est celui de l'immeuble et reste invariable ;
Le nouvel acquéreur, n'étant plus responsable,
S'acquitte entièrement, désormais délié
De tout droit d'hypothèque et privilégié,
En disposant du prix selon la préférence
Que, dans un ordre, peut avoir chaque créance,
Ou bien en consignant le montant de ce prix.

2187. Si, pour une revente, aux enchères est mis
Un immeuble vendu, les formes établies,
Sans nulle omission, doivent être suivies ;
Pour faire et valider l'expropriation
Qu'on appelle forcée, en opposition
A toute vente libre ; elles le doivent être
Soit par le requérant, soit par le nouveau maître.
  Aux affiches qu'alors on doit faire placer,
Celui qui veut poursuivre est tenu d'énoncer
Le prix, ou la valeur, au contrat insérée,
Ou, par le nouveau maître, à défaut, déclarée,
Avec le prix en sus auquel doit le porter
Le créancier lui-même, ou le faire monter.

2188. Outre le prix fixé de la dernière enchère,
Celui qui, de l'immeuble, est adjudicataire
Doit faire, de plein droit, la restitution
A l'acquéreur, ou bien à qui reçut le don,
Des frais et loyaux coûts du contrat ou du titre,
De la transcription sur le légal regître,
De ceux d'actes portant notification,

TITRE XVIII. *Des Priviléges et Hypothèques.*

Et de ceux de nouvelle aliénation,
Quand, pour y parvenir, ils en auront pu faire.

2189. Au cas où l'acquéreur, ou bien le donataire,
De l'immeuble enchéri, demeure possesseur,
Comme s'étant trouvé dernier enchérisseur,
Du jugement rendu pour l'adjudicataire,
Nulle transcription ne devient nécessaire.

2190. Quand la mise à l'enchère est, par un créancier,
Déjà requise, il fait en vain signifier
Qu'il entend renoncer à la poursuite à faire;
La revente publique également s'opère,
Lors même qu'il ferait la déclaration
De payer le montant de la soumission,
A moins que tout saisi d'un droit hypothécaire,
A ce désistement, expressément n'adhère.

2191. Au titre qui portait son acquisition,
Celui qui réunit l'adjudication,
A, contre le vendeur, d'un recours l'exercice,
Tel que peut l'exiger, de son droit, la justice,
Pour parvenir au but de se voir remboursé
De l'excédant du prix, par son titre, énoncé,
Comme de l'intérêt qu'il amène à sa suite,
Et qui compte du jour auquel il s'en acquitte.

2192. Si, du maître nouveau, le titre a rassemblé
Des meubles, des biens-fonds, le tout joint et mêlé,
Ou bien plusieurs objets d'espèce immobilière,
Les uns assujétis au droit hypothécaire,
Les autres affranchis de ces liens légaux,
Situés dans le même ou dans divers bureaux

De conservation, énoncés dans la vente
Pour un seul prix, ou bien pour somme différente,
Distincte pour chacun, et composant, ou non,
Le seul et même corps d'une exploitation,
De chaque immeuble atteint, dans les formes légales,
Par des inscriptions distinctes, spéciales,
Par le maître nouveau, le prix est déclaré;
Dans ce qu'il notifie, il doit être inséré,
Par ventilation, si le cas s'y rencontre,
Du prix universel que le titre démontre.

   Celui des créanciers qui veut surenchérir
Ne peut être jamais contraint de s'asservir,
Dans sa soumission, à la porter, l'étendre
Sur les biens mobiliers, ni, de même, à comprendre,
Dans l'acte, d'autres fonds que ceux qui sont livrés
Aux nœuds de l'hypothèque à ses droits consacrés,
Et qui sont situés dans la circonférence
D'un arrondissement : Dans cette circonstance,
Le donataire, ou bien le nouvel acquéreur
Exerce son recours contre son propre auteur,
Pour se faire allouer le montant du dommage
Que pourrait lui causer, soit l'imprévu partage
Des objets composant son acquisition,
Soit le retranchement de l'exploitation.

CHAPITRE IX.

Du Mode de purger les hypothèques, quand il n'existe pas d'inscription sur les biens des maris et des tuteurs.

2193. Ceux qui sont acquéreurs d'immeubles qu'aliènent
Les tuteurs ou maris, et qui, de leur chef, viennent,
Quand ces biens ne sont pas frappés d'inscription,
Soit contre les tuteurs, et pour leur gestion,
Soit contre les maris, pour la dot, les reprises,
Au contrat de l'hymen, à la femme promises,
Peuvent toujours purger les biens par eux acquis
Du droit hypothécaire auquel ils sont soumis.

2194. Pour atteindre à ce but, ils déposent copie
Dont la collation est dûment établie,
Du contrat constatant leur acquisition,
Dans les mains du greffier étant en fonction
Au tribunal civil juge en première instance,
Du lieu même où, des biens, se montre l'existence :
Ce dépôt doit par eux être certifié
Par le moyen d'un acte alors signifié
Tant à la femme, ou bien, quand le cas s'y réfère,
Au subrogé tuteur, qu'au public ministère.
Extrait de ce contrat, qui fait les mentions
De sa date, des noms, prénoms, professions
Des divers contractans, et de leur domicile,
Qui désigne le prix, toute autre charge utile,
De la vente conclue accessoires liens,
Ainsi que la nature et l'assiette des biens,

Est et reste attaché dans un lieu de la salle,
Siége du tribunal, pour deux mois d'intervalle :
Pendant que ce temps court, les femmes, les maris,
Tuteurs, leurs subrogés, les mineurs, interdits,
Les parens, les amis, le public ministère,
Ont droit de requérir, s'il devient nécessaire,
Et faire exécuter par le conservateur .
Toutes inscriptions qui gagnent la valeur,
Sur l'immeuble vendu, qu'elles auraient acquise,
Si la mesure utile en avait été prise
Le jour où le contrat a formé l'union,
Ou bien où le tuteur s'est mis en gestion ;
Sans préjudicier aux poursuites admises,
Comme on a vu plus haut, par le Code, permises,
Soit contre les tuteurs, soit contre les maris,
Dans le cas, où, par eux, ont été consentis,
Pour des tiers, quels qu'ils soient, des droits hypothécaire
Sans avoir déclaré que, déjà tributaires,
Les biens étaient l'objet d'un semblable lien,
Pour la tutelle, ou bien à raison de l'hymen.

2195. Lorsque, pendant le temps que le double mois du
D'aucune inscription n'intervient la mesure,
Pour les femmes, mineurs, ou pour les interdits,
A l'égard des biens-fonds par le contrat transmis,
L'acquéreur les retient avec pleine franchise,
A raison de la dot et de toute reprise
Compétente à la femme, ou de toute action
Que ferait, du tuteur, naître la gestion ;
Sauf le recours légal, dans les cas convenables,
A l'égard des maris ou tuteurs responsables.

Si, de l'inscription, le secours est requis

Pour les femmes, mineurs, ou pour les interdits,
Et si des créanciers antérieurs existent
Dont les inscriptions également subsistent,
Absorbant ou le prix dans sa totalité,
Ou du prix seulement certaine quotité,
Du prix, ou de la part du prix dont il s'acquitte
Envers les créanciers qu'un ordre utile invite
A recevoir de lui, de leurs droits, le paîment,
L'acquéreur est alors libéré justement ;
Et les inscriptions, du chef des femmes, prises,
Ou, du chef des mineurs, des interdits, requises,
Subissent, pour le tout, la radiation,
Ou jusqu'au point borné de la proportion.
. L'inscription, touchant la personne mineure,
La femme, ou l'interdit, est-elle antérieure ?
On ne peut, sur le prix de l'acquisition,
Faire un paîment qui nuise à cette inscription
Qui date du contrat où chaque époux se lie,
Comme on en a déjà vu la règle établie,
Ou du jour qu'à gérer commence le tuteur ;
Alors doit s'opérer, par le conservateur,
La radiation de l'inscription faite
Des autres créanciers, quand l'ordre la rejette.

CHAPITRE X.

De la Publicité des regîtres et de la Responsabilité des conservateurs.

2196. Chaque conservateur est tenu de fournir

Transcrit sur son regître, une copie exacte,
Et, des inscriptions qui peuvent subsister,
Un extrait qui soit propre à les représenter,
Ou le certificat qu'il n'en existe aucune.

2197. Il répond, aux dépens même de sa fortune,
Lorsque, sur son regître, ou des transcriptions
De titres relatifs à des mutations,
Ou des inscriptions, en son bureau, requises,
Ne laissent point de trace et se trouvent omises ;
Lorsqu'il vient à manquer, sur ce point, inexact,
De faire mention dans son certificat
De quelque inscription encore en existence,
A moins que son erreur, dans cette circonstance,
Ne vienne d'un défaut de désignation
Qui repousse de lui toute imputation.

2198. A l'égard d'un objet d'espèce immobilière,
Quand le conservateur vient à manquer de faire,
Dans ses certificats, l'expresse mention
De quelque charge ou droit qu'unit l'inscription,
Cet immeuble en demeure, et sauf la garantie,
Sur le conservateur, de droit, appesantie,
Affranchi dans les mains du possesseur récent,
Pourvu qu'il ait requis, pour lui, l'acte important
De son certificat, depuis que, de son titre,
Une transcription est portée au regître :
Sans que rien puisse tendre à préjudicier
Au droit légal acquis à chaque créancier
De faire reconnaître et placer sa créance
Dans l'ordre dont il peut avoir la jouissance,

TITRE XVIII. *Des Priviléges et Hypothèques.* 627

Ou qu'entre créanciers, l'ordre vérifié,
D'homologation, n'a pas reçu l'empreinte.

2199. Par une règle expresse et nullement restreinte,
Chaque conservateur tenu d'y procéder
Ne pourra refuser, ou même retarder
Ni la transcription d'un acte qui dispose
Que la propriété, sur un autre, repose,
Ni, des droits d'hypothèque, aucune inscription,
Ni, des certificats, une expédition ;
Autrement il répond des torts faits à partie :
Pour donner une base à cette garantie,
Procès-verbaux, requis par les intéressés,
Des refus ou retards, sur-le-champ sont dressés
Par le juge de paix, ou par le ministère
D'un huissier, quel que puisse être son caractère,
Ou bien par un notaire aidé de deux témoins.

2200. Tous les conservateurs sont forcés, néanmoins,
De tenir un regître où, jour par jour, s'inscrivent
Par ordre numérique, ordre constant qu'ils suivent,
Les remises, soit d'acte, afin qu'il soit transcrit,
Soit de tout bordereau qui doit se voir inscrit :
Sur un papier timbré, dans cette circonstance,
Le requérant obtient une reconnaissance ;
Du nombre du regître où, par l'inscription,
La remise est prouvée, elle fait mention ;
Et les conservateurs ne peuvent ni transcrire
Les actes translatifs de biens, ni même inscrire,
Aux regîtres tenus par eux, les bordereaux,
Qu'à la date et dans l'ordre auxquels, dans leurs bureaux,

2201. Tout regître dont peut être dépositaire
Chaque conservateur, est en papier timbré,
Et ce même regître, avant qu'il soit livré,
Est coté, paraphé par première et dernière,
Aux pages qui pourront former sa masse entière,
Par l'action d'un juge auprès des tribunaux
Dans le ressort desquels sont fixés les bureaux;
Chaque jour il s'arrête, et cette règle exacte
L'assimile avec ceux d'enregîtrement d'acte.

2202. Chaque conservateur est, dans ses fonctions,
Tenu de se soumettre aux dispositions
Que le présent chapitre, à leurs soins, recommande,
A peine d'encourir le paîment d'une amende
De deux cents francs à mille, alors que, de ces lois,
Il pourrait s'écarter une première fois;
Pour la seconde faute, il perdra l'exercice
D'un emploi qu'il aura souillé, sans préjudice
Du dédommagement du tort, aux tiers, porté;
Avant l'amende même, il doit être acquitté.

2203. Toutes les mentions du dépôt qui précède,
Et les inscriptions auxquelles on procède,
Pour le même motif, toutes transcriptions,
Au regître où l'on fait ces opérations
Qu'avec le plus grand soin la loi même désigne,
Sont faites sans nul blanc et sans nulle interligne;
Si le conservateur à ce point ne s'astreint,
De mille francs au double, une amende l'atteint;
Il est garant, au reste, et la loi le commande,
Des dommages causés, préférés à l'amende.

TITRE XIX.

De l'Expropriation forcée et des Ordres entre les créanciers.

CHAPITRE PREMIER.

De l'Expropriation forcée.

2204. Le créancier a droit de suivre l'action
Qui tend à consommer l'expropriation
Sur tout immeuble, ainsi que sur ses accessoires
Qui sont réputés tels, propriétés notoires
De celui qui lui doit, et sur tout usufruit
Dont, sur de pareils biens, ce débiteur jouit.

2205. En vente, néanmoins, ne saurait être mise,
La part qu'un héritier peut avoir indivise
Dans un immeuble, objet d'une succession ;
Ses propres créanciers n'ont pas cette action,
Si ce n'est que l'immeuble, éprouvant ou partage
Ou licitation, ne devienne leur gage ;
Ils peuvent provoquer ces opérations,
Ou bien faire accueillir leurs interventions,
D'après l'article huit cent quatre-vingt-deuxième,
Titre *Successions*, et chapitre sixième.

2206. L'immeuble d'un mineur, encor qu'émancipé,

Celui d'un interdit, ne peut être frappé
D'expropriation, avant que ne soit faite
Une discussion du mobilier complète.

2207. La loi ne requiert point cette discussion,
Avant de provoquer l'expropriation
De l'immeuble indivis se montrant le domaine
D'un majeur et d'un tiers que retient sous sa chaîne,
Soit la minorité, soit l'interdiction,
Si tous deux sont liés par l'obligation,
Ou si, contre un majeur, commença la poursuite,
Ou qu'avant ne fût point la personne interdite.

2208. L'expropriation qu'on a la faculté
De faire des biens-fonds de la communauté,
Contre le mari seul, doit être dirigée,
Même quand avec lui la femme est obligée.

A l'égard d'un tel bien dont la femme jouit,
Et qu'en communauté l'on n'a point introduit,
L'expropriation à-la-fois s'en réclame
Tant contre le mari qu'à l'égard de la femme;
Et si l'époux encore est en minorité,
Ou qu'en vain recourant à son autorité,
La femme soit par lui, dans ce cas, refusée,
En justice elle peut se voir autorisée.

Si la minorité les enchaîne tous deux,
Ou si la femme seule en éprouve les nœuds,
Quand le mari majeur, dans cette conjoncture,
Refuse son concours à cette procédure,
Le tribunal désigne à la femme un tuteur,
Dans la poursuite, alors, légal contradicteur.

TITRE XIX. De l'Expropriation forcée, etc.

Des biens-fonds sur lesquels il ne peut pas prétendre
Un droit hypothécaire, à moins que ceux des biens
Soumis en sa faveur à de pareils liens
Ne soient insuffisans pour acquitter la dette.

2210. Quand, en divers ressorts, les biens ont leur assiette,
On n'en peut provoquer l'expropriation
Que successivement, avec exception
Si des biens réunis la masse se renferme,
En entier, dans un seul et même corps de ferme.

La vente se poursuit devant le tribunal,
Dans le ressort duquel est le chef principal
De l'exploitation qui se trouve établie,
A défaut de chef-lieu, de ces biens, la partie,
D'un plus grand revenu, présentant l'intérêt;
La matrice du rôle aide à fixer ce fait.

2211. Lorsque les biens liés des nœuds hypothécaires,
Et ceux qui, de ces droits, ne sont pas tributaires,
Ou, dans divers ressorts, les biens disséminés,
Dans un seul corps de ferme existent enchaînés,
De chacun d'eux, la vente à-la-fois s'autorise,
Si, par le débiteur, elle est ainsi requise;
S'il y peut avoir lieu, la ventilation
Doit se faire du prix de l'adjudication.

2212. Par d'authentiques baux, quand le débiteur prouve,
Qu'en faisant le calcul pour une année, on trouve,
Dans le revenu net et libre de ses biens
Du genre immobilier, de suffisans moyens
Pour acquitter sa dette en somme capitale,
Et qu'on peut y puiser une ressource égale
Pour le paiment entier des intérêts et frais;

Et quand, au créancier, par un transport exprès,
Il offre d'en céder toute la jouissance,
Le juge peut alors montrer de l'indulgence ;
L'action sur les biens s'arrête et se suspend ;
Mais s'il peut survenir quelque obstacle au paiment,
Quelque opposition, elle est recommencée.

2213. On ne peut provoquer une vente forcée
De biens immobiliers, qu'autant qu'on est nanti
D'un titre exécutoire et qui soit garanti
Par l'authenticité, qu'en ce titre réside
Une dette à la fois et certaine et liquide.
Si la dette comprend des deniers seulement,
Non liquides encore, on peut également
Prendre tous les moyens d'entamer la poursuite,
Conformément aux lois, à la forme prescrite ;
Mais, dans un cas pareil, la liquidation
Doit toujours précéder l'adjudication.

2214. D'un titre exécutoire, aucun cessionnaire
N'a droit de provoquer la mesure sévère
De faire prononcer l'expropriation,
Qu'après qu'au débiteur, signification
Du transport d'un tel titre est légalement faite.

2215. Sans nul empêchement, la poursuite s'apprête,
Quand elle peut avoir pour base un jugement
Provisoire, ou porté définitivement,
Si, par provision, il est exécutoire,
Nonobstant, de l'appel, l'existence notoire ;
Mais on ne fait jamais l'adjudication
Qu'après un jugement dont la décision
Est, en dernier ressort, pleine et définitive,

Ou, de chose jugée, obtient la force active.
   La poursuite ne peut s'exercer en vertu
D'un jugement qui n'est que, par défaut, rendu,
Quand l'opposition peut encore être admise.

2216. On ne peut annuler la poursuite entreprise,
Sous le prétexte vain que le provocateur
Aurait pu commencer cet acte de rigueur,
Pour avoir le paîment d'une somme plus forte
Que le vrai résultat que sa créance porte.

2217. Avant de procéder à l'opération
Qui présente pour but l'expropriation
D'un bien immobilier, le créancier doit faire,
Par un acte d'huissier prêtant son ministère,
Une sommation de payer, à celui
Qui pourrait lui devoir, en personne ou chez lui.
   De ce commandement, la forme nécessaire,
Celles qui concourront à rendre régulière
L'expropriation, se trouvent dans la loi
Qui, de la procédure, a consacré l'emploi.

CHAPITRE II.

De l'Ordre et de la Distribution du prix entre les créanciers.

2218. Les différentes lois touchant la procédure
Gouvernent, par l'effet d'une juste mesure,
L'ordre entre créanciers, la distribution
Du prix des biens qu'atteint l'expropriation.

TITRE XX.

De la Prescription.

CHAPITRE PREMIER.

Dispositions générales.

2219. Dans la prescription, est un moyen licite
Ou d'acquérir soi-même, ou de se rendre quitte,
Par certain laps de temps, sous des conditions
Dont la loi doit régler les dispositions.

2220. A la prescription qui n'est pas établie,
On ne peut renoncer : quand elle est accomplie,
Des droits acquis par elle on peut ne pas user.

2221. Quand, à de pareils droits, on peut se refuser,
Le refus que l'on fait est exprès, ou tacite ;
Il est tacite, alors qu'il se montre la suite
D'un fait qui peut fonder la supposition
Qu'on fait, du droit acquis, un entier abandon.

2222. De vendre, aliéner, qui se trouve incapable
N'a point le droit de faire un abandon valable
Des droits qu'en prescrivant il a pu se créer.

2223. Jamais les magistrats ne peuvent suppléer
Officieusement le moyen que renferme
Une prescription dont est rempli le terme.

TITRE XX. *De la Prescription.*

2224. On peut, pour arrêter le cours d'une action,
Employer les moyens de la prescription,
Sans nul empêchement, en tout état de cause;
Même en la cour d'appel, justement on l'oppose,
Si ce n'est que celui qui n'aurait pas usé
D'un semblable moyen dûment autorisé,
Ne doive être censé, d'après la circonstance,
Avoir fait l'abandon d'une telle défense.

2225. Le créancier, ainsi que tout individu,
Ayant un intérêt justement prétendu
De faire déclarer prescription acquise,
L'oppose avec succès; la défense est admise
Sans contradiction, encore que celui
Qui doit, ou qui possède, en repousse l'appui.

2226. De la prescription, on ne peut faire usage
Dans ce que le commerce exclut de son partage.

2227. L'état, une commune, un établissement
D'utilité publique éprouvent constamment,
De la prescription, l'uniforme système,
Comme les citoyens, et l'opposent de même.

CHAPITRE II.

De la Possession.

2228. Ce qui caractérise une possession
Est ou la jouissance, ou la détention
D'une chose, ou d'un droit que je tiens, que j'exerce,
Quelle qu'en soit d'ailleurs la manière diverse,

Par moi-même, ou tout autre, en cette occasion,
Qui peut la détenir, ou l'exerce en mon nom.

2229. Pour qu'on puisse prescrire, il devient nécessaire
De posséder d'abord comme propriétaire ;
Il faut, en second lieu, que la possession
Ait un cours continu, sans interruption,
Et que ce cours enfin public, non équivoque,
N'ait été mélangé de trouble à nulle époque.

2230. Comme propriétaire, on est censé jouir,
Et pour soi-même, à moins qu'on ne puisse établir
Que la possession que nous disons la nôtre,
N'ait, par nous, dans le fait, commencé pour un autre.

2231. A jouir pour autrui, quand on a commencé,
Sous un semblable titre, on est toujours censé
Posséder et jouir de la même manière,
A moins qu'on en fournisse une preuve contraire.

2232. On ne peut appuyer une possession,
Ni fonder les moyens d'une prescription
Sur les actes divers qui n'offrent en substance
Que pure faculté, que simple tolérance.

2233. On ne peut pas non plus, à la prescription,
Donner pour fondement une possession
Dont on ne voit marquer l'illégale naissance
Que par des actes seuls empreints de violence.
Cette possession n'existe utilement
Que lorsqu'on a cessé d'agir violemment.

2234. L'actuel possesseur dont le titre dépose
Qu'il fut anciennement possesseur de la chose,

Titre XX. *De la Prescription.*

Se fonde avec succès sur la présomption
Qu'il eut également cette possession
Dans le temps écoulé dans l'intermédiaire,
Si l'on n'en fournit pas une preuve contraire.

2235. Pour compléter le cours de la prescription,
Il est permis de joindre à sa possession
Celle de son auteur, soit qu'on le représente
A titre lucratif, ou d'après une vente,
Soit qu'on ait pris sa place à titre général,
A titre singulier, à tout titre légal.

CHAPITRE III.

Des Causes qui empêchent la prescription.

2236. Qui jouit pour autrui ne peut jamais prescrire,
Et le temps le plus long ne saurait l'y conduire.
Ainsi celui qui n'est seulement que fermier,
Gardien d'un dépôt, ou bien usufruitier,
Et quiconque détient, sous un titre précaire,
Un objet dont un autre est le propriétaire,
De la prescription, n'obtiennent point l'effet.

2237. Les héritiers de ceux qui possédaient l'objet
Sous quelque titre inscrit au nombre qui devance,
De prescrire, non plus, n'ont aucune espérance.

2238. Ceux qu'on a, néanmoins, nommés précédemment
Aux deux nombres qu'ici suit l'article présent,
Peuvent prescrire, quand, au titre originaire
De leur possession, un changement s'opère,
Soit qu'un tiers en ait fait naître l'occasion,
Soit même que, par eux, une opposition

Soit venue élever une lutte contraire
Au droit revendiqué par le propriétaire.

2239. Celui qui peut tenir la chose ou d'un fermier,
Ou d'un dépositaire, ou d'un usufruitier,
Ou d'autres détenteurs sous un titre précaire,
Par un acte ou contrat dont la force confère
Le domaine direct de la propriété,
De prescrire l'objet, obtient la faculté.

2240. Jamais, contre son titre, on ne saurait prescrire,
En ce sens qu'on ne peut, pour soi-même, introduire
Une cause nouvelle, un principe étranger
A sa possession, qui puisse la changer.

2241. Prescrire envers son titre, en ce sens, est possible
Que, de prescription, se trouve susceptible,
Et légitimement, la libération
De la dette qui naît d'une obligation.

CHAPITRE IV.

Des Causes qui interrompent ou qui suspendent le cours de la prescription.

SECTION PREMIÈRE.

Des Causes qui interrompent la prescription.

2242. Une interruption naturelle ou civile,
De la prescription, suspend le cours utile.

2243. La nature accomplit cette interruption,
Alors qu'une personne, à la privation
De ce qu'elle détient, se trouve condamnée
Pendant un temps plus long que ne dure une année,

Titre XX. *De la Prescription.*

Soit par le fait d'un tiers, soit même par le fait
De l'ancien possesseur et maître de l'objet.

2244. Une citation en justice adressée,
Ou d'un commandement la mesure exercée,
Ou de quelque saisie un acte rigoureux,
Dans les formes de droit, signifiés à ceux
Que l'on a le dessein d'empêcher de prescrire,
De l'interruption ont le civil empire.

2245. Dans le bureau de paix, une citation
Interrompt les progrès de la prescription,
Du moment que la date en est mentionnée,
Pourvu que, sur sa trace, en justice donnée
Dans les délais légaux, une assignation
Devant le tribunal engage l'action.

2246. Devant un tribunal qui serait sans puissance,
Sous le rapport direct de son incompétence,
En justice donnée, une citation
Interrompra le cours de la prescription.

2247. Si l'assignation, dans les formes, est nulle,
Si, dès le premier pas, le demandeur recule,
Prompt à se désister de sa prétention,
S'il laisse périmer la contestation,
Ou si, par un rejet, sa demande est proscrite,
Une interruption ne fut jamais produite.

2248. Une reconnaissance, à la prescription,
Fait toujours éprouver une interruption,
Lorsque le débiteur ou celui qui possède,
De plein consentement à cet acte procède,
Et fait ainsi renaître un droit qu'il prescrivait,
En faveur de celui qui bientôt le perdait.

2249. L'interpellation, dans la forme enseignée
Aux nombres ci-dessus, faite et signifiée
A l'un des débiteurs que, solidairement,
Attache le lien de leur engagement,
Ou sa reconnaissance, arrêtent enchaînée,
De la prescription, la course ainsi bornée,
Contre les intérêts des autres débiteurs,
Et même, également, contre leurs successeurs.

L'interpellation, quand on la notifie
A l'un des héritiers du débiteur que lie
La solidarité, d'une interruption,
N'affecte point le cours de la prescription,
Contre les appelés à ce même héritage,
Quand même la créance offrirait pour son gage
L'hypothèque et ses droits, si l'obligation
Ne rend pas impossible une division.

L'interpellation, ou la reconnaissance,
De la prescription, dans cette circonstance,
N'interrompt le progrès, à l'égard de tous ceux
Qui, de l'engagement, doivent porter les nœuds,
Que pour la portion, par cet héritier, due.

Afin que, pour le tout, puisse être interrompue
Cette prescription, contre les débiteurs
Qu'un même engagement retient sous ses rigueurs,
L'interpellation doit se faire connaître
A ceux qui, du défunt débiteur, peuvent être
Chacun les héritiers, ou le droit prétendu,
Par tous ces héritiers, doit être reconnu.

2250. L'interpellation faite à celui que lie
Par un nœud principal, la dette consentie,
Ou sa reconnaissance, envers la caution,
Interrompent le cours de la prescription.

TITRE XX. *De la Prescription.* 643

CHAPITRE V.
Du Temps pour prescrire.

SECTION PREMIÈRE.
Dispositions générales.

2260. On doit compter par jour le temps propre à prescrire;
Les heures, au calcul, ne peuvent s'introduire.

2261. De la prescription, le droit est établi,
Lorsque le dernier jour du terme est accompli.

SECTION II.
De la Prescription trentenaire.

2262. Par le laps de trente ans, toute action réelle
Est prescrite de droit, comme la personnelle :
Il suffit simplement de l'allégation
De l'accomplissement de la prescription;
Du titre, le rapport n'est jamais exigible;
On ne peut regarder non plus, comme admissible,
Contre le prescrivant, aucune exception,
De sa mauvaise foi, pure déduction.

2263. Lorsqu'il s'est écoulé vingt-huit ans de la date
Du dernier document ou titre qui constate
Une rente créée, on peut avec succès
Contraindre qui la doit à fournir, à ses frais,
Un autre nouveau titre à celui que la rente
Peut concerner, ou bien à qui le représente.

2264. Les règles embrassant, sur la prescription,
D'autres objets que ceux dont il est mention
Dans le titre présent, se trouvent et s'expliquent
Sous les titres divers où ces objets s'appliquent.

Elle ne peut agir qu'après une option
Qu'elle tient de la loi sur l'acceptation,
Ou le refus des biens dont la masse commune,
Entre les deux époux, présente la fortune;

   Quand l'époux a vendu le bien appartenant
A la femme en entier, sans son consentement,
Et se trouve garant d'une vente pareille,
Et dans tout autre cas où la femme réveille
Une action qui peut, jusque dans ses succès,
Du mari compromis blesser les intérêts.

   2257. A la prescription, une barrière est mise,
   Alors qu'une créance incertaine est soumise
Au sort que peut avoir une condition,
Jusqu'au moment précis de l'exécution;

   Alors qu'une action consiste en garantie,
Jusqu'à ce qu'elle s'ouvre et que l'on justifie
De l'effet actuel qu'offre l'éviction;

   Alors que la créance ou l'obligation
Doit, à jour fixe, échoir, jusqu'à ce qu'il arrive.

   2258. De la prescription, la marche est inactive,
Contre tout héritier dont l'acceptation
Des biens appartenant à la succession
Est bénéficiaire, à l'égard de la dette
Qui, grévant de tels biens, en sa faveur fut faite.

   Alors qu'elle est vacante, une succession
N'échappe point au cours de la prescription,
Bien que, d'un curateur, elle soit dépourvue.

   2259. Sa marche également n'est point interrompue
Pendant que le délai de la loi peut durer,
Et pour faire inventaire et pour délibérer.

SECTION II.

Des Causes qui suspendent le cours de la prescription.

2251. La prescription court contre toute personne,
Si quelque exception que la loi même ordonne,
Contre elle, ne vient pas lui prêter sa faveur.

2252. Elle ne peut courir, ni contre le mineur,
Ni contre l'interdit, demeurant respectée
La disposition que l'on trouve portée,
Nombre deux mil deux cent soixante-dix et huit,
Et sauf l'exception que règle et qu'introduit,
Pour divers autres cas, quelque loi spéciale.

2253. Entre ceux qu'a liés la chaîne conjugale,
On méconnaît le cours de la prescription.

2254. Ce cours n'éprouve point une interruption
A l'égard de la femme, aux nœuds d'hymen soumise,
Bien que, par son contrat, ou par justice admise,
Il ne puisse exister de séparation,
Quant aux biens dont l'époux retient la gestion,
Sauf, contre ce dernier, sa juste garantie.

2255. On en voit, néanmoins, la course ralentie,
Pendant le mariage, alors qu'on s'est permis
L'aliénation d'un immeuble soumis,
Suivant l'article mil cinq cent soixante-unième
Du livre trois présent, sous le titre cinquième,
Au régime dotal et par lui protégé.

2256. Pendant que, sous l'hymen, on se trouve engagé,
Toute prescription est encor suspendue,
Quand, pour une action dont la femme est pourvue,

SECTION III.

De la Prescription par dix et vingt ans.

2265. Lorsque, par juste titre, et plein de bonne foi,
On acquiert un immeuble, on en prescrit pour soi,
Par dix ans écoulés, la propriété pleine,
Si celui qui, de droit, en a le vrai domaine,
Habite constamment dans le ressort fixé
Du tribunal d'appel où l'immeuble est placé,
Et par deux fois dix ans, si quelque domicile,
Etranger au ressort lui fournit un asile.

2266. Du vrai propriétaire, en divers temps, le sort,
Dans le ressort tantôt, tantôt hors du ressort,
A-t-il fait varier la demeure incertaine?
Pour rendre, dans ce cas, la prescription pleine,
Il faut joindre, aux dix ans de présence imparfaits,
Un nombre double d'ans, pour ces ans incomplets,
Et les compter ainsi parmi les ans d'absence,
Jusques au complément des dix ans de présence.

2267. Quant à la forme, nuls, titres sont impuissans
Pour la prescription de dix et de vingt ans.

2268. La bonne foi, gardant ses droits et son empire
Est toujours présumée ; et qui veut la détruire
Par l'allégation de la mauvaise foi,
Doit prouver qu'on a fait, de celle-ci, l'emploi.

2269. La bonne foi suffit, dès qu'elle est reconnue
Quand l'acquisition se forme et s'effectue.

2270. De plein droit, l'architecte et les entrepreneurs
Pour gros ouvrages dont ils furent directeurs,

TITRE XX. *De la Prescription.*

Ou qu'ils ont faits, sont hors de toute garantie,
Quand la dixième année est pleinement finie.

SECTION IV.

De quelques Prescriptions particulières.

2271. Des sciences et d'arts, maîtres, instituteurs,
Pour les leçons qu'au mois prennent leurs auditeurs,
 Hôteliers et traiteurs, pour toute fourniture
De l'habitation et de la nourriture,
Ouvriers, et tous ceux qui se sont destinés
Aux différens travaux qui leur sont ordonnés,
Pour le paiment des jours employés à les faire,
Pour ce qu'ils ont fourni, comme pour leur salaire,
 Sont tous assujétis à voir leur action
Eteinte, après six mois, par la prescription.

2272. Médecin, chirurgien, comme l'apothicaire
Pour les secours que peut prêter leur ministère,
Pour opérations et pour médicamens;
 Huissier, pour le salaire et les émolumens
Des actes, des exploits qu'il fait et signifie,
Et des commissions qu'à sa foi l'on confie;
 Marchand, pour les objets de négoce qu'il vend
A tout particulier non lui-même marchand;
 Maître de pension, pour prix auquel s'élève
La pension que doit lui payer chaque élève,
Autre maître, pour prix d'apprentissage fait;
 Le domestique à gages et qui, pour cet effet,
Consent à se louer pour une année entière,
Pour le prix convenu qui forme son salaire,
 Sont tous sujets, de même, à voir leur action
Eteinte, après un an, par la prescription.

2273. Pour salaires et frais, les actions qui suivent
Les droits des avoués, par deux ans, se prescrivent;
Ces deux ans sont comptés, à dater du moment
Que le procès subit la loi d'un jugement,
Ou depuis que la paix a, pour chaque partie,
En les conciliant, ramené l'harmonie,
Ou que, des avoués, la révocation
Aura pu recevoir son exécution.

Quant aux procès qui n'ont encor pas eu d'issue,
Toute action, pour eux, se trouve défendue,
A l'égard de leurs frais, salaires, déboursés,
Dont la date offrirait plus de cinq ans passés.

2274. Dans les cas ci-dessus, nul obstacle n'arrête,
De la prescription, le cours qui se complète,
Bien qu'on puisse prouver continuation
De service, travail, avance, livraison.

De la prescription, le cours alors ne cesse
Que par un arrêté de compte, une promesse,
Un acte obligatoire, ou par citation
En justice, à l'abri de la péremption.

2275. Ceux à qui, néanmoins, et pour les éconduire
De ces prescriptions, on oppose l'empire,
A ceux qui, de leur cause, en font le fondement,
Peuvent avec succès déférer le serment,
Sur le point de savoir si l'on est vraiment quitte,
Par un paîment réel, de la chose prescrite.

A la veuve, l'on peut déférer le serment,
On peut, de ce moyen, user également
Envers les héritiers, ou, s'ils sont en tutelle,
Envers ceux que leur charge, à les défendre, appelle,

TITRE XX. *De la Prescription.*

Pour les faire expliquer s'il n'est pas, d'eux, connu
Que l'objet répété peut encore être dû.

2276. Quand, par un jugement, l'affaire terminée,
Il s'écoule, depuis, une cinquième année,
Des pièces du procès, déchargé pleinement,
Le juge, l'avoué n'en est plus le garant.

L'huissier, après deux ans, du jour qu'est accomplie
Une commission, du jour qu'il signifie
Les actes différens dont il se voit chargé,
Pareillement en est, de plein droit déchargé.

2277. La rente viagère ou bien perpétuelle,
A titre d'alimens, une rente annuelle,
Pour les termes échus, de la prescription,
Par le laps de cinq ans, éprouvent l'action.

Des loyers des maisons, d'une ferme rurale,
Les prix dus sont prescrits d'une manière égale.

Cette prescription s'applique également
Aux intérêts des prêts, et généralement
A tout ce qui se doit acquitter par année,
Ou bien par période, en son cours, plus bornée.

2278. Toute prescription, dont il est mention
Aux articles compris dans cette section,
Court contre la personne interdite, ou mineure;
Mais envers son tuteur, un recours lui demeure.

2279. Possession vaut titre, en fait de mobiliers.
Pour celui, néanmoins, qu'un vol vient dépouiller
D'une chose, ou qui peut en éprouver la perte,
La répétition lui peut en être ouverte
Pendant trois ans entiers, à compter du moment
Que, de vol ou de perte, a lieu l'évènement,

Contre le détenteur actuel de la chose :
A son tour, celui-ci, pour une telle cause,
Exerce son recours contre l'individu
Dont il reçut l'objet, soit volé, soit perdu.

2280. Lorsque, de cet objet la personne nantie
Prouve qu'elle l'obtint d'une vente accomplie
Dans le lieu d'une foire, ou dans quelque marché,
Ou dans un lieu public, pour y vendre, affiché,
Ou d'un marchand d'objets de pareille matière,
Du meuble répété, le maître originaire
N'obtient, du possesseur, la restitution,
Qu'en lui payant le prix de l'acquisition.

2281. Toute prescription se trouvant commencée
A l'époque où sera légalement fixée,
De ce titre dernier, la publication,
Suit, des anciennes lois, la disposition.
Celle qui, néanmoins, dans cette circonstance,
A déjà, de son cours, signalé la naissance,
Et qui, pour l'achever, d'après l'ancienne loi,
De plus de trente ans même, exigerait l'emploi,
A compter du moment de l'époque établie,
Se verra par ce laps de trente ans, accomplie.

FIN.

TABLE DU CODE NAPOLÉON.

TITRE PRÉLIMINAIRE. *De la Publication, des Effets et de l'Application des Lois en général*....... page 1

LIVRE PREMIER.

DES PERSONNES.

TITRE I. *De la jouissance et de la privation des Droits civils*........................ 3

  CHAP. I. De la jouissance des Droits civils..... *ibid.*
  CHAP. II. De la privation des Droits civils.......... 5
    SECT I. De la privation des Droits civils par la perte de la qualité de *Français*.......... *ibid.*
    SECT. II. De la privation des Droits civils par suite des condamnations judiciaires............ 6

TIT. II. *Des Actes de l'état civil*.................. 10

  CHAP. I. Dispositions générales.............. *ibid.*
  CHAP. II. Des Actes de naissance............... 14
  CHAP. III. Des Actes de mariage............... 16
  CHAP. IV. Des Actes de décès................ 21
  CHAP. V. Des Actes de l'état civil concernant les militaires hors du territoire de l'Empire. 25
  CHAP. VI. De la rectification des Actes de l'état civil. 28

TIT. III. *Du Domicile*.......................... 29

TIT. IV. *Des Absens*........................... 31

    CHAP. I. De la Présomption d'absence......... *ibid.*
    CHAP. II. De la Déclaration d'absence........... 32
    CHAP. III. Des Effets de l'absence............... 33
        SECT. I. Des Effets de l'absence, relativement aux Biens que l'absent possédait au jour de sa disparition..................... *ibid.*
        SECT. II. Des Effets de l'absence, relativement aux Droits éventuels qui peuvent compéter à l'absent..................... 38
        SECT. III. Des Effets de l'absence, relativement au Mariage..................... *ibid.*
    CHAP. IV. De la Surveillance des Enfans mineurs du père qui a disparu............... 39

TIT. V. *Du Mariage*........................... 40

    CHAP. I. Des Qualités et Conditions requises pour pouvoir contracter mariage.......... *ibid.*
    CHAP. II. Des Formalités relatives à la célébration du mariage........................ 45
    CHAP. III. Des Oppositions au mariage........... 46
    CHAP. IV. Des Demandes en nullité de mariage.... 48
    CHAP. V. Des Obligations qui naissent du mariage. 53
    CHAP. VI. Des droits et des devoirs respectifs des époux........................... 55
    CHAP. VII. De la dissolution du mariage......... 58
    CHAP. VIII. Des seconds mariages............... *ibid.*

TIT. VI. *Du Divorce*........................... 59

    CHAP. I. Des causes du divorce................ *ibid.*

CHAP. II. Du divorce pour cause déterminée....... 60
   SECT. I. Des formes du Divorce pour cause déterminée .... *ibid.*
   SECT. II. Des mesures provisoires auxquelles peut donner lieu la demande en divorce pour cause déterminée................ 68
   SECT. III. Des fins de non-recevoir contre l'action en divorce pour cause déterminée.... 70
CHAP. III. Du divorce par consentement mutuel... 71
CHAP. IV. Des effets du divorce................ 77
CHAP. V. De la séparation de corps............ 80

TIT. VII. *De la Paternité et de la Filiation*.......... 81

   CHAP. I. De la Filiation des enfans légitimes ou nés dans le mariage................ *ibid.*
   CHAP. II. Des preuves de la Filiation des enfans légitimes........................ 83
   CHAP. III. Des Enfans naturels................ 86
      SECT. I. De la Légitimation des enfans naturels. *ibid.*
      SECT. II. De la Reconnaissance des enfans naturels. *ib.*

TIT. VIII. *De l'Adoption et de la Tutelle officieuse*.... 88

   CHAP. I. De l'Adoption..................... *ibid.*
      SECT. I. De l'Adoption et de ses effets........ *ibid.*
      SECT. II. Des Formes de l'Adoption........... 91
   CHAP. II. De la Tutelle officieuse............... 93

TIT. IX. *De la Puissance paternelle*............... 96

TIT. X. *De la Minorité, de la Tutelle et de l'Emancipation*.................................. 100

   CHAP. I. De la Minorité...................... *ibid.*

CHAP. II. De la Tutelle 100
    SECT. I. De la Tutelle des père et mère...... *ibid.*
    SECT. II. De la Tutelle déférée par le père ou la mère.......................... 102
    SECT. III. De la Tutelle des ascendans......... 103
    SECT. IV. De la Tutelle déférée par le conseil de famille...................... 104
    SECT. V. Du Subrogé Tuteur.............. 108
    SECT. VI. Des causes qui dispensent de la Tutelle. 110
    SECT. VII. De l'incapacité, des exclusions et destitution de la Tutelle............... 113
    SECT. VIII. De l'administration du Tuteur...... 115
    SECT. IX. Des comptes de la Tutelle......... 122
CHAP. III. De l'Emancipation.................. 123

TIT. XI. *De la Majorité, de l'Interdiction et du Conseil judiciaire*...................... 127

CHAP. I. De la Majorité.................. *ibid.*
CHAP. II. De l'Interdiction................ *ibid.*
CHAP. III. Du Conseil judiciaire............. 132

LIVRE II.

DES BIENS ET DES DIFFÉRENTES MODIFICATIONS DE LA PROPRIÉTÉ.

TIT. I. *De la Distinction des biens*................ 134

CHAP. I. Des Immeubles..................... *ibid.*
CHAP. II. Des Meubles....................... 137
CHAP. III. Des Biens dans leur rapport avec ceux qui les possèdent........................ 140

TIT. II. *De la Propriété*............................ 142

CHAP. I. Du Droit d'accession sur ce qui est produit par la chose...................... 143
CHAP. II. Du Droit d'accession sur ce qui s'unit et s'incorpore à la chose................ 144
   SECT. I. Du Droit d'accession relativement aux choses immobilières.................... *ibid.*
   SECT. II. Du Droit d'accession relativement aux choses mobilières...................... 149

TIT. III. *De l'Usufruit, de l'Usage et de l'Habitation.* 153

CHAP. I. De l'Usufruit........................ *ibid.*
   SECT. I. Des Droits de l'Usufruitier.......... *ibid.*
   SECT. II. Des Obligations de l'Usufruitier....... 158
   SECT. III. Comment l'Usufruit prend fin........ 163
CHAP. II. De l'Usage et de l'Habitation.......... 165

TIT. IV. *Des Servitudes ou Services fonciers*........ 167

CHAP. I. Des Servitudes qui dérivent de la situation des lieux........................ 168
CHAP. II. Des Servitudes établies par la loi....... 170
   SECT. I. Du Mur et du Fossé mitoyens......... 171
   SECT. II. De la distance et des ouvrages intermédiaires requis pour certaines constructions.. 176
   SECT. III. Des vues sur la propriété de son voisin. 177
   SECT. IV. De l'Egout des toits................. 179
   SECT. V. Du Droit de passage............... *ibid.*
CHAP. III. Des Servitudes établies par le fait de l'homme........................... 180
   SECT. I. Des diverses espèces de Servitudes qui peuvent être établies sur les biens... *ibid.*

SECT. II. Comment s'établissent les Servitudes... 182
SECT. III. Des Droits du propriétaire du fonds auquel la servitude est due............ 183
SECT. IV. Comment les Servitudes s'éteignent... 185

LIVRE III.

DES DIFFÉRENTES MANIÈRES DONT ON ACQUIERT LA PROPRIÉTÉ.

DISPOSITIONS GÉNÉRALES.................... 187

TIT. I. *Des Successions*....................... 189

CHAP. I. De l'ouverture des Successions et de la saisine des héritiers.................... *ibid.*
CHAP. II. Des Qualités requises pour succéder... 191
CHAP. III. Des divers Ordres de succession........ 193
SECT. I. Dispositions générales............. *ibid.*
SECT. II. De la Représentation.............. 195
SECT. III. Des Successions déférées aux descendans. 197
SECT. IV. Des Successions déférées aux ascendans. *ibid.*
SECT. V. Des Successions collatérales.......... 199
CHAP. IV. Des Successions irrégulières.......... 201
SECT. I. Des Droits des Enfans naturels sur les biens de leur père ou mère, et de la succession aux Enfans naturels décédés sans postérité..................... *ibid.*
SECT. II. Des Droits du conjoint survivant et de l'État................................ 204
CHAP. V. De l'Acceptation et de la Répudiation des successions........................ 206
SECT. I. De l'Acceptation................. *ibid.*

SECT. II. De la Renonciation aux Successions... 208
SECT. III. Du Bénéfice d'inventaire, de ses effets, et des Obligations de l'héritier bénéficiaire. 211
SECT. IV. Des Successions vacantes. 216
CHAP. VI. Du Partage et des Rapports........... 217
  SECT. I. De l'Action en partage et de sa forme.. *ibid.*
  SECT. II. Des Rapports................... 225
  SECT. III. Du Paiement des dettes........... 231
  SECT. IV. Des Effets du partage et de la garantie des lots....................... 235
  SECT. V. De la Rescision en matière de partage. 236

TIT. II. *Des Donations entre-vifs et des Testamens*.... 238

CHAP. I. Dispositions générales............... *ibid.*
CHAP. II. De la Capacité de disposer ou de recevoir par donation entre-vifs ou par testament. 240
CHAP. III. De la portion des Biens disponible, et de la réduction...................... 244
  SECT. I. De la portion de Biens disponible.... *ibid.*
  SECT. II. De la Réduction des donations et legs.. 246
CHAP. IV. Des Donations entre-vifs............. 250
  SECT. I. De la Forme des donations entre-vifs.. *ibid.*
  SECT. II. Des Exceptions à la règle de l'irrévocabilité des donations entre-vifs........... 256
CHAP. V. Des Dispositions testamentaires........ 261
  SECT. I. Des Règles générales sur la forme des testamens....................... *ibid.*
  SECT. II. Des Règles particulières sur la forme de certains testamens.............. 265
  SECT. III. Des Institutions d'héritier, et des Legs en général......................... 272

Sect. IV. Du Legs universel.................. 272
Sect. V. Du Legs à titre universel 275
Sect. VI. Des Legs particuliers............... 276
Sect. VII. Des Exécuteurs testamentaires...... 279
Sect. VIII. De la Révocation des testamens, et de leur caducité..................... 281
Chap. VI. Des Dispositions permises en faveur des petits-enfans du donateur ou testateur, ou des enfans de ses frères et sœurs... 285
Chap. VII. Des Partages faits par père, mère ou autres ascendans, entre leurs descendans. 293
Chap. VIII. Des Donations faites par contrat de mariage aux époux et aux enfans à naître du mariage...................... 294
Chap. IX. Des Dispositions entre époux, soit par contrat de mariage, soit pendant le mariage...................... 298

TIT. III. *Des Contrats ou des Obligations conventionnelles en général*...................... 301

Chap. I. Dispositions préliminaires............. *ibid.*
Chap. II. Des Conditions essentielles pour la validité des conventions...................... 303
Sect. I. Du Consentement.................. *ibid.*
Sect. II. De la Capacité des parties contractantes. 306
Sect. III. De l'Objet et de la Matière des Contrats. 307
Sect. IV. De la Cause...................... 308
Chap. III. De l'Effet des Obligations............ 309
Sect. I. Dispositions générales............. *ibid.*
Sect. II. De l'Obligation de donner.......... *ibid.*
Sect. III. De l'Obligation de faire ou de ne pas faire. 311

Sect. IV. Des dommages et intérêts résultant de l'inexécution de l'obligation 512
Sect. V. De l'Interprétation des conventions.. 514
Sect. VI. De l'Effet des conventions à l'égard des tiers. 516
Chap. IV. Des diverses espèces d'Obligations.... 517
   Sect. I. Des Obligations conditionnelles...... *ibid.*
     §. I. De la Condition en général, et de ses diverses espèces............................ *ibid.*
     §. II. De la Condition suspensive........... 520
     §. III. De la Condition résolutoire.......... 521
   Sect. II. Des Obligations à terme............ 522
   Sect. III. Des Obligations alternatives........ 523
   Sect. IV. Des Obligations solidaires.......... 525
     §. I. De la solidarité entre les créanciers.... *ibid.*
     §. II. De la Solidarité de la part des débiteurs. 526
   Sect. V. Des Obligations divisibles et indivisibles. 530
     §. I. Des Effets de l'obligation divisible..... 531
     §. II. Des Effets de l'obligation indivisible... 532
   Sect. VI. Des Obligations avec clauses pénales. 534
Chap. V. De l'Extinction des obligations........ 536
   Sect. I Du Paiement...................... 537
     §. I. Du Paiement en général............. *ibid.*
     §. II. Du Paiement avec subrogation........ 540
     §. III. De l'Imputation des paiemens........ 542
     §. IV. Des Offres de paiement et de la consignation................................ 543
     §. V. De la Cession de biens.............. 547
   Sect. II. De la Novation................... 548
   Sect. III. De la Remise de la dette............ 551
   Sect. IV. De la Compensation............... 552
   Sect. V. De la Confusion................... 555

Sect. VI. De la Perte de la chose due............ 356
Sect. VII. De l'Action en nullité ou en rescision des conventions.................... 357
Chap. VI. De la Preuve des obligations, et de celle du paiement...................... 360
 Sect. I. De la Preuve littérale............. *ibid.*
  §. I. Du Titre authentique............. *ibid.*
  §. II. De l'Acte sous seing-privé........... 362
  §. III. Des Tailles................. 365
  §. IV. Des Copies des titres............. *ibid.*
  §. V. Des Actes récognitifs et confirmatifs.. 367
 Sect. II. De la preuve testimoniale........... 369
 Sect. III. Des Présomptions................ 372
  §. I. Des Présomptions établies par la loi... *ibid.*
  §. II. Des Présomptions qui ne sont point établies par la loi...................... 373
 Sect. IV. De l'aveu de la partie............. 374
 Sect. V. Du Serment.................... *ibid.*
  §. I. Du Serment décisoire............. 375
  §. II. Du Serment déféré d'office........... 377

TIT. IV. *Des Engagemens qui se forment sans convention* 378

Chap. I. Des Quasi-contrats................ 379
Chap. II. Des Délits et des Quasi-délits......... 382

TIT. V. *Du Contrat de mariage et des Droits respectifs des Epoux*........................ 384

Chap. I. Dispositions générales............. *ibid.*
Chap. II. Du Régime en communauté......... 387
 I. Partie. De la Communauté légale.......... 388

SECT. I. De ce qui compose la Communauté activement et passivement......... 388

§. I. De l'Actif de la communauté......... *ibid.*

§. II. Du Passif de la communauté, et des actions qui en résultent contre la communauté. 392

SECT. II. De l'Administration de la communauté, et de l'effet des actes de l'un ou de l'autre époux, relativement à la Société conjugale.......................... 397

SECT. III. De la Dissolution de la communauté, et de quelques-unes de ses suites....... 403

SECT. IV. De l'Acceptation de la communauté, et de la Renonciation qui peut y être faite, avec les conditions qui y sont relatives.. 408

SECT. V. Du Partage de la communauté après l'acceptation....................... 412

§. I. Du Partage de l'actif............... 413

§. II. Du Passif de la communauté, et de la contribution aux dettes. 416

SECT. VI. De la Renonciation à la communauté, et de ses effets....................... 419

DISPOSITION relative à la communauté légale, lorsque l'un des époux ou tous deux ont des enfans de précédens mariages............... 420

II. PARTIE. De la communauté conventionnelle, et des conventions qui peuvent modifier, ou même exclure la communauté légale.......................... 421

SECT. I. De la Communauté réduite aux acquêts. 422

SECT. II. De la Clause qui exclut de la communauté le mobilier en tout ou partie...... 423

SECT. III. De la Clause d'ameublissement....... 424

Sect. IV. De la Clause de la séparation des dettes. 426
Sect. V. De la faculté accordée à la femme de reprendre son apport franc et quitte. 428
Sect. VI. Du Préciput conventionnel......... 429
Sect. VII. Des Clauses par lesquelles on assigne à chacun des époux des parts inégales dans la communauté........... 431
Sect. VIII. De la Communauté à titre universel.. 433
Dispositions communes aux huit sections ci-dessus............................... 434
Sect. IX. Des Conventions exclusives de la communauté..................... 435
§. I. De la Clause portant que les époux se marient sans communauté....... *ibid.*
§. II. De la Clause de séparation de biens... 436
Chap. III. Du Régime dotal.................. 438
Sect. I. De la Constitution de dot.......... *ibid.*
Sect. II. Des Droits du mari sur les biens dotaux, et de l'inaliénation du bien dotal.... 440
Sect. III. De la Restitution de la dot.......... 444
Sect. IV. Des Biens paraphernaux.......... 448
Disposition particulière............... 449

TIT. VI. *De la Vente*...................... 450

Chap. I. De la nature et de la forme de la vente. *ibid.*
Chap. II. Qui peut acheter ou vendre.......... 452
Chap. III. Des choses qui peuvent être vendues... 454
Chap. IV. Des Obligations du vendeur........ 455
Sect. I. Dispositions générales............. *ibid.*
Sect. II. De la Délivrance................. *ibid.*
Sect. III. De la Garantie................, 460
§. I. De la Garantie en cas d'éviction........ *ibid.*

§. II. De la Garantie des défauts de la chose vendue.................................... 464
CHAP. V. Des Obligations de l'acheteur......... 466
CHAP. VI. De la Nullité et de la Résolution de la vente.................................... 468
 SECT. I. De la Faculté de rachat............. *ibid.*
 SECT. II. De la Rescision de la vente pour cause de lésion................................. 472
CHAP. VII. De la Licitation..................... 475
CHAP. VIII. Du Transport des créances et autres droits incorporels........................... 476

TIT. VII. *De l'Echange*......................... 479

TIT. VIII. *Du Contrat de louage*................ 480
 CHAP. I. Dispositions générales................ *ibid.*
 CHAP. II. Du Louage des choses................. 481
  SECT. I. Des Règles communes aux baux des maisons et des biens ruraux........ 482
  SECT. II. Des Règles particulières aux baux à loyer. 490
  SECT. III. Des Règles particulières aux baux à ferme....................................... 493
 CHAP. III. Du Louage d'ouvrage et d'industrie... 498
  SECT. I. Du Louage des domestiques et ouvriers. 499
  SECT. II. Des Voituriers par terre et par eau... *ibid.*
  SECT. III. Des Devis et des Marchés........... 500
 CHAP. IV. Du Bail à cheptel.................... 503
  SECT. I. Dispositions générales............... *ibid.*
  SECT. II. Du Cheptel simple................... 504
  SECT. III. Du Cheptel à moitié................ 507
  SECT. IV. Du Cheptel donné par le propriétaire à son fermier ou colon partiaire........ 508

§. I. Du Cheptel donné au fermier......... 508
§. II. Du Cheptel donné au colon partiaire... 509
Sect. V. Du Contrat improprement appelé Cheptel. 510

TIT. IX. *Du Contrat de société*.................. *ibid.*

Chap. I. Dispositions générales.............. *ibid.*
Chap. II. Des diverses espèces de sociétés....... 511
 Sect. I. Des Sociétés universelles........... *ibid.*
 Sect. II. De la Société particulière.......... 513
Chap. III. Des Engagemens des associés entre eux et à l'égard des tiers................ *ibid.*
 Sect. I. Des Engagemens des associés entre eux. *ibid.*
 Sect. II. Des Engagemens des associés à l'égard des tiers......................... 519
Chap. IV. Des différentes manières dont finit la Société............................ 520
Disposition relative aux Sociétés de commerce. 523

TIT. X. *Du Prêt*........................... *ibid.*

Chap. I. Du Prêt à usage, ou commodat....... 524
 Sect. I. De la Nature du prêt à usage........ *ibid.*
 Sect. II. Des Engagemens de l'emprunteur..... 525
 Sect. III. Des Engagemens de celui qui prête à usage............................ 526
Chap. II. Du Prêt de consommation, ou simple prêt. 527
 Sect. I. De la Nature du prêt de consommation. *ibid.*
 Sect. II. Des Obligations du prêteur.......... 529
 Sect. III. Des Engagemens de l'emprunteur.... *ibid.*
Chap. III. Du Prêt à intérêt................. 530

TIT. XI. *Du Dépôt et du Séquestre*............. 532

Chap. I. Du Dépôt en général, et de ses diverses espèces......................... *ibid.*

Chap. II. Du Dépôt proprement dit............ 533
  Sect. I. De la Nature et de l'Essence du Contrat de dépôt........................ *ibid.*
  Sect. II. Du Dépôt volontaire.............. *ibid.*
  Sect. III. Des Obligations du dépositaire...... 535
  Sect. IV. Des Obligations de la personne par laquelle le dépôt a été fait............. 540
  Sect. V. Du Dépôt nécessaire............ *ibid.*
Chap. III. Du Séquestre.................. 541
  Sect. I. Des diverses espèces de Séquestre.... *ibid.*
  Sect. II. Du Séquestre conventionnel........ 542
  Sect. III. Du Séquestre ou Dépôt judiciaire... *ibid.*

TITRE XII. *Des Contrats aléatoires*............ 544

  Chap. I. Du Jeu et du Pari.................. *ibid.*
  Chap. II. Du Contrat de rente viagère.......... 545
    Sect. I. Des Conditions requises pour la validité du contrat........................ *ibid.*
    Sect. II. Des Effets du Contrat entre les parties contractantes...................... 547

TIT. XIII. *Du Mandat*..................... 549

  Chap. I. De la Nature et de la Forme du Mandat. *ibid.*
  Chap. II. Des Obligations du mandataire........ 551
  Chap. III. Des Obligations du mandant.......... 552
  Chap. IV. Des différentes manières dont le mandat finit........................ 554

TIT. XIV. *Du Cautionnement*.................. 556

  Chap. I. De la Nature et de l'Etendue du Cautionnement........................ *ibid.*
  Chap. II. De l'Effet du Cautionnement........... 559

Sect. I. De l'Effet du Cautionnement entre le créancier et la caution.................. 559
Sect. II. De l'Effet du Cautionnement entre le débiteur et la caution................ 561
Sect. III. De l'Effet du Cautionnement entre les codéjusseurs.................... 563
Chap. III. De l'Extinction du Cautionnement... 564
Chap. IV. De la Caution légale et de la Caution judiciaire.............................. 565

TIT. XV. *Des Transactions*................... 566

TIT. XVI. *De la Contrainte par corps en matière civile*............................ 570

TIT. XVII. *Du Nantissement*.................. 574

 Chp. I. Du Gage....................... 575
 Chap. II. De l'Antichrèse................ 578

TIT. XVIII. *Des Priviléges et Hypothèques*........ 581

 Chap. I. *Dispositions générales*............... ibid.
 Chap. II. Des Priviléges.................... ibid.
  Sect. I. Des Priviléges sur les meubles....... 582
   §. I. Des Priviléges généraux sur les meubles. 583
   §. II. Des Priviléges sur certains meubles... ibid.
  Sect. II. Des Priviléges sur les immeubles...... 586
  Sect. III. Des Priviléges qui s'étendent sur les meubles et les immeubles................ 588
  Sect. IV. Comment se conservent les priviléges. ibid.
 Chap. III. Des Hypothèques.................. 592
  Sect. I. Des Hypothèques légales............ 593
  Sect. II. Des Hypothèques judiciaires......... 594

Sect. III. Des Hypothèques conventionnelles... 595
Sect. IV. Du rang que les Hypothèques ont entre elles........ 598
Chap. IV. Du Mode de l'inscription des privilèges et hypothèques........ 602
Chap. V. De la Radiation et Réduction des inscriptions........ 608
Chap. VI. De l'Effet des privilèges et hypothèques contre les tiers détenteurs........ 611
Chap. VII. De l'Extinction des privilèges et hypothèques........ 615
Chap. VIII. Du Mode de purger les propriétés des privilèges et hypothèques........ 616
Chap. IX. Du Mode de purger les hypothèques, quand il n'existe pas d'inscription sur les biens des maris et des tuteurs........ 623
Chap. X. De la publicité des registres, et de la responsabilité des conservateurs........ 625

Tit. XIX. *De l'Expropriation forcée et des ordres entre les créanciers*........ 629

Chap. I. De l'Expropriation forcée........ *ibid.*
Chap. II. De l'Ordre et de la Distribution du prix entre les créanciers........ 633

Tit. XX. *De la Prescription*........ 634

Chap. I. Dispositions générales........ *ibid.*
Chap. II. De la Possession........ 635
Chap. III. Des Causes qui empêchent la prescription. 637
Chap. IV. Des Causes qui interrompent ou qui suspendent le cours de la prescription........ 638

Sect. I. Des Causes qui interrompent la prescription. 638
Sect. II. Des Causes qui suspendent le cours de la prescription..................... 641
Chap. V. Du Temps requis pour prescrire....... 643
Sect. I. Dispositions générales............. *ibid.*
Sect. II. De la Prescription trentenaire....... *ibid.*
Sect. III. De la Prescription par dix et vingt ans. 644
Sect. IV. De quelques Prescriptions particulières. 645

FIN DE LA TABLE.

DE L'IMPRIMERIE DE CRAPELET.

FAUTES A CORRIGER.

Page 9 *vers dernier*, contumace, *lisez* contumax.
11   26 l'officier civil, *lisez* le greffier civil.
15   4 ou, *lisez* on.
32 *après le vers 18, ajoutez ceux-ci :*

Il donne ainsi, guidé par la précaution,
Une base solide à sa décision.

69   1 on, *lisez* ou.
75   8 dans les trois journées, *lisez* au plus, dans trois journées.
99   15 selou, *lisez* selon.
115   8 il en fait, *lisez* il en est fait.
125   22 le code, *lisez* la loi.
132 *après le vers 16, ajoutez ceux-ci :*

Et ce n'est que d'après la main-levée admise,
Que l'interdit obtient, de ses droits, la reprise.

137   13 les, *lisez* ces.
142   1 maitre, *lisez* maitres.
155   26 des coupes, *lisez* dans les coupes.
157   10 on, *lisez* ou.
202   12 ses droits, *lisez* ces droits.
212   6 suocéder, *lisez* succéder.
215   23 paiement, *lisez* paiment.
216   13 vacante, *lisez* en vacance.
222   14 portion, *lisez* portions.
232   17 paiement. *lisez* paiment.
254   15 paiement, *lisez* paiment.
278   6 qui, *lisez* que.
286   19 l'admettre, *lisez* s'admettre.
288   25 d'un, *lisez* du.
301   4 obtient, *lisez* obtint.
322   9 de la convention, *lisez* de la condition.
336   5 leurs, *lisez* ses.
344   15 crancier, *lisez* créancier.
345   27 eodébiteur, *lisez* codébiteur.
354   27 des, *lisez* de.
430   7 ou, *lisez* on.

Page 490 *vers* 7 du preneur ou fermier locataire, *lisez*
du preneur locataire, ou fermier.
555   20 à la fin doit, *lisez* à la fin lui doit.
550   18 de l'émancipation, *lisez* l'émancipation.
559 *après le vers* 7, *ajoutez ceux-ci :*

En se constituant obligé solidaire ;
Dans un tel cas, l'effet de son engagement
Doit toujours se trouver réglé conformément
Aux dispositions admises pour les dettes,
Par des coobligés, solidairement faites.

588   12 et qu'ils sont, *lisez* et sont.
591   11 ou, *lisez* où.
645   24 à gages, *lisez* à gage.
647   25 mobiliers, *lisez* mobilier.

www.ingramcontent.com/pod-product-compliance
Lightning Source LLC
Chambersburg PA
CBHW050101230426
43664CB00010B/1398